Sophie Roche

Konfliktforschung in der Ethnologie – Eine Einführung

Mit Beispielen aus aktuellen Asylverfahren

Reimer

Bibliografische Information der Deutschen Nationalbibliothek
Die Deutsche Nationalbibliothek verzeichnet diese Publikation in der
Deutschen Nationalbibliografie; detaillierte bibliografische Daten sind im
Internet über http://dnb.d-nb.de abrufbar.

Umschlaggestaltung: Alexander Burgold · Berlin
Satz: Dietrich Reimer Verlag GmbH · Berlin
Schrift: Times, Avenir

Papier: 90 g/m² Werkdruck holzfrei creme
Druck und Verarbeitung: druckhaus köthen GmbH & Co. KG · Köthen (Anhalt)

© 2024 by Dietrich Reimer Verlag GmbH · Berlin
www.reimer-verlag.de

Alle Rechte vorbehalten
Printed in Germany
Gedruckt auf alterungsbeständigem Papier

ISBN 978-3-496-01697-7 (Druckausgabe)
ISBN 978-3-496-03083-6 (PDF)

Inhalt

Kapitel 1
Warum dieses Buch? 7

Kapitel 2
Einführung in die Konfliktethnologie 19

Kapitel 3
Formen der Gewalt 39

Kapitel 4
Jugend als kulturelles Konzept und demographisches Potential ... 67

Kapitel 5
Geschlechterdynamiken in Konfliktkontexten 93

Kapitel 6
Ethnische und Glaubenskonflikte 125

Kapitel 7
Formen der Vergeltung, Fehden 159

Kapitel 8
Rebellionen versus Revolutionen 181

Kapitel 9
Terrorismus und Staatsterror 209

Kapitel 10
Das Konfliktpotential von Katastrophen 237

Kapitel 11
Geschichte und Entwicklung der Rechtsethnologie 261

Kapitel 12
Schlussbetrachtung 281

Anmerkungen 289

Register 297

Kapitel 1
Warum dieses Buch?

Konflikte[1] sind Teil des täglichen Lebens, ebenso aber Ausnahmen; sie begegnen einem als Banalität oder als unvorstellbares Ereignis, als Wiederholung, aber auch als Einmaligkeit. Um Konflikte erzählbar und fassbar zu machen, werden seit Jahrhunderten wissenschaftliche Abhandlungen geschrieben und Analysen verfasst. Immer wieder werden neue Modelle und Theorien entwickelt, die Konflikte erklärbar machen sollen. Sie basieren auf empirischen Forschungen, auf Textanalysen oder jahrelangen Erfahrungen mit Konflikten. Die Ethnologie[2] hat an der Entwicklung solcher Theorien maßgeblich mitgewirkt, sie hat Formen der Auseinandersetzung empirisch beschrieben und Interpretationen vorgelegt. Auch gesellschaftsvergleichende Konfliktanalysen wurden aus den empirischen Forschungen heraus entwickelt. Dabei lag das primäre Interesse allerdings nicht immer auf den Konflikten selbst, sondern auf der sozialen Organisation von Gesellschaften, auf Verwandtschaftsstrukturen, Wirtschaftsweisen, politischen Institutionen oder Rechtssystemen. Ethnologen[*] haben zudem intellektuelle Strömungen wie den Evolutionismus oder Forschungsparadigmen wie Funktionalismus oder den historischen Materialismus geprägt.

Über viele Jahrzehnte ist umfangreiches empirisches Material entstanden, das in zahlreiche theoretische Werke eingeflossen ist; ein Überblickswerk der wichtigsten ethnographischen Forschungen wurde allerdings in dieser Weise noch nicht vorgelegt. Man würde den zahlreichen empirischen Studien nicht gerecht, wollte man sie alle in wenigen Kapiteln abhandeln. Daher ist in diesem Buch auch nur eine bescheidene Auswahl von Ethnographien verarbeitet worden, die bestimmte Formen der Konfliktführung beschrieben und diskutiert haben. Bei der Auswahl wurde auf die Grundlagenliteratur zurückgegriffen. Die Aufteilung der Kapitel wurde von der Autorin entsprechend zweier Erwägungen vorgenommen: Einerseits werden klassische ethnologische Forschungsthemen abgedeckt, und andererseits werden diese Themen in Bezug zu Asylverfahren in Deutschland gesetzt. In Asylverfahren werden regelmäßig unterschiedliche Konfliktformen durch Asylsuchen-

---

[*] Für dieses Buch wurde auf eine gendergerechte Schreibweise zugunsten eines besseren Leseflusses verzichtet. Es wird aber ausdrücklich darauf hingewiesen, dass die maskuline Form nur in Verbindung mit einem männlichen Namen als Maskulin zu begreifen ist. In allen anderen Fällen ist die maskuline Form eine Verkürzung der Schreibweise -/in (Beispiel: Wissenschaftler/in).

de vorgetragen, die für Verfahrensbeteiligte oft exotisch anmuten und damit schwer nachvollziehbar sind. Allgemein zugängliche Informationen zum Beispiel aus der Presse erleichtern das Verständnis nicht unbedingt. Ethnographische Forschungen zu Konflikten und Katastrophen bilden eine gute Grundlage, um viele dieser Beschreibungen von Asylsuchenden in einen adäquaten Rahmen zu verorten.

Das ethnographische Material wird daher durch Informationen ergänzt, die in konkreten Asylverfahren relevant sind. Die Aufgabe der Asyldokumentation am Verwaltungsgerichtshof Baden-Württemberg ist es, Konflikte, Krisen und Katastrophen aufzuarbeiten und Material zu finden, das diese Ereignisse möglichst präzise beschreibt und analysiert. Das Tatsachenwissen, das Asylrichter benötigen, ist zu großen Teilen mikropolitisch, ethnographisch und soziologisch. Makropolitische Zusammenhänge sind zwar relevant, erklären aber oft nicht, warum sich Menschen zur Flucht entscheiden. Zum Beispiel wird die Kenntnis darüber, dass Konflikte im Irak stets von Erdölinteressen beeinflusst werden, wenig helfen, möchte man die Fluchtgeschichte eines Asylsuchenden aus dem Irak verstehen. Nicht das Erdöl und nicht einmal die internationale Politik erklären, warum bestimmte Gruppen und Personen im Rahmen des Konflikts um Erdöl verfolgt werden. Erdölinteressen sind in der Regel kein Thema in einem Verfolgungsschicksal, obwohl Konflikte um diese Ressource für die Instabilität vieler Regierungen und Regionen verantwortlich gemacht werden. Größere Konfliktfelder wirken sich jedoch auf die lokalen Kräfteverhältnisse aus, und diese bestimmen die Kategorien von Täter und Opfer. Gruppenbildungsprozesse aufgrund unterschiedlicher Faktoren, wie zum Beispiel Familienverhältnisse und kulturelle Interpretationen des gesellschaftlichen Lebens, verkomplizieren das Bild.

Dieses Buch dient vor allem dazu, Fakten und aktuelle Informationen zu kontextualisieren und unterschiedliche Perspektiven auf Konflikte darzustellen. Damit ist gemeint, dass bestimmte Formen von Konflikten – so exotisch sie auch erscheinen mögen – bei einer kontextuellen Betrachtung verständlich werden. Die ethnologische Sicht auf Konflikte ist eine Mikroansicht von Gesellschaft, die Konfliktakteure in den Blick nimmt, und ist damit dem Vorgehen der Asylrichter näher als die meisten theoretischen oder politikwissenschaftlichen Abhandlungen und Modelle.

In populären Konfliktbeschreibungen kursiert eine breite Auswahl an Begrifflichkeiten. Allerdings werden die meisten Begriffe wenig systematisch angewendet, da es keinen Standard gibt. Die Presse verwendet und popularisiert Begrifflichkeiten unabhängig von wissenschaftlichen Erkenntnissen, und dies ist einer von vielen Faktoren dafür, dass ein ausgesprochen unpräzises Vokabular Verwendung findet, wenn es um die Beschreibung von Konflikten, Krisen, Katastrophen, politischen Umbrüchen, Revolutionen

Warum dieses Buch?

etc. geht. In diesem Buch wird eine Auswahl an Begriffen vorgestellt, die auf wissenschaftliche Arbeiten zurückzuführen sind. Damit wird die Menge an Begrifflichkeiten eingeschränkt und für bestimmte Konfliktformen festgelegt. Das bedeutet nicht, dass Begriffe nicht auch über den hier beschriebenen Rahmen hinaus verwendet werden. Eine Präzisierung von Begriffen zur Unterscheidung von Konfliktformen ist jedoch hilfreich. Die unterschiedlichen Begriffe werden in den jeweiligen Kapiteln vorgestellt. Die Begrifflichkeiten werden dabei ethnologischen Anwendungsfeldern entnommen, es findet allerdings keine Analyse juristischer entsprechender Termini statt.

Im Folgenden wird primär der Begriff *Konflikt* und weniger oft *Katastrophe* verwendet. Der ‚Konflikt‘ ist ein äußerst umfassender Ausdruck und kann von individuellen psychologischen Phänomenen bis hin zu kollektiven Auseinandersetzungen mit einem unterschiedlichen Grad an Gewalt reichen. Der Konflikt gehört zu den Katastrophen, die grundsätzlich von Menschen selbst verschuldet werden, auch wenn das auslösende Ereignis ein Naturphänomen sein kann. Ein Erdbeben, eine Überschwemmung oder ein anderes Naturphänomen stellt für sich genommen noch keine Katastrophe dar, die Ereignisse werden erst dann zur Katastrophe, wenn Menschen auf diese Naturphänomene nicht adäquat vorbereitet waren und in Folge eines Ereignisses Schaden erleiden. Damit verweisen alle in diesem Buch verwendeten Begriffe auf soziales Handeln, beziehen aber wirtschaftliche, umweltbedingte und politische Ereignisse mit ein.

Trotz der vielen Unterschiede zwischen Konflikten ähneln sich gewisse gesellschaftliche Konfliktereignisse in ihrer Struktur, den Akteuren und im Verlauf. Studien, die diese Merkmale bzw. Prozesse und Strukturen systematisiert haben, bilden die Grundlage für die Konfliktethnologie. Mit dem ethnologischen Konfliktforschungsansatz wird von einem kulturalistischen Ansatz Abstand genommen. Damit ist gemeint, dass die Ansicht, wonach bestimmte Kulturen oder ethnische Gruppen Konflikte begünstigten oder besonders anfällig dafür seien, abgelehnt wird. Es wird davon ausgegangen, dass soziale, wirtschaftliche und politische Faktoren Konflikte prägen, die innerhalb kultureller Rahmenbedingungen sichtbar werden. Damit wird ein gesellschaftsvergleichender Ansatz verfolgt.

Krisen und Katastrophen sowie gesellschaftliche Konflikte bringen untergründige oder unterdrückte soziale Spannungen zum Vorschein und sind daher Momente, die für die Sozialwissenschaften neue Erkenntnisse bringen können. Gewalttätige Auseinandersetzungen und Katastrophen sind Katalysatoren sozialer Prozesse, die verdeckte Konflikte zwischen Gruppen sichtbar machen. Grundsätzliche Themen einer Gesellschaft, wie zum Beispiel Armut, der Umgang mit Minderheiten oder geschlechtsspezifische Ungleichheit, aber auch politische Differenzen, die über Jahre hin unterschwellig existieren, jedoch überspielt oder ignoriert werden, treten in einer Krise, einer Katastrophe oder einem Konflikt hervor, und zwar in voller Stärke, und provozieren damit eine Lösung oder Auseinandersetzung.

Jede Gesellschaft wird in einem gesellschaftlichen Konflikt mit sich selbst konfrontiert. Dieser Aspekt wird oft zugunsten allgemeinerer Modelle und politischer Analysen außer Acht gelassen, ist aber inhärenter Teil ethnographischer Analysen. Das in diesem Buch verarbeitete Material ist daher tiefgehender und vielseitiger als Konfliktanalysen, deren Ziel die Erklärung oder Beschreibung des unmittelbaren Gewaltgeschehens ist.

Wenn dieses Buch sich auf Konflikte konzentriert und damit auf Formen der Gewalt, auf die Eskalation von Auseinandersetzungen und die Techniken der Konfliktführung, so gibt es einen Bereich, der dabei bewusst ausgeklammert wurde, und zwar die Beendigung von Konflikten. Der Fokus auf Eskalationsformen und Konfliktursachen hat den Blick auf Gewaltformen und soziale Prozesse in Konflikten gerichtet und die Deeskalation bzw. den oft langen Prozess der Friedenssicherung von der Konfliktforschung abgekoppelt. Während in vielen Formen der Konfliktführung die Reintegration der Konfliktparteien, die Deeskalation oder die Kanalisierung von Gewalt bereits angelegt ist, gehört zum Beispiel der Bürgerkrieg zu den Konfliktformen, deren Ende so vielseitig und komplex ist, dass sie meist einer Expertengruppe übergeben werden und aus dem Bewusstsein von nicht-betroffenen Ländern verschwinden.

Die Erfahrungsebene unterscheidet sich von den politischen Versprechen, die das offizielle Bild eines Konflikts prägen. Mit dem Vertrag zwischen den Parteien ist in der Regel noch keine gesellschaftliche Rehabilitation verbunden. Ein wesentlicher Faktor für die Konfliktbeilegung ist das Gerechtigkeitsempfinden. Es ist Voraussetzung für eine psychologische Verarbeitung von Gewaltereignissen. Über sogenannte Wahrheitskommissionen (*Truth and Reconciliation Commission*) werden seit den 1990er Jahren Aufklärungs- und Versöhnungsprozesse nach der Beendigung von Konflikten und Terrorregimen initiiert. Diese Kommissionen tragen wesentlich zu einer sozialen Heilung bei, können aber nicht alle kulturellen und individuellen Trauma-Erfahrungen lösen.

Offizielle Friedensabkommen und ritualisierte politische Lösungen sagen daher wenig darüber aus, wie Bevölkerungen mit den Folgen zurechtkommen; damit ist die Friedenssicherung ein wissenschaftlich eigenständiges langfristiges Problem. Hier spielen kulturelle Strategien eine größere Rolle als offizielle Friedensverträge, die oft im Ausland und unter Personen geschlossen werden, die nicht unbedingt eine umfassende Unterstützung der Bevölkerung genießen. Die Reintegration von Kämpfern, die Verteilung von Hilfsgütern und Ressourcen zum Wiederaufbau sowie der Zugang zu Positionen werden in nur wenigen Fällen so vorgenommen, wie der politische

Vertrag es vorsieht. Zudem kennen viele Gesellschaften kulturelle Formen der Friedenssicherung oder Friedensrituale, die in diesem Buch nicht berücksichtigt wurden.

Kritische Ereignisse: Konflikte, Krisen, Katastrophen

Die Frage, wann ein Ereignis als gesellschaftlich relevant gilt und wann es ,nur' ein lokaler Vorfall ist, lässt sich keinesfalls leicht beantworten. Genauso fasst der Begriff ,Konflikt' die ganze Spannbreite sozialer Phänomene der Auseinandersetzung zusammen, die unmöglich in einem Buch abgehandelt werden können. Grundsätzlich sind regulierte Konfliktaustragungsmechanismen eine Voraussetzung für eine friedfertige Gesellschaft. Selbst in Gesellschaften, die grundsätzlich Konflikten aus dem Weg gehen, müssen Meinungsunterschiede ausgehandelt werden. Eine vollkommen konfliktfreie Gesellschaft ist daher heute nicht vorstellbar.

In den folgenden Kapiteln geht es darum, Konflikte einer analytischen Untersuchung zu unterziehen und darauf basierend Phänomene, Kategorien und Vergleichsfaktoren zu identifizieren. Als Ausgangspunkt dieses Buches wurde die gesellschaftliche Ebene gewählt, also zwischen der nationalen und der individuellen Ebene. Im Fokus stehen dabei konkrete Akteure in den Konfliktkonstellationen, ohne jedoch außer Acht zu lassen, dass in vielen Konflikten die makropolitische Ebene ebenso zentral sein kann.

Die Frage, ab wann Konflikte ein zerstörerisches Potential entwickeln, ist schwer zu beantworten. Welche Art von Gewalt wiegt besonders schwer, und welche Gruppen müssen davon betroffen sein? Das Beispiel Afghanistan im Jahr 2021 zeigt, wie schwierig sich ein Zustand zunehmender Konfliktdichte und Gewalt intern und extern bewerten lässt. Die vielen unterschiedlichen Konflikte machen Afghanistan zu einem besonders interessanten Beispiel, das in den folgenden Kapiteln immer wieder aus unterschiedlichen Perspektiven beleuchtet wird.

In vielen Kriegen gibt es keine Kriegserklärung, sie entwickeln sich wie eine Lawine, die ins Tal stürzt, und es scheint, als ließen sie sich nicht mehr aufhalten, so formulierte es der Ethnologe und Konfliktforscher Georg Elwert. Betroffene Bevölkerungen wissen oft im Voraus, was als nächstes passiert, nicht weil sie hellsichtig sind, sondern weil sie intuitiv die Logik der Eskalation verstehen, denn sie folgt kulturellen Mustern. Mir ist keine Forschung bekannt, die dieses Phänomen beschrieben hätte, dabei ist es mir von Menschen in vielen Konfliktregionen beschrieben worden. Solche Empfindungen zu fassen und zu rationalisieren, ist kaum möglich, und dennoch scheint die Behauptung von Elwert richtig, dass Konflikte einer kulturellen Eskalationslogik folgen. Erkennen kann man es allerdings meist erst, wenn der Konflikt so weit fortgeschritten ist, dass er sich nicht mehr regulieren lässt.

Eine andere Perspektive auf Konflikte nimmt die Berichterstattung in den Massenmedien ein. Sie konzentriert sich in ihren Konfliktberichten aus dem Globalen Süden[3] auf spektakuläre Ereignisse, die vor allem aufgrund hoher Opferzahlen oder der entstandenen Sachschäden Aufmerksamkeit auf sich ziehen. Sie greift nicht selten – sofern überhaupt ein Medieninteresse für einen Konflikt besteht – auf orientalistische oder exotisierende Erklärungsmuster zurück, um beispielsweise Konflikte in muslimischen Gesellschaften zu beschreiben. Der Literaturwissenschaftler Ladislaus Ludescher spricht in seiner Medienanalyse von „vergessenen Welten und blinden Flecken" in der Berichterstattung über den Globalen Süden. Die größte Cholera-Pandemie in Jemen im Jahr 2017 wurde kaum rezipiert, stellt Ludescher fest, das gleiche gilt für die Hungersnot am Horn von Afrika 2011, bei der etwa 260.000 Personen starben, sowie die Hungersnot 2017 in Afrika südlich der Sahara. Spektakuläre Anschläge haben eine weitaus größere Chance, in die Medien zu gelangen – insbesondere, wenn sie im Mittleren Osten stattfinden oder im Rahmen des islamistischen Terrorismus klassifiziert werden können –, als Hunger und humanitäre Katastrophen.

Für die betroffenen Bevölkerungen kann allerdings ein weniger blutiges Ereignis wichtigere Signale senden als ein spektakulärer Anschlag, bei dem die Täter vor allem auf Medienwirksamkeit setzen. Was auf lokaler Ebene zählt, sind daher nicht die Opferzahlen, sondern die beteiligten Gruppen, die Motivationen, die Gerüchte und Fakten, die im Zusammenhang mit dem Ereignis produziert werden, und die persönlichen Erfahrungen, die die Handlungsoptionen steuern – also primär soziale Faktoren. Im Grunde sind medienwirksame Ereignisse in einem Konflikt daher nur die Spitze eines Eisberges, während die sozialen Spannungen und politischen Probleme komplex sind und nicht ohne weiteres sichtbar gemacht werden können, zumindest in den Anfängen einer gewaltsamen Auseinandersetzung. Dennoch sind Konflikte global gesehen mehrheitlich kanalisierbar und werden auch als solche empfunden, auch wenn die Möglichkeit ihrer Kontrolle scheinbar nur in der Hand einzelner Akteure (beispielsweise Richter oder Politiker) oder Gruppen (beispielsweise Parteien oder Klans) liegt.

Im Jahr 1995 publizierte die Ethnologin Veena Das eine Studie, in der sie in der indischen Geschichte nach den entscheidenden Momenten suchte, die sie ‚kritische Ereignisse' (*critical events*) nannte. Diese kritischen Ereignisse wirken auf gesamtgesellschaftlicher Ebene und stellen daher besondere Momente für eine Gesellschaft dar. Sie unterscheiden sich von den vielen Ereignissen, die den Alltag bestimmen. Veena Das betont, dass viele Gesellschaften solche ‚kritischen Ereignisse' kennen. Als Ereignis par excellence gilt die Französische Revolution von 1789, da sie als innergesellschaftlicher

Konflikt in besonders spektakulärer und gewaltgeladener Weise eine neue Gesellschaftsform hervorbrachte und in alle Gesellschaftsbereiche nachhaltig hineinwirkte.

Mit dem Ereignis der Revolution wurden traditionelle Kategorien neu gesetzt, Kodifizierungen neu geschaffen und Gesellschaft ebenso wie Politik und Wirtschaft verändert. Allgemeiner formuliert, beeinflusst ein kritisches Ereignis alle Bereiche der Gesellschaft, Familie, Geschlechterbeziehungen, Vergemeinschaftungsformen ebenso wie die staatliche Bürokratie, das Recht, die Medizin, die Arbeit und die internationalen Beziehungen.

Viele Konflikte in diesem Buch sind im Sinne von Veena Das ‚kritische Ereignisse'. Die Konfliktführungsformen, die in den einzelnen Kapiteln behandelt werden, sind gesamtgesellschaftlich angelegt und damit umfassende Ereignisse. Manche Konfliktformen, wie die Fehde, weisen einen außerordentlichen Grad an Regelmäßigkeit und Vorhersehbarkeit auf (Kapitel 7). Andere führen zu keinerlei gesellschaftlicher Entwicklung, sondern werfen Gesellschaften um Jahrzehnte zurück, wie viele Bürgerkriege, die in den meisten Fällen mit den gleichen Parteikonstellationen enden, mit denen sie begonnen haben (Kapitel 6). Revolutionen wird dagegen das politische Potential zugesprochen, Gesellschaften nachhaltig und umfassend zu verändern (Kapitel 8). Vielleicht ist das, was alle diese Ereignisse verbindet, die Tatsache, dass sie aus Teilen der Gesellschaft heraus entstehen und in die gesamte Gesellschaft hinein wirken.

Für viele Asylsuchende in Asylverfahren liegt genau hier die Schwierigkeit. Um ihr Asylgesuch vor Gericht zu begründen, müssen sie ihre Geschichte vorbringen, in der sie ihre individuellen Erfahrungen in einen gesellschaftlichen und politischen Kontext stellen, der ihnen einerseits selbstverständlich oder zumindest verständlich erscheint, dessen Formulierung in abstrakten Begriffen und dessen analytische Durchdringung ihnen aber meist nicht möglich ist. Gleichzeitig sehen sie sich Entscheidern beim Bundesamt für Migration und Flüchtlinge (BAMF) oder Richtern in Asylverfahren gegenüber, die über das entsprechende Herkunftsland des Asylsuchenden in Deutschland verfügbare Informationen hinzugezogen haben und vom Antragsteller aufgrund dieses Vorwissens ein bestimmtes Vokabular und Narrativ erwarten.

Warum sollte ein Buch zu mikrosoziologischen Konflikten für die Bearbeitung von Asylverfahren interessant sein? Asylsuchenden bleibt oft nur ihre eigene Geschichte als Nachweis der drohenden Verfolgung in einem Verfahren. Daher kommt dem individuellen Narrativ im Verfahren besondere Bedeutung zu. Von den Asylsuchenden wird erwartet, dass sie ihre Geschichte plausibel, logisch und detailreich erzählen. Was zunächst nachvollziehbar erscheint, ist in der Realität eine Herausforderung, nicht nur weil Formen des Erzählens durch Geschlecht, Erinnerungsformen und Kultur geprägt werden, sondern auch weil dabei für die Asylsuchenden unklar bleibt, wieviel Kontext für ihre Geschichte im Asylverfahren benötigt wird. Anfangs wurde erwähnt, dass Konflikte soziales Handeln sind und betroffene Personen eine Sinnhaftigkeit in Gewalterfahrungen suchen. Entsprechend wird die eigene Erfahrung in einen Rahmen gestellt, der der betreffenden Person als beste Erklärung erscheint.

In meiner Arbeit als wissenschaftliche Assistentin für Asylrichter wurde mir zunehmend klar, dass viele der Fragen im Asylverfahren komplex sind und unter der Berücksichtigung transkultureller Erfahrungen beantwortet werden müssen. Dies gilt sowohl für die Produktion von sogenannten Herkunftslandinformationen als auch für die Fluchtgeschichte von Asylsuchenden. Letztere greifen sowohl auf Erfahrungen aus der eigenen Herkunftsgesellschaft zurück als auch auf die, die sie auf ihrer Flucht und im Aufnahmeland gesammelt haben. Ihre Fluchtgeschichten verändern sich entsprechend, je länger sie in Deutschland sind. Damit kann der Verlust von Kontext einhergehen, den eine Handlung zum Verständnis braucht. Zurück bleiben Geschichten, die gelegentlich abgehoben, exotisch, abenteuerlich, abstrakt oder einfach unplausibel erscheinen. Bei genauem Studium des Hintergrundes der berichteten Handlungen und einer Einbettung der Erzählung in einen transkulturellen Rahmen gewinnen viele Fluchtgeschichten wieder Konturen.

Die gesteigerte Mobilität – nicht nur der Menschen im Globalen Norden, sondern vor allem im Globalen Süden – durch Arbeitsmigration, Aufnahme wirtschaftlicher Beziehungen und Fluchtbewegungen hat die Art und Weise, wie Informationen über Konflikte in Europa verbreitet, interpretiert und wahrgenommen werden, verändert. Globaler Wissenstransfer, wirtschaftliche Verflechtungen und neue Technologien haben zur Entstehung einer transkulturellen Welt geführt, die auch die Lebenswelt der Geflüchteten in Deutschland prägt. Im Gerichtssaal sitzen keine Kläger, die aus einer von äußeren Einflüssen isolierten Heimat geradewegs nach Deutschland geflohen sind, sondern Personen, die lange Wege und Risiken auf sich genommen haben, um nach Europa zu gelangen. Sie haben Erfahrungen gesammelt – und oft auch beträchtliche Gewalt erlebt –, die nun im Kontext der neuen Gesellschaft neu bewertet werden.

Das Gleiche gilt für Konflikte: Kaum ein Konflikt findet heute isoliert statt. Gleichzeitig scheitern wohl die meisten theoretischen Erklärungsmodelle an der Herausforderung, den Verlauf künftiger Konflikte vorhersehbar zu machen. Eine neue Theorie ist daher weniger hilfreich als eine Aufarbeitung existierender Literatur. Dabei bleibt dieses Buch nicht bei einer Zusammenfassung der Grundlagenforschung; jedes Thema wird zudem mit aktuellen Beispielen ergänzt. Die Beispiele sind der Arbeit in der Asyldokumentation entnommen. Das Buch bildet damit eine Brücke zwischen klassischer ethnologischer Literatur und den Fragestellungen und Analysetechniken von Berichterstattern in Asylverfahren. Damit wird es im Bereich der angewandten Ethnologie verortet.

Die Anzahl der Konflikte und Diktaturen ist im 21. Jahrhundert kaum zurückgegangen. An viele Kriege hat man sich inzwischen so weit gewöhnt, dass man von einer Banalisierung von Gewalt sprechen kann. Dabei werden manche Konflikte zunehmend als Teil der Kultur gesehen und nicht mehr als gewalttätige Ausnahme, was einer ‚Kulturalisierung von Gewalt‘ gleichkommt. Eine solche Kulturalisierung ist umso problematischer, als diese die Differenzierung unterschiedlicher Konfliktebenen reduziert. Schlimmer noch, es hat den Anschein, als könnten ganze Gesellschaften aufgrund ihnen zugeschriebener kultureller Merkmale nicht mehr befriedet werden. Afghanistan ist ein solches Land, das unter diesem Dilemma nachhaltig leidet, ein Land, das seit dem Einmarsch der Sowjetunion 1979 nicht mehr zur Ruhe kommt. Jeder Konflikt seitdem ist anders gelagert: der sowjetische Krieg 1979–1989, der Krieg der Warlords in den 1980er Jahren, die Herrschaft der Taliban 1996–2001, die Intervention der USA und ihrer Verbündeten 2001–2021, der Auftritt des IS-Khorasan sowie die Taliban-Herrschaft seit 2021. Und doch etabliert sich zunehmend der Eindruck, dass Afghanistan eigentlich immer in einem latenten Zustand des Konflikts verbleiben wird, dem sich die Menschen letztlich anpassen müssen. Die Gefahr dabei ist, dass Gewalt und Auseinandersetzungen zum ethnischen Merkmal erhoben werden und sich nach und nach eine Verharmlosung einstellt.

Die Dauer von Konflikten sollte daher nicht mit ihrer Intensität und ihrer inneren Dynamik verwechselt werden. Selbst wenn Konflikte von außen gesehen scheinbar schon ewig andauern, kommt eine solide Analyse nicht umhin, soziale, politische und wirtschaftliche Dynamiken und Formen der Konfliktführung genauer unter die Lupe zu nehmen und Konfliktdeutungen immer wieder einer erneuten Prüfung zu unterziehen. Die öffentliche Wahrnehmung von Konflikten über die Presse und Politik und ihre Einbettung in globale Kontexte, bei denen vor allem die Auswirkung eines Konflikts auf Europa beurteilt wird, wirken direkt auf lokale Konfliktkonstellationen und Dynamiken und sorgen für mögliche neue Konstellationen und Gewaltanwendungen.

Aufbau des Buches

Wie eingangs erwähnt, werden in diesem Buch unterschiedliche Formen der Konfliktführung behandelt. Grundlage sind ethnographische Studien, die primär von Ethnologen, Sozialanthropologen und Soziologen erstellt wurden; ergänzt werden diese mit historischen Werken und Studien anderer Wissenschaftler. Die Kapitel behandeln zentrale Begriffe, die auf Konfliktformen hinweisen. Ziel ist es, den oft unpräzise verwendeten Begriffen eine klarere Kontur zu verleihen und sie durch empirische Studien zu fundieren.

Jedes Kapitel beginnt mit einer ethnologischen Fragestellung. Diese setzt sich aus einem Beispiel, das einem Asylverfahren entnommen wurde, und den sich daraus ergebenden ethnologischen Fragen zusammen. Das daran anschließende Kapitel nimmt die Thematik auf, ohne jedoch eine Lösung der Fragen oder Bewertung der dargestellten Fälle vorzunehmen. Es geht ausschließlich um die Betrachtung von Formen der Konfliktaustragung und komplexe Sachverhalte und nicht um eine juristische Bewertung von Konflikten. Eine wissenschaftliche Betrachtung von Konflikten und Katastrophen unterscheidet sich von einer juristischen Betrachtung, die sich ausschließlich an Rechtsnormen orientiert. Bisher flossen wissenschaftliche Erkenntnisse hauptsächlich über Gutachten in die Asylverfahren ein. Mit den seit 2017 eingerichteten Asyldokumentationen an ausgewählten Verwaltungsgerichten in Deutschland wurde wissenschaftliche Expertise direkt an die Gerichte geholt. Die wissenschaftlichen Assistenzen haben primär die Aufgabe, Wissensbestände bereitzustellen.

Mit dem Buch sollen zudem Kulturwissenschaftler und Ethnologen darauf aufmerksam gemacht werden, dass ethnographisches Wissen in unterschiedlichen Bereichen der praktischen Arbeit mit Asylsuchenden gebraucht wird. Neben dem eher speziellen Fall der Asyldokumentation wird das Wissen von Ethnologen ebenfalls in Menschenrechtsorganisationen und in der Beratung von Asylsuchenden gebraucht.

Kapitel 2 schlägt eine Brücke zwischen der Konfliktforschung in der Ethnologie und dem mikrosoziologischen Wissen, das in Asylverfahren benötigt wird. Da Gewalt in vielen Konflikten eine zentrale Rolle spielt, gibt Kapitel 3 einen Überblick über die Forschung zu Gewalt in Bezug auf Konflikte. Damit wird das Thema Gewalt nicht umfassend behandelt – es kommt in jedem Kapitel erneut vor –, sondern in einen sozialen, politischen wie ökonomischen Kontext gestellt; es werden ausgewählte Phänomene wie Gewaltspezialisten, Gewaltmärkte und soziale Ordnungen in Gewalträumen behandelt.

Oftmals wird wie selbstverständlich davon ausgegangen, dass Männer Kriege führen und in gewalttätigen Konflikten führende Rollen haben. Wie allerdings junge Menschen innerhalb einer Gesellschaft konzeptualisiert werden, welche Rollen – auch gewalttätige Rollen – ihnen zugedacht werden, ist eine Frage der Sozialisierung. Wiederholt haben jugendliche Gruppen politische Veränderungen hervorgebracht und dabei das demographische Potential mobilisiert, wie die Jungtürken am Ende des Osmanischen Reichs oder der Komsomol in der frühen Sowjetunion. Diese Themen werden in Kapitel 4 behandelt.

Das Thema Geschlecht bzw. die Rolle von Geschlecht in Konflikten wird in Kapitel 5 untersucht. In den Blick genommen werden dabei die diversen Rollen von Frauen, Männern und LGBTQI (deutsch: Lesbisch, Schwul, Bisexuell, Transsexuell/Transgender, Queer und Intersexuell) in Konflikten.

Kapitel 6 behandelt ausgewählte Aspekte, die Bürgerkriege und andere Konflikte kennzeichnen. Dazu gehören Ethnizität und Religion bzw. Glaubenssysteme, wie zum Beispiel die Hexerei, sowie Fragen nach der Beziehung zwischen Opfer und Täter. Dabei wird auf unterschiedliche Forschungstraditionen geschaut, die die Sicht auf Konflikte nachhaltig geprägt haben.

Kapitel 7 greift die Konfliktform der Fehde auf, die auch als Blutrache oder Vendetta bekannt ist. Beginnend mit ethnographischen Studien aus Ostafrika, die die Fehde systematisch beschrieben haben, wird von dort aus auf andere Teile der Welt wie zum Beispiel Tschetschenien geschaut.

Kapitel 8 nimmt eine konzeptuelle Unterscheidung zwischen Revolutionen und Rebellionen vor und schlägt damit eine begriffliche Differenzierung vor, um grundsätzlich unterschiedliche Phänomene des Protestes zu fassen. Während die Rebellion eine gesellschaftsstabilisierende Funktion hat bzw. Regimeformen nicht prinzipiell in Frage stellt, wird der Revolution eine weitaus größere gesellschaftliche Sprengkraft zugesprochen, die vollständig neuen Regierungs- und gesellschaftlichen Systemen den Weg freimacht.

In Kapitel 9 wird zunächst der Terrorismus als eine Form des gewaltgeladenen Protests beschrieben. Anschließend geht es um Terrorregime, die allgemeiner als Diktaturen bekannt sind. Beide Formen der extremen Gewalt unterscheiden sich erheblich.

Mit Kapitel 10 werden Katastrophen wie Dürren, Überschwemmungen oder Erdbeben in Bezug zu Konflikten gesetzt – ein Thema, das noch wenig ausgearbeitet ist und kontrovers diskutiert wird, jedoch zunehmend an Dringlichkeit gewinnt.

In Kapitel 11 wird ein eher kursorischer Abriss der Geschichte zur Rechtsethnologie gegeben, die eine eigene Forschungsrichtung der Ethnologie darstellt und daher nicht allumfassend behandelt werden kann. Das gerichtliche Verfahren ist eine der gewaltlosesten Formen der gesellschaftlichen Konfliktführung; hier wird vor allem dargestellt, wie es zum ethnologischen Forschungsgegenstand wurde. Zudem wird auf die Auseinandersetzung um kulturelle Rechte im Rahmen der Multikulturalismusdebatte geschaut, deren ursprüngliches Ziel es war, gesellschaftliche Minderheitenkonflikte auf die gerichtliche Ebene zu heben.

Mit dem Schlusskapitel wird auf die individuelle Ebene der Asylsuchenden und dabei auf die Ambiguität menschlichen Handelns geschaut, die in den analytischen Beschreibungen nicht in voller Gänze erfasst werden konnten. Schließlich wird darauf hingewiesen, dass nach einem Konflikt ein Konfliktkontext oft noch viele Jahre nachwirkt, aber aus dem internationalen Bewusstsein verschwindet und in ein ‚Überblickskapitel' in Büchern verbannt wird, als würden mit einem Friedensvertrag auch alle Einflüsse des Konflikts auf die Gesellschaft wie von allein verpuffen. Daher haben Konflikte – und dies gilt auch für Katastrophen – nicht immer ein absolutes Ende, sondern müssen von Gesellschaften verdaut und umgewandelt werden, was bis zu einer halben Generation brauchen kann.

Verwendete Literatur

Das, Veena 1995. *Critical Events: An Anthropological Perspective on Contemporary India*. Neu-Delhi: Oxford University Press.

Elwert, Georg 2004. „Anthropologische Perspektiven auf Konflikt", in *Anthropologie der Konflikte*, J. M. Eckert (Hg.). Bielefeld: Transcript, 26–38.

Ludescher, Ladislaus 2020. *Vergessene Welten und blinde Flecken. Die mediale Vernachlässigung des Globalen Südens*. Heidelberg: Universitäts-Bibliothek Heidelberg, HeiBOOKS.

Roche, Sophie 2020. „Die neue baden-württembergische Asyldokumentation", in: *ZAR* 2: 78–79.

Kapitel 2
Einführung in die Konfliktethnologie

Das kulturelle Argument in Asylverfahren

Yusuf (Name geändert) wuchs mit seinem Vater, einem Landwirt, seiner Mutter und seinen Geschwistern in Afghanistan auf. Sein Vater wurde von den Taliban getötet, woraufhin Yusuf nach Deutschland floh. Ein dort lebender Onkel nahm ihn auf. Der Onkel arrangierte Yusufs Verlobung mit einer Afghanin in Deutschland, die dieser noch vor der Heirat nachts besuchte. Was bei diesen Besuchen passiert ist, wird zur Diskussion und Streitfrage, da es wohl zu intimen Kontakten gekommen war. Nach der Heirat wird Yusuf gewalttätig gegenüber seiner Frau, die schließlich Anzeige erstattet. Er wird zu acht Monaten Jugendhaft auf Bewährung verurteilt. Im Strafprozess macht Yusuf geltend, dass er bei den Gewalthandlungen gegen seine Frau von seiner ‚Kultur' bestimmt worden sei und seine Verlobte sich mit dem Einverständnis eines vorehelichen intimen Treffens schuldig gemacht habe. Auch das Urteil verweist darauf, dass der Angeklagte Gefangener seiner Kultur bzw. Opfer der ‚Erwartungen der Familie' gewesen sei. Das kulturelle Argument wirkte strafmildernd.

Da Yusuf aufgrund der Verurteilung riskiert, seinen Flüchtlingsschutz zu verlieren, zieht er vor Gericht. Während der Verhandlung im Asylprozess benutzt der Kläger ‚Kultur' erneut als zentrales Argument und greift dabei auf seine Erfahrungen im Strafprozess zurück. Allerdings argumentiert er diesmal, dass seine Straftat in Afghanistan kaum denkbar sei. Der vorzeitige Geschlechtsverkehr mit einer Frau gelte in seiner ‚Kultur' als so schwerwiegendes Vergehen, dass man ihn ohne weiteres Gerichtsverfahren mit dem Tod bestrafen würde. Er formuliert es folgendermaßen: „Man wird vom Dorf zum Tode verurteilt." – „Das entscheiden die alten Männer. Bei denen gibt es keine Regeln. Es ist eine Tat, bei der es keine Regeln gibt." – „Wenn ich dahingehe, werde ich erschossen oder der Kopf wird mir abgeschnitten. Das würde das ganze Dorf machen, nicht nur einer."[4] Der voreheliche nächtliche Besuch bei seiner Verlobten erscheint auf diese Weise als Integrationsleistung, denn eine solche Begegnung wird in Deutschland als normal gewertet, nicht aber in Afghanistan.

Die Fragen, die sich aus dem hier sehr vereinfacht dargestellten Beispiel ergeben, sind die nach der Verwendung des Erklärungsmusters ‚Kultur' und nach kulturellen Handlungsoptionen, die oft in Asylverfahren zum Thema werden, also Themen, die in die Zuständigkeit der Ethnologie fallen. Wann spielt welcher kulturelle Referenzrahmen eine Rolle in Asylverfahren? Wie

20 Einführung in die Konfliktethnologie

werden Handlungsoptionen in Asylverfahren dargestellt, insbesondere wenn es um Konflikte geht, und in welchem Verhältnis steht die Deutung der Handlungsweisen zu den Informationen über das entsprechende Herkunftsland?

Kultur als Gegenstand der Forschung

Das Fach Ethnologie befasst sich mit der systematischen und empirischen Erforschung kultureller Phänomene und sozialer Prozesse, wobei der Fokus auf außereuropäischen Gesellschaften und auf Gruppen in Deutschland, die aus solchen Gesellschaften stammen, liegt. Das Wissensspektrum eines Ethnologen basiert auf mindestens einem Jahr Feldforschung in der betreffenden Gesellschaft oder einer sozialen, ethnischen oder religiösen Gruppe und langjähriger Bearbeitung unterschiedlicher spezifischer Phänomene dieser Gesellschaft. Kultur wird dabei nicht als geschlossenes Bezugssystem verstanden, sondern als ein komplexer Begriff, der für eine Vielzahl von Handlungsoptionen, Bedeutungssystemen, Organisationsformen und Ritualen stehen kann.

Allerdings sind die meisten Gesellschaften der Erde heute von kultureller Vielfalt geprägt und einer regen Neuerfindung von Traditionen sowie radikalen Modernisierungsprozessen ausgesetzt. Hexerei ist hierfür nur ein Beispiel (Kapitel 6): eine Praxis, die heute nur noch wenig mit der mittelalterlichen Tradition gemein hat. Entsprechend schwierig ist eine externe, auf 'Kultur' basierende Beurteilung individueller Handlungsweisen geworden. Hinzu kommt, dass Menschen, die sich auf der Flucht befinden oder auf Arbeitsmigration sind, neue Praktiken lernen, sich neuen Umgebungen anpassen müssen und sich damit transkulturelle Strategien aneignen.

Kulturbeschreibungen, warnt der Ethnologe Hans-Rudolf Wicker, geben keine Erklärung für tatsächliches Handeln. Die Annahme, Kultur ließe sich objektiv beschreiben, birgt die Gefahr, einen Menschen als einen Gefangenen seiner Kultur zu sehen und damit zu übersehen, welche über kulturelle abstrakte Regeln hinausgehenden Handlungsmöglichkeiten Personen zur Verfügung stehen. Oft wird die Vielfalt der Referenzmöglichkeiten übersehen und von einer statischen Einheit ('die Kultur von ...') ausgegangen. Wie im Beispiel zu Beginn des Kapitels kann Kultur allerdings gerade in Asyl- und Strafverfahren zu einem urteilsentscheidenden Gegenstand werden. Die Frage, ob Kultur in Gerichtsverfahren ein 'strategisches Arsenal' oder einen dynamischen Referenzrahmen darstellt, ist nicht einfach zu klären. Ethnologen haben sich wiederholt mit der Frage nach der Kultur in Gerichtsgutachten auseinandergesetzt und dabei auch Kritik geübt.[5]

Kultur als Gegenstand der Forschung 21

Im Zuge der politischen Multikulturalismus-Debatten erhielt ‚Kultur' an deutschen Gerichten zunehmend Aufmerksamkeit (Kapitel 11). Die Ethnologin Ayşe Çağlar untersucht die Verwendung von Kulturargumenten an deutschen Gerichten und stellt in einem Aufsatz aus dem Jahr 2002 fest, dass in den 1960er bis in die 1980er Jahre hinein in deutschen Strafverfahren, bei denen Gastarbeiter aus der Türkei involviert waren, eine vergleichende Praxis angewendet wurde: „Damals wurden zur Erstellung eines Gutachtens vor allem Personen gebeten, die sich gut mit dem Rechtssystem der Türkei auskannten. Türkische Urteile in ähnlich gelagerten Verfahren wurden in Prozessen gegen türkische Immigranten in Deutschland als Präzedenzfälle behandelt."[6]

Durch den in den 1980er Jahren aufkommenden Fokus auf den kulturellen Hintergrund des Klägers wurden Konflikte vermehrt als kulturalistisch dargestellt und Personen zu Trägern einer bestimmten Kultur erklärt, die wie eine ‚Zwangsjacke' das Handeln prädefiniere. Die von den Gerichten angeforderten Gutachten, so Çağlar, bezogen sich dabei auf Kulturbeschreibungen der Herkunftsländer und weniger auf diasporische Gemeinschaften und transkulturelle Handlungsrahmen. Dies führte dazu, dass Verteidiger nun vermehrt kulturelle Tatmotive vermuteten, besonders in Fällen, in denen es um Ehrenmord ging.

‚Kultur' wurde zu einer Art Entschuldigung für Taten, deren Hintergründe nicht immer leicht zu verstehen waren. Der Ethnologe Christian Giordano bemerkt in einem Aufsatz aus dem Jahr 2000, dass er immer wieder mit Sachverständigengutachten beauftragt wurde, wenn es um Ehrenmorde ging. Dabei stellte er fest, dass zunehmend auch die Angeklagten selbst von einem Kulturnarrativ Gebrauch machten, im Wissen, damit Strafmilderung erwirken zu können. Allerdings, gibt Giordano zu bedenken, liege bei weitem nicht allen Tatmotiven eine ‚kulturelle Logik' zugrunde. Auch Çağlar stellt in Bezug auf türkische Migranten fest, dass einige ethnologische Gutachten zu einer Verharmlosung von Tötungsdelikten (Ehrenmorden) führten.

Warum ein kultureller Kontext mehr Auswirkung haben sollte als ein anderer, war aus den Gutachten nicht immer ersichtlich. Immerhin waren manche der Täter seit vielen Jahren in Deutschland und hatten sich, was andere Gewohnheiten betrifft, bestens integriert. Bei Gewalt in der Familie jedoch wurde der Verdacht erstaunlich schnell auf die kulturelle Herkunft gelenkt, ohne alternative Tatmotive in Betracht zu ziehen, bemerkt Çağlar. Eine genaue Betrachtung der Familienstruktur zeigt jedoch, dass gerade traditionelle Vorstellungen in Migrantenfamilien in Deutschland starken Veränderungen unterliegen, meist ohne dass es dabei zu gewalttätigen Konflikten kommt. Giordano beobachtet, dass der Trend der kulturellen Verteidigung (*cultural defense*) dazu führt, auch kriminelle Taten wie Drogen-

22 Einführung in die Konfliktethnologie

geschäfte, die ganz offensichtlich keinerlei kulturellen Hintergrund hatten, zu entschuldigen.

Die Überbetonung von Kultur im Kontext des Multikulturalismus hat zu einer Verselbstständigung des kulturellen Arguments geführt, das die Integrationsleistungen der Migranten überschattet. Viele Gesellschaften, aus denen Asylsuchende nach Deutschland kommen, befinden sich in Transformationsprozessen, die sich in Konflikten zwischen kulturellen, politischen und/oder militanten Gruppen darstellen können. Das bedeutet, dass kulturelle Aspekte wie zum Beispiel bestimmte Rituale, die Kleidung oder sogar der Haar- und Bartschnitt bzw. die Kopfbedeckung zu einem Politikum werden können. Das Abstellen auf einen ahistorischen und monolithischen Kulturbegriff ist hier irritierend. Vielmehr stellt sich die Frage, wann, unter welchen Umständen und wo in einer Gesellschaft kulturelle Handlungsstrategien zu politischen Ausdrucksformen werden, wann es sich um kulturelle Formen der Provokation handelt wie etwa eine Jugendbewegung, wo kriminelle Gruppen am Werk sind und was die Konsequenzen dieses Handelns sind. Dabei ist es unumgänglich, auch einen Unterschied zwischen den Geschlechtern zu machen.

Noch schwieriger wird es, möchte man den Kontext eines Konflikts in einem entfernten Land verstehen, wie das immer wieder in Asylverfahren notwendig wird. Nicht selten haben Asylsuchende bereits vor Beginn des Asylverfahrens eine transkulturelle Entwicklung durchgemacht, die sich im Gerichtsverfahren offenbart. Sie haben ihre Erfahrungen unter Umständen bereits reflektiert und sind möglicherweise zu einer neuen Bewertung ihres Lebens gekommen. Zahlreiche Fragen, die sich im Asylverfahren stellen, sind daher nur bedingt durch Bezugnahme auf Kultur im engeren Sinn zu verstehen. Gleichzeitig erschließt sich die Welt eines Menschen nicht ohne Berücksichtigung kultureller Parameter, die sich, wie bereits Fredrik Barth in seinem Aufsatz aus dem Jahr 1969 feststellte, in Bezug zu anderen unmittelbar benachbarten soziokulturellen Praktiken entwickeln, vermischen oder absetzen.

Herkunftslandinformationen in Asylverfahren

Die Informationen, die in Asylverfahren hinzugezogen werden, nennt man Herkunftslandinformationen (*Country of Origin Information* – COI bzw. HKL). Sie sind eine spezifische Form des Wissens, das von Menschenrechts-, Asyl-, staatlichen und politischen Institutionen sowie Experten unterschiedlichster Fächer geprägt wird. Asylverfahren unterscheiden sich von Sozial- und Strafgerichtsverfahren darin, dass Richter außer der Aufklärung der Sicherheits-, humanitären und allgemeinen Lage im Herkunftsland zudem eine Prognose erstellen müssen, was einem Asylsuchenden im Falle einer Rückkehr erwarten würde. Dieser Unsicherheitsfaktor macht das Asylverfahren zu einem herausfordernden juristischen Feld. Die Juristin und Ethnologin Marie-Claire Foblets und die Ethnologin Larissa Vetters, die den Umgang mit ‚Kultur' in Asylverfahren in Deutschland, Großbritannien und Belgien untersuchen, fanden einige grundsätzlich unterschiedliche Praktiken im Umgang mit Erkenntnismitteln, die zur Aufklärung von Asylverfahren eingesetzt werden. Im deutschen Asylverfahren tragen die Richter die volle Verantwortung für die Erkenntnismittel, zudem legt ihnen der Grundsatz der Aufklärungspflicht (Amtsermittlungsgrundsatz) die Verpflichtung auf, umfassend zu recherchieren; gleichzeitig besitzen sie aber in den Verfahren eine gewisse Freiheit. Sie können zum Beispiel den Übersetzer als Sachverständigen vereidigen, um im Verfahren aufkommende Fragen zu kulturellen Eigenheiten ohne den Aufwand eines zusätzlichen Gutachtens zu klären. Im Gegensatz dazu liegt die Pflicht der Aufklärung im britischen System beim Kläger selbst, während die Richter die Beweise evaluieren müssen und darüber entscheiden können, welche sie verwenden. Sie verfügen kaum über Spielraum, um selbstständig Wissen zu generieren und eigene Forschungen anzustellen. Damit, stellen Foblets und Vetters fest, haben Asylrichter in Deutschland eine größere Handlungsfreiheit und mehr Autorität in Asylverfahren als ihre Kollegen in Großbritannien.

In seiner Dissertation aus dem Jahr 2020 hat sich der Rechtswissenschaftler Lukas Mitsch mit der Frage auseinandergesetzt, welche Wissensformen in Asylverfahren eingesetzt werden. Er macht darauf aufmerksam, dass eine der Besonderheiten im Asylverfahren darin besteht, dass das Faktenwissen zum Herkunftsland nicht Teil des juristischen Repertoires ist und daher auf externe Wissensbestände zurückgegriffen werden muss. Damit einher gehe die Notwendigkeit der Kooperation und Kommunikation mit Nicht-Juristen. „Hierzu kann er [der Richter, S. R.] die Beteiligten anhören, zur Ermittlung von wissenschaftlicher Expertise Sachverständige aus anderen wissenschaftlichen Disziplinen (man spricht auch von außer- oder extrajuridischen Wissen) heranziehen oder über die Partizipation von Dritten im Verfahren gesellschaftliches bzw. ‚transfachliches Wissen' ermitteln."[7]

Damit wurde sowohl aus ethnologischer als auch aus juristischer Perspektive auf die Eigenheit des deutschen Asylverfahrens aufmerksam gemacht. In deutschen Asylverfahren sind kulturelle Aspekte stärker eine Frage der Kommunikation als eine des abstrakten Hintergrundwissens. Im britischen System verhält es sich umgekehrt.[8] Jedoch kommt sowohl im britischen als auch im deutschen Asylverfahren externen Quellen eine wichtige Rolle zu.

Gemäß § 86, Abs. 1 der Verwaltungsgerichtsordnung sind Gerichte in Deutschland zu einer vollständigen und objektiven Sachaufklärung verpflichtet. Auch die europaweit gültige Qualifikationsrichtlinie (L 337/9/) aus

24 Einführung in die Konfliktethnologie

dem Jahr 2011 verlangt, dass „alle mit dem Herkunftsland verbundenen Tatsachen, die zum Zeitpunkt der Entscheidung über den Antrag relevant sind, einschließlich der Rechts- und Verwaltungsvorschriften des Herkunftslandes und der Weise, in der sie angewandt werden", konsultiert werden.[9] Die Standards und Vorgaben für die Herkunftslandinformationen werden auf europäischer Ebene von der EU-Verordnung Nr. 439/2010, Artikel 4 und Artikel 11 vorgegeben. Damit geht die richterliche Verpflichtung einher, tatsächliche und rechtliche Verhältnisse im Herkunftsstaat aufzuklären und verfügbare Erkenntnisquellen auszuschöpfen. Die Anforderungen sind dabei hoch, da eine tagesaktuelle Erfassung und Bewertung der Tatsachenlage gefordert wird. Die Gerichte sollen sich ein möglichst zuverlässiges Bild von der Verfolgungslage im jeweiligen Herkunftsland verschaffen. Hierbei ziehen sie eine Vielzahl an Erkenntnismitteln heran, die sie entsprechend bewerten, um festzustellen, ob die beachtliche Wahrscheinlichkeit einer flüchtlingsrechtlich relevanten Gefahr bei einer Rückkehr vorliegt oder nicht. Grundsätzlich gibt es kein Verwendungsverbot von Erkenntnismitteln. Gutachten werden dann angefordert, wenn aus den zugänglichen Quellen keine ausreichende Einschätzung möglich ist.

Richter sind nun angehalten, den Rahmen, den das Narrativ eines Asylklägers zur Begründung seines Asylantrags entfaltet, anhand zugänglicher Informationen aufzuklären. Sie müssen nicht nur die Plausibilität seines Vortrags prüfen, sondern sich in der Regel darüber hinaus selbst ein Bild der Gesellschaft, aus der der Antragsteller kommt, machen. Einerseits untersuchen sie daher Ereignisse in der Vergangenheit, und andererseits erstellen sie Prognosen bezüglich einer eventuellen Rückkehr.

Richter in Deutschland nutzen unter anderem die von der Asylagentur der Europäischen Union (*European Union Agency for Asylum,* EUAA)[10] und von der UN-Flüchtlingsorganisation (UNHCR) erstellten Dokumente und orientieren sich am Lagebericht des Auswärtigen Amtes. Allerdings werden auch Quellen von Menschenrechtsorganisationen, Zeitungsbeiträge sowie Beiträge anderer Stiftungen und Institutionen hinzugezogen. Wissenschaftliche Literatur im engeren Sinne wird in der Regel nicht hinzugezogen, es sei denn, sie dient der Aufklärung eines spezifischen Sachverhalts. Wissenschaftler haben allerdings meist bei der Erstellung von Lageberichten mitgewirkt oder werden für Gutachten angefragt.

An Informationen mangelt es kaum, vielmehr sehen sich Gerichte heute einer Flut an Informationen ausgesetzt. Allerdings geht aus den vorhandenen Berichten nicht immer eindeutig hervor, wie ein Konfliktkontext eingeschätzt werden soll, da mehrere Meinungen oder Positionen einander gegenüberstehen können. Die Lösung klassischer Lageberichte sowie spezifischer Fragenbeantwortungen, unterschiedliche Meinungen anhand von Zitaten zu belegen und diese kommentarlos hintereinander aufzulisten, um damit den

Anschein von Objektivität zu erzeugen, ist nicht immer gewinnbringend. Einerseits kann durch die selektive Wahl von aneinandergereihten und dekontextualisierten Zitaten ein spezifisches Bild einer Situation konstruiert werden, das den weiteren eventuell kontroversen Zusammenhang der Zitate ignoriert, andererseits kann damit die Praxis begünstigt werden, dass sich Verfahrensbeteiligte an Zitaten ,bedienen' und aus einer Vielzahl von Positionen die ihnen genehme auswählen: eine Art ,Faktenshopping' also. Zudem führt eine solche Darstellung von ,Fakten' immer wieder zu einer rasanten Reproduktion von einzelnen Zitaten, bei denen sich das Original schnell in der Menge der Dokumente verliert. So entsteht der Eindruck, dass ein bestimmtes Faktum vielfach bewiesen worden sei. Ohne die Rückverfolgung zum Originalzitat sowie die Klärung seines historischen, sozialen und kulturellen Hintergrunds sind viele sogenannte Fakten schlichtweg nicht einzuordnen. Wie aber kommt man aus diesem Dilemma heraus, ohne ein Studium zu einem bestimmten Land absolvieren zu müssen?

Die ethnologische Konfliktforschung hat nachgewiesen, dass es bestimmte Formen der Konfliktführung gibt, die zwar unterschiedliche kulturelle Ausprägungen besitzen, aber dennoch auf gesellschaftsvergleichender Ebene Ähnlichkeiten aufweisen. Wenn man zum Beispiel die Logik einer Fehde versteht, ist in der Regel eindeutig, dass bei einem solchen Konflikt nur ein bestimmter Kreis an Personen von Gewalt und Verfolgung betroffen sein wird. Ebenso wenden diktatorische Regime ähnliche Verfolgungsmethoden an und provozieren vergleichbare Verhaltensmuster bei Bürgern. Gleichzeitig setzen sie kulturspezifische Strategien und Vokabulare ein, die es Betroffenen erschweren, die Unterdrückungsmethoden konkret zu benennen. Aus einem solchen gesellschafts- und kulturvergleichenden Forschungsansatz heraus ist dieses Buch entstanden.

Konfliktanalysen im Kontext ethnologischer Forschungsansätze

Europa hat seit Jahrhunderten auf Gesellschaften in anderen Teilen der Welt geschaut und sich selbst auch im Gegensatz zu diesen konzeptualisiert. Informationen über fremde Gesellschaften erreichten Europa zuerst über Reisende und Abenteurer und dienten der Interpretation der eigenen Gesellschaft als Gegensatz zum außereuropäischen Anderen. Diese Informationen motivierten Philosophen und andere Wissenschaftler seit dem 16. Jahrhundert, Gesellschaftstheorien zu entwickeln, von denen einige die Sicht auf gesellschaftliche Konflikte bis heute prägen. Im Folgenden soll daher ein kurzer Überblick ausgewählter Werke und Autoren, die die Konfliktethnologie geprägt haben, dargestellt werden.

26 Einführung in die Konfliktethnologie

Am Beispiel von Thomas Hobbes und Jean-Jacques Rousseau werden zwei unterschiedliche Interpretationsweisen außereuropäischer Gesellschaften im Verhältnis zur eigenen Gesellschaft sichtbar. Beide Autoren lebten in einer Zeit, in der Kriege das Geschehen in Europa prägten. Während Hobbes – anhand ethnographischer Beschreibungen der staatenlosen Völker Amerikas – eine pessimistische Theorie des Menschen entwarf, derzufolge der Mensch von Natur aus einer Bestie gleicht, die nur durch die Angst vor der Gewaltausübung des staatlichen Souveräns kontrolliert werden könne, meinte Rousseau, in den ausländischen Völkerschaften das Gegenbild der nach Macht strebenden Europäer zu erkennen. Sein ‚homme naturel' trat nur aus edlen Anlässen mit benachbarten Gruppen in Konflikt und war frei von Selbstsucht und Herrschaftsanspruch über andere.

Mit der Entwicklung der Soziologie als wissenschaftlicher Disziplin wurden Konflikte zunehmend als gesellschaftliche Prozesse verstanden und in die Gesellschaftsanalyse integriert. Georg Simmel sah den ‚Streit' als Teil von Vergesellschaftungsprozessen, der sich in Form der Konkurrenz fortschrittlich auf Gesellschaften auswirkt. Etwas anders begriff Ralf Dahrendorf soziale Konflikte. Seiner Ansicht nach stellten Macht und Herrschaft die Ursache für soziale Konflikte dar, die allerdings für den sozialen Wandel nötig seien. Damit entwickelte er die Ansicht Karl Marx' und Friedrich Engels' weiter, wonach der Klassenkampf zwischen der herrschenden und der unterdrückten Klasse Grundlage gesellschaftlicher Entwicklungen sei.

Während Thomas Hobbes die Angst vor der staatlichen Gewalt noch als politische Grundkonstante konstruierte, vertrat Norbert Elias die Ansicht, dass Gewalt nicht mit zivilen Werten zu vereinbaren sei. In der modernen Gesellschaft sei die direkte Anwendung von Gewalt in der Konfliktaustragung nicht mehr zeitgemäß.

In ethnologischen Forschungen finden sich zahlreiche mikrosoziologische Ansätze, die Gewalt in einzelnen Gemeinschaften oder Gegenden sowie Ordnungsformen der Gewalt untersuchen.[11] Der Ethnologe Marshall David Sahlins übertrug die Angst vor dem staatlichen Gewaltmonopol, die Hobbes noch als konstitutives Merkmal stratifizierter Gesellschaften begriffen hatte, auf akephale Gesellschaften (das heißt, ‚kopflose' Gesellschaften, also ohne politische Führungselite) und untersuchte diese Angst als ordnungsgebende Kraft. Trutz von Trotha dagegen arbeitete mit dem von Heinrich Popitz bevorzugten Begriff der Gewalt als ein Phänomen der Macht. Gewalt ist hier ein Akt der Macht, der dazu dient, anderen physischen Schaden zuzufügen. Mit diesem Ansatz geht auch von Trotha über den staatlichen Rahmen hinaus, der oft als Ausgangslage für die Untersuchung von Konflikt und Gewalt angesetzt wird.

Anfang des 20. Jahrhunderts unterschied Max Weber drei Typen der legitimen Herrschaft: rationale, traditionelle und charismatische Herrschaft. Diese drei Herrschaftstypen finden sich immer wieder in Konfliktanalysen, wenn es um konflikttreibende Elemente einer Gesellschaft geht. Dies können sowohl Revolutionsführer als auch Diktatoren oder Warlords sein. Allerdings lässt sich aus einem Herrschaftstyp keine spezifische Form der Konfliktführung ableiten. Von Weber ausgehend entwickelte sich zudem der institutionelle Ansatz, der Konflikte als Teil von Institutionen konzeptualisiert. Konfliktpotential entsteht dabei vor allem aus den Widersprüchen von normativen Erwartungen und individuellem Verhalten.

Innerhalb der Ethnologie galt während der Kolonialzeit in Afrika (ab etwa 1880) das Interesse vor allem den Stammesstrukturen, Dorforganisationen sowie den Cheffries[12] und deren Organisationsformen. Kulturalistische Positionen jener Zeit legten einen Sozialdarwinismus zugrunde, der sich in eine Rassentheorie übersetzen ließ und Herrschaftskonflikte als eine Form des Überlebenskampfes konzeptualisierte, aus dem die stärkste Gruppe als Sieger hervorging.

Die Forschungsmethoden des Strukturalismus und Funktionalismus, die eine Reihe sozialwissenschaftlicher Disziplinen prägten, standen bis in die 1960er Jahre dem Studium von Konfliktdynamiken eher kritisch gegenüber. Ethnologen des Strukturalismus und Funktionalismus wie Claude Lévi-Strauss, Alfred R. Radcliffe-Brown, Raymond Firth, Émile Durkheim etc. interessierten sich unter anderem für linguistische Fragen und soziale Organisationen von Gesellschaften. Konflikte gehörten dabei nicht zwangsläufig zu den Forschungsinteressen. Nach Émile Durkheim waren Konflikte soziale und pathologische Ereignisse. Sie wurden also als außerhalb der normativen Strukturen stehend begriffen und waren daher nicht Teil ethnologischer Untersuchungen.

Die politische Anthropologie, die ihren Ursprung in der Kolonialzeit hat, brachte zahlreiche Studien hervor, die politische Organisationen von Gesellschaften außerhalb Europas beschrieben. Im Rahmen der politischen Anthropologie werden auch heute noch Staatlichkeit, politische Organisationsformen und Praktiken des Herrschens, wie zum Beispiel von Sicherheitspersonal, Bürokratie und anderen politischen, sicherheitsrelevanten und administrativen Akteursgruppen, untersucht.

Der Politikwissenschaftler Benedict Anderson trug mit dem vom ihm geschaffenen Begriff und dem gleichnamigen, im Jahr 1983 erschienenen Buch „Imagined Communities" erheblich dazu bei, die Entwicklung kollektiver Identitäten und konkret das Phänomen des Nationalismus zu verstehen. Warum, so fragte Anderson, sehen sich Menschen als Teil eines Verbandes (zum Beispiel einer ethnischen oder religiösen Gruppe) oder eines Staates, obwohl der direkte Kontakt, der für eine Gruppenidentität doch so zentral zu sein scheint, fehlt?

28 Einführung in die Konfliktethnologie

Konzeptuell waren Konflikte in diesem Forschungsansatz in die Sozialstruktur integriert, in Normsystemen kodifiziert oder folgten bestimmten Regeln, wie das ‚Ritual der Rebellion‘, das Viktor Turner und Max Gluckman beschrieben haben (Kapitel 8). Aus diesem Ansatz heraus entstand ab den 1960er Jahren die Rechtsethnologie, die mit ihren Arbeiten zum Rechtspluralismus bis heute zur Konfliktanthropologie beiträgt (Kapitel 11).

Die Medizinethnologie bietet einen weiteren Zugang zum Thema: Sie hat sich mit Konflikt und Gewalt in Bezug auf Traumata beschäftigt. Abstand nehmend vom neurologisch geprägten Begriff der Posttraumatischen Belastungsstörung (PTBS), der innerhalb eines euro-amerikanischen kulturellen Rahmens entstanden ist, untersuchten zahlreiche Ethnologen[13] kulturelle Formen der Trauma-Verarbeitung auch außerhalb Europas. Sowohl die Sprache, die zur Darstellung von Traumata verwendet wird, als auch der Umgang mit Schockereignissen sind kulturspezifisch und unterscheiden sich von Gesellschaft zu Gesellschaft. Der Soziologe Jeffrey C. Alexander spricht beispielsweise von einem kulturellen Trauma, das sich dadurch auszeichnet, dass die Mitglieder der betroffenen Gruppe den Eindruck haben, das Gewaltereignis habe ihre Erinnerungen und damit ihre zukünftige Identität und Handlungsoptionen nachhaltig verändert.

Sowohl individuelle als auch kollektive Erfahrungen von Gewalt und Leiden werden in einem Sinnzusammenhang verarbeitet, der stets gesellschaftlich geprägt ist. Christina Zarowsky, ausgebildete Ärztin und Ethnologin, die mit somalischen Flüchtlingen arbeitet, stellte fest, dass individuelles psychologisches Leid meist mit politischen Erfahrungen in Zusammenhang gebracht wird und daher medizinische Befunde nicht vom politischen Kontext abgetrennt werden können. Daraus schließt sie, dass Traumata aufgrund politischer Ereignisse auch das Potential zur Mobilisierung von politischem Widerstand haben können. Alexander weist zudem darauf hin, dass Narrative von Traumata kulturspezifische Klassifikationen verwenden[14] und durch bestimmte Kontexte und Zuhörerschaften erzählbar werden. Gesellschaftskonflikte und Diktaturen produzieren Traumata, die nicht nur individuelle psychologische Probleme hervorbringen, sondern kollektive Erfahrungen, die von einer ganzen Gruppe verarbeitet werden müssen. Die individuellen Erfahrungen fügen sich über die Zeit in ein Masternarrativ des sozialen Leidens der Gruppe zusammen.

Die Ethnologin Kimberly Segall beschreibt kulturelle Darstellungsformen, die es ermöglichen, ein traumatisches Erlebnis in eine kollektive Form der Trauer zu überführen. Diese Gruppenerinnerungen erlauben den Individuen, ihr persönliches Trauma zumindest bis zu einem gewissen Grad zu verarbeiten und ein von der Gruppe entwickeltes Narrativ der Trauer zu akzeptieren. Gerade Flüchtlingen wird diese Möglichkeit der kulturellen (kollektiven) Verarbeitung traumatischer Erlebnisse allerdings genommen, da der neue kulturelle Kontext in der Migration in der Regel nicht den Handlungsrahmen für eine solche kollektive Verarbeitung innerhalb der eigenen Kultur anbietet.

Die Psychologen Jan Ilhan Kizilhan und Johanna Neumann stellten auf Basis ihrer jahrelangen praktischen Erfahrungen und Recherchen fest, dass das Gerechtigkeitsempfinden traumatische Kriegserfahrungen beeinflusst und zu einer Heilung beitragen kann. Diese Entdeckung zeigt, dass gesellschaftliche und politische Menschenrechtsdiskurse Auswirkungen auf die psychologische Verfassung von Opfern von gewaltgeladenen gesellschaftlichen Konflikten haben. Damit ist das Trauma oder, allgemeiner, die psychische Folge einer Gewalterfahrung keinesfalls nur eine reine medizinische Angelegenheit, sondern immer auch eine soziale, kulturelle und politische.

Die Trauma-Forschung aus ethnologischer Perspektive ist auch Teil der Gewaltanthropologie (*Anthropology of Violence*), die seit Mitte des 20. Jahrhunderts mit empirischen Forschungen zur Diskussion um die kulturelle Prägung von Traumata beigetragen hat. Ähnlich wie die anderen Unterdisziplinen der Ethnologie ist die Gewaltanthropologie ein differenziertes Feld, das von der Thematisierung individueller Erfahrungen und unterschiedlichen Formen der Darstellung von Gewalt bis hin zur Analyse struktureller, symbolischer und institutioneller Gewalt reicht (Kapitel 3). Nancy Scheper-Hughes prägte die Gewaltanthropologie mit ihrem Buch zu Kindersterblichkeit in Brasilien aus dem Jahr 1992. Sie untersuchte den individuellen Umgang von Müttern mit Verlusterfahrungen. Ihre Arbeit beeinflusste die Medizinanthropologie und später auch die Geschlechterstudien (Gender Studies), die sich vor allem auf geschlechtsspezifische Gewalt konzentrierten (Kapitel 5). Andere ethnologische Forschungen zu Gewalt analysieren Begriffe wie Ehre und Schande, die Entstehung von Gewaltmärkten als Bürgerkriegsphänomene, diskutieren Definitionen von Gewalt und untersuchen die Rolle und Entstehung von Wir-Gruppen als Voraussetzung für kollektive Gewaltexzesse.

In gewisser Weise ist die empirische Erforschung von Gewalterfahrungen eine der Stärken der ethnologischen Konfliktforschung, da Ethnologen durch ihren langjährigen Kontakt zu Gruppen und Individuen einen Einblick in die Komplexität solcher Erfahrungen erhalten können. Auch wenn die Forscher in der Regel nicht selbst die Gewalterfahrungen der von ihnen untersuchten Gruppen teilen, so können sie kulturspezifische Narrative, materielle Beweise und soziales Verhalten verknüpfen und auf diese Weise die Zusammenhänge von Gewalt aufarbeiten. Diese differenzierte Betrachtungsweise von Gewalterfahrungen findet aber beim Transfer anthropologischen Expertenwissens in politisch-administrative Praxisbereiche nur selten Anerkennung: Die Reduzierung von Trauma in Asylverfahren als medizi-

30 Einführung in die Konfliktethnologie

nisch-psychischer Befund, der nur von Ärzten in entsprechenden Gutachten nachgwiesen werden kann, hat dazu geführt, dass ethnologische Arbeiten bezüglich kulturspezifischer Auswirkungen von Gewalterfahrungen kaum noch berücksichtigt werden.

Auch politische Ideologien haben Konfliktanalysen beeinflusst. So wurden mit der Einrichtung des Staatssozialismus neue weltpolitische Parameter gesetzt, die in der Sowjetunion zu eigenen Konfliktforschungsansätzen führten (Kapitel 6). Die Idee des Klassenkampfes als Grundkonflikt von Gesellschaften prägte die sowjetische Politik ebenso wie die Forschung. Aber auch im Westen verfolgten Wissenschaftler marxistische Konflikttheorien, allerdings ohne Bezug zum sowjetischen Sozialismus. Es wurde nach sozial benachteiligten Gruppen gesucht, die Protestpotential besitzen und (potentielle) politische Akteure waren. In diesem Kontext wurde zum Beispiel lange der Nordirlandkonflikt analysiert. James Scott nutzte ethnographische Methoden der Erhebung, um ländliche Klassenkonflikte unter den malaysischen Bauerngemeinschaften zu untersuchen. Er identifizierte subtile Widerstandshandlungen, die die Bauern nutzten und mit deren Hilfe sie den reichen und einflussreichen Landbesitzern Strategien des Widerstandes entgegensetzten, was er in seinem bekannten Buch „Weapons of the week" aus dem Jahr 1985 verschriftlicht hat.

Eine weitere Zäsur in der ideologischen Aufteilung der Welt stellte der 11. September 2001 dar. Im Anschluss daran wurde Religion erneut zu einem prägenden Faktor von Konflikten erhoben. Der Anti-Terror-Kampf involvierte zeitweise fast die ganze Welt und prägte lokale Konfliktformen ebenso wie globale Stellvertreterkriege (Kapitel 9). Die Nebenwirkungen des Anti-Terror-Kampfes, wie er von den USA infolge der Ereignisse des 11. Septembers ausgerufen worden war, konnten in lokalen Konflikten beobachtet werden. Politische Oppositionen oder ethnische Minderheiten, die viele Jahre um ihre Rechte gestritten hatten, wurden in zahlreichen Staaten nun als ‚islamistische Terroristen' kompromisslos unterdrückt und gnadenlos verfolgt.

Der Anti-Terror-Krieg machte zudem auf die Relevanz von Topographien bei Konfliktbewertungen aufmerksam. Die Art und Weise, wie Konflikte theoretisch konzeptualisiert werden, hängt maßgeblich mit der Geschichte eines Landes und deren Verknüpfung mit geographischen Räumen zusammen. Kolonialmächte haben eroberte Gebiete entsprechend ihrer eigenen epistemologischen Entwicklung markiert und die physische Geographie einer politischen Interpretation unterzogen. Bei genauerer Beobachtung der Geschichte einzelner Kolonialstaaten bis in die Gegenwart lassen sich diejenigen Gegenden identifizieren, deren Bevölkerungsgruppen bereits während der Eroberungen durch koloniale Armeen Widerstand leisteten oder sich aufgrund geographischer Gegebenheiten nicht ohne weiteres kontrollieren ließen. Klassische ‚Problemgebiete‘ sind Gebirgszüge oder Wüsten. Gruppen, die in solchen unwegsamen Gebieten leben, erschwerten die Kontrolle und galten daher als gefährlich, barbarisch, weniger entwickelt oder besonders rebellisch. Diese humangeographischen und politischen Konzepte aus der Kolonialzeit markieren Gegenden bis heute. Jeder Konflikt in einer solchen Region tendiert dabei umgehend dazu, in ein bereits etabliertes Deutungsschema (Rebellen, Terroristen) eingeordnet zu werden, das jede Detailanalyse überflüssig zu machen scheint.

Neue Formen der Konfliktaustragung

Das letzte Jahrhundert wurde davon geprägt, dass die Welt sich verstärkt vernetzt hat. Unter dem Begriff der Globalisierung wurden wirtschaftliche und kulturelle Formen der Vernetzung untersucht. Die digitalen Entwicklungen haben eine Dynamik in Gang gebracht, deren Ausmaß noch kaum fassbar ist. Die Überwindung von Grenzen und Distanzen wirkt sich auch auf die Formen der Konfliktführung aus. Viele Konflikte, die in der Vergangenheit mit militärischen Kräften im Feld ausgefochten wurden, haben eine neue Dimension erhalten. Das gilt nicht nur für die moderne Waffenentwicklung, sondern auch für die Möglichkeiten, potentielle politische Konflikte bereits zu ersticken, bevor sie ausbrechen. Auch Rebellen, Oppositionsgruppen und Terroristen tragen ihren Kampf in der virtuellen Welt weiter aus. Forschungen haben gezeigt, dass politische Partizipation und Kommunikation zunehmend in den sozialen Medien stattfinden. Politische Proteste werden über soziale Medien organisiert und erreichen damit weit mehr Menschen, als dies ohne sie der Fall wäre. Unter anderem haben dies die australischen Wissenschaftler des Exzellenzzentrums „Creative Industries and Innovation" Axel Bruns, Tim Highfield und Jean Burgess für den Arabischen Frühling im Jahr 2011 belegt.

Die Türkei stellt ein interessantes Beispiel dafür dar, wie die digitale Kontrolle zum festen Bestandteil des politischen Arsenals geworden ist. Die türkische Regierung nutzte die digitalen Möglichkeiten nicht nur dazu, ihr Verwaltungssystem (E-Devlet) zu modernisieren, sondern auch dazu, anhand dieser Plattform unzählige Daten der Bürger miteinander zu verknüpfen (Bank, Meldewesen, Telekommunikation und juristische Institutionen) und so sämtliche Bürger in ein engmaschiges Überwachungssystem einzubinden. Seit 2020 wurden sämtliche sozialen Mediendienste zudem zur Zusammenarbeit mit den Behörden verpflichtet. Die von den Sicherheitsbehörden akkumulierten Datenmengen haben inzwischen ein gigantisches Ausmaß angenommen und über 150.000 Menschen ihrer Grundrechte beraubt. Bekannt wurde unter anderem der Excel-basierte Algorithmus

,FETÖ-Meter', der zunächst vom pensionierten Konteradmiral Cihat Yaycı entwickelt wurde, um alle Militärangehörigen zu überwachen.[15] Nach dem gescheiterten Putschversuch am 15. Juli 2016 sollten mit diesem Werkzeug potentielle und bereits aktive Gülen-Mitglieder – eine religiöse Bewegung, die für den Putsch verantwortlich gemacht wurde – sowie andere Oppositionelle innerhalb der Sicherheitskräfte ausfindig gemacht werden. Inzwischen werden mit dem Algorithmus auch Mitglieder kurdischer und linker Gruppen gesucht, erklären der Rechtswissenschaftler Emre Turkut und der Rechtsanwalt Ali Yıldız in einer Studie von 2021. Über diese Methode, die aus der digitalen Verknüpfung von Daten einen Tatverdacht ableitet, wurden seitdem hunderttausende Individuen zu Mitverantwortlichen des Putsches erklärt und als Gülen- oder PKK-Anhänger des Terrorismus beschuldigt. Zusätzlich ziehen türkische Gerichte gezielt und selektiv Soziale-Medien-Einträge als ,Nachweise' über eine terroristische Verbindung auch dann heran, wenn die Beiträge zum Zeitpunkt der Veröffentlichung vollkommen legal waren, auch nach der türkischen Rechtsordnung. Damit illustriert die Türkei in ausgeprägtem Maße das Potential digitaler Technologien zur umfassenden und alle sozialen Bereiche durchdringenden Konfliktprävention.

Die neue digitale Konfliktführung entzieht sich der öffentlichen Wahrnehmung; sie ist für die Presse etwa kaum mehr sichtbar. Israelische Geheimdienste dringen zum Beispiel direkt in iranische Atomanlagen ein und sabotieren dort einzelne Programme. Roboter patrouillieren an israelischen Grenzen und agieren weitgehend autonom und weitab von Reportern, während Jihadisten zu einem digitalen Jihad aufrufen. Und die iranische Oppositionsgruppe der Volksmujahedin dringt von Albanien aus in iranische Fernsehsendungen ein, um dort ihre Propaganda einzublenden.

Die Möglichkeiten des modernen Internets, Cyber-Angriffe unterschiedlicher Art vollkommen anonym und in der Regel schwer nachverfolgbar durchzuführen, stellen die Konfliktforschung vor neue Herausforderungen. Zum Beispiel lässt sich Propaganda-Material so veröffentlichen, dass der Autor nicht identifizierbar ist, oder ein Angriff über das Internet durchführen, bei dem der Standort des Urhebers durch komplizierte Umleitung des Datenverkehrs unkenntlich gemacht werden kann. Zahlreiche Hersteller bieten auf dem freien Markt hochspezialisierte Spähprogramme für mobile Endgeräte (zum Beispiel für das Smartphone) an, die nach ihrer Installation die nahezu lückenlose Überwachung des Opfers ermöglichen. In der Regel erfährt das Opfer nichts von der Installation bzw. kann sich der Beobachtung nicht oder nur schwer entziehen. Firmen wie NSO aus Israel oder Hacking Team aus Italien beliefern seit Jahren totalitäre Staaten wie Syrien oder Weißrussland mit ihren Spyware-Produkten.

Auch sogenannte traditionelle Formen der Konfliktführung, wie eine Fehde, sind vor diesen neuen Entwicklungen nicht sicher. Tschetschenen in Frankreich tragen ihre Konflikte, die für die beteiligten Männer nicht selten tödlich enden, nun auch immer öfter über digitale Netzwerke aus. Die Fehden werden dadurch aus dem Entstehungszusammenhang in Tschetschenien, dem lokalen Umfeld von Großfamilie und Dorf heraus in andere Staaten getragen; mit ihrer räumlichen Entgrenzung verliert die Fehde allerdings ihren gewaltregulierenden Charakter (Kapitel 7).

Weniger überraschend sind demnach auch die Investitionen, die Diktaturen und totalitäre Staaten in digitale Kontrolle stecken. Während in den meisten Dörfern Tadschikistans das Wasser noch an einer zentralen Wasserpumpe geholt werden muss und im Winter mit Kuhdung geheizt wird, verfügt der Staat über eine ganze Armee von jungen Menschen, die digitale Kontakte abfangen, Konversationen kontrollieren und per Internet Oppositionellen im Ausland nachstellen.

Der Wissenschaftler Mark Leonard spricht von einer neuen Kriegsführung, die sich nicht mehr klassischer Armeen bedient. Er analysiert die Strategie der USA, die sich zwar militärisch aus Afghanistan zurückgezogen haben, jedoch nicht um zu kapitulieren, sondern um mit neuen Waffen weiterzukämpfen. Digitale Spyware ist ein inzwischen gängiges Werkzeug, das Staaten einsetzen, um kriminelle und unerwünschte Gruppen und Einzelpersonen zu kontrollieren. Eine solche Kriegsführung eröffnet völlig neue Dimensionen; sie verlangt eine ebensolche Abwehr.

Aber auch archaische Mittel des Kampfes wie Hunger werden wieder in großem Maßstab zu einer Kriegswaffe. In Äthiopien zum Beispiel wurden ab dem Jahr 2020 im Zuge der Auseinandersetzung zwischen der Regierung und den ehemaligen Herrschern, den Tigray, ganze Regionen abgeriegelt und die Menschen dem Tod durch Hunger ausgesetzt. Auch in Afghanistan ließ man 2021 ein Massenverhungern unter den Augen der Welt zu, nur um die gegnerische Seite (USA einerseits und die Taliban andererseits) zum Handeln zu zwingen.

Trotz der rasanten Entwicklungen auf diesem Gebiet haben Ethnologen diese neuen Formen der Konfliktführung noch nicht eingehend untersucht. Dabei basieren diese Formen der Konfliktführung auf kulturellen Kenntnissen, die – sowohl für Forschende als auch für die am Konflikt Beteiligten – durch das Internet noch leichter als zuvor zugänglich sind. Noch nie war so viel Wissen über unterschiedliche Gruppen und Individuen zugänglich wie heute. Das Internet eröffnet unglaubliche Möglichkeiten detailreicher Nachforschungen, so dass man davon ausgehen kann, dass Gruppen, die sich in einem Konflikt befinden, sämtliche Informationen über die jeweils gegnerische Gruppe kennen. Der Mythos, gewalttätige Konflikte oder Rassismus seien das Resultat von mangelndem Wissen übereinander, ist längst hinfällig. Vielmehr haben wir es mit dem Prinzip *narcissism of minor differences* zu tun, welches in Kapitel 6 beschrieben wird. Es besagt, dass gerade

34 Einführung in die Konfliktethnologie

Gruppen, die einander gut kennen, sich gegenseitig enormen physischen und psychischen Schaden zufügen können.

Soziale Medien in der Konfliktforschung

Konfliktforschungsinstitute haben inzwischen den Nutzen sozialer Medien als Informationsquelle erkannt. Konkret angewendet hat es zum Beispiel Phillip Smyth, Mitarbeiter des Washington Institutes und Herausgeber des Shia Militia Mapping Project, der einen Großteil seiner Informationen zu einzelnen Vorfällen im Jahr 2019, an denen schiitische Milizen im Irak und Syrien beteiligt waren, aus sozialen Medien bezog. In der Vergangenheit war man auf die Informationen von Geheimdiensten und regionalen Organisationen angewiesen, um detaillierte sicherheitsrelevante Informationen zu erhalten, erklärt er. Mit den sozialen Medien hat sich ein direkter Weg eröffnet, um an Primärinformationen zu gelangen. Schiitische Milizen, beobachtet Smyth, organisieren sich in etwa 200 formalen Organisationen, informellen Netzwerken und digitalen Messenger-Diensten, die für die Studie konsultiert wurden. Die interaktive Karte, die Smyth aus den Daten erstellt hat, gibt ein Bild des Konfliktgeschehens in der Region und bildet die Vielfalt an aktiven Milizen ab. Smyth verzichtet auf eine reduktive oder zusammenfassende Kategorisierung der Vorfälle, was einerseits statistische Analysen erschwert, aber andererseits die empirische Lage besser darstellt.

Das als wissenschaftliches Projekt an der Universität Sussex initiierte und seit 2014 von einer NGO getragene Projekt „Armed Conflict Location & Event Data Project" (ACLED) sammelt Daten zu aktuellen Konflikten und arbeitet diese in Graphiken auf. Seit einigen Jahren verwendet ACLED ebenfalls Informationen aus den sozialen Medien und hat hierzu genaue Kriterien der Überprüfbarkeit erarbeitet. Zunächst wird die Echtheit der Autorenprofile einzelner sozialer Medien-Beiträge einer Überprüfung unterzogen, um auszuschließen, dass ihr Account ein Bot ist oder Trolle verwendet werden. Weitere Untersuchungen bewerten die Plausibilität der Informationen durch Vergleich mit anderen Medien. In anderen Worten, die Verwendung von sozialen Medien für die Konfliktforschung verlangt eine umfassende Prüfung der Produzenten von Information.

Die ACLED-Studie von Dowd et al. kommt nach der Auswertung von sozialen Medien im Rahmen der Untersuchung der Wahlen in Kenia im Jahr 2017 zum Schluss, dass Twitter in dichtbesiedelten, urbanen Milieus, insbesondere der Mittelklasse, verlässliche Informationen zu Konfliktanalysen liefert. Für ländliche dünnbesiedelte Gebiete sei das Medium zum Studium von Konfliktverhalten allerdings weniger geeignet. Es komme zudem immer darauf an, wer Interesse an der Verbreitung einer bestimmten Version eines

Ereignisses habe und welche Kontrollen von staatlicher Seite bezüglich des Informationszugangs vorliegen würde. Das Beispiel aus Kenia zeigt, dass die Informationsbeschaffung anhand von sozialen Medien in Konfliktkontexten eine Herausforderung bleibt.

Die systematische Sammlung von Informationen über soziale Medien kann über den aktuellen Informationsgehalt hinaus wertvolles Archivmaterial zur Verfügung stellen. Eine unter dem Namen „Syrian Archive" bekannt gewordene Gruppe aus Berlin sammelt seit Ausbruch des Krieges in Syrien im Jahr 2011 Bild- und Kartenmaterial zu militärischen Angriffen und erstellt auf diese Weise ein Archiv, das Informationen über die Kriegsführung, die Art der Waffen und den Zeitpunkt der Angriffe liefert. Damit soll für eine spätere forensische Analyse vorgesorgt werden. Jedes Video und jedes Bild werden von der Gruppe sorgfältig auf Echtheit hin geprüft, bevor es in das Archiv aufgenommen wird.

Soziale Medien eröffnen allerdings nicht nur zahlreiche Quellen, sondern stellen für sich genommen als Kommunikationsplattformen ein neues Feld der Konfliktaustragung dar. Eine detaillierte Analyse eines Konflikts in Tadschikistan, dessen Akteure als Terroristen bezeichnet wurden, zeigt, dass sich das Vokabular und die Interpretationen weniger an reale Ereignisse im Feld als an ideologische Ausrichtungen der Parteien anpassen. Die islamistische Webseite „Kavkaz Center" aus dem Kaukasus beobachtete einen Konflikt im Gharm-Tal im September 2010, der sich zwischen lokalen religiösen Aktivisten und der tadschikischen Armee entwickelt hatte, so lange, bis die Parteienkonstellation klar war. Erst dann positionierten sich die Autoren und nahmen die Kämpfer in der Region als gleichgesinnte Mujahed in ihre Berichterstattung auf. Für sie ausschlaggebend war die Position Russlands gewesen, das sie für den kaukasischen Jihad als primären Feind betrachten. Da es sich aber um einen internen tadschikischen Konflikt handelte – bei dem allerdings westliche Staaten die tadschikische Armee unterstützten und damit Position bezogen –, blieb die Position Russlands einige Zeit lang unklar. Erst als Russland sich eindeutig auf die Seite des tadschikischen Staates stellte, verwendete das Kavkaz Center ein jihadistisches Vokabular für die Oppositionskämpfer und begann, die Gegenseite zu diffamieren. Die Details des Konfliktes waren dabei völlig irrelevant; was zählte, war allein die Verortung der beteiligten Parteien. Das Vokabular war auch keinesfalls kreativ, erst recht nicht traditionell religiös, sondern schlichtweg die Verkehrung der westlichen Medienberichterstattung in ihr Gegenteil.

Das hier genannte Beispiel war medial unbedeutend genug, um nur wenige Berichterstatter zu interessieren, weshalb die Datenmenge überschaubar und der Forschungsaufwand im Rahmen des Leistbaren blieb. Viele Ereignisse, nicht nur im Nahen Osten, lösen jedoch eine solche Flut an Informationen aus, dass es schwierig ist, Diskursstränge zu verfolgen und analytisch zu

36 Einführung in die Konfliktethnologie

erschließen. Dennoch sollte nicht vergessen werden, dass soziale Medien Teil der Konfliktführung sein können oder sogar eine eigene Form der Konfliktaustragung darstellen. Die Ethnologie wird hierzu neue Forschungsmethoden entwickeln müssen.

Verwendete Literatur

Alexander, Jeffrey C. 2004. „Toward a Theory of Cultural Trauma", in *Cultural and Collective Trauma*, J. C. Alexander, R. Eyerman, B. Giesen, N. J. Smelser und P. Sztomka (Hg.). Berkeley: University of California Press, 1–30.

Anderson, Benedict R. 1991 [1983]. *Imagined Communities: Reflections on the Origin and Spread of Nationalism* (Revised Edition). London, New York: Verso.

Barth, Fredrik 1998 [1969]. „Introduction", in *Ethnic Groups and Boundaries: The Social Organization of Culture Difference*, F. Barth (Hg.). Long Grove/Ill.: Waveland Press, 9–38.

Bruns, Axel, Tim Highfield und Jean Burgess 2013. „The Arab Spring and Its Social Media Audiences: English and Arabic Twitter Users and Their Networks." *American Behavioural Scientist* 57 (7): 871–898.

Çağlar, Ayşe 2002. „Der diskrete Charme der Eingeborenen: Drei Gerichtsfälle und die Frage der Regierbarkeit", in *Inspecting Germany: Internationale Deutschland-Ethnographie der Gegenwart*, T. Hauschild und B. J. Warneken (Hg.). Münster: LIT, 321–339.

Dahrendorf, Ralf 1961. *Gesellschaft und Freiheit. Zur soziologischen Analyse der Gegenwart*. München: Piper.

Dowd, Caitriona, Patricia Justino, Roudabeh Kishi und Gauthier Marchais 2018. „Comparing ‚New' and ‚Old' Media for Violence Monitoring and Crisis Response in Kenya". *Armed Conflict Location & Event Data Project* (ACLED*),* verfügbar unter: https://acleddata. com/2018/12/20/comparing-new-and-emerging-forms-of-violence-data/.

Foblets, Marie-Claire 2016. „Prefatory Comments: Anthropological Expertise and Legal Practice: about False Dichotomies, the Difficulties of Handling Objectivity and Unique Opportunities for the Future of a Discipline". *International Journal of Law in Context* 12 (3): 231–234.

Gibb, Robert und Anthony Good 2013. „Do the Facts Speak for Themselves? Country of Origin Information in French and British Refugee Status Determination Procedures". *International Journal of Refugee Law* 25(2): 291–322.

Gluckman, Max 1954. *Rituals of Rebellion in South-East Africa*. Manchester: Manchester University Press.

Good, Anthony 2008. „Cultural Evidence in Courts of Law". *Journal of the Royal Anthropological Institute* (N.S.): 47–S 60.

Hoehne, Markus V. 2016. „The Strategic Use of Epistemological Positions in a Power-Laden Arena: Anthropological Expertise in Asylum Cases in the UK". *International Journal of Law in Context* 12: 253–271.

Hoehne, Markus V. 2014. „Resource Conflict and Militant Islamism in the Golis Mountains in Northern Somalia (2006–2013)". *Review of African Political Economy* 41 (141): 358–373.

Kenny, M. G. 1996. „Trauma, Time, Illness, and Culture: An Anthropological Approach to Traumatic Memory", in *Tense Past. Cultural Essay in Trauma and Memory*, P. Antze und M. Lambek (Hg.). New York: Routledge, 151–172.

Kirmayer, L. J. 1996. „Landscape of Memory: Trauma, Narrative, and Dissociation", in *Tense Past. Cultural Essay in Trauma and Memory*, P. Antze und M. Lambek (Hg.). New York: Routledge, 173–198.

Verwendete Literatur

Kizilhan, Jan Ilhan und Johanna Neumann 2020. „The Significance of Justice in the Psychotherapeutic Treatment of Traumatized People After War and Crises". *Frontiers in Psychiatry* 11, Artikel 540.

Leonard, Mark 2021. „The Afghan Tragedy and the Age of Unpeace". *Project Syndicate*, 03.09.2021, verfügbar unter: https://ecfr.eu/article/the-afghan-tragedy-and-the-age-of-unpeace/.

Mitsch, Lukas 2020. *Das Wissensproblem im Asylrecht*. Baden-Baden: Nomos.

Roche, Sophie 2022. „The Topography of Terrorism: Between Local Conflicts and Global Jihad", in *Dynamics of Identification and Conflict: Anthropological Perspectives*, M. V. Hoehne, E. Ch. Gabbert und J. R. Eidson et al (Hg.). New York u.a.: Berghahn Books, 135–153.

Scheper-Hughes, Nancy 1992. *Death with Weeping: The Violence of Everyday Life in Brazil*. Berkeley u.a.: University of California Press.

Scott, James C. 1985. *Weapons of the Weak: Everyday Forms of Peasant Resistance*. New Haven, London: Yale University Press.

Segall, Kimberly W. 2005. „Stories and Song in Iraq and South Africa: From Individual Trauma to Collective Mourning Performances". *Mourning and Memory. Comparative Studies of South Asia, Africa and the Middle East* 25 (1): 139–151.

Simmel, Georg 1908. *Soziologie. Untersuchungen über die Formen der Vergesellschaftung* (Gesamtausgabe, Bd. 11), hg. von Otthein Rammstedt (zuerst erschienen bei Duncker & Humblot, Berlin 1908), verfügbar unter: „Internet Archiv" 2008, https://archive.org/details/soziologieunters00simmrich/page/n11/mode/2up.

Smyth, Phillip 2019. „The Shia Militia Mapping Project". *The Washington Institute for New East Policy*, 20.05.2019, verfügbar unter: https://www.washingtoninstitute.org/policy-analysis/shia-militia-mapping-project

Turkut, Emre und Ali Yıldız 2021. „Algorithmic persecution in Turkey's post-coup crackdown: The FETÖ-Meter system". *Statewatch*, 25.11.2021, verfügbar unter: https://www.statewatch.org/publications/reports-and-books/algorithmic-persecution-in-turkey-s-post-coup-crackdown-the-feto-meter-system/.

Vetters, Larissa und Marie-Claire Foblets 2016. „Culture all around? Contextualising Anthropological Expertise in European Courtroom Settings". *International Journal of Law in Context* 12 (3): 272–292.

Wicker, Hans-Rudolf 2000. „Kriminaljustiz und Gutachtenpraxis – Das ‚falsche' versus das ‚richtige' ethnologische Gerichtsgutachten". *Ethnoscripts* 2 (2): 23–42.

Zarowsky, Christina 2000. „Trauma Stories: Violence, Emotion and Politics in Somali Ethiopia". *Transcultural Psychiatry* 37 (3): 282–402.

Zarowsky, Christina 2004. „Writing Trauma: Emotion, Ethnography, and the Politics of Suffering among Somali Returnees in Ethiopia". *Culture, Medicine & Psychiatry* 28: 189–209.

Weitere Quellen

Richtlinie 2011/95/EU des Europäischen Parlaments und des Rates vom 13.12.2011 über Normen für die Anerkennung von Drittstaatsangehörigen oder Staatenlosen als Personen mit Anspruch auf internationalen Schutz, für einen einheitlichen Status für Flüchtlinge oder für Personen mit Anrecht auf subsidiären Schutz und für den Inhalt des zu gewährenden Schutzes. (QRL – L337/9) Amtsblatt der Europäischen Union.

Verordnung (EU) Nr. 439/2010 des Europäischen Parlaments und des Rates vom 19.05.2010 zur Einrichtung eines Europäischen Unterstützungsbüros für Asylfragen.

Kapitel 3
Formen der Gewalt

Grenzen der legitimen und nicht-legitimen Gewalt

Ein Kläger aus Sri Lanka berichtet über sein Leben und seine militärische Karriere. Zunächst versucht er, den Übersetzer zu kritisieren: Dieser spreche kein Singhalesisch.[16] Schließlich beginnt er über sein Leben zu berichten. Daraufhin legt er seine wirtschaftlichen Verhältnisse in Sri Lanka dar, um den Verdacht der Armut als Fluchtgrund zu widerlegen. In Sri Lanka sei ihm viel Ungerechtigkeit widerfahren. Er habe ein Busunternehmen besessen, das er schließen musste, nachdem er mit den Bussen studentische Aktivisten zu einer illegalen Demonstration gefahren habe. Dann kommt er auf seine militärische Karriere zu sprechen: 13 Jahre Dienst und Einsätze in Kriegsgebieten und im Nachrichtendienst. Zu seiner Arbeit habe das Abhören mithilfe von Radaranlagen gehört. Die Rebellen und Terroristen, wie er die Tamilen bezeichnet, hätten Fotos von ihm gemacht und geplant, ihn zu entführen, woraufhin er in den Süden versetzt worden sei. Er sei oberster Befehlshaber gewesen, der die Ausweisungen im Südwesten Sri Lankas ausführen ließ. Nach Kriegsende im Jahr 2008 habe seine Abteilung unterschiedliche Arbeiten übernommen, wie die Beseitigung von Kriegsabfällen, die Räumung von illegal errichteten Gebäuden oder die Verteilung staatlicher Hilfen. Er habe nichts Falsches gemacht, lediglich Befehle ausgeführt, versichert er, auf die Frage hin, warum er seine Arbeit verloren hatte.

Seine Probleme begannen mit den Präsidentschaftswahlen 2010. Er habe einem potentiellen Kandidaten den Zugang zum Militärgelände verwehrt, wie ihm aufgetragen worden sei. Nach außen hin sei es eine Partei gewesen, im Hintergrund aber seien Drogenbosse involviert gewesen, unterstellt er der Oppositionspartei. Er wurde dann von der Polizei vorgeladen. Aus seinem Verfahren in Sri Lanka berichtet er, man habe ihm die Beseitigung von Personen und Entführung vorgeworfen; zudem solle er Mädchen entführt und dem Präsidenten gebracht haben. Das alles sei aber falsch, es gebe keinerlei Beweise. Er habe seinen Hauptmannsrang verloren, sei aber dennoch freigesprochen worden.

Schließlich werden noch Bilder besprochen, auf denen er mit hochrangigen Regierungsmitgliedern zu sehen ist. Er stamme aus der Gegend der Rajapaksa-Regierungsfamilie, und sein Bruder habe für den Sohn des Premierministers Mahinda Rajapaksa gearbeitet. Er selbst habe von Deutschland aus mit dem Minister telefoniert, im Asylverfahren bleibt aber die Beziehung zu dieser umstrittenen Regierungsfamilie im Dunklen.

Die Geschichte des Klägers wird im Laufe des Verfahrens immer komplizierter und undurchsichtiger. Sein Narrativ ist, dass er Opfer von Intrigen, Krieg und Gewalt sei, selbst aber keine Schuld trage. Seine Erzählung von Enteignungen, Vertreibungen und Entführungsversuchen wird durch politische Narrative und scheinbar nicht zusammenhängende Erzählstränge überdeckt, so dass es unmöglich ist, ein klares Bild seines militärischen Lebens zu erhalten. Laut Herkunftslandinformationen über Sri Lanka können allerdings gerade dem Militär besondere Gewalttätigkeit und zahlreiche Rechtsverstöße vorgeworfen werden.

Was gilt als Gewalt, und welche Formen von Gewalterfahrungen werden als asylrelevante Narrative berücksichtigt? Warum können manche Gewalterfahrungen bis in die kleinsten Details ausgeschmückt werden, während andere – zum Beispiel geschlechtsspezifische Gewalt – Emotionen und Worte verstummen lassen? Wie navigiert ein Gewaltakteur durch ein Asylverfahren, und was macht ein solches Opfer- bzw. Täter-Narrativ aus? Welche Formen der sozialen und politischen Organisation befördern Gewalt? Warum eignen sich latente Konflikte für die Entstehung von Gewaltmärkten?

Thematische Einleitung

Während eines Krieges fliehen Opfer von Gewalt, aber auch Gewaltakteure, letztere insbesondere dann, wenn sich die Rahmenbedingungen ändern. In Gerichtsverfahren stellen Gewaltakteure immer wieder komplizierte Zusammenhänge her und vernetzen Ereignisse in einer Weise, dass eine Überprüfung der Narrative fast unmöglich wird. Ein tiefgreifendes Detailwissen politischer, sicherheitsrelevanter und sozialer Ereignisse wäre nötig, um hier die tatsächliche Position eines Klägers aufzuklären.

Im Gegensatz dazu erscheinen die Beschreibungen von Opfern geradezu banal, eine Abfolge von Handlungen, deren schädigende Dimension auf den ersten Blick nicht unbedingt sichtbar ist. Staatsterror (Kapitel 9) agiert unsichtbar und in einer Weise, die für betroffene Personen schwer zu fassen und zu erzählen ist. Solche Formen der Gewalt sind kulturell tief verankert und in einem Asylverfahren nicht ohne weiteres zu identifizieren. Allerdings sind gerade in Asylverfahren Formen der Gewalt grundlegend – zu oft wird eine emotionale Reaktion eher als Nachweis eines realen Erlebnisses betrachtet als eine objektive Analyse (insbesondere bei Frauen) und dabei übersehen, dass Emotionen kulturelle Ausdrucksformen darstellen und ein emotionaler Ausbruch kein gesichertes objektives Merkmal erlebter Gewalt ist. Bei dem am Anfang des Kapitels beschriebenen Verfahren beschäftigte sich das Gericht mit der Frage, welche Rolle der Kläger während der unter-

Thematische Einleitung 41

schiedlichen von Gewalt und Bürgerkrieg geprägten Zeiten in Sri Lanka gespielt haben könnte. War er Akteur oder Opfer von Gewalt, und in welcher Position hat er Gewalt ausgeübt bzw. ist Opfer von Gewalt geworden?

Formen der Gewalt, die im Asylverfahren geprüft werden, umfassen ‚Folter und unmenschliche oder erniedrigende Behandlung‘ im Herkunftsland. Ein Land, das die Todesstrafe nicht nur gesetzlich verankert hat, sondern auch einsetzt, wird besonders genau geprüft. Andere Sachverhalte umfassen die ‚ernsthafte individuelle Bedrohung des Lebens infolge willkürlicher Gewalt‘ und ‚die beachtliche Wahrscheinlichkeit‘ einer Verfolgung, was wiederum eine ‚begründete Furcht‘ darstellen kann, einen ‚ernsthaften Schaden‘ zu erleiden. Im Laufe eines Asylverfahrens wird nun geprüft, ob aus der Erzählung des Asylsuchenden und aus den hinzugezogenen Herkunftslandinformationen auf eine Bedrohungslage bei Rückkehr in das Herkunftsland zu schließen ist und welcher Art die Gefahr ist. Dabei entfalten sich rechtswissenschaftliche Diskussionen um die Begrifflichkeiten und ihre juristische Anwendung. Zum Beispiel, wann erreicht Gewalt ein entsprechendes Niveau, um einen Schutzstatus zu legitimieren; welche Gefahren- oder Verfolgungsdichte muss gegeben sein, und wie sind die Verfolgungsakteure und -gründe verknüpft? Die enge Verknüpfung der Begriffe mit Rechtsgrundsätzen macht diese für einen ethnologischen Forschungsansatz wenig brauchbar. Sie werden daher im Folgenden nicht weiter erklärt oder verwendet. Einen Beitrag zur Asylrechtsprechung kann die Ethnologie allerdings bezüglich der Tatsachengrundlage und -aufklärung leisten, indem sie eine nuancierte Analyse von Gewalt-, Verfolgungs- und Konfliktformen vornimmt.

Das Thema Gewalt wurde von Wissenschaftlern aus den unterschiedlichsten Fächern behandelt. Die soziale, psychologische, symbolische und politische, die strukturelle wie die dynamische Dimension von Gewalt ist gut recherchiert, interessanterweise meist unabhängig von Konflikten. Gewalt muss nicht aus einem Konflikt heraus entstehen, sie kann Teil religiöser Rituale, familiärer Ordnungsvorstellungen, krankhaften Verhaltens oder des politischen Inventars sein. Sie ist in jedem Fall sozial und kulturell eingebettet, und erst innerhalb dieses Kontexts erhält Gewalt – trotz allen fehlenden Verständnisses für sie – eine Sinnhaftigkeit.

Gesellschaftliche Konflikte werden von unterschiedlichen Formen der Gewalt begleitet. Die Gewalt kann mehr oder weniger institutionalisiert sein und damit als Teil des legitimen Gewaltmonopols des Staates gesehen werden oder, im extremen Fall, völlig entfesselt ausbrechen und die Form eines Genozids annehmen. Zwischen diesen beiden Polen des Institutionalisierungsgrades von Gewalt sind die meisten gesellschaftlichen Konfliktaustragungen gelagert. Im Jahr 2004 veröffentlichte Georg Elwert sein Konfliktmodell, das Institutionalisierung und Gewalt in einem Zwei-

Achsen-Diagramm in Bezug zueinander setzt (wobei eine Achse den Grad der Gewalt angibt und die andere den Grad der Institutionalisierung) und anhand dessen ein Konflikt verortet werden kann. Ein Konflikt mit einem geringen Ausmaß an Gewalt und einem hohen Grad an Institutionalisierung stellt das Gerichtsverfahren dar. Ein Krieg bringt zwar ein hohes Maß an Gewalt mit sich, folgt aber meist auch gewissen Regeln der Kriegsführung. Dem Genozid dagegen fehlen sowohl der institutionelle Rahmen für eine Auseinandersetzung zwischen Parteien als auch Mechanismen, um die Gewaltanwendung in Grenzen zu halten. Die Meidung von Konflikten als vierter Pol umgeht sowohl institutionelle Formen der Konfliktaustragung als auch (gesellschaftliche) Konflikte allgemein.

Während dieses Diagramm einen großen Teil der Konfliktformen erfassen kann und eine Klassifizierung der Konflikttypen erleichtert, darf hierbei nicht übersehen werden, dass zum Beispiel in der Vergangenheit Genozide bis ins Detail geplant wurden, wie der Fall Nazideutschlands spätestens seit der Wannsee-Konferenz zeigt. Auch der ‚Islamische Staat' (IS) hat die Vernichtung der Yeziden, die Massenhinrichtungen und Versklavung der Frauen und Kinder geplant und in ein religiöses Narrativ eingebettet. Die meisten Konflikte werden sich also in einem Zwischenbereich verorten lassen und möglicherweise über längere Zeiträume unterschiedlichen Formen der Institutionalisierung von Gewalt folgen.

In der ethnologischen Fachsprache wird von der ‚Einbettung' und ‚Entbettung' von Gewalt gesprochen. Damit ist gemeint, dass im Normalfall Gewalt innerhalb strikter Regeln existiert, also in juristische und sicherheitspolitische Institutionen wie die Polizei oder die Armee eingebettet ist. Wenn sich kollektive Gewalt aus diesem institutionellen Rahmen herauslöst (zum Beispiel durch Milizen und Gewaltakteure), kommt es zu einer Entbettung von Gewalt. Ein Konflikt kann demnach nur beendet werden, wenn auch die Gewalt wieder domestiziert wird.

Kollektive Konflikte verhalten sich ähnlich einer Lawine, die sich mit hoher Wahrscheinlichkeit einen bestimmten Weg ins Tal sucht, Zeitpunkt und Heftigkeit sind jedoch schwer voraussehbar, argumentiert Elwert aus einer ethnologischen Forschungsperspektive heraus. Dieser Forschungsansatz bezüglich Gewaltdynamiken konzentriert sich darauf, den Übergang von gewaltlosen Formen der Konfliktführung hin zu gewaltgeladenen Konflikten, und zurück, zu untersuchen. Wenn auch eine Vorhersehbarkeit von Konflikten nicht erreicht ist und wahrscheinlich nie erreicht werden wird, so sind dank dieser Forschung wichtige Erkenntnisse bezüglich des Zusammenhangs von Gewalt und Konflikt gewonnen worden.

Im Kontext der soziologischen Konfliktforschung wurde Gewalt als eine Ursache oder Konsequenz sozialen Handelns gesehen und damit als eine Phase oder ein Element sozialer Prozesse konzeptualisiert, jedoch nicht als

Thematische Einleitung

ein eigenständiges soziales Phänomen. Bei der Betrachtung von Gewalt als sozialem Phänomen werden pathologisierende Sichtweisen auf Gewalt ausgeschlossen, da sie kein Merkmal von Gruppen oder Bevölkerungen ist. Gewalt wird in der Ethnologie weder als Instinkt untersucht noch als kulturelle Eigenheit, sondern als soziales Handeln.

Gewalt muss nicht zwischen Personen stattfinden, sondern kann auch institutionell angelegt sein oder, wie von Johan Galtung, dem Gründer der Friedens- und Konfliktforschung, erklärt, als ‚strukturelle Gewalt' wirken. Solche strukturelle Gewalt findet sich in Gesellschaften, die soziale, geschlechtliche oder andere Formen der Ungleichheit internalisiert oder sogar gesetzlich verankert haben. Apartheidsregime, Rassismus, Sklaverei und Geschlechterdiskriminierung sind die gängigsten Formen einer solchen strukturellen Gewalt. Problematisch im Falle von struktureller Gewalt ist, dass der Staat zunächst grundsätzlich als legitime Institution angesehen wird, die physische Gewalt ausüben darf, und daher die Grenzen zu Gewaltmissbrauch nicht immer eindeutig sind. Internationale Institutionen wie die Vereinten Nationen versuchen allerdings, Gewaltexzessen von Staaten durch internationale Abkommen vorzubeugen.

Die negative Konnotation, die dem Begriff Gewalt (auch in anderen Sprachen) anhaftet, führt dazu, dass dieser meist aus einer Außenperspektive heraus verwendet und als allgemein und moralisch urteilend wahrgenommen wird. Täter benutzen lieber ein Vokabular, das Begriffe wie zum Beispiel Selbstverteidigung, unvermeidlicher Akt, Freiheitskämpfer oder soziale Kontrolle umfasst, in der Absicht, ihre Gewaltausübung zu rechtfertigen. Um den Begriff greifbar zu machen, führt der Kulturanthropologe Jack David Eller einige zentrale verallgemeinerbare Aspekte an: Zunächst ist Gewalt ein Verhalten, das darauf ausgerichtet ist, jemand anderem Schaden zuzufügen. Im Anschluss stellt sich die Frage nach dem Ausmaß der Gewalt und des Schadens, nach der physischen oder psychischen Art der Handlung sowie nach dem kulturellen und politischen Rahmen der Rechtfertigung und der Legitimierung von Gewalt. Die Berücksichtigung dieser und noch vieler weiterer Faktoren soll eine Nuancierung des Phänomens Gewalt erlauben. Zudem kann Gewalt strukturell oder interpersonell angelegt sein, schließlich prägt die Art und Weise, in der eine Person an einer Gewaltsituation beteiligt ist (als Opfer, Täter oder als unbeteiligter Beobachter), die Perspektive auf und die Wahrnehmung von Gewalt.

Gewalt ereignet sich stets in einem Kontext, der gewalttätigen Handlungen einen Rahmen in einer Situation bietet. Eine gewalttätige Handlung lässt sich zudem nicht immer eindeutig in eine Gut-Böse-Polarität einteilen, auch wenn ein solches moralisches Weltbild oft als Orientierung zugrunde gelegt wird. Innerhalb dieser Polarität ist der andere der Böse und das Opfer gut und unschuldig. Allen Feldman spricht von einer Autonomisierung und

Fragmentierung von Gewalt, die durch ideologische, kulturelle und materielle Veränderungen hervorgerufen wird und zu einer polarisierenden Sicht auf Gewalt führen kann.

Damit weisen die Forschungen darauf hin, dass Gewalt erlernt wird und ihre Ausübung stets situationsbedingt ist, also nicht primär als Menschen angeborenes Verhalten gesehen werden sollte. Das machte zum Beispiel auch das im August 1971 durchgeführte Stanford-Prison-Experiment sichtbar. In diesem Experiment wurden Versuchspersonen in Gefängniswärter und Gefangene unterteilt und zum Spielen ihrer Rollen aufgefordert. Die Versuchspersonen stiegen so stark in ihre Rollen ein, dass der Versuch wegen ausartender Gewalt unterbrochen werden musste. Abgesehen von der Kritik an der Umsetzung des Experiments, wonach Wärter aufgefordert wurden, ‚besonders drakonisch' vorzugehen, konnte dennoch gezeigt werden, dass Personen sich situativ auf Gewalthandlungen einlassen können, wenn der Gewaltkontext gegeben ist, und zwar trotz gegenteiliger Einstellung. Die Umgebung und damit auch die Autorität, die das Geschehen überwacht, sowie die Kenntnis der Rollen schaffen den Kontext, in dem sich gewalttätige Handlungen entfalten können. Individuelle Anlagen kommen potenzierend dazu, und Gruppen generieren weitere Dynamiken, die im Phänomen der ‚Masse' immer wieder beschrieben wurden (Kapitel 8).

Bürgerkriege folgen sozial geordneten Pfaden, schreibt Elwert, womit gemeint ist, dass eine Reihe von Faktoren diese begünstigen können, das heißt, Bürgerkriege sind niemals plötzlich ausbrechende Ereignisse. Diese Tatsache erlaubt es, größere und vor allem komplexere Zusammenhänge zu erforschen. Weltpolitische Ordnungen, wie die Ost-West-Aufteilung der Welt (1945–1991), haben ihren Teil zur Formierung von Bürgerkriegsparteien ebenso beigetragen wie Modernisierungsversprechen, die Eliten einen schnellen Aufstieg erlaubten und Minderheiten frustriert zurückließen, erklärt der Soziologe Peter Waldmann. Zudem spielt das staatliche Gewaltmonopol eine wichtige Rolle bei der Frage, welche Gruppen sich formieren können und wie bzw. ob der Zugang zu Kleinwaffen reglementiert ist. Die insbesondere von Trotha erarbeiteten vier Ordnungsformen der Gewalt (neodespotische Ordnung, Ordnung der vervielfältigten Gewalt, Ordnung der gewalttätigen Verhandlung und wohlfahrtsstaatliche Ordnung) bilden einen eigenen Forschungsgegenstand, der hier nicht umfassend behandelt werden kann. Ordnungen der Gewalt sind jedoch durch unterschiedliche Disziplinen ausgiebig diskutiert und in Modellen dargestellt worden.

Aus der Soziologie heraus entwickelt Peter Waldmann in seinen komparativen Studien zu mehreren Bürgerkriegen in Zentralamerika drei Eskalationsebenen von Gewalt: eine zunehmende Unabhängigkeit des staatlichen Gewaltapparates, die Privatisierung von Gewalt und die Vermarktung von Gewalt. In Kontexten eskalierender Gewalt hat der Staat meist schon lange vor einem Kriegsausbruch das Gewaltmonopol verloren, eine Tatsache, die nur die Vorbedingung, aber noch nicht die Ursache für die Eskalation darstellt. Armeen und Milizen verselbstständigen sich, und private Gewaltakteure etablieren sich in einem Gewaltmarkt.

In diesem Kapitel wird es im Folgenden um soziale Phänomene von Gewalt gehen, die im Zusammenhang mit Konflikten stehen. Der Ausgangspunkt der Betrachtung ist damit der Konflikt und nicht die Gewalt selbst. Gewalt als soziales Phänomen zieht sich durch das gesamte Buch in unterschiedlichen Formen. Entsprechend kann in diesem Kapitel nur eine kleine Auswahl der umfangreichen Forschungen zu Gewalt vorgestellt werden, die dem besseren Verständnis der weiteren Kapitel dient.

Gewalt als gestaltende Kraft

Bürgerkriege und ähnliche gesamtgesellschaftliche Konflikte bilden den Rahmen für eine dynamische Entwicklung von Gewalt. Studien zur Gewaltökonomie haben gezeigt, dass Gewaltkontexte wie Bürgerkriege keinesfalls ausschließlich chaotische Zustände darstellen, sondern alternative soziale Ordnungen hervorbringen. Als Grund geben die Ethnologin Jutta Bakonyi und Kirsti Stuvøy die materielle Sicherheit an, die Gewaltakteure benötigen, um ihre Macht aufrechtzuhalten. Die Anwendung von Gewalt durch Bürgerkriegsakteure folgt daher strategischen Interessen.

Zwei gegensätzliche soziologische Ansätze lassen sich in der Konfliktforschung bezüglich der Funktion von Gewalt unterscheiden. Im ersten Modell wird Gewalt als Begleiterscheinung von wirtschaftlich motivierten Interessen verstanden, zum Beispiel der Konkurrenz um Ressourcen. Ebenso begleitet Gewalt die rationale Strategie von Autoritäten (z. B. Warlords), die sich in einem Konflikt Vorteile verschaffen wollen. Durch wirtschaftliche Aktivitäten finanzieren diese Gewaltakteure ihre Konfliktführung, um ihre Machtinteressen durchzusetzen. Diese auf einem Rationalitätsmodell basierende Analyse geht davon aus, dass beteiligte Akteure ihre Handlungsstrategien und deren Auswirkungen unter Kontrolle halten. Ob Gewaltakteure jedoch in jedem Fall die Kontrolle über die von ihnen ausgeübte Gewaltherrschaft zu behalten vermögen, kann in Frage gestellt werden.

Im zweiten Ansatz wird daher Gewalt nicht als Begleiterscheinung begriffen, sondern als gestaltende Kraft in einem Konflikt. Gewaltkontexte wie Bürgerkriege schaffen Räume, die wenig reguliert sind und daher alternativen Formen der wirtschaftlichen Aktivität – weiter unten als Gewaltmärkte diskutiert – sowie einer Vielfalt an willkürlichen Formen der Gewaltausübung den nötigen Rahmen geben. Ein Bürgerkrieg zeichnet sich durch die Entbettung und die Verselbstständigung von Gewalt aus und unterscheidet sich damit von anderen Formen gewalttätiger Konflikte wie Rebellionen oder Fehden. Konfliktakteure nutzen soziale, politische und territoriale Räume, in denen Gewalt herrscht (sogenannte Gewalträume), für ihre wirtschaftlichen Interessen, werden aber auch selbst durch Gewalt geprägt.

Die für die Ethnologie eigentlich interessante Frage ist damit, welche sozialen Transformationsprozesse bewaffnete Konflikte hervorbringen und welche Rolle Gewalt in diesen Prozessen spielt. Konfliktspezifische Gewalträume bleiben noch lange nach einem Konflikt relevant und wirken nicht nur auf die zurückgebliebenen Personen, sondern auch auf die Geflüchteten und Vertriebenen des Konflikts. Immerhin bleiben hunderttausende Flüchtlinge noch Jahre nach einem Konflikt auf der Flucht und entscheiden sich gegen eine Rückkehr. Gewalt ist daher nicht nur ein zeitlich begrenztes Ereignis, denn regelmäßige Anwendung von Gewalt initiiert radikale soziale Veränderungen auf allen Ebenen, stellt von Trotha in seiner ethnologischen Studie aus dem Jahr 1998 fest. Dieser Behauptung wird im Folgenden nachgegangen.

Zunächst stellt sich die Frage nach der Eskalation von Gewalt. Warum scheint Gewalt in bestimmten Kontexten unkontrollierbar zu eskalieren? Wissenschaftliche Erklärungsversuche für die Eskalation von Gewalt beziehen sich unter anderem auf marxistische Modelle des Klassenkampfes, identifizieren ethnische oder religiöse Animositäten als Konfliktursachen oder suchen nach politischen Erklärungsmodellen. Der Nordirland-Konflikt (1969–1998) ist ein Paradebeispiel theoretischer Erklärungsversuche. Die auf ethnographischen Interviews basierende Studie von Allen Feldman zeichnet die Gewaltspirale in Nordirland nach, liefert aber eine Konfliktinterpretation, die über die wirtschaftliche, politische oder ethnisch-religiöse Konfliktursachenforschung hinausgeht. Zunächst stellt er klar, dass die religiöse und ethnische Differenz als Konfliktursache eine Vereinfachung ist, die das Ausmaß an Gewalt nicht erklärt, sondern höchstens strukturiert. Katholiken und Protestanten besetzten die gleichen Wohngebiete und hatten genügend soziale Interaktion, um ohne gewalttätige Konflikte miteinander auszukommen. Mit der Zunahme der Gewalt wurde jedoch ersichtlich, dass die verfeindeten Gruppen unterschiedliche Organisationsformen etabliert hatten, um den Zugang zu Arbeit zu regulieren. Ethnisch-religiöse Identitäten kamen hier als Merkmale der Differenzierung zum Einsatz, stellten aber für sich genommen keinen kausalen Grund für die spätere gewaltgeladene Konfliktaustragung dar.

Gemäß einem marxistischen Ansatz wäre der Konflikt in Nordirland durch zwei wirtschaftlich ungleiche Arbeiterklassen entstanden, die ihre Identität aus ihrer religiösen Zugehörigkeit bezogen und sich während der Industrialisierung auf diese Weise zu separaten Gruppen entwickelten. In anderen Worten, der gewaltgeladene Konflikt der 1970er bis 1990er Jahre

Gewalt als gestaltende Kraft 47

nutzte die urbane kapitalistische Massenproduktion als Basis für Gruppenidentitäten. Diese gesellschaftlich internen Konflikte entwickelten über die Jahre hin ein hohes Gewaltpotential, das bis 1998 mehr als 3.500 Menschen das Leben kostete.

Feldman schlägt dagegen einen anderen Ansatz vor, bei dem er auf den Einsatz des physischen Körpers selbst im Konflikt eingeht. Anhand ethnographischer Interviews analysiert er, wie republikanische Aktivisten ihren physischen Körper im Protest gezielt einsetzten und dabei ihre Körper zu einer politischen Institution umformten. Die Sozialisierung der katholischen und protestantischen Bürger Nordirlands in einem Feld symbolischer Gewalt war der Auslöser für eine Spirale der Gewalt, die zunehmend über den individuellen Körper ausgetragen wurde. Exemplarisch zeigt er, wie die an republikanischen Gefangenen ausgeübte politische Gewalt in körperliche Symbolik überging. Die zunächst als politische Häftlinge (das bedeutet, sie genossen Privilegien) betrachteten Gefangenen der berüchtigten Haftanstalt ‚The Breaker's Yard' wurden zu einfachen Gefangenen degradiert, was eine Form der Gewalt gegen die Aktivisten darstellte und im Hungerstreik von 1981 kulminiert.

Die Gewalt wird hier umfassender und physisch konzeptualisiert, und zwar nicht nur in Form von zugefügten Wunden. Der Körper selbst wird zu einer Waffe im Konflikt und als solche eingesetzt. Feldman zeigt auf diese Weise, wie ein politischer Protest in eine körperliche (gewalttätige) Form übergeht. Der nordirische politische Protest mit einem hohen Grad an Gewalt wurde über die physische Körper selbst geführt, über Zwangsumsiedlungen, Morde, aber auch durch Hungerstreik und Degradierung von politischen zu einfachen Häftlingen. Anhand des Hungerstreiks der Gefangenen macht Feldman darauf aufmerksam, wie Zeichen der politischen Gewalt in die Körper eingeschrieben wurden. Allgemeiner ausgedrückt: Ideologische Konflikte, die in Aktivismus übergehen, schreiben sich in die physischen Körper ein. Gewalt ist in diesem Kontext eine Fortsetzung ideologischer Konflikte über das Körperliche.

Abgesehen davon, dass Feldmans Analyse eine der wenigen Studien darstellt, die die Dimension der Körperlichkeit von Personen in einem politischen Konflikt berücksichtigt, erinnert sein Ansatz daran, dass nach dem offiziellen politischen Ende eines Konflikts die beteiligten Personen nicht einfach in der Gesellschaft aufgehen, sondern die Konfliktakteure ein noch über Jahre identifizierbarer Teil der Gesellschaft bleiben. Die Reintegration von Gewaltakteuren beschäftigt Gesellschaften lange nach einem gewaltgeladenen Konflikt. Durch die Globalisierung haben sich Konfliktakteure auf Basis von Ideologien vernetzt, was Gewaltakteuren erlaubt, von einem Konfliktherd zum nächsten zu ziehen – diese Akteure streben anscheinend keine Reintegration in eine befriedete Gesellschaft mehr an. Was Feldman für Nordirland identifizierte, gilt für viele andere Konflikte in ähnlicher Weise. Spuren von Folter sind hier oft lange über die Gewalterfahrung hinaus andauernde Zeichen politischer Konflikte.

In ähnlicher Weise und dennoch in einem sehr andersartigen Kontext entwickelte sich der Konflikt in Sri Lanka. Mit dem ‚Ceylon Independence Act' von 1947 (umgesetzt im Jahr 1948) erhielt Ceylon bzw. seit 1972 Sri Lanka seine Unabhängigkeit. Damit einher gingen neue Machtkonstellationen und konkurrierende Interessen, die schließlich in einem gewaltsamen Konflikt mündeten. Der Ausschluss der Tamilen aus Bildungseinrichtungen, ihre gesellschaftliche und politische Marginalisierung sowie eine politische Ideologisierung ethnischer Zugehörigkeit werden meist als Gründe für den Ausbruch des Bürgerkriegs angeführt. Diese Faktoren erklären jedoch noch nicht die enorme physische Gewalt in diesem Konflikt – und auch nicht die bis heute andauernde Angst der Tamilen vor physischer Gewaltausübung durch staatliche Akteure und Akteure aus dem Sicherheitsbereich.

Eine Betrachtung des Konflikts nach Feldman stellt die Gewaltakteure als physische Erweiterung (*extention*) politischer Auseinandersetzungen in den Vordergrund und betrachtet die Gewalt, die direkt an Akteuren ausgeübt wurde, als ausschlaggebendes Moment für den Bürgerkrieg. Übertragen auf den sri-lankischen Konflikt kann davon ausgegangen werden, dass die Gewalt an den physischen Körpern tamilischer Bürger mit dem eingeschränkten Zugang zu universitären Einrichtungen und dem politischen Ausschluss begann und sich mit der Ausbürgerung von Tamilen weiter fortsetzte, bis sie schließlich in der gezielten Gewalt der Sicherheitskräfte und dem Verschwindenlassen von Personen kulminierte. Das Verschwindenlassen als politisches Mittel der Gewalt war die physische Eliminierung von Menschen aus ihrem sozialen Zusammenhang, eine Gewaltanwendung an Einzelnen, die auf eine ganze Gruppe Auswirkungen hat. Diese Form der Gewalt, die sich in vielen Diktaturen und Konfliktkontexten findet, kategorisiert Personen anhand politischer, sozialer, wirtschaftlicher, ethnischer, religiöser oder anderer Merkmale und nutzt physische Gewalt an einzelnen Personen, um Angst in der gesamten Gruppe zu erzeugen. Damit ist die individuelle physische Gewalt eine Form politischer Konfliktführung. Die Tamilen antworteten mit (Selbstmord-)Anschlägen, die zahlreiche Opfer forderten, mit Zwangsmaßnahmen gegen andere Tamilen, die nicht kollaborieren wollten, und mit militärischer Gewalt. Auf beiden Seiten wurde – durch Folter, Vergewaltigung, Misshandlung und andere Gewalttaten – der politische Konflikt in die Körper eingeschrieben und damit auch in eine Erinnerung überführt, die das Ende des Konflikts überdauert.

Das Beispiel Sri Lankas zeigt, wie es durch politische Veränderungen gelingen konnte, Gewalt wieder zu domestizieren und dadurch Konflikte – bis zu einem gewissen Grad zumindest – wieder einzubetten. Damit wurde zwar keine Gerechtigkeit allgemein hergestellt, jedoch eine politische Struktur geschaffen, die mit den ‚Tamil Tiger' eine zentrale Bürgerkriegspartei unter Kontrolle brachte. Zwar unterdrückt die seit 2009 regierende Familiendynastie der Rajapaksa die politische Opposition, gleichzeitig trat in den folgenden Jahren jedoch für viele Tamilen eine gewaltlose Normalität ein.

Die wahrscheinlich effektivste Form der Domestizierung von Gewalt ist die Einführung von gerichtlichen Verfahren als Form der Konfliktführung. Der Weg dorthin ist meist lang und von Spannungen und Konflikten gezeichnet, nicht zuletzt deshalb, weil unzählige Kleinwaffen, die im Umlauf sind, erst eingesammelt werden müssen. Auch ‚Truth and Reconciliation Commissions' (TRC, Wahrheits- und Versöhnungskommissionen), die seit den 1980er Jahren zur Versöhnung nach innerstaatlichen Konflikten und Terrorregimen eingesetzt werden, tragen zu einer Regulierung von Konflikten bei.

Während sich im Beispiel Irland und Sri Lanka Gewaltgruppen aus religiösen und ethnischen Identitäten herausgebildet haben, zeigt ein neues Phänomen, dass sich Gewaltregime Geschlechterkonstruktionen bedienen, um ihre Macht zu festigen. Mit dem Iran, dem IS und dem Taliban-Regime haben sich Regierungsformen etabliert, deren gesellschaftliche Gewaltherrschaft primär auf einer strikten hierarchischen Geschlechterordnung basiert, wie sie in der neueren Geschichte selten existiert hat. Was oft für Kultur oder veraltete Tradition gehalten wird, ist in seiner politischen Form der Genderapartheid eine moderne Form der politisch motivierten strukturellen Gewalt. Gewalt dient dabei als politisches Mittel, um Frauen aufgrund ihres biologischen Geschlechts systematisch aus sozialen und politischen Prozessen auszuschließen. Während sich im Iran über die Jahre hinweg eine Parallelwelt entwickeln konnte und Frauen Zugang zu Bildung und ausgewählten Jobs erhielten, zeigt das Taliban-Regime, dass über Genderapartheid eine ganze Gesellschaft kontrollierbar wird (Kapitel 5). Die Tatsache, dass Frauen solche Formen der Apartheid nicht mehr gewillt sind hinzunehmen, wirft die Frage auf, ob sich Geschlecht zukünftig ähnlich wie Ethnizität auf Gruppenbildungsprozessen in Konflikten verhalten wird.

Die soziale Organisation von Kämpfern

Ein Problem der ethnologischen empirischen Arbeit stellt die Erforschung von Gruppen dar, die aktiv in Kämpfe verwickelt sind. Zwar gibt es zahlreiche Studien zur politischen und militärischen Organisation von Kampfgruppen, aber ethnologische Studien zu Milizen sind naturgemäß selten. Dennoch haben die wenigen existierenden Studien wichtige Erkenntnisse generiert, die die strukturell angelegten Studien zu Hierarchien und Ideologien nicht abdecken konnten.

50 Formen der Gewalt

Allgemein kann festgestellt werden, dass Kampfstrategien, Disziplin und psychologische Einstellungen bezüglich militärischer Gewalt erlernt und im Rahmen von Konflikten eingeübt und perfektioniert werden. Wie wichtig eine hohe Motivation der Kämpfer für einen militärischen Erfolg ist, zeigt ein Fundstück des Orientalisten Stefan Leder. In einer Studie zur Wahrnehmung der Kreuzzüge aus orientalischer Sicht untersuchte Leder Schriftstücke von Imad ad-Din (1125–1201), dem Sekretär des Kalifen Saladin. Saladin sandte Aufrufe an die Muslime, sich im Kampf gegen die Franken, die hoch motivierten Kreuzritter, einzubringen. Der Sultan von Ägypten hatte zunehmend Erfolge in Syrien verbucht, konnte aber Jerusalem und andere Städte nicht oder nur schwer erobern. Es fehlte seinen Truppen an Motivation, und es erwies sich als schwierig, neue Soldaten zu rekrutieren. Die Muslime seiner Zeit zeigten wohl wenig Eifer und Einsatz, um die Kreuzritter aus dem Norden zurückzudrängen. Imad ad-Din, aber auch andere Autoren dieser Zeit sahen in den christlichen Tugenden der Franken, in ihrer religiösen Überzeugung und Opferbereitschaft das zentrale Motiv für die Disziplin und Ausdauer der Kreuzritter. In diesem Sinne appellierten sie an ihre Glaubensgenossen: „Wo ist denn das Ehrgefühl der Muslime, wo der hochfahrende Stolz der Anhänger der wahren Religion, der Eifer derer, die im Besitz der Wahrheit sind? […] Aber seht nur die Franken! Wie sie sich zusammenfanden und eine große Heerschar bildeten, wie sie verstanden, alles Wünschenswerte und Erforderliche zu finden, wie sie in der Not Hilfe leisteten, Geld aufbrachten und aufwendeten, welche Reichtümer sie zusammenbrachten und diese untereinander verteilten und aufteilten! […] Zur Erhaltung ihrer Religionsgemeinschaft fanden sie nichts dabei, Leib und Leben hinzugeben. […] Alles was sie taten und aufwendeten, leisteten sie aus Ehrgefühl für den, den sie anbeten, und aus Stolz auf das, woran sie glauben."[17]

Dieses Beispiel zeigt, dass Kampfstrategien erlernt, kopiert und empirisch getestet werden müssen. Was für das 12. Jahrhundert gilt, ist heute erst recht richtig. So konnte der arabische Sender Al-Jazeera 2015 nachweisen, dass IS-Kämpfer in Afghanistan Lernvideos und Beispiele aus Trainingseinheiten direkt aus dem Irak erhielten. Nicht nur islamistische Gruppen lernen voneinander. Auch sozialistisch orientierte Guerillakämpfer lernten, trainierten und kämpften gemeinsam. IRA-Kämpfer aus Nordirland erhielten Training bei palästinensischen Gruppen im Mittleren Osten und kooperierten mit der baskischen ETA, um schließlich ihre Kampffertigkeiten im Nordirlandkonflikt einzusetzen.

Kommandostrukturen und eine hohe Motivation sind wesentliche Faktoren für militärische Erfolge. Die Organisationsform von Milizen unterscheidet sich dabei von staatlichen Armeen, die einen hohen formellen Organisationsgrad aufweisen und die Motivation aus einer nationalen Identität beziehen. Der Erfolg von Guerillamilizen hängt dagegen von anpassbaren

Organisationsstrukturen ab, die geheim bleiben und unterschiedliche Charaktere integrieren müssen, da nicht immer genügend Männer im Rekrutierungsalter in der Region vorhanden sind. Dies lässt sich gut daran erkennen, auf welche Art und Weise Frauen und Mädchen integriert werden.

Um die Integration von Frauen und Mädchen während des tadschikischen Bürgerkrieges der 1990er Jahre zu legitimieren, wählten einige Milizen der islamischen Opposition die Form der ‚Familie'. Ein Mädchen, das mit 15 Jahren von einer Miliz entführt wurde, wurde vor die Wahl gestellt, entweder als Tochter des Anführers oder als Ehefrau eines Kämpfers aufgenommen zu werden – Kämpferinnen als separate Einheit gab es nicht. Dadurch, dass sich das Mädchen für den Tochterstatus entschied, war es vor jeder Art von Übergriffen durch die Soldaten geschützt. Sie begleitete einzelne Kleingruppen und motivierte durch ihre gute physische Kondition die Jungen zu größerem Einsatz. Erwachsene Frauen wurden ebenfalls rekrutiert. Sie wurden mit der Versorgung der Truppen beauftragt und von den Kämpfern als ‚Mütter' bezeichnet. Dieses Beispiel zeigt, wie diese islamische Miliz die Integration von Frauen auf Basis von Familienvorstellungen organisierte.

Auch in den nicht leicht zu durchschauenden Bürgerkriegen in Sierra Leone (1991–2002) und Liberia (1989–2003) wurden Organisationformen der Milizen neu erfunden. Während seiner ethnologischen Forschung fand Paul Richards heraus, dass in Sierra Leone Witwen auf dem Feld des Kommandeurs arbeiteten, der mit den Erträgen sowohl seine Kämpfer als auch die Waisenkinder ernährte. Kämpfer wurden dagegen nicht über Verträge, sondern über Initiationsrituale an die Miliz gebunden. Laut Richards kann der Krieg in Sierra Leone selbst zum größten Teil über Rituale analysiert werden. Die *Revolutionary United Front* (RUF) entführte Kinder und initiierte sie in die Kampfeinheiten durch spezifische Gruppenrituale. Es hieß, dass die Medizin der RUF so stark sei, dass die Kinder anschließend der Gruppe ‚auf ewig vollkommen treu' bleiben würden. Eine Reintegration in die ‚zivile' Gesellschaft sei ausgeschlossen.

Auch islamistische Gruppen arbeiten mit Ritualen, um die Kämpfer an die Milizen zu binden. So schwören die Kämpfer vieler jihadistischer Gruppen, sich ganz dem religiösen Kampf hinzugeben, indem sie während ihrer Initiation unter dem erhobenen Koran hindurchlaufen. Solche über Rituale an die Gruppe gebundene Kämpfer haben es schwer, sich aus der Gruppe zu lösen und sich wieder in ein ziviles Leben zu integrieren.

Die durch Rituale entstehenden Milizen betrachten sich meist als Brüder, ein Begriff, der bei vielen militanten Bewegungen üblich ist. Elwert erklärt hierzu, dass soziale Bewegungen, die sich um einen charismatischen Führer bzw. Warlord bilden, einen Zusammenhalt über Vorstellungen der Brüderlichkeit erreichen können, die real existierende Hierarchien überdecken. Diese Art des sozialen Zusammenhalts unter Kämpfern erlaubt einzelnen

Mitgliedern, die auf weit entfernter Mission unterwegs sind, weiter an die Gruppe gebunden zu bleiben. Dies wurde zum Beispiel bei den Attentätern des 11. Septembers 2001 festgestellt. Obwohl sie weit von den Lagern al-Qaidas in Afghanistan entfernt lebten, blieben sie der Gruppe verbunden und führten das Attentat weitgehend planmäßig aus.

Ein weiterer interessanter Fall aus der Arbeit der Asyldokumentation sind die iranischen Volksmujahedin, *Mujahedin-e Khalq* (MeK oder MKO). Ihr auf eine marxistische Revolutionstheorie aufbauender Reformislam war die Basis zur Strukturierung der Gruppe in den 1980er Jahren hin zu einer sektenähnlichen Vereinigung. Im Pariser Exil etablierte der Führer Massud Rajavi einen Personenkult und deklarierte eine neue ideologische Ausrichtung, nämlich die Gleichheit von Mann und Frau. Zunächst führte dieser Schritt zu einem Frauentausch unter den führenden Männern der vereinten Opposition in Paris, bekannt als *National Council of Resistance of Iran* (NCRI), und der Heirat Rajavis mit der geschiedenen Ehefrau seines Freundes, Maryam Azodanlu.

Nach einer verheerenden Niederlage im Kampf im Iran während der Operation *Eternal Light* im Juli 1988 deklariert Rajavi, dass die fehlende Motivation der Kämpfer hierfür verantwortlich sei. Familie und Freunde würden die Kämpfer irritieren und schwächen, so sein Fazit. Die Folge war eine radikale Umgestaltung der Gruppe, und zwar nicht in Bezug auf Kampftechniken und militärische Strukturen, sondern bezüglich der zwischenmenschlichen Beziehungen untereinander, also eine nach innen gerichtete Reform. Paare mussten sich offiziell scheiden lassen, eventuelle Kinder wurden zu Pflegeeltern nach Europa geschickt, Frauen sollten sich operativ den Uterus (Hysterektomie) entfernen lassen, und das gesamte Leben wurde strikt nach Geschlechtern getrennt. Auch enge Freundschaften und jeder Kontakt zu Familienmitgliedern wurden streng verboten. Berichten zufolge wurden selbst an Tankstellen separate Zeiten für Männer und Frauen eingeführt. Gleichzeitig wurden Frauen in Führungspositionen gehoben und auf den Führer der MeK, Massud Rajavi, eingeschworen, dem ausgewählte Frauen auch für sexuelle Dienste bereitstehen mussten.

Diese Form der radikalen internen sozialen Umgestaltung einer militanten politischen Gruppe war deshalb möglich gewesen, weil die MeK unter Saddam Hussein Trainingslager im Irak etablieren durfte und großzügige finanzielle Mittel von der irakischen Regierung erhielt. Nach dem Sieg der USA über Saddam im Jahr 2003 erreichte Rajavi, dass seine Gruppe im Flüchtlingslager Ashraf ungehindert noch über ein Jahrzehnt in dieser Form weiter existieren konnte, ohne einer juristischen Überprüfung unterzogen zu werden, und trotz ihrer Loyalität zu Saddam.

Die innerhalb von Milizen generierte Solidarität und meist hohe Motivation auf Basis einer Ideologie, die auch die internen sozialen Beziehungen prägt, macht eine Demobilisierung solcher Kämpfer besonders schwer. Die Organisationsstrukturen werden dabei immer wieder neuen Verhältnissen angepasst und überstehen Jahrzehnte, wie es bei der PKK der Fall ist. Selbst die Ideologie kann sich ändern. Die kommunistische PKK zum Beispiel hat ihre einstmals atheistisch geprägte Politik gegenüber religiösen Kurden zunehmend aufgegeben und sieht heute den Islam als konstitutiven Teil kurdischer Identität an.

Gerade wenn es um eine größere Idee geht, sind Kämpfer oft bereit, nach einem beendeten Konflikt in einen anderen Krieg mit ähnlicher ideologischer Ausrichtung zu ziehen, um dort weiterzukämpfen. Die Beziehungen zwischen verschiedenen, räumlich getrennten Konflikten und der damit einhergehende Austausch von Kämpfern gehen auf gemeinsame ideologische Werte und die Sozialisierung auf ein militantes Leben hin zurück. Der Kommunismus hat lange für zahlreiche ideologisch gefärbte Konflikte gesorgt, allerdings kooperierte bei weitem nicht jede kommunistische Opposition mit der anderen.

Welche Rolle die soziale und militärische Organisationsform einer Miliz bei der (zeitweisen oder dauerhaften) Aufnahme fremder Kämpfer spielt, ist bisher nicht untersucht worden. Die Guerilla-Kooperation zwischen der IRA, der ETA und palästinensischen sozialistischen Gruppen ist empirisch nachgewiesen, aber die konkreten Formen der Kooperation sind weiterhin unbekannt. Auch jihadistische Gruppen kooperieren aus unterschiedlichen Ländern und Konfliktsituationen heraus miteinander, erklärt der Politikwissenschaftler Olivier Roy. Die al-Qaida, übersetzt ,Rekrutierungsbüro bzw. Basis' unter Bin Laden, war eine solche Gruppe. In ihren Trainingslagern in Afghanistan und Pakistan wurden Personen mit gleichen Wertvorstellungen ausgebildet und anschließend in andere Konfliktregionen entsandt. Ähnlich exportierte der Islamische Staat seine Kämpfer in die ganze Welt, nachdem sie militärisch im Irak zurückgedrängt worden waren, und hat inzwischen sogenannte *Wilayats* (Provinzen) in zahlreichen Ländern in Asien, Afrika und Europa ausgerufen.

Gewaltspezialisten

Gewaltspezialisten spielen in Bürgerkriegen eine zentrale Rolle. Der Begriff Gewaltspezialist weist darauf hin, dass Konflikttreiber bereits vor ihrer Karriere in einem gewalttätigen Konflikt über Netzwerke verfügen, die oft tief in die kriminelle Welt und bis in die höheren Sphären der Politik und der Wirtschaft hineinreichen.

Die Ethnologen Jan Beek und Mirco Göpfert dagegen bezeichnen allein diejenigen als Gewaltspezialisten, die von einer Regierung eines Staates mit einer Lizenz zur Anwendung physischer Gewalt ausgestattet sind, das heißt vor allem Polizisten, Grenzbeamten, Soldaten, Zollbeamte etc. Im Rahmen der Konfliktforschung erscheint es aber sinnvoll, den Begriff für die Vielfalt möglicher Gewaltspezialisten zu öffnen und die Frage nach der Legitimation zur Anwendung von Gewalt gesondert zu betrachten. Gerade in einem politischen Feld, in dem sich staatlich legitimierte und nicht-legitimierte Gewaltakteure in steter Bezugnahme aufeinander etablieren, ist die Frage nach deren Legitimation und damit nach deren Gruppenrückhalt oft eine, die über die Grenzen der staatlichen Legitimation hinausgeht. Bekannt geworden in Zusammenhang mit Putins Russland ist zum Beispiel die Wagner-Gruppe, die sich in Konflikten in Syrien und Mali, aber auch mit der ruandischen Armee an zahlreichen Konflikten beteiligte.

Das wird auch im oben angeführten Beispiel des Klägers aus Sri Lanka sichtbar. Er nimmt sich selbst als legitimierter Akteur der Armee wahr und leitet daraus seine Unschuld ab. Offensichtlich wurde er allerdings nach dem Bürgerkrieg und der Aufarbeitung der Ereignisse als Gewaltakteur identifiziert, der den Rahmen seiner Befugnisse als Offizier der Armee deutlich überschritten hat.

Die Frage nach legitimer und nicht-legitimer Anwendung von Gewalt wird mit dem Ende eines bewaffneten Konflikts komplizierter und bedarf einer genauen Untersuchung der politischen und von Gewalt gezeichneten Nachwirkungen. Dabei kann es vorkommen, dass Opfer und Täter mit einem Mal die Rollen tauschen, wie das infolge des IS-Regimes im Irak der Fall war. Mit der offiziellen Erklärung im Dezember 2017, dass der IS weitgehend besiegt sei, wurden seine Anhänger, Sympathisanten und stillen Befürworter, auf die der IS seine Macht gestützt hatte, zu potentiellen Opfern des irakischen Staates. Mit Ausnahme lokaler Initiativen fehlte eine offizielle, institutionalisierte Aufarbeitung der Gewalt und der Mitverantwortung der Sympathisanten, Mitläufer und stillen Befürworter, was in einigen Gebieten des Iraks zu Racheakten führte. Durch die Einrichtung von Wahrheitskommissionen und internationalen Untersuchungskommissionen könnten solche Formen der Selbstjustiz verhindert werden. Vor diesen Institutionen müssen sich staatliche wie nicht-staatliche Gewaltakteure rechtfertigen.

In den folgenden Abschnitten werden zwei konfliktspezifische Akteure näher beleuchtet. Mit dem Trickster wird ein Akteur vorgestellt, der in der Lage ist, politische Turbulenzen und zivile Massenproteste zu einem Zeitpunkt zu beeinflussen, wenn der Konflikt bereits fortgeschritten ist, also ein Opportunist, der die Gelegenheit erkennt und ergreift, um sich aktiv einzubringen, und mal mehr und mal weniger erfolgreich die Führung der Massen übernimmt. Im zweiten Abschnitt wird der als Warlord, also Kriegsherr, bekannte Akteur in gewaltgeladenen Kontexten charakterisiert.

Gewaltspezialisten

55

Trickster

Der Begriff des Tricksters bezeichnet Personen, in der Regel gesellschaftliche Außenseiter, die in soziopolitischen Krisenzeiten günstige Gelegenheiten ergreifen, um eine gewisse Macht zu erlangen. Sie benutzen soziale und politisch turbulente Situationen, um sich als Leitfiguren ins Spiel zu bringen. Der Ethnologe Bjørn Thomassen greift auf die Gestalt des ‚Tricksters‘ zurück, um das Aufsteigen von Revolutionsführern zu erklären. Die *sinister figures* (dunklen Gestalten) tauchen wie aus dem Nichts inmitten gesellschaftlicher Konflikte als Redner und Handelnde auf und können eine Situation zu ihren Gunsten umlenken. „Trickster sind darin trainiert, die gesellschaftliche Ordnung durcheinander zu bringen, indem sie Werte in ihr Gegenteil umkehren, und zwar durch ihre rhetorischen und theatralischen Fähigkeiten. [...] In beiden Fällen [Deutschland und Italien] waren die revolutionären Führer tatsächlich ‚Außenseiter‘ oder von Ressentiments getriebene Randfiguren. Weit davon entfernt, charismatische und damit ‚begnadete‘ [Persönlichkeiten] zu sein, glichen sie vielmehr menschlichen Versagern und Ausgestoßenen, die in liminalen Momenten opportunistisch die Macht erobert hatten.“[18]

Der Philosoph Eric Hoffer machte bereits in den 1950er Jahren darauf aufmerksam, dass Führungspersonen in Konfliktkontexten ‚dunkle Gestalten‘ sein können, und das nicht erst seit Hitler. Das ‚Führerprinzip‘ basiert auf einem eisernen Willen, fanatischen Überzeugungen, Wahrheitsbehauptungen, Verachtung für die Gegenwart und einer mitreißenden Begeisterung für Hassreden sowie der Fähigkeit, Symbole (Auftritte, Zeremonien etc.) zu erstellen, fasst Hoffer zusammen. Die Figur des Tricksters unterscheidet sich wesentlich von Max Webers charismatischem Herrschertypus, dessen Macht vom Glauben an seine ungewöhnlichen Qualitäten und Leitungsfähigkeiten geprägt ist. Der Trickster dagegen verfügt nur über wenig Charisma und bezieht seinen Erfolg nicht aus der Fähigkeit, Menschen an sich zu binden, sondern chaotische Situationen für sich auszunutzen.

Gesellschaftliche Umwälzungen wie eine Revolution schaffen zwar eine starke Identität innerhalb von Massen, aber oft fehlt es an einer klaren Führungspersönlichkeit in diesem Prozess. Die aus solchen gesellschaftlichen Konflikten hervorgehenden Personen bzw. Führungsgruppen entsprechen nicht immer der Vorstellung der Massen. Thomassen nennt sie sogar die frustrierten Verlierer und Außenseiter, die im Prozess an die Oberfläche geschwemmt werden und durch ihr rücksichtsloses Verhalten eigene Interessen durchsetzen.

Die iranische Revolution im Jahr 1979 kann hier als Paradebeispiel angeführt werden. Das Ziel der Protestierenden, die sich aus kommunistisch, religiösen und demokratisch gesinnten Kräften zusammensetzten, war nie eine radikal religiöse Herrschaft gewesen. Dennoch schaffte es Ayatollah Khomeini mit einer kleinen Gruppe und radikalen Ideen, die gesellschaftlichen Umwälzungen in kürzester Zeit für sich umzulenken.

Ähnlich hatte sich die russische Revolution im Jahr 1917 entwickelt. Fünfzehn Jahre lange konkurrierten revolutionäre Gruppen um die politische Dominanz, bevor die bis dahin wenig bekannten Bolschewiken als Sieger aus diesem politischen Umbruch hervorgingen. Während des II. Kongresses der Sozialdemokratischen Arbeiterpartei Russlands im Jahr 1903 in Brüssel und London gab es noch zwei Fraktionen, die sich um die Vorherrschaft bemühten: die Bolschewiken und die Menschewiken. Der Sieg der Bolschewiken über andere revolutionäre Parteien und gegen interne Gruppen (Menschewiken) war keinesfalls vorhersehbar gewesen, denn sie verfügten weder über ein außergewöhnliches politisches Programm noch über einen charismatischen Führer, sie waren lediglich in der Lage gewesen, das Bürgerkriegschaos für sich zu nutzen und der Gewalt einen neuen Sinn zu geben. Lenin wurde erst im Zuge der politischen Prozesse zu einer Führungsfigur. Dies ging einher mit politischen Taktiken, um die Unterstützung der Bevölkerung zu gewinnen, zum Beispiel die der Bauernschaft durch die Anerkennung ihrer Landbesetzung in einem Dekret von Oktober 1917. Auch andere politische Entscheidungen erwuchsen nicht aus einer politischen Programmatik, sondern sind lediglich als Reaktion auf die Politik der Menschewiken zu verstehen, die internationalen Rückhalt genossen und für eine gemäßigte bürgerliche Revolution plädierten.

Auch die Revolution in Ägypten wurde ähnlich beschrieben. Auf dem Tahrir-Platz waren die religiösen Muslimbrüder nur eine kleine Gruppe gewesen, die allerdings im weiteren Verlauf und bei den Wahlen schließlich den politischen Prozess für sich entschied. Die Demokraten, die die Masse gestellt hatten, versäumten es, sich politisch aufzustellen. Dabei fällt auf, dass in all diesen Beispielen die Revolutionssieger über wenig charismatische Führer verfügten, aber in der Lage waren, ein radikales neues System zu formulieren und die Bevölkerung so zu manipulieren oder mitzureißen, dass für eine reflektierte politische Entwicklung keine Zeit war.

Warlords

Im Gegensatz zu politischen Akteuren und Personen aus dem staatlichen Sicherheitssektor erkennen Warlords politische Konfliktkontexte vor allem als Gelegenheit, sich durch Gewalt eine Machtposition zu sichern. Die bekannteste Art des Gewaltspezialisten ist der Warlord. In seinem richtungsweisenden Beitrag zu Gewaltmärkten aus dem Jahr 2001 bzw. 2003 beschreibt Georg Elwert den Warlord vor allem als Unternehmer, der ausartende Gewalt bewusst für seine wirtschaftlichen Zwecke einsetzt. Diese Gewalt-Un-

Gewaltspezialisten

ternehmer unterscheiden sich von normalen Unternehmern darin, dass sie Gewalt produzieren, um ihr Einkommen zu sichern. „Kriegsherren sind Unternehmer, die zweckrational eingesetzte Gewalt als effizientes Mittel eines im Prinzip marktwirtschaftlichen Erwerbsstrebens nutzen. Vom marktwirtschaftlichen Unternehmer unterscheidet sie, dass sie auch – aber nicht ausschließlich – Gewalt als Instrument zur Erzeugung von Profiten einsetzen.“[19]

Warlords bestimmen zu einem Großteil den Verlauf von Bürgerkriegen und können interne Konflikte über lange Zeit latent am Laufen halten. Sie verfügen über eigene Armeen oder Milizen und setzen Gewalt ein, um wirtschaftliche Ziele und eine solide Machtposition zu erreichen. Allerdings sind diese Warlords nicht die einzigen Gewaltspezialisten außerhalb des Staates. Im Kontext einer Revolution taucht die bereits erläuterte Figur des Tricksters auf, die die Gunst der Stunde erkennt und aus einer gesellschaftlichen Unruhe und Aufbruchstimmung heraus Macht an sich reißt.

Eine bisher wenig erforschte, aber für den Verlauf eines Konflikts ausschlaggebende Gruppe von Gewaltspezialisten sind Kriminelle, die in fast jedem gesellschaftlichen Konflikt von der herrschenden Macht dazu eingesetzt werden, friedliche Proteste in Gewaltszenen umzugestalten und damit ein gewalttätiges Einschreiten der Sicherheitskräfte zu legitimieren. Während der agyptischen Revolution im Jahr 2011 spielten Gefangene sowohl als Revolutionstreiber (aus einem Gefängnis südlich Kairos waren mehrere hundert Muslimbrüder entkommen) als auch als Unruhestifter eine Rolle (die Regierung Mubaraks soll Kleinkriminelle unter der Auflage aus der Haft entlassen haben, auf dem Tahrir-Platz Unruhe zu stiften und die Demonstrationen ins Chaos zu stürzen). Etwa 30.000 Gefangene sollen während der Revolution entkommen bzw. freigelassen worden sein.

Während des Bürgerkriegs in Tadschikistan (1992–1997) nutzte der Kriminelle Sangak Safarov, der mehr als 23 Jahre im Gefängnis eingesessen hatte, die Gunst der Stunde und bewaffnete mithilfe des russischen Militärs seine eigene Miliz, die für zahlreiche Massaker und Morde verantwortlich gemacht wird und schließlich siegreich in die Hauptstadt einzog, wo sie ihren Präsidentschaftskandidaten durchsetzte.

Gewaltspezialisten und ihre Milizen verbreiten oft Angst und Schrecken und treiben zehntausende Menschen in die Flucht. Während viele Bewohner vorsorglich die Flucht ergreifen, um Zwangsmaßnahmen zu entgehen, erkennen andere erst zu einem späteren Zeitpunkt, dass solche Milizen von der Bevölkerung zumeist Kooperation verlangen, sei es durch den Einzug von Gütern, Zwangsrekrutierungen, Schutzgeldzahlungen oder anderen Diensten. Geflüchtete wissen wahrscheinlich nicht immer, wie die sie beherrschenden Milizen organisiert und wie Verantwortungen verteilt sind. Für die Bevölkerung erscheint die Herrschaft willkürlich, unberechenbar und von Gewalt geprägt.

58 Formen der Gewalt

Häufig haben sich Warlords bereits vor dem Ausbruch des Bürgerkrieges ihren Ruf als Gewaltspezialisten erkämpft, erklärt Bakonyi in ihrer Studie zu Somalia aus dem Jahr 2011. Gewaltspezialisten können direkt aus dem Militär oder aber aus kriminellen Milieus kommen und sich in einem Gewaltkontext zu leitenden Anführern entwickeln. Sie befehligen junge Männer, die Kampferfahrung zum Beispiel im Kampfsport erworben haben, wie es der Fall in Süd-Kirgisistan war, als Usbeken und Kirgisen 2010 aneinandergerieten. Der bereits zuvor erwähnte Kriminelle Sangak Safarov konnte auf ein sozial-kriminelles Kapital aufbauen, das Jan Köhler in seiner ethnographischen Studie ‚die Schule der Straße' genannt hat. Ehre und Gewalt gehörten hier zur Grundausbildung hin zu einem Mann von ‚Ehre'. Solche Führungspersönlichkeiten können in jedem Bürgerkrieg gefunden werden, allerdings erreichen nicht unbedingt alle die gleiche politische Prominenz wie Siad Barre, der Somalia zwischen 1969 und 1991 diktatorisch beherrschte.

Somalia wird traditionell durch ein Klan-System regiert, das den Zugang zu Land und Wasser reguliert sowie andere politische Entscheidungen trifft. Die Klans agierten als Rechtsinstanzen und politische Institutionen, und zwar bis koloniale Eingriffe im späten 19. Jahrhundert und später die 1960 erlangte Unabhängigkeit neue Dynamiken in Gang setzten. Zwar haben sich Allianzen und Klan-Strukturen seitdem verändert, wenn es aber zu einem Konflikt kommt, dienen Klan-Identitäten nach wie vor als Referenzrahmen. Selbst die islamistische Gruppe Al-Shabaab, die im Zuge der zwischen 2000 und 2007 aktiven Union islamischer Gerichte (*Islamic Courts Union*) entstanden war, kämpft bis heute für ein islamistisches klanunabhängiges System. Aber auch sie musste feststellen, dass sie ohne Klan-Autoritäten und ohne Zugeständnisse an Klan-Interessen kein System in Somalia aufbauen kann, und dies trotz des massiven Einsatzes von Gewalt. Ein solcher Kontext setzt die Parameter für Warlords fest, die in einem Gewaltkontext auf Klan-Solidarität zurückgreifen können, selbst dann, wenn die Mehrheit der Klan-Mitglieder nicht mit dem Warlord einverstanden ist.

Ein weiteres Beispiel für die ausgesprochen starke Position von Gewaltspezialisten ist Afghanistan. Warlords und andere lokale Gewaltspezialisten konnten sich durch Drogengeschäfte, religiöse Ideologien oder andere politisch und ökonomische Machtmittel etablieren und ihre Macht trotz internationaler Präsenz in den Jahren 2001–2021 weiter ausbauen. Das Fehlen eines staatlichen Gewaltmonopols hat die Rahmenbedingungen für den Aufstieg von Gewaltspezialisten gebildet, von denen die Warlords Abdul Rashid Dostum, Abdul Rab Rasul Sayyaf oder der bereits verstorbene Mohammad Qasim Fahim wohl die bekanntesten sind. Im Laufe von zwei Dekaden scheiterten nicht nur alle Anstrengungen, sie zu entmachten, vielmehr konnten sie innerhalb des labilen Staates ihre Position sogar noch stärken. Dostum wurde Vizepräsident und setzte sich für die Aufstellung einer weiteren, 20.000 Mann starken Einheit ein, die neben der regulären Armee ausgerüstet werden sollte. Auch die anderen ehemaligen Warlords unterhalten bzw. unterhielten ihre eigenen Milizen und wurden für ihre Gewalttaten und Menschenrechtsverletzungen nie zur Rechenschaft gezogen. Kaum ein Land der Welt wurde je von so vielen unterschiedlichen offiziell anerkannten Polizeieinheiten, Milizen und (para-)militärischen Einheiten durchzogen, die oftmals gegeneinander antraten und über mehr oder minder lange Zeiträume Gehälter aus staatlichen Mitteln bezogen. Die *Afghan Local Police* (ALP, auch *Arbaki* genannt) ist ein Paradebeispiel einer paramilitärischen Hilfspolizei, die im Kampf gegen die Taliban die reguläre Polizei, die afghanische Armee und die internationalen Truppen ergänzen sollte. Schnell zersplitterte die ALP in einzelne lokale Privatmilizen, die von der Bevölkerung gefürchtet wurden und dem Staat mehr geschadet als geholfen haben.

Die rasante Eroberung Afghanistans durch die Taliban innerhalb weniger Wochen nach dem Abzug der internationalen Truppen im Jahr 2021 hat gezeigt, wie langlebig ein Warlord-System sein kann. Die Warlords errichteten kleine Reiche auch innerhalb des afghanischen Staates. Die afghanische Armee war nicht in der Lage, diese die Bevölkerung terrorisierenden Warlords unter ihre Kontrolle zu bringen. Die Taliban konnten unter diesen Umständen ihre Macht zunehmend ausbauen, indem sie der Bevölkerung das anboten, was weder die afghanische Regierung noch die Warlords konnten, nämlich die Herstellung einer gewissen Sicherheit durch die Einrichtung eines einfachen, schnellen und von Sanktionen begleiteten islamischen Gerichtssystems. Seit der Eroberung sehen sich die Taliban mit Gewaltspezialisten in den eigenen Reihen konfrontiert. Die Bewegung leidet unter konkurrierenden Taliban-Führern, die Afghanistan unter sich aufgeteilt haben und offenbar eher widerwillig dem obersten Amir gehorchen.

Obwohl die Scharia, das islamische Gesetz in seiner durch die Taliban ausgelegten Version, als die Grundordnung von allen Taliban-*Shuras* akzeptiert wird, sind sich die *Shuras* in Bezug auf den Umgang mit bestimmten Bevölkerungsgruppen (Frauen, Minderheiten, religiöse Gruppen) nicht einig. Zudem interferieren islamistische Gruppen und Ableger des IS weiterhin mit militärischen und terroristischen Mitteln und profitieren hierbei von Staaten, die diese unterstützen.

Die Konzentration von Gewaltspezialisten in Afghanistan, ihre unterschiedlichen Strategien zur Durchsetzung ihrer Interessen führten dazu, dass sich etablierte Gewaltsysteme immer wieder auflösten und neuformiert haben, auf Kosten einer Bevölkerung, die die wirtschaftlichen und personellen Kosten tragen muss. Diese Gewaltspezialisten planen ihre Handlungen sorgfältig und kalkulieren vor allem auf wirtschaftlicher Basis. Gleichzeitig sind sie Opportunisten, die jede Gelegenheit ergreifen und Strategien dementsprechend ändern und anpassen.

Eine von Warlords dominierte Gegend ist oft unübersichtlich, auch für die betroffenen Bevölkerungen. Latente und gezielte Gewalt wird von den Warlords und ihren Milizen eingesetzt, um Macht und Profit zu maximieren.

Gewaltmärkte

Georg Elwert hat den Begriff des Gewaltmarkts in die ethnologische Konfliktforschung eingeführt. Mit diesem Begriff sind nicht die wirtschaftlichen Interessen globaler Akteure in einem Bürgerkrieg gemeint (wie sie zum Beispiel in Stellvertreterkriegen in Erdölgebieten zum Ausdruck kommen), sondern die wirtschaftlichen Strategien, für deren Erfolg gewaltoffene Räume notwendig sind. Zu den klassischen wirtschaftlichen Aktivitäten von Gewaltmärkten gehören Raub, Entführung, Schutzgelderpressung, Rauschgifthandel, das Eintreiben von Zöllen zur Durchfahrt besetzter Straßen von strategischer Bedeutung und viele andere Aktivitäten. Elwert führt aus: „Ein Gewaltmarkt ist ein überwiegend von Erwerbszielen bestimmtes Handlungsfeld, in dem sowohl Raub als auch Warentausch sowie deren Übergangs- und Kombinationsformen Lösegeld-Erpressung, Schutzgelder, Straßenzölle usw. vorkommen. […] Solche Gewaltmärkte können in gewaltoffenen Räumen, d. h. bei Abwesenheit eines Gewaltmonopols, entstehen. Gewaltoffen sind Räume, in denen keine festen Regeln den Gebrauch der Gewalt begrenzen. Durch die ungeregelte Gewalt können sich zwar Routinen, aber keine festen Regeln etablieren. Auch Verträge zwischen Krieg führenden Parteien können gebrochen werden. Selbst innerhalb einer Krieg führenden Partei kann Gewalt die Klientelbeziehungen zwischen Kriegsherren, ihren Obersten und den Söldnern auflösen. Im gewaltoffenen Raum ist Mord nicht ausgeschlossen, auch wenn er den meisten Akteuren unökonomisch erscheinen mag."[20]

Gewaltmärkte verbinden kriminelle Aktivitäten mit dem regulären Markt, den sie brauchen, um ihre Güter zu verkaufen und ihre auf Gewalt basierende Macht zu erhalten. Elwert interessiert sich für den systemischen Charakter von Bürgerkriegen und weniger für die Ursachen oder Auswirkungen eines Konfliktes. Damit bezieht er Akteure in die Analyse mit ein, die in anderen Forschungsansätzen schlichtweg untergehen, weil sie im Schatten der größeren politischen Gruppen agieren. Bürgerkriege stellen eine Arena dar, in der sich wirtschaftlich-kriminelle Aktivitäten relativ ungehindert entwickeln können.

In Jugoslawien zum Beispiel gab es sogenannte ‚Wochenendsoldaten'. Sie konnten sich gegen eine Gebühr Waffen ausleihen und daraufhin an den Kämpfen teilnehmen. Mit Bussen wurden sie an die Front gebracht, wo sie dann bis Sonntagabend weniger ‚kämpften' denn auf Raubzug gingen und

Gewaltmärkte   61

mit reicher Beute zurückkehrten. Einige unter ihnen nutzten diese Raubaus-
flüge auch für sexuelle Ausbeutung – eine Tätigkeit, die für Gewaltmärkte
ebenfalls charakteristisch ist. Es entstand also ein Markt, der nur durch den
Bürgerkriegskontext ermöglicht wurde.

Wenige Gewaltkontexte sind so gut recherchiert wie Afghanistan (2001–
2021). Ein Blick auf das Einkommen der Taliban vor der Machtübernahme
zeigt die Vielfalt der Einkünfte, mit denen sie den jahrelangen Kampf gegen
die Regierung und ihre westlichen Verbündeten aufrechterhalten konnten.
Etwa 80 Prozent der Einkünfte der *Shuras* (die Taliban unterhalten vier verschiedene *Shuras*, das heißt, vier Versammlungen, die gemeinsam und in
Konkurrenz arbeiten) stammten direkt von ausländischen Staaten, privaten
ausländischen Geldgebern und jihadistischen ausländischen Organisationen,
erklärt der Afghanistan-Experte Antonio Giustozzi in seinem Buch zu den
Taliban aus dem 2019. Joshua Lambertus von der Naval Postgraduate School
der United States Navy identifiziert in seiner Dissertation zu den Geldres-
sourcen der Taliban aus dem Jahr 2011 acht zentrale Geldquellen: ausländische Spenden, Fundraising-Reisen der Kommandeure, Naturressourcen
(illegaler Handel mit Holz, Marmor und Drogen), Sicherheitsleistungen
(Schutzgelderpressung durch Warlords; so zahlten internationale Konvoys
der NATO bis zu 1.200 Dollar pro Konvoi, damit sie bestimmte Gebiete
sicher durchqueren konnten), Korruption und Zwangssteuern, Kidnapping
sowie Steuererhebungen (auf landwirtschaftliche Produkte).

Der Usbeke General Dostum, der wohl bekannteste Warlord Afghanistans, steht beispielhaft für einen Gewaltunternehmer, der sich sogar trotz
ändernder politischer Verhältnisse wirtschaftlich und militärisch etablieren
konnte. Der für zahlreiche Massaker und Verbrechen verantwortliche Mi-
lizenführer etablierte während des Bürgerkrieges Anfang der 1990er Jahre
im Nordwesten Afghanistans seinen eigenen Staat, der über eine eigene
Fluggesellschaft (*Balkh Air*) und eine eigene Währung verfügte. Dostum
kontrollierte den Handel mit Opium und Heroin in Richtung Norden; später
finanzierte er mit von der internationalen Gemeinschaft zur Verfügung ge-
stellten Staatsgeldern seine eigene Miliz (die *Junbish*-Miliz). Zeitweise war
er stellvertretender Verteidigungsminister an der Seite von Hamid Karzai,
militärischer Berater für den Norden Afghanistan und 2014 schließlich
sogar Vizepräsident von Mohammad Aschraf Ghani, der ihn im Juli 2020
zum Marschall ernannte. Dabei ist Staatstreue keinesfalls Dostums Stärke,
verbündete er sich doch in der Vergangenheit abwechselnd mit den Taliban
und mit anderen Milizen bzw. mit der Nordallianz.

Einen eher klassischen Gewaltmarkt stellt der Drogenmarkt dar, der unter
Bürgerkriegskonditionen blüht. Durch den Handel mit Drogen sichern sich
Warlords leichten Zugang zu hohen Summen Geldes und ermöglichen damit
die Verlängerung einer Gewaltsituation. In Afghanistan wurde Opium in

62 Formen der Gewalt

Backsteinform gepresst und stieg zu einer eigenen Währung auf, mit der auch auf den Auto- und Immobilienmärkten in Nachbarländern wie Tadschikistan direkt bezahlt werden konnte. In Somalia war es die Droge *qaat*, die den Warlords im Krieg ab den 1990er Jahren ihr Einkommen sicherte, erklärt die Ethnologin Jutta Bakonyi. „Am Beispiel des Qaat-Handels wurden die Verflechtungen politischer und ökonomischer Beziehungen und Interessen in Somalia verdeutlicht. [...] An Tagen der Qaat-Transporte wurden selbst in kleineren Dörfern und Weilern Straßensperren in dem Versuch aufgebaut, zumindest einige Bündel der begehrten Droge zu ergattern. Diese Begehrlichkeit konnten sich die Führungsriegen der Gewaltorganisierung zunutze machen und durch eine zentrale Qaat-Verteilung die Zufriedenheit und Loyalität ihrer Kombattanten sichern."[21]

Der *qaat*-Markt passte sich dem Gewaltkontext an und florierte unter den Bedingungen des Zusammenbruchs staatlicher Strukturen in Somalia, der die Drogengeschäfte begünstigte und schließlich zur Stärkung der Position der Kriegsherren beitrug.

Der IS in Syrien fand schnell heraus, dass er durch die Zerstörung archäologischer Stätten die Entstehung eines Marktes beförderte, auf dem sich mobile Kulturgüter zu hohen Summen verkaufen ließen. Millionen konnte der IS mit Kunstobjekten erzielen, für die es auf dem Schwarzmarkt genügend Abnehmer gab. Er etablierte sogar eigens dafür ein Ministerium, das Steuern auf den Verkauf erhob und eintrieb. Es ist unbekannt, wie viele Kulturgüter unter dem IS auf den Schwarzmarkt gelangten, aber das Beispiel zeigt, dass Gewaltmärkte in einem Bürgerkrieg von wichtigen Verbindungen zum Markt außerhalb des Bürgerkriegsgebietes abhängen. Dennoch war der IS wirtschaftlich schlechter aufgestellt als andere terroristische Gruppen, die erheblich stärker auf externe Geldquellen zählen konnten und können, wie al-Qaida oder die Hisbollah. Das liegt daran, dass der IS einen Staatsapparat aufbaute und finanzieren musste und sich dabei lediglich auf vorhandene lokale Ressourcen sowie Steuereinnahmen stützen konnte, jedoch keine gesicherten Rücklagen auf dem internationalen Finanzmarkt besaß, erklärt der Terrorismusforscher Wes Cooper.

Ein weiteres lukratives Geschäft, das in Gewaltkontexten von Bürgerkriegen entsteht, sind Entführungen von ausländischen Zivilisten, häufig medizinisches Personal, das nach internationalem Recht geschützt wäre. Lösegelder für ausländische Zivilisten können eine wichtige Einnahmequelle für Gewaltunternehmer werden. Wie hoch die Summen sind, bleibt in der Regel geheim und eine heikle Angelegenheit, da oft auch staatliche Akteure bei der Konfliktbeilegung involviert werden müssen.

Gewaltmärkte, betont Elwert, sind nicht mit traditionellen Märkten zu verwechseln. Sie zeichnen sich dadurch aus, dass die wirtschaftlichen Aktivitäten aus den traditionellen Wirtschaftsweisen ausgelagert werden.

Gewaltmärkte 63

Wenn die Wirtschaft aufgrund interner Konflikte oder aus anderen Gründen (zum Beispiel internationaler Sanktionen) kollabiert, eröffnen sich Gewaltsituationen mit neuen Marktmöglichkeiten, die Gewaltunternehmer nutzen. Je mehr die Gehälter und Einkommen in der normalen Wirtschaft zusammenbrechen, desto mehr übernehmen kriminelle Gruppen Funktionen des Schutzes.

In Somalia zum Beispiel waren viele der Warlords vor dem Krieg Händler und Geschäftsleute, die ihren Reichtum irgendwann in Soldaten investierten. Anders verlief es in Afghanistan. Hier hatten sich regionale Warlords bereits in den 1990ern als Gewaltunternehmer etabliert; später traten sie in die Politik ein, und mit den Friedensverhandlungen erhielten sie sogar Ministerposten. Mit der offiziellen Integration der Warlords in die Regierung sicherte sich Afghanistan ein Konfliktpotential für Jahrzehnte und einen Gewaltmarkt, der ohne durchsetzungsfähige zentralisierte Autorität nicht aufgelöst werden konnte, stellte der Journalist Emran Feroz fest, dessen Überlegung sich ein Jahr nach seiner Aussage mit der Machtübernahme durch die Taliban bewahrheiten sollte.

Wenn sich ein Gewaltunternehmer in einem lukrativen Geschäft einrichten kann, hat er ein Interesse am Erhalt eines latenten Gewaltzustandes, das heißt, er will weder Frieden noch eine Eskalation des Krieges. Afghanistan ist hierbei exemplarisch: Die Warlords konnten sich auf nationaler Ebene politisch integrieren und dadurch ihre Machpositionen auf regionaler Ebene dank der konstanten Labilität des Systems sowie des Einsatzes enormer Summen, die für unterschiedliche Sicherheitskräfte bereitstanden, aufrechterhalten. Eine Eskalation der Kriegshandlungen gefährdet andererseits die Geschäfte, da dann Handelswege und Personen des Netzwerkes betroffen sein könnten; Frieden dagegen bedeutet, dass der Staat das Gewaltmonopol wieder an sich nimmt und die Warlords verdrängt.

Gewaltmärkte eröffnen wirtschaftlichen Unternehmen, die von einem Gewaltkontext abhängig sind, Räume für ihre Tätigkeiten. Diese Gewaltmärkte können, je länger ein Krieg andauert, umso stabiler werden. Dabei kommt es nicht darauf an, wie intensiv Kriegshandlungen tatsächlich stattfinden, sondern vielmehr darauf, dass kein Gewaltmonopol existiert, dessen Repräsentanten eingreifen, um die kriminellen Aktivitäten einzuschränken oder zu unterbinden.

64 Formen der Gewalt

Verwendete Literatur

Bakonyi, Jutta 2011. *Land ohne Staat. Wirtschaft und Gesellschaft im Krieg am Beispiel Somalias.* Frankfurt, New York: Campus.

Bakonyi, Jutta 2012. „Drogen und Krieg: die Bedeutung von Qaat im somalischen Kriegsgeschehen". *Inamo* 18 (71): 27–30.

Bakonyi, Jutta und Kirsti Stuvøy 2005. „Violence & Social Order Beyond the State: Somalia & Angola". *Review of African Political Economy* 104 (5): 359–382.

Beek, Jan und Mirco Göpfert 2013. „State Violence Specialists in West Africa". *Sociologus* 1–2: 103–124.

Cooper, Wes H. 2017. „The Dark Side of the Economy: A Comparative Analysis of the Islamic State's Revenue Streams". *Journal of Terrorism Research* 8 (1): 34–42.

Eller, Jack David 2010. *Cruel Creeds, Virtuous Violence: Religious Violence across Culture and History.* New York: Prometheus Books.

Elwert, Georg 1999. „Markets of Violence", in *The Dynamics of Violence: Processes of Escalation and De-Escalation in Violent Group Conflicts,* G. Elwert, S. Feuchtwang und D. Neubert. Berlin: Duncker & Humblot, 85–102.

Elwert, Georg 2001. „Gewaltmärkte und Entwicklungspolitik", in *Wissenschaft & Frieden 2001– 3: Ökonomie der Bürgerkriege,* verfügbar unter: https://wissenschaft-und-frieden.de/artikel/ gewaltmaerkte-und-entwicklungspolitik/.

Elwert, Georg 2003. „Intervention in Markets of Violence", in *Potential of Disorder,* J. Koehler und Ch. Zürcher (Hg.). Manchester, New York: Manchester University Press, 219–242.

Elwert, Georg 2004. „Anthropologische Perspektiven auf Konflikt", in *Anthropologie der Konflikte,* J. M. Eckert (Hg.). Bielefeld: Transcript, 26–38.

Feldman, Allen 1991. *Formations of Violence: The Narrative of the Body and Political Terror in Northern Ireland.* Chicago u.a.: University of Chicago Press.

Feroz, Emran 2020. „Afghan Warlord's Promotion Highlights the Bankruptcy of America's Longest War", 27.07.2020, *Foreign Policy,* verfügbar unter: https://foreignpolicy.com/2020/07/17/ afghan-warlord-abdul-rashid-dostum-power-sharing-war/.

Galtung, Johan 1969. „Violence, Peace, and Peace Research". *Journal of Peace Research* 6 (3): 167–191.

Giustozzi, Antonio 2019. *The Taliban at War: 2001–2018.* Oxford: Oxford University Press.

Hanser, Peter und Trutz von Trotha 2002. *Ordnungsformen der Gewalt – Reflexionen über die Grenzen von Recht und Staat an einem einsamen Ort in Papua-Neuguinea.* Köln: Köppe.

Hoffer, Eric 1966 [1951]. *The True Believer: Thoughts on the Nature of Mass Movements.* New York: Harper Perennial.

Juricic, Andrew 1994. *The Faithful Assistant: The Komsomol in the Soviet Military and Economy, 1918–1932.* Dissertation, University of Alberta.

Koehler, Jan 2000. *Die Zeit der Jungs. Zur Organisation von Gewalt und der Austragung von Konflikten in Georgien.* Münster: LIT.

Koehler, Jan 2015. „Shura Structure & Sub-National Governance in Afghanistan". *Institution Centred Conflict Studies,* verfügbar unter: https://iccs.koehlerjan.net/.

Koehler, Jan und Christoph Zürcher 2003. „The Art of Losing the State: Weak Empire to Weak Nation-State around Nagrono-Karbakh", in *Potential of disorder,* J. Koehler und Ch. Zürcher (Hg.). Manchester, New York: Manchester University Press, 145–173.

Krämer, Mario 2007. *Violence as Routine. Transformations of Local-Level Politics and the Disjunction between Centre and Periphery in KwaZulu-Natal (South Africa).* Köln: Rüdiger Köppe.

Lambertus, Joshua John 2011. *Analysis of Taliban revenue and the importance of the opium trade to the insurgency.* Dissertation, Monterey/Calif., Naval Postgraduate School.

Verwendete Literatur

Leder, Stefan (Hg.) 2005. *Feinde – Fremde – Freunde. Die Kreuzfahrer aus orientalischer Sicht.* Orientwissenschaftliche Hefte 19.

Richards, Paul 2005. „War as Smoke and Mirrors: Sierra Leone 1991–2, 1994–5, 1995–6". *West-African Warscapes, Anthropological Quartly* 78 (2): 377–402.

Roche, Sophie 2014. *Domesticating Youth. Youth Bulges and Their Socio-political Implications in Tajikistan.* New York: Berghahn.

Roche, Sophie 2019. *The Faceless Terrorist.* Cham: Springer.

Sahlins, Marshall D. 1963. „Poor Man, Rich Man, Big-Man, Chief: Political Types in Melanesia and Polynesia". *Comparative Studies in Society and History* 5 (3): 285–303.

Schmitt, Eric 2009. „Many Sources Feed Taliban's War Chest", 18.10.2009, New York Times, verfügbar unter: http://www.nytimes.com/2009/10/19/world/asia/19taliban.html.

Thomassen, Bjørn 2012. „Notes Towards an Anthropology of Political Revolutions". *Comparative Studies in Society and History* 54 (3): 679–706.

Trotha, Trutz von 2011. „The Problem of Violence: Some Theoretical Remarks about ‚Regulative Orders of Violence', Political Hierarchy, and Dispute Regulation beyond the State", in *The Problem of Violence. Local Conflict Settlement in Contemporary Africa*, G. Klute (Hg.). Köln: Rüdiger Köppe, 31–47.

Trotha, Trutz von 1998. *Soziologie der Gewalt.* Wiesbaden: Verlag für Sozialwissenschaften, 9–58.

Waldmann, Peter 1999. „Societies in Civil War", in *The Dynamics of Violence: Processes of Escalation and De-Escalation in Violent Group Conflicts*, G. Elwert, S. Feuchtwang und D. Neubert (Hg.). Berlin: Duncker & Humblot, 61–84.

Weitere Quellen

„Featured Documentary – ISIL and the Taliban, Al Jazeera English". 01.11.2015, Al Jazeera, verfügbar unter: https://www.dailymotion.com/video/x3bym9m.

„The Future of the Afghan Local Police". Report 268, 04.06.2015, International Crisis Group, verfügbar unter: https://www.crisisgroup.org/asia/south-asia/afghanistan/future-afghan-local-police.

„Egypt's security forces massacred prisoners during the revolution". 29.12.2011, Libcom.org, verfügbar unter: https://libcom.org/blog/egypt%E2%80%99s-security-forces-massacred-prisoners-during-revolution-29122011.

Kapitel 4
Jugend als kulturelles Konzept und demographisches Potential

Jugend und Zugang zu Macht – Kultgruppen

Ein junger Mann mit Hochschulabschluss aus dem Bundesstaat Edo in Nigeria macht im Asylverfahren geltend, er werde durch eine Gruppe namens Ogboni-Bruderschaft verfolgt. Sein Vater, der ein reicher Plantagenbesitzer war, habe dieser Gruppe angehört; nach seinem Tode hätten die Mitglieder der gewaltbereiten Gruppe von ihm verlangt, dass er ihr beitrete. Die Mitglieder der Gruppe hätten ihn wiederholt aufgesucht und bedroht, schließlich sei er geflohen.

Viele Jugendliche schließen sich sogenannten Bruderschaften an, in der Hoffnung, dadurch Zugang zu Geld zu erhalten, sei es über mehr oder weniger kriminelle Aktivitäten oder aber durch legale Jobs, sowie politischen Einfluss zu gewinnen. In der Regel erfolgt der Beitritt auf Lebenszeit.

Welche Rolle spielen Bruderschaften in der nigerianischen Gesellschaft und spezifisch für junge Menschen? Welche Möglichkeiten der aktiven Teilnahme am gesellschaftlichen Leben gibt es für Jugendliche in einer Gesellschaft, die einen hohen Anteil junger Menschen hat? Wie nutzen religiöse oder politische Gruppen Ideologien, um junge Menschen in Zeiten sozialer, wirtschaftlicher und politischer Krisen zu rekrutieren? Allgemeiner formuliert: Welche Rolle spielt Jugend in jungen dynamischen Gesellschaften? Wie entstehen militante Gruppen in diesem Zusammenhang, und welche Auswirkungen haben sie auf Gesellschaft und Politik?

Thematische Einleitung

Konflikte, Kriege, Gewalt – meist werden diese Ereignisse wie selbstverständlich mit jungen ('wilden') Männern in Verbindung gebracht. Einerseits werden die Kämpfer als Opfer machtbesessener Führer dargestellt, andererseits sieht man in Jugendlichen ein Gewaltpotential, das leicht zu mobilisieren ist, insbesondere wenn die wirtschaftlichen und politischen Umstände dies begünstigen. ‚Jugend' wird hierbei häufig als ein kollektiver, oft sogar geschlechtsspezifischer Terminus verwendet, der davon ausgeht, dass eine gewisse soziodemographische Gruppe gemeinsame Charakteristika aufweist. 2010 deklarierte die UN das ‚Jahr der Jugend' – und meinte damit

Menschen im Alter von 15 bis 24 Jahren. Definitionen von Jugend sind allerdings in vielen Gesellschaften nicht an Altersjahre gebunden, sondern an eine spezifische gesellschaftliche Position.

In der Soziologie machten Johanna Wyn and Rob White im Jahr 1997 darauf aufmerksam, dass Jugendsubkulturen und Jugendbewegungen nicht notwendigerweise die – meist mehr oder minder konforme – Mehrheit dieser Altersgruppe repräsentieren und dass spektakuläre Jugendaktivitäten häufig überbetont werden. In besonders klarer Weise hat dies der Soziologe Stanley Cohen in seinem 1972 erschienenen Buch *Folk Devils and Moral Panics* dargestellt. Am Beispiel der sich im England der 1960er und frühen 1970er Jahre regelmäßig während der offiziellen Feiertage prügelnden Mods und Rockers beschreibt er, wie aus dieser spezifischen Jugendgewalt ein gesellschaftliches Drama konstruiert wurde. Die Art der Verarbeitung der Ereignisse durch die Presse, die Reaktion der Regierung und der Sicherheitsbehörden sowie der Finanzwelt auf diese Form der Jugendkultur beschreibt er als panische Überreaktion. Schließlich nahm man die Handlungen der Mods and Rockers als direkten Angriff auf gesellschaftliche Werte wahr. Cohen bezeichnet dieses Phänomen der Dramatisierung jugendlicher Aktivitäten als *moral panics* und systematisiert die einzelnen Schritte des Prozesses, der zu einer unverhältnismäßig heftigen, panischen Reaktion auf jugendliche Krawalle führt. Inzwischen gibt es zahlreiche Studien, die dieses sozialpsychologische Phänomen auf andere Gruppen übertragen haben. Junge männliche Migranten sind ein häufig angebrachtes Beispiel dafür, wie einzelne, lokale Ereignisse vorschnell generalisiert und zu einer Katastrophe aufgebauscht werden, um schließlich als die gesamte Gesellschaft bedrohendes Problem wahrgenommen zu werden und die politische Praxis zu beeinflussen.

Dieses Erklärungsmodell für Jugend und Konflikt in der Gesellschaft wurde in den letzten Dekaden durch ein weiteres Erklärungsmodell ergänzt, das aus der Sozialdemographie stammt. Es besagt, dass eine kausale Beziehung zwischen einem prozentual hohen Anteil junger Menschen an einer Bevölkerung (einem *youth bulge* oder ,Jugendüberschuss') und dem Entstehen gesellschaftlicher Konflikte besteht. Insbesondere in Bezug auf die Länder des Mittleren Ostens wurde diese Theorie angewendet. Der Politikwissenschaftler Henrik Urdal und die Autorin dieses Buches sind diesem Argument nachgegangen, konnten aber keine statistische Korrelation zwischen einem *youth bulge* und gewalttätigen Konflikten feststellen. Die interessante Frage, die sich daher daraus ergibt, ist, wie sich demographische Größen auf soziokulturelle Veränderungen und insbesondere Konflikte auswirken und wie ein demographisches Potential zu einem dynamischen Faktor umgewandelt werden kann.

Thematische Einleitung 69

Der größte Teil der Länder im Globalen Süden befindet sich derzeit in einem demographischen Wandel von hoher Fertilität hin zu sinkender Fertilität; die Geburtenraten sinken dabei von über fünf Kindern pro Frau auf weniger als zwei Kinder. Der Übergang wird geprägt von einem ausgesprochen hohen Anteil junger Menschen, der aufgrund soziokultureller und wirtschaftlicher Veränderungen gut gebildet ist, zu einem späteren Zeitpunkt heiratet als die Eltern und damit länger unabhängig bleibt. Navtej Dhillon und Tarik Yousef gehen davon aus, dass ein solches demographisches Potential jeder Gesellschaft nur einmal während des demographischen Übergangs zur Verfügung steht, sie bezeichnen es daher auch als ,Dividende'.

Youth bulge bedeutet also zunächst nichts weiter, als dass sich eine Gesellschaft in einem demographischen Übergang von hoher zu niedriger Fertilität befindet und ihr daher ein verhältnismäßig großer Anteil junger Menschen zur Verfügung steht. Verwendet wird die Idee des *youth bulge* aber innerhalb einer wissenschaftlichen Debatte über Jugend, die davon ausgeht, dass ein großer Anteil junger Menschen das Konfliktrisiko einer Gesellschaft erhöht. Der französische Konfliktforscher Gaston Bouthoul gilt mit seinen Publikationen aus den 1960ern und 70ern als einer der ersten, die dieses Konzept des *youth bulge* explizit entwickelt haben. Während Bouthoul zunächst die Studentenproteste an französischen Universitäten untersuchte – aufgrund steigender Studentenzahlen kam es zu einer Überbelegung an französischen Universitäten, die Proteste hervorriefen –, wurde das Konzept dann auf den Nahen Osten übertragen. Der Historiker Herbert Moller bezeichnete diesen Überhang junger Menschen im Nahen Osten als eine ,Sackgasse der Demographie und der Geschichte', und für den Iran prognostizierte die Professorin für Studien des Mittleren Ostens Sanam Vakil, der hohe Jugendanteil wirke wie ein ,Dampfkochtopf, der bereit ist, Dampf abzulassen'. Das Konzept des *youth bulge* reflektiert die Idee eines malthusischen ökologisch-demographischen Ungleichgewichts[22] und wird heute vorwiegend als ein politisch-demographischer Terminus verwendet, der auf ein (von Männern dominiertes) Sicherheitsproblem verweist. In der Regel wird ein *youth bulge* allerdings nicht alleine für das Entstehen gesellschaftlicher Konflikte verantwortlich gemacht, sondern mit Ressourcenknappheit, Arbeitslosigkeit und/oder politischer Instabilität korreliert.

In dieser Tradition interpretierte auch der Politikwissenschaftler Jack Goldstone Jugend als Konfliktpotential. Laut Goldstone sind Jugendliche ,von Natur aus aggressiv', folglich erhöhen sie in den Gesellschaften mit Jugendüberhang (die er *youthful societies* nennt) das Konfliktrisiko. Ein hoher Anteil junger Menschen erhöht den Druck auf den Arbeitsmarkt und auf die Landverteilung, infolgedessen kommt es zu Veränderungen in der Gesellschaft, so seine Theorie. Allerdings, erklären die Anthropologen

Lionel Tiger und Robin Fox, waren Menschen auch schon gewalttätig, bevor sie in starker Konkurrenz gelebt haben; eine junge Gesellschaft und die Pathologisierung von Jugendlichen kann also kaum als Ursache für soziale Unruhen angebracht werden.

Einige Autoren sehen Religion und insbesondere den Islam als einen Faktor, der einen *youth bulge* nicht nur generiert, sondern auch mobilisiert. Prominent in dieser Debatte war insbesondere Samuel Huntington, der mit seinem provokanten Buch *The Clash of Civilizations* eine Welt nach der Sozialismus-Kapitalismus-Aufteilung imaginierte und dabei vor allem dem Islam eine negative Rolle zusprach. Eine solche Beziehung wurde empirisch nie belegt, woran die Ethnologin Carla M. Obermeyer erinnert. Dhillon und Yousef haben in ihrer Studie sogar festgestellt, dass historisch gesehen ein *youth bulge* der Gesellschaft zugutekomme: Gesellschaften im demographischen Wandel erleben kulturelle Veränderungen, wie spätere Heirat und eine größere zeitliche Investition in Bildung, sodass junge Menschen unabhängiger von ihren Familien werden und in der Gesellschaft aktiver sein können als die Generationen zuvor. Eine solche Generation ist in der Lage, eine Gesellschaft so voranzubringen, dass sie einen enormen Entwicklungsschritt macht, vorausgesetzt es gibt keinen Krieg, der dieses Potential einschränkt.

Der demographische Einfluss auf soziale und kulturelle Veränderungen wurde für unterschiedliche Gesellschaften von Ethnologen untersucht. Während klassischerweise ethnologische Arbeiten einzelne Gruppen untersuchen, operiert die Demographie mit Kohorten und anderen demographischen Größen. Die Kausalbeziehung zwischen einem *youth bulge* und Konflikten rührt daher, dass hier eine Vermischung von Gruppen und demographischen Größen bzw. demographischen Kategorien stattfindet, als ob Gruppe und Kohorte identisch seien. Ein hoher Anteil junger Menschen ist jedoch noch kein Auslöser für einen Krieg, wie auch die Forschungen von Steffen Kröhnert am Berlin-Institut für Bevölkerung und Entwicklung zeigen. Im Gegenteil: Bei einem besonders hohen Anteil junger Menschen (über 21 Prozent der 15- bis 24-Jährigen) reduziert sich statistisch gesehen die Wahrscheinlichkeit für einen Krieg.

Wenn also der Soziologe Gunnar Heinsohn bereits mehrere Söhne in der Familie (Sohnreichtum) als Konfliktursache sieht, übersieht er die kulturellen Strategien des Familienmanagements, potentielle Konflikte zu reduzieren. Heinsohn geht davon aus, dass Söhne ein Erbrecht besitzen, das mit der zunehmenden Zahl an Söhnen pro Familien zwangsläufig zu Spannungen innerhalb der Familie und in der Gesellschaft führt. In vielen Gesellschaften werden Brüder jedoch nicht gleichwertig behandelt, sondern entsprechend ihren Fähigkeiten, Kapazitäten, der Geburtenfolge und den vorhandenen Ressourcen in unterschiedlichen Sektoren untergebracht. Es gilt das Prinzip:

,Geschwister sind so unterschiedlich wie die Finger einer Hand. Keiner ist gleich'. Nur ein Bruder wird das Elternhaus erben und sich dafür um die Eltern kümmern, die anderen werden etwa in staatliche Berufe oder auf Migration gehen und auf diese Weise diverse Einkommensmöglichkeiten realisieren, die allen Familienmitgliedern zukommen. Demographische Größen sind daher auch immer kulturelle Größen.

Jugend als kulturelles Konzept

Ein grundlegendes Problem der *youth-bulge*-These ist, dass sie euro-amerikanische Definitionen von Jugend zugrunde legt, die sich nicht ohne Weiteres auf andere Gesellschaften übertragen lassen. Jugend wird in keiner Gesellschaft ausschließlich als Altersspanne definiert, soziale und statusabhängige Faktoren sind mindestens ebenso wichtig. Während in Europa der Begriff der Adoleszenz den Umgang mit Jugend ab der Wende zum 20. Jahrhundert prägte, stilisierten Theorien in den 1970er Jahren, angeführt von der Ethnologin Margaret Mead, deren im Jahr 1928 erschienenes Buch zu jungen Frauen in Samoa bereits drei Jahrzehnte zuvor für eine Diskussion von Jugend in der Gesellschaft gesorgt hatte, Jugendliche in nicht-europäischen Ländern zu ,edlen Wilden'. Damit war gemeint, dass sogenannte ,unverdorbene Naturgemeinschaften' frei von Generationskonflikten der ,zivilisierten' Gesellschaften seien.

Der Begriff ,Adoleszenz' dagegen wurde unter anderem durch den US-amerikanischen Psychologen Granville Stanley Hall (1846–1924) geprägt, der Anfang des 20. Jahrhunderts Jugend in erster Linie als psychologisches Entwicklungsstadium untersuchte. Sein Begriff der Adoleszenz bestimmte über Jahrzehnte die Wahrnehmung von Jugendlichkeit und führte dazu, wie der britische Soziologe Phil Cohen später schreibt, dass ,Jungs, die Jungs sind', zunehmend zu einem Entwicklungsproblem wurden. Die Chicago School mit ihren soziologischen Studien zu urbanen jugendlichen Subkulturen und kriminellen Gruppen, die in den Schriften des Soziologen Albert Cohen festgehalten sind, prägte den Diskurs über Jugend in der Zeit zwischen den Weltkriegen.

Die Konzeptualisierung von Jugend außerhalb von Europa änderte sich mit dem Ende der Kolonialzeit. Die weitgehend ,friedlichen' Teenager im Globalen Norden wurden nun den ,unberechenbaren' Jugendlichen im Globalen Süden gegenübergestellt, so die Afrikaexperten Jean und John Comaroff. Paul Richards, der in Sierra Leone forschte, kritisiert diese Sichtweise in Bezug auf jugendliche Kämpfer – oftmals sogar Kinder –, die, unabhängig von lokalen politischen und sozialen Problemen, als ,Barbaren' bezeichnet wurden. Jugend, meint der Ethnologe Jon Abbink, bezieht sich gleichzeitig

72 Jugend als kulturelles Konzept und demographisches Potential

auf Terror in der Gegenwart, Fehler der Vergangenheit und Hoffnung für die Zukunft. Ihm zufolge wird „Jungsein in Afrika weithin und durchgängig als grundsätzlich problematisch wahrgenommen".[23]

Ein Großteil der ethnologischen Studien zu Jugend und Konflikt wurde in Afrika durchgeführt, sowohl während als auch nach der Kolonialzeit.[24] Diverse Autoren decken Themen wie Gewalt, traditionelle Systeme wie beispielsweise Altersklassen, politische Strukturen sowie medizinische Themen (z. B. Traumata) ab. Im Folgenden sollen ausgewählte Themen aus dieser Forschung vorgestellt werden.

Bezogen auf Ostafrika interessierte man sich besonders für Altersklassensysteme. Diese strukturieren und organisieren nicht nur die Stämme intern, sondern prägen auch den Lebenslauf der Mitglieder solcher Gruppen. Beispielsweise folgen unterschiedliche Gruppen Ostafrikas (Oromo, Gabra, Rendille etc.) dem *gada*-Altersklassensystem, das den einzelnen Altersklassen jeweils spezifische reproduktive, militärische, politische und rituelle Rechte zuerkennt[25] Mit jedem Lebensabschnitt sind bestimmte Pflichten und Rechte verbunden. Die Aufteilung der Altersklassen innerhalb des *gada*-Systems wird zeitlich genau festgelegt und nach Zyklen berechnet, sodass es keinen Raum für eine demographische Anpassung gibt, wenn diese durch soziale oder äußere Einflüsse notwendig wird, erklärt der Ethnologe Günther Schlee, der die Rendille in Ostafrika seit den 1970er Jahren untersucht und einer der wichtigsten Konfliktexperten dieser Region ist.

Die Rendille ordnen die Zeit in Siebener-Zyklen, sowohl was die Woche betrifft als auch die Jahresabfolgen. Die Verknüpfung von Zeit, sozialem Status und Ordnung der Geschichte hat Schlee in seiner Dissertation 1979 umfangreich untersucht. Bezüglich der Kriegerklasse schreibt er: „Die Zeitspanne von einem Freitagsjahr bis zum übernächsten Freitagsjahr, 14 Jahre später, ist die Dauer zwischen zwei Knabenbeschneidungen. In einem Freitagsjahr werden die ‚Knaben', die dann allerdings schon 29 Jahre alt sein können, zu Kriegern."[26]

Zudem zeichnen die Rendille ihre jungen Männer aus der Altersklasse der Krieger mit bestimmten Ornamenten aus. Die Bedeutung dieser Ornamente wird auch von benachbarten Gruppen verstanden, sie sind also Teil eines Referenzrahmens und Wertekomplexes, anhand von dessen Symbolik die soziale Zugehörigkeit markiert wird. Wenn nun eine Gruppe junger Rendille der Kriegerklasse in Sicht ist, wissen die Bewohner der Gegend umgehend, dass diese Gruppe sehr wahrscheinlich auf Viehraub aus ist.

Es wird von den Rendille-Männern erwartet, dass sie die Altersklasse der Krieger durchlaufen und sich verdient machen, denn mit dem Durchlaufen der Altersklassen wird sozialer Status akkumuliert. Zwar legen nicht alle Gruppen der Region Altersklassen nach den gleichen Berechnungssystemen fest, wie es die Rendille tun, aber viele Gruppen haben ähnliche Alters-

Jugend als kulturelles Konzept

klassensysteme entwickelt, die sozialen Status und den Zugang zu Rechten organisieren. Die Boran Oromo zum Beispiel erwarteten von den Männern ihrer Kriegerklasse, dass sie sich durch Töten von Feinden als Krieger profilieren. Im Zyklus von acht Jahren kam es zu ausgeprägten militärischen Aktivitäten, die darauf ausgelegt waren, jedem neu initiierten Mitglied einer Altersklasse die Gelegenheit zum Töten – und damit zur Akkumulation von Prestige – zu geben. Später reichte es aus, wenn die Gruppe eine männliche Person tötete – das Töten von Frauen trug nicht zum Statuszugewinn bei. Auch die ethnographischen Studien von Jon Abbink und John Lamphear beschreiben Altersklassensysteme, über die Kriegerklassen organisiert wurden, die qua Status legitimiert waren, genau definierte Formen von Gewalt gegenüber benachbarten Gruppen auszuüben.

Mit der Kolonialzeit und den damit verbundenen Eingriffen in lokale soziale Strukturen veränderten sich manche Systeme erheblich. Die gesellschaftliche Institution der Altersklasse der Krieger wurde nicht nur in Kenia bereits während der Kolonialzeit für politische Zwecke vereinnahmt. Dies zeigt zum Beispiel die Studie von Lamphear zu den Massai. Das Altersklassensystem der Massai wurde durch die externen Interventionen der Kolonialherren grundlegend verändert, vor allem mit dem Einsetzen von sogenannten *Laibons* (Chief Prophets), die die Macht über die Krieger zentralisierten. In Folge dieser Entwicklung wurden je nach Gruppe unterschiedlich strukturierte Altersklassensysteme synchronisiert und auf diese Weise die Anzahl der Krieger erhöht, die wiederum zu einer Armee zusammengefasst wurden, die vom kolonialen Regime vereinnahmt wurde. Damit veränderten sich die Rahmenbedingungen für eine als legitim angesehene Anwendung von Gewalt.

Ein aktuelles Gewaltphänomen wurde bereits am Anfang des Kapitels mit dem Fallbeispiel des nigerianischen Klägers eingeführt. Nigeria ist das am dichtesten besiedelte Land in Afrika und hat die größte Bevölkerung unter den afrikanischen Ländern. Die Urbanisierung geht rasant voran, sodass mehrere Städte bereits über eine Million Einwohner haben. Die Bevölkerung befindet sich im demographischen Wandel, was zu einem besonders hohen Anteil Jugendlicher führt; über die Hälfte der Einwohner sind sogar unter 20 Jahre alt. Gleichzeitig hat Nigeria die zweithöchste Arbeitslosigkeit weltweit, ein Problem, das besonders Jugendliche trifft. Eltern sind oft gezwungen, auf der Suche nach Arbeit das Land zu verlassen und Kinder und Partner zurückzulassen. Internationale Ölkonzerne haben auf rücksichtslose Weise große Teile des Landes und der Ressourcen (Wasser, Erde, Luft) verschmutzt und ganze Gebiete unbewohnbar gemacht. Zusätzlich wird das Land von zahlreichen Konflikten heimgesucht: Im Norden verübt vor allem die islamistische Gruppe Boko Haram gewalttätige Angriffe, im Zentrum dominieren Nomaden-Bauern-Konflikte, und im Süden sorgen kriminelle

74 Jugend als kulturelles Konzept und demographisches Potential

Gruppen und demobilisierte ehemalige Milizen für einen Gewaltkontext, in dem auch die als kultischen Geheimbruderschaften (*cult groups*) bekannt gewordenen Gruppen agieren. Diese Kultgruppen berufen sich auf traditionelle Geheimbünde – die allerdings allesamt postkoloniale Neugründungen sind – und verbinden ihre kultischen Handlungen mit Gewaltexzessen und Machtansprüchen. In ihren Aktionsgebieten verbreiten sie Angst und Schrecken, da ihre Kultzeremonien mit erheblicher Gewalt einhergehen und auch Menschenopfer keine Ausnahme sind. Aus Angst vor Übergriffen durch die Bruderschaften vernachlässigen in manchen Gebieten die Bauern sogar die Bestellung ihrer Felder. In ruralen Gegenden der Bundesstaaten des Niger-Deltas muss zudem vor einem Lebenszyklusritual (zum Beispiel einer Heirat) die Erlaubnis der lokal herrschenden Kultgruppe bzw. der Miliz eingeholt und Schutzgeld gezahlt werden. Inzwischen sind Kultgruppen wie *Black Axe*, die die Prostitution in Nigeria kontrollieren, im Menschenhandel bis nach Europa involviert.

Besonders hoch ist das Ausmaß der Gewalt dieser kultischen Geheimbruderschaften im Niger-Delta. Dort findet man eine Überschneidung der Führer von Milizen und von Kultgruppen. Diese Milizen bildeten sich aus den politischen Ausrichtungen der Kultgruppen heraus, verloren aber zunehmend ihre politischen Ziele aus den Augen. Auf diese Weise dienten zum Beispiel die *Ijaw Youth Cult Groups* als Rekrutierungsbasis antistaatlicher Milizen im Kampf um politische Macht. Kultgruppen sind oft in kriminelle und gewaltgeladene Netzwerke integriert oder bilden untereinander selbst ein solches Netzwerk. Zudem sind urbane kriminelle Netzwerke über solche Milizen mit ruralen Milizen verbunden, wie der Religionswissenschaftler George Nche in seiner Forschung aus dem Jahr 2021 rekonstruiert hat. Mehrere Beiträge der Zeitschrift *Security Journal* aus den Jahren 2021 und 2022 bringen die Kultgruppen mit Gewalt in den Delta-Staaten Nigerias in Zusammenhang, ob unter Universitätsstudenten, im Bildungssystem allgemein oder in Verbindung mit kriminellen Milizen auf dem Land und in der Stadt. Die Kultgruppen bzw. Milizen mobilisieren das demographische Potential einer perspektivlosen Jugend. Manche Studien erklären das hohe Gewaltaufkommen unter jungen Leuten zudem mit der Vernachlässigung ihrer Erziehung durch ihre Eltern sowie mit einem Staat, der das Ausmaß des Problems nicht fassen kann und kein effektives Konzept hat, die Gewalt unter jungen Menschen zu unterbinden. Damit haben sich die Möglichkeiten für junge Menschen, in eine Erwachsenenrolle hineinsozialisiert zu werden, tiefgreifend verändert.

Diese gewalttätigen Kultgruppen finden immer wieder in Asylverfahren Erwähnung. Dabei bleibt oftmals ungewiss, ob Personen Opfer oder Teil einer Kultgruppe sind und wer in diesem Umfeld unübersichtlicher krimineller Gruppen die Verfolgungsakteure sind. Unter den in Asylverfahren ge-

Jugend als kulturelles Konzept

nannten Gruppen sind *Kogi, Arobag, Black Axe Confraternity, Aro-Bagger, Eiye Confraternity, Hallah of the Night, Ogboni Society* und andere mehr. Diese Bruderschaften treten gegeneinander an, sammeln Schutzgelder ein, erpressen Personen und schrecken dabei selbst vor Mord nicht zurück. Etwa einhundert solcher Kultgruppen sind in den Staaten am Fluss-Delta aktiv. Die Mitgliedschaft in einer solchen Kultgruppe wird in okkulten Initiationspraktiken verliehen, die meist mit Blutvergießen und sogar Menschenopfern einhergehen.

Die oben genannten Gruppen finden sich allerdings vornehmlich in urbanen Regionen, also dort, wo Arbeitslosigkeit, Konkurrenz unter Bildungseliten, politische Macht und Reichtum auf engem Raum nebeneinander bestehen. Viele Eltern verkaufen ihr Land, um einem Sohn das Studium zu ermöglichen, und folgen dabei dem Versprechen, dass Bildung gesellschaftlichen Aufstieg und Wohlstand garantiert. Es verwundert daher nicht, dass die Kultgruppen gerade an Universitäten gut verankert sind und neue Mitglieder unter Studenten rekrutieren. Studenten, die Mitglieder in Bruderschaften sind, besuchen wiederum ihre Heimatdörfer und rekrutieren dort in den Schulen, stellen Ikenne Mike Alumona und seine Kollegen fest. Kultgruppen sind primär Männergruppen, die auch an den Universitäten nicht vor der Anwendung roher Gewalt zurückschrecken. Sie versuchen, Einfluss auf Politiker zu nehmen, und agieren inzwischen sowohl in sozialen und politischen als auch in wirtschaftlichen, kriminellen und privaten Bereichen.

In den letzten Jahren haben sich nigerianische Geheimbruderschaften wie *Black Axe* auch in Europa etabliert. In Deutschland übernehmen Mitglieder der *Schwarzen Axt* im Auftrag sogenannter *Madames* aus Nigeria die Kontrolle der über Menschenhandel nach Europa geschmuggelten Frauen. Junge Frauen, die in Nigeria einen Pakt mit einer *Madame* eingehen (der mit Voodoo-Ritualen gefestigt wird),[27] begeben sich in ein Netzwerk von Menschenhändlern. Diese Netzwerke basieren nicht mehr nur auf ritueller Macht, sondern auch auf dem willkürlichen Einsatz von Gewalt durch Kultgruppen, um sowohl die Frauen in Europa also auch die verbliebenen Verwandten in Nigeria an die Verträge zu binden.

Dass nigerianische Sicherheitskräfte oftmals mehrere Dutzende bis Hunderte Mitglieder solcher Kultgruppen auf einmal verhaften, verdeutlicht das Ausmaß dieses Phänomens. Inzwischen werden diese Gruppen von Gouverneuren, Senatoren, anderen Politikern und internationalen Konzernen vereinnahmt, um mit ihrer Hilfe persönliche Rechnungen mit Gegnern zu begleichen. Für die Millionen perspektivlosen jungen Männer bieten diese Gruppen gleichzeitig Möglichkeiten der Freizeitbeschäftigung, des Zugangs zu Ressourcen und Macht und der aktiven Teilnahme an einer Gesellschaft, die sich im Verfallsprozess befindet. Frauen dagegen erleben sie vor allem als einen Unsicherheitsfaktor und als Fortsetzung eines gewalttolerierenden patriarchalen Systems. Die juristische Einordnung einer Kult-Mitgliedschaft ist nicht einheitlich und bewegt sich zwischen ‚Mitglied einer kriminellen Vereinigung' und ‚Opfer von Kulthandlungen'. Dabei werden nicht nur die kriminellen Aktivitäten der einzelnen Gruppen untersucht, sondern auch die Ausstiegsmöglichkeiten aus einer Bruderschaft, sofern vorhanden, und vor allem die Kapazität einer Gruppe, Mitglieder in ganz Nigeria oder sogar über die Grenzen Nigerias hinaus zu finden und bestrafen zu können. Wenig bekannt ist über den Umgang mit jungen zur Prostitution gezwungenen Frauen, die möglicherweise nicht als Kult-Mitglieder, sondern lediglich als Geldquelle gelten, aber von Kultgruppen kontrolliert werden.

Was im Altersklassensystem strukturiert und geordnet und in Nigeria als traditionelles System erscheint, weist auf ein allgemeineres Phänomen hin, nämlich die Tatsache, dass Jugend eine gesellschaftliche und kulturelle Größe ist und Gewaltanwendung aus dieser Konstruktion heraus verstanden werden muss. Am Beispiel Nigerias wird besonders die Relevanz demographischer Größen sichtbar. Jugend stellt eine große, aufgrund der desolaten wirtschaftlichen, sozialen und politischen Verhältnisse leicht zu rekrutierende soziale Gruppe dar. Okkulte Gruppen, die oft mit kriminellen Milizen identisch sind, bieten den Rahmen für diese Rekrutierung.

„Bei der logischen Aufteilung zwischen Jugend und Alter [geht es] um Macht",[28] so der Soziologe Pierre Bourdieu. Jugend ist eine variable Kategorie, die offen für politische Manipulation ist und vor allem dazu dient, Gruppengrößen zu regulieren. In manchen Fällen wird ein Jugendkonzept in Bezug auf Alter erweitert, um potentiell mehr Mitglieder rekrutieren zu können – eine Inklusionsstrategie –, während in anderen Fällen das Konzept neu definiert oder purifiziert wird, um die Mitgliedschaft zu reduzieren und um damit den Zugang zu den gemeinsamen Ressourcen einzuschränken – eine Exklusionsstrategie. Damit verhält sich Jugend wie andere soziale Identifikationen (beispielsweise ethnische oder religiöse Identitäten). Wie sich das konkret äußert, wird im nächsten Abschnitt analysiert.

Jugend in der Vorreiterrolle

Ein wichtiger Schritt zur politischen Mobilisierung von Jugend ist deren Konzeptualisierung als Vorreiter einer zukünftigen Gesellschaft. Wo sich eine Gruppe junger Menschen als die zukünftige Elite sieht, entwickelt sich eine enorme Dynamik. Gerade in revolutionären Bewegungen sehen sich junge Menschen als Vorreiter einer zukünftigen Gesellschaft, sie nähren eine kollektive Überzeugung, dass die neuen Konzepte dieser Bewegung unbedingt auf eine ganze Generation anzuwenden seien. Aus diesem ‚Generationsbewusstsein', wie der Soziologe Shmuel Noah Eisenstadt es nennt,

Jugend in der Vorreiterrolle 77

entwickeln sich Jugendbewegungen. Geschichte und Gegenwart bieten zahlreiche Beispiele von Jugendbewegungen, die zu einem gesellschaftlichen Wandel beitrugen. Im Folgenden sollen einige ausgewählte Beispiele beschrieben werden. Das Beispiel der Sowjetunion eignet sich dazu, die ideologische Konstruktion hinter der demographischen Mobilisierung zu verstehen. Zudem spiegeln sich sowjetische Konzepte in unterschiedlichen Varianten in zahlreichen ehemaligen sozialistischen Staaten (z. B. Eritrea, Sri Lanka) wider, aus denen junge Migranten nach Europa fliehen.

In der Sowjetunion wurde Geschichte als eine Abfolge von Generationen konzeptualisiert, wobei jede Generation von der vorherigen immer nur das Beste übernehmen sollte. Dem Begriff lag also ein sozialistischer Entwicklungsgedanke zugrunde. Lenin und auch die Nomenklatura widmeten daher der Jugend besondere Aufmerksamkeit. „Das einzige Ziel der Ausbildung, Erziehung und Lehre der Jugend von heute sollte darin bestehen, sie mit kommunistischer Ethik zu durchdringen [...]. [D]ie Generation derer, die jetzt fünfzehn sind, wird eine kommunistische Gesellschaft sehen und selbst diese Gesellschaft aufbauen. Diese Generation sollte wissen, dass der ganze Sinn ihres Lebens darin besteht, eine kommunistische Gesellschaft aufzubauen"[29] – so zitiert die Historikerin Hilary Pilkington Lenin. Die neue sozialistische Elite sah sich als Vorreiterin einer neuen Gesellschaft, die durch die Jugend getragen werden sollte.

Zunächst ist anzumerken, dass die Bolschewiken Russland nicht ohne Konkurrenz eroberten. Sie verwendeten viel Kraft und Zeit darauf, ‚Jugend‘ in ihrem kommunistischen Konzept neu zu definieren, und konnten erst nach 15 Jahren intensiven Wettbewerbs innerhalb der Studentenschaft schließlich die Studenten erfolgreich auf ihre Seite ziehen und ihre Interpretation von Revolution durchsetzen, erklärt der Historiker Andrew Juricic in seiner Dissertation von 1994. Es ist in der Tat der Jugend bzw. der Konstruktion einer avantgardistischen Jugend zu verdanken, dass der Kommunismus sich so schnell und erfolgreich ausbreiten konnte.

Die sozialistische Führung strukturierte die soziale und politische Zugehörigkeit über Altersstufen und erwartete, dass ein junger sowjetischer Bürger den Status vom *Oktyabryat* (vom 7. bis zum 10. Lebensjahr) über Pionier (vom 10. bis zum 14. Lebensjahr) bis zum *Komsomol*[30] (Kommunistische Vereinigung der Jugend vom 14. bis zum 28. Lebensjahr) durchlief. Obwohl mit dem 28. Lebensjahr die Mitgliedschaft beendet werden sollte, waren viele Komsomol weiterhin weit über dieses Alter hinaus aktive Mitglieder. Die Mehrheit im Komsomol stellten jedoch die 16- bis 17-Jährigen, nicht weil sie besonders überzeugte Kommunisten waren, sondern weil eine Mitgliedschaft den Zugang zu den Universitäten erleichterte.

In den Anfängen wurde der Jugendorganisation Komsomol eine wichtige avantgardistische, global relevante Rolle zugeschrieben, und jeder konnte

78 Jugend als kulturelles Konzept und demographisches Potential

Mitglied werden. Die Organisation umfasste in den ersten Jahren kaum zwei Prozent der Altersgruppe, die sie zu repräsentieren behauptete. Aber solche Gruppen mit dezidiertem Anspruch einer Vorreiterrolle, wie sie der Komsomol vertrat, bestehen nicht ewig, da sie als neue soziopolitische Größe zu einer bürokratischen Kategorie werden können. So umfasste die Jugendliga bereits in den 1950ern etwa 65 Prozent der Jugend, und das Austrittsalter wurde von 25 auf 28 Jahre angehoben, um potentiell mehr junge Menschen einbinden zu können. Durch diese enorme Ausweitung der Zugehörigkeit allerdings verlor sie ihren avantgardistischen Status und damit auch ihre Attraktivität für viele junge Menschen. Anstatt einer enthusiastischen, soziopolitischen Bewegung blieb eine neue politisch-bürokratische Kategorie zurück, die den Zugang zu vielen Ressourcen, wie beispielsweise zum Studium, regulierte.

Der Komsomol wurde sowohl im Zweiten Weltkrieg als auch beim Aufbau der sozialistischen Gesellschaft eingesetzt: beim Bau von Wasserkanälen, Dämmen und anderen Großkonstruktionen (zum Beispiel der Baikal-Amur-Gleisverlegung). Seine Mitglieder erhielten eine militärische Ausbildung und galten als das Herzstück der sozialistischen Gesellschaft. Im Laufe der Jahre artikulierte sich jedoch genau aus dieser Gruppe heraus der Protest, der schließlich zur Auflösung der Sowjetunion führte.

Das Beispiel der Komsomol während der Sowjetunion ist interessant, da es den Aufstieg und Niedergang eines Konzepts von ‚Jugend' und einer gesellschaftlichen Ordnung von Altersgruppen darstellt. Die Jugend wurde durch eine konkrete, sich als Avantgarde verstehende Gruppe für die Revolution mobilisiert und später im sogenannten Großen Vaterländischen Krieg verheizt. Die ursprüngliche kommunistische Gruppe um Lenin konnte das demographische Potential nur dadurch nutzen, dass sie Jugendliche zu einer eigenen Kategorie zusammenfasste und ihnen eine gemeinsame Gruppenidentität zuschrieb.

Ähnlich erfolgreich, aber im Rahmen völlig anderer Umstände konnten die unter den Studentenbewegungen formierten Jungtürken den modernen türkischen Staat mitprägen. Die Türkei-Experten Leyla Neyzi, Nora Şeni und François Georgeon haben sich das Phänomen der Jungtürken soziopolitisch genauer angeschaut. Als Sinnbild für einen neuen Staat rief Mustafa Kemal Pascha (Kemal Atatürk) im Oktober 1923 die Republik Türkei aus. Der Begriff ‚Jugend' (*genç*) erhielt mit der Staatsgründung eine neue Bedeutung; den Angehörigen dieser Gruppe wurde damit auch eine neue Position in der Gesellschaft und Politik zugewiesen. Die Jungtürken verkörperten einen Staat, in dem die alten Herrscher durch eine neue gesellschaftliche Führungsschicht ersetzt werden sollten. Die Reformen des Staatswesens begannen zunächst in den Schulen mit der Einführung neuer Kurrikula. Auf diese Weise sollte ein gemeinsames neues nationales Bewusstsein ge-

Jugend in der Vorreiterrolle 79

schaffen werden, das durch die künftigen Studenten zum Ausdruck gebracht werden sollte. ‚Jugend', erklärt Şeni, wurde zum Schlagwort einer neuen Gesellschaft und einer Gruppe Menschen und zukünftiger Staatsbürger, die man ‚nach freiem Willen formen konnte'. Zur Formierung dieser neuen Gesellschaft gehörte auch die körperliche Ertüchtigung durch Sport und militärische Disziplinierung.

Bis die Jungtürken die Regierung übernahmen, waren sie längst nicht mehr jung in Jahren, aber der Begriff blieb dennoch als Symbol für den neuen Staat. Die Jungtürken waren in der Lage, das Potential der Jugend für ihre Zwecke einzusetzen und damit grundlegende gesellschaftliche Veränderung hervorbringen.

Mit ähnlichen Intentionen, nämlich über die Jugend eine neue Gesellschaft zu bauen, wurde in den 1930er Jahren Politik in Deutschland gemacht. Laut dem Ökonom Fritz Sternberg rekrutierten die SS und die SA ihre Mitglieder unter den zweiten und dritten Söhnen der Bauern. Entsprechend dem Erbrecht erbte in vielen Regionen Deutschlands nur der älteste Sohn den Hof des Vaters. Die anderen Geschwister mussten sich entweder dem Bruder im Familienbetrieb unterordnen oder den Hof verlassen. Die Erben, die Großgrundbesitzer wollte Hitler nicht angreifen, weil er sie als Rückgrat seiner Politik aus wirtschaftlichen Gründen brauchte. Die arbeitssuchenden Söhne, so Sternberg, konnten leicht rekrutiert werden: Sie hatten in der Gesellschaft keinen festen Platz, und es war schwierig für sie, eine Arbeit in den Städten zu finden. „Er [der Faschismus] erkauft sich die Stütze, die er an den ersten Bauernsöhnen hat, durch eine Forcierung im Proletarisierungsprozess der jüngeren Bauernsöhne",[31] erklärt Sternberg.

Weitere Beispiele aus der jüngeren Vergangenheit finden sich unter anderem bei islamistischen Gruppen, die junge Menschen mit Utopien eines Islamischen Staates und einer neuen Gesellschaft (z.B. *Kalifat, Emirat, Ummah*) mobilisieren (dass sie dabei auf historische religiöse Begriffe zurückgreifen, schließt nicht aus, dass sie moderne Formen der Mobilisierung einsetzen). Zum Beispiel verstand sich al-Qaida als der Vorreiter einer weltweiten *Ummah*-Gemeinschaft, erklärt der französische Politikwissenschaftler Olivier Roy. Die Gründungsmitglieder, zu denen auch der bekannte Terrorist Osama bin Laden gehörte, sahen sich als die zukünftigen Führer dieser neuen muslimischen Gemeinschaft. Während es in den 1990ern noch das Ziel war, möglichst viele Personen für al-Qaida zu rekrutieren, veränderten sich die Voraussetzungen einer Mitgliedschaft zunehmend. Das wiederum führte zu einer Radikalisierung, nach der nur ausgewählte Personen, die einem neu definierten Reinheitsgrad entsprachen, zur Elite gezählt wurden, während die Masse der Mitglieder, die Jugend, die Unterstützer bilden sollten. Die Entstehung von konkurrierenden Jihad-Gruppen, die sich in radikalen Ideologien übertrumpfen, sowie das Versagen von al-Qaida, die muslimische

80 Jugend als kulturelles Konzept und demographisches Potential

Jugend weltweit für sich zu gewinnen, führten schließlich zu einem Konkurrenzumfeld, das im syrischen Konflikt seit 2011 offen zutage tritt.

Ähnlich verhält es sich mit den Taliban (auf Deutsch ‚Studenten‘), die ein Produkt der Deoband-Schule in Pakistan sind, einem Netzwerk aus Ausbildungsstätten mit antikolonialer Ausrichtung, das sich bereits Anfang des 20. Jahrhunderts unter der kolonialen Herrschaft der Briten gebildet hatte. Dank der anfänglichen Unterstützung der Taliban durch die CIA und Saudi-Arabien im Kampf gegen die Sowjets stieg diese kleine Gruppe Studenten zu einer der resistentesten islamistischen Gruppen Asiens auf. Gleichwohl sie keinesfalls die Muslime allgemein vertreten, nehmen sie sich als deren auserwählte Elite wahr. Obwohl die Taliban nicht annährungsweise für reformatorische Elemente stehen, wie es die Jungtürken oder die sozialistische Jugend taten, stellte sich ihr Konzept von Jugend (Student) als Erfolg heraus. Nach der Übernahme der Macht 2021 besetzten die Taliban alle Regierungsposten mit Personen aus dem innersten Kreis – den Gründungs- und treuesten Mitgliedern – und verhielten sich damit wie andere avantgardistische Gruppen, die bei der Verteilung von begrenzten Machtpositionen Treue und Reinheitsgrad über die Qualifikationen stellten. Junge Männer wurden je nach ideologischer Nähe oder Mitgliedschaft mit niederen Posten belohnt. Für viele weitere Taliban wäre eine Wiedereingliederung in einfache zivile Berufe notwendig. Allerdings zog eine unbekannte Anzahl von Taliban es vor, sich benachbarten Konflikten mit ähnlicher ideologischer Ausrichtung, zum Beispiel der Tehrik-i Taliban Pakistan, anzuschließen.

Die politischen Praktiken der Taliban-Regierung zielen darauf ab, die Gesellschaft nachhaltig zu verändern und klar von den vorangegangenen Gesellschaftskonzepten abzugrenzen. Es ist kein Zufall, dass sie daher Restriktionen gegen Frauen und Mädchen zum Zwecke der Abgrenzung nutzen, denn in kaum einem anderen gesellschaftlichen Bereich bewirken politische Maßnahmen eine eindeutigere Abgrenzung zum Westen – ohne deswegen militärische Konsequenzen befürchten zu müssen.

In Somalia hat die islamistische Gruppe al-Shabaab das Konzept von ‚Jugend‘ für sich in Anspruch genommen: Ash-Shabāb bedeutet ‚die Jugend‘. An ihrem Vorbild haben sich in den letzten Jahren zahlreiche weitere islamistische Gruppen orientiert (beispielsweise Boko Haram), deren Entstehung ebenfalls auf eine avantgardistische Motivation und ein islamisches Gesellschaftsbild zurückgeht.

Geschwisterschaft

In der Einleitung dieses Kapitels wurde die These des *youth bulge* vorgestellt. Gunnar Heinsohn fasst diese Theorie folgendermaßen zusammen: Ein Sohn in der Familie bedeutet Frieden, zwei Söhne bedeuten Konflikt in der Familie und drei Söhne Konflikte in der Welt. Anders formuliert, viele Söhne pro Familie erhöhen das Risiko gesellschaftlicher Konflikte. Diese Idee knüpft an eine mythische Erzählung von konkurrierenden Brüdern an. In seinem 1996 erschienenen Buch *Born to Rebel* schreibt der Psychologe Frank Sulloway: „Geschwister konkurrieren miteinander um die physischen, emotionalen und intellektuellen Ressourcen ihrer Eltern. Abhängig von der Geburtsreihenfolge, dem Geschlecht, den körperlichen Merkmalen und dem Temperament schaffen sich Geschwister unterschiedliche Rollen innerhalb des Familiensystems. Diese unterschiedlichen Rollen führen wiederum zu unterschiedlichen Wegen, die Gunst der Eltern zu gewinnen. Erstgeborene suchen zum Beispiel mit hoher Wahrscheinlichkeit die Gunst der Eltern, indem sie ihren jüngeren Geschwistern als Ersatzeltern dienen. Jüngere Geschwister sind nicht in der Lage, sich in gleicher Weise bei den Eltern einzuschmeicheln. Ihre Nische ist in der Regel weniger von den Eltern geprägt, weniger von einem gewissenhaften Verhalten getrieben und eher der Geselligkeit zugewandt."[32]

Sulloway unterscheidet dabei zwischen den Chancen, die sich einem Geschwisterkind außerhalb der Familie eröffnen (*chance experiences*), und den Einflüssen, denen Geschwister innerhalb der Familie ausgesetzt sind. Der britische Ethnologe Julian Pitt-Rivers hat argumentiert, dass Verwandtschaft ihre Solidarität aus der Struktur bezieht, während Freundschaft frei von strukturellen Zwängen sei. Außer Acht lassend, dass Freundschaft ebenfalls strukturiert sein kann, wird Verwandtschaft hier gleichzeitig organisierend und bindend konzeptualisiert und damit als Solidargemeinschaft dargestellt. Geschwister, stellt Pitt-Rivers fest, haben bei Geburt die gleichen Interessen (Zuneigung der Eltern, Versorgung, Erbe etc.), um die sie konkurrieren. Im Laufe des Lebens verändert sich die Ausrichtung der Bedürfnisse, so dass sie als Großväter einander entgegengesetzte Interessen verfolgen.

Der Ethnologe Clyde Kluckhohn hatte festgestellt, dass das Thema der Geschwisterrivalität ein klassisches Thema in Mythen darstellt. Diese Forschungen griff der Literaturwissenschaftler René Girard in seiner Analyse zu *Violence and the Sacred* auf. Beide Wissenschaftler argumentieren, dass in den Mythen die Rivalität unter Brüdern weitaus häufiger erwähnt wird als andere Themen und dabei oft der Brudermord dem Konflikt unter Brüdern folgt. Damit liegt in der Brüder-Beziehung ein Gewaltpotential, das sich vor allem in der Zeit, da Brüder noch im gemeinsamen Haushalt leben, also in der Jugend, äußert. Archetypische konkurrierende Brüder finden sich schon in den Erzählungen von Kain und Abel oder Romulus und Remus.

Allerdings ist der Bruder-Konflikt keine universale Grundform sozialer Geschwisterbeziehungen, sondern eine mythologische Form unter anderen. So gilt in vielen Ländern die Annahme, dass Geschwister sich so unterscheiden wie ‚die fünf Finger einer Hand' und damit von Anfang an nicht als gleichwertig gesehen werden, sondern sich innerhalb des Familienverbandes ergänzen. Es ist gerade die Unterschiedlichkeit, die Geschwisterschaft zu einer verwandtschaftlichen Solidargemeinschaft macht. Die *Geheime Geschichte der Mongolen* ist hier eine mythologische Urform, die sich in den Geschichten der Zentralasiaten ebenso findet wie in Gesellschaften Ostafrikas.

Dschingis Khans Erfolg liegt, folgt man der von Igor de Rachewiltz übersetzten und analysierten *Geheimen Geschichte der Mongolen*, in der Kooperation der Brüder, nicht in deren Konkurrenz. Die Mutter des jungen Temüdschin (späterer Dschingis Khan) vermittelte demnach in einem Gleichnis, dass Kooperation unter Brüdern erfolgversprechender ist als Konkurrenz. In diesem Gleichnis versammelt die Mutter Alan Qo'a ihre fünf Söhne um sich und überreicht jedem von ihnen einen Pfeil mit der Aufforderung, diesen zu zerbrechen, was ihnen mühelos gelingt. Hernach nimmt sie weitere fünf Pfeile und bindet sie zusammen. Nun sollen sie der Reihe nach versuchen dieses Bündel zu brechen. Keiner der Söhne vermag es, das Bündel Pfeile zu zerbrechen. Die Mutter lehrt ihre Söhne auf diese Weise, dass sie, jeder für sich allein, leicht zu besiegen sind; wenn sie aber gemeinsam handelten, seien sie nicht zu besiegen. Dieses Bild der Solidarität der Brüder wird als Voraussetzung für Dschingis Khans späteren Erfolg zugrunde gelegt.

In der Verwandtschaftsethnologie haben Meyer Fortes und Alfred R. Radcliffe-Brown betont, dass nach der Eltern-Kind-Beziehung keine weitere soziale Bindung so stark ist wie die unter Geschwistern. Der von Fortes untersuchte Geschwisterbegriff bei den Ashanti basiert auf einer hierarchischen Beziehung zwischen den Geschwistern. Zwar besetzen Geschwister in diesem Abstammungssystem die gleiche strukturelle Position und sind damit als soziale Einheit zu begreifen, gleichzeitig jedoch sind sie untereinander hierarchisch organisiert, jeder verfügt über unterschiedliche Rechte und Pflichten.

In Ländern des Mittleren Ostens ebenso wie in Zentralasien gilt das Prinzip der Brüder als stabilisierende, sich ergänzende, hierarchisch strukturierte Einheit. Damit gilt Geschwisterschaft nicht automatisch als Ursprung gesellschaftlicher Konflikte, sondern kann ebenso als zentrale Institution zur Bewältigung von Krisen und Konflikten gesehen werden.

Für Tadschikistan konnte gezeigt werden, dass Familien für ihre Söhne Laufbahnen in unterschiedlichen Bereichen der Gesellschaft vorsehen, um das Überleben der gesamten Familie in Zeiten sozialer und wirtschaftlicher Unruhen bestmöglich zu sichern. Während ein Sohn eine religiöse oder säkulare Karriere anstreben soll, die von den anderen Brüdern mitfinanziert werden muss, verbleibt ein Sohn, meist der jüngste, bei den Eltern und übernimmt neben der Altersversorgung auch den gesamten Hof. Weitere Brüder suchen nach risikoreicheren Karrieren, etwa durch die Migration ins Ausland, und finanzieren die verbleibenden Familienmitglieder durch Rücküberweisungen, falls sie im Ausland finanziell erfolgreich sind. Ein Reichtum an Söhnen bedeutet hier vor allem Resilienz in Krisen und relativen Wohlstand für die gesamte Familie in einem Staat, der keine oder lediglich minimale soziale Unterstützungsleistungen gewährt. Schwestern sind dabei vom Erfolg ihrer Brüder abhängig, die sie auch nach einer Heirat weiter unterstützen.[33]

Der Wehrdienst

Bisher wurde Jugend als demographischer, kultureller und politischer Faktor betrachtet sowie Geschwister als soziale Einheit. Neben gesellschaftlichen Organisationen der Jugend finden sich in den meisten Ländern staatlich eingerichtete Institutionen zur Sozialisierung junger Menschen. Staaten setzen unterschiedliche Strategien ein, um Jugendliche, die demographisch die Mehrheit bilden, durch eine sehr viel kleinere demographische Gruppe – die Regierung – unter Kontrolle zu halten. Dabei werden sowohl Normen und Regeln als auch Praktiken der Kontrolle junger Menschen in der Familie und der Gesellschaft eingesetzt, deren Ziel es ist, mehr oder weniger konforme Bürger zu erziehen sowie politischen und gesellschaftlichen Konflikten vorzubeugen.

Zunächst spielen das Bildungssystem und das Bildungsprogramm sowie die Organisation des Lebenslaufs, das heißt Schulpflicht, Berufsbildung und Studium, Rechte gesellschaftlicher Teilhabe wie das Wahlrecht und andere Rechte und Pflichten eine strukturierende Rolle im Prozess der Sozialisierung. Ein weiterer wichtiger Faktor ist die Festlegung von altersspezifischen Pflichten, wie beispielsweise die Mündigkeit bzw. vollständige Rechtsfähigkeit bei Erreichen der Volljährigkeit oder die Dauer des Wehrdienstes bzw. Zivildienstes für den Staat. Darüber hinaus wird in manchen Gesellschaften die Heirat vom Staat durch die Festlegung eines Mindestalters reguliert und damit der Zugang zu einer eigenen Familie und damit oft auch das Recht auf Reproduktion mehr oder weniger stark organisiert.

Zu den wichtigsten konfliktregulierenden Maßnahmen moderner Nationalstaaten gehört die Armee und damit auch der Militärdienst, der mit der Idee einer Disziplinierung verbunden ist. Während die Idee der nationalen

84 Jugend als kulturelles Konzept und demographisches Potential

Verteidigung überall die ideologische Grundlage für die Einrichtung einer Armee bildet, ist die Durchsetzung von Gehorsam unter den Soldaten von Nation zu Nation durchaus sehr unterschiedlich. An dieser Stelle soll jedoch keine Theorie der psychologischen Militärführung wiedergegeben werden, vielmehr geht es um den Wehrdienst als Mittel der Disziplinierung von Jugend. Für diese Analyse ist daher relevant, wie der Militärdienst innerhalb der gesellschaftlichen Ordnung eingebunden wird.

Die Sozialisation in eine von Gehorsam und militärischer Disziplin geprägte Gesellschaft beginnt nicht selten noch vor der Rekrutierung. Die Sowjetunion sozialisierte einen Großteil der Jugend über die Institution Komsomol in die sozialistische Gesellschaft und maß dem Militärdienst eine wichtige Stellung bei. Einfache militärische Disziplinübungen (marschieren) sowie militärische Fertigkeiten, wie zum Beispiel das Gewehr säubern, wurden als Teil des Lehrplans bereits in den Schulen erlernt. Andere Staaten wie Eritrea beziehen ihre nationale Identität aus der Armee selbst, die zahlreiche soziale, politische und wirtschaftliche Bereiche prägt. Im Folgenden werden Beispiele aus der ehemaligen Sowjetunion und ausgewählten sozialistischen Staaten wie Eritrea und Syrien vorgestellt.

In der Sozialistischen Sowjetrepublik Tadschikistan (SSR Tadschikistan 1929–1991) wurde der Militärdienst zur eigentlichen Übergangsphase von der Jugend zum Mannsein erhoben; damit wurde dem Wehrdienst eine soziale Bedeutung zugesprochen, die weit über die funktionale Ausbildung zum Soldaten hinausging. Erst wer den Dienst geleistet hatte, verkörperte alle maskulinen Werte; wer den Dienst nicht leistete, hatte dagegen etwa Probleme, eine Ehefrau zu finden, denn man zweifelte daran, dass er vollständig gesund sei.

Diese soziale Hochachtung des Militärdienstes änderte sich vollständig mit der Unabhängigkeit des Landes im Jahr 1991. Die katastrophalen Verhältnisse in der Armee und insbesondere unter den Rekruten führten schließlich dazu, dass junge Männer bis heute vor den zweimal im Jahr stattfindenden Rekrutierungen flüchten, sich verstecken oder gar von ihren Familien vorsorglich ins Ausland geschickt werden, um dem Wehrdienst zu entgehen. Die gewaltsame Rekrutierung findet zeitgleich überall im Land statt: auf der Straße, vor den Schulen und auf den Märkten oder während öffentlicher Veranstaltungen. Oft werden Regelungen, wonach eine Familie mit nur einem Sohn nicht verpflichtet ist, diesen zur Armee zu schicken, nicht respektiert, da es um Planerfüllung geht und hierfür jeder auffindbare junge Mann benötigt wird. Alles Heldenhafte, das dem Militärdienst zur Sowjetzeit anhaftete, ist verschwunden. Jedes Jahr sterben junge Rekruten an physischer und psychischer Gewalt oder verlassen den Dienst als chronisch Kranke – sei es wegen unzureichender Nahrungsmittelversorgung, sei es aufgrund mangelnder medizinischer Behandlung. Dabei ist nicht der soziale Status der Soldaten für sich genommen ein Problem, sondern der gewaltgeladene Umgang mit jungen Rekruten im militärischen Alltagsleben.

Ähnliches ist in vielen anderen postsowjetischen Ländern zu beobachten. Russland hat mit seinen *Dedowschtschina*-Praktiken und deren (teilweise grausamen) Schikanen, einen Militärdienst etabliert, dessen systemisch angelegter Gewalt und Mobbing jedes Jahr zahlreiche Rekruten zum Opfer fallen. Zudem wurden junge, noch gänzlich unerfahrene Rekruten bereits zu verlustreichen Kriegseinsätzen verpflichtet, wie das in den Tschetschenienkriegen der Fall war und gegenwärtig im Krieg gegen die Ukraine zu beobachten ist. Obwohl Reformen inzwischen zu einer gewissen Verbesserung der Situation beigetragen haben, sind die Soldatenmütter, die sich 1989 als *Union der Komitees der Soldatenmütter Russlands* organisiert haben und seitdem durchgehend aktiv sind, auch weiterhin damit beschäftigt, die Zustände in der Armee ans Licht der Öffentlichkeit zu bringen und vehement zu kritisieren – 2014 wurde diese NGO daher zeitweise verboten.

Der Wehrdienst ist damit keinesfalls eine unangefochtene Form der Domestizierung junger Männer. Allerdings leiten Rekruten in der Regel aus einer Kritik am Wehrdienst wie in Russland keine generelle Kritik an der Institution des Militärs ab. Lediglich die Umsetzung des Wehrdienstes wird von den jungen Männern und ihren Angehörigen kritisiert. Diese Unterscheidung wird in Asylverfahren regelmäßig zum Thema, wenn junge Männer zwar die Teilnahme an einem bestimmten Krieg ablehnen, aber nicht generell den Dienst an der Waffe, den viele als Ausdruck der Treue zur Nation begreifen. Das äußert sich darin, dass sie angeben, den Wehrdienst umgehend anzutreten, sollte es eine neue Regierung geben.

In manchen Ländern ist der Wehrdienst zu einem Schauplatz des Kampfes von jungen Männern gegen den Staat und seine Zwangsdomestizierung durch die betreffenden Sicherheitssysteme geworden. In Syrien zum Beispiel diente die Armee den Machthabern als eine Form der Kontrolle über junge Männer und der Diskriminierung, die auf ethno-religiösen Kriterien aufbaute und durch Disziplinarmaßnahmen internalisiert wurde. Bereits vor dem im Jahr 2011 ausgebrochenen Bürgerkrieg herrschten in der von der alawitischen Minderheit kontrollierten Armee Erniedrigungspraktiken und Gewalt, die junge Männer anderer ethnischer Gruppen gefügig machen sollten. Während des Wehrdienstes war man der ethno-religiös basierten Hierarchie direkt ausgesetzt (in der Gesellschaft galt es sonst als Tabu, über ethno-religiöse Spannungen zu sprechen). Ein einfacher Alawit-Rekrut hatte mehr Macht als ein Sunni-Kommandant, obwohl die Sunniten die Mehrheit der Soldaten stellten. Mit dem Ausbruch des bewaffneten Konflikts im Jahr 2012 desertierten Soldaten und sogar hochrangige Führungskräfte reihenweise und legten damit die durch den Wehrdienst reproduzierte Struktur der gesellschaftlichen Machtverteilung offen. Die Folge war eine schnell an

Territorium verlierende, ausgedünnte staatliche Armee in den ersten Jahren des Krieges, eine Entwicklung, die erst mit der massiven Unterstützung Russlands und des Irans zugunsten des syrischen Staates umgekehrt wurde. Der im Jahr 1993 nach einem dreißigjährigen Unabhängigkeitskrieg gegen Äthiopien unabhängig gewordene Staat Eritrea bezieht seine nationale Identität bis heute aus dem Militär. Dabei werden auf politischer Ebene Gesellschaft und Militär weitgehend als ein und dasselbe gesehen; ein ziviles Leben wird konzeptuell ausgeschlossen. Frauen und Männer sind dem Staat gleichermaßen als potentielle Kämpfer verpflichtet. Die Gesellschaftskonstruktion, die ihre Legitimation aus dem bewaffneten Kampf um die Unabhängigkeit ableitet, lässt sich langfristig nicht in die Praxis umsetzen, weshalb sich zahlreiche Menschen möglichst unauffällig den militärischen Pflichten entziehen, um für die Familie sorgen zu können. Gleichzeitig toleriert der Staat dieses Vorgehen, weil er derzeit keine militarisierte Bevölkerung für einen Kampf benötigt, wohl aber eine Bevölkerung, die in der Lage ist, sich selbst zu versorgen. In der Praxis führt diese Situation zu einer für die Bürger undurchsichtigen Rekrutierungspraxis und dem Risiko, möglicherweise ein ganzes Leben in der Armee zu verbleiben.

Dabei wird zwischen dem ‚Nationaldienst' und der ‚Volksarmee' unterschieden, zumindest offiziell, in der Praxis sind sie sich in manchen Dingen ähnlich. Der Nationaldienst ist permanent, der Dienst in der Volksarmee beschränkt sich auf einzelne verpflichtende jährliche Arbeitseinsätze. Da die Einsätze nicht vergütet werden, kostet die Volksarmee den Staat wenig. Die Soldaten der nationalen Armee dagegen, die ebenfalls in unterschiedlichen Bereichen der Gesellschaft eingesetzt werden, erhalten zwar Lohn, doch dieser reicht nicht aus, um eine Familie unterhalten zu können, so dass die Familien von den Lebensmittelhilfen der Regierung und ihren eigenen Ernteerträgen abhängig sind.

Die gesellschaftliche Dimension des Nationaldienstes findet ihren Höhepunkt im Schulsystem. Die Schülerinnen und Schüler absolvieren ihr letztes Schuljahr als Teil ihres Wehrdienstes im Militärcamp Sawa, eine für diesen Zweck vorgesehene Einrichtung. Ziel und Zweck dieses Wehrdienstes ist, dass die Angehörigen der (nummerierten) Jahrgänge eine starke nationale und generationsspezifische Identität ausbilden sollen, die zudem über die sozialen Medien propagiert und verstärkt wird. Die nationale Identität wird damit über das Militär geprägt, was sich in zahlreichen Narrativen eritreischer Asylsuchender widerspiegelt. Einerseits fühlen sie sich patriotisch Eritrea verbunden, andererseits entfliehen sie der totalen Kontrolle durch das Militär.

Trotz Reformen hat sich diese jahrelange Praxis wenig geändert, denn nicht nur das Bildungssystem hängt von den Zwangsabordnungen der Soldaten aus dem Nationaldienst in den Lehrdienst ab, auch im Straßenbau,

Bergwerken und der Landwirtschaft kommen Soldaten und Angehörige der Volksarmee zum Einsatz. Selbst die Behörden sind von den unterbezahlten verpflichtenden Einsätzen der Wehrdienstpflichtigen abhängig. Es ist für die einzelnen Rekruten nicht abzusehen, wann ihr Wehrdienst endet; manche von ihnen verbleiben dort ihre ganze Erwachsenenzeit.

Gleichzeitig gibt es einen unbekannten Teil der Bevölkerung, der sich dem Wehrdienst entzieht und über viele Jahre in Landwirtschaftsbetrieben ein Einkommen erwirtschaftet. Die Gefahr, eines Tages zwangsrekrutiert zu werden, bleibt allerdings bestehen. Die nationale Identität einer durch und durch militarisierten Gesellschaft wird in der Regel aber auch von diesen Wehrdienstverweigerern nicht in Frage gestellt, schließlich verdankt Eritrea seine Unabhängigkeit dem Erfolg seiner Armee, die 1993 den Sieg über Äthiopien davongetragen hatte. Eine offene Kritik der Armee wäre demnach gleichbedeutend mit einer Infragestellung der Nation selbst und einer Kritik der Errungenschaften der eigenen Eltern und Großeltern. Gleichzeitig lehnen die jüngeren Generationen diese umfassende Kontrolle ihrer Lebensführung ab und suchen nach Möglichkeiten, ihr Leben selbstbestimmt zu gestalten.

In Asylverfahren in der Bundesrepublik Deutschland wird die Rolle des Wehrdienstes aus einer spezifischen Perspektive heraus betrachtet. Obwohl wahrscheinlich die meisten Menschen Verständnis für eine Wehrdienstverweigerung aufbringen würden, steht die Durchsetzung einer Wehrdienstpflicht zunächst jedem Staat zu und ist für sich genommen noch kein Fluchtgrund in asylrechtlicher Hinsicht. Daher wird erst im zweiten Schritt geprüft, welche Handlungsoptionen ein junger Mann (bzw. eine junge Frau) hatte, aus welcher Überzeugung und Motivation heraus die betreffende Person den Wehrdienst verweigert hat, ob der Wehrdienst zur Beteiligung an einem völkerrechtswidrigen Krieg einschließlich der Beteiligung an Kriegsverbrechen geführt hätte und ob die zu erwartenden Strafen für die betreffende Person zumutbar sind. Zwar ist das Recht auf Verweigerung des Dienstes an der Waffe aus Gewissensgründen im Grundgesetz festgeschrieben, und auch im Asylrecht kann eine solche Verweigerung zu einem Schutz führen, aber laut der gängigen Rechtsprechung stellt die Wehrdienstverweigerung für sich genommen noch keinen politischen Akt und damit keinen Asylgrund dar. Erst wenn ein Asylsuchender explizit aus Gewissensgründen den Wehrdienst ablehnt und dies, wenn möglich, auch dem betreffenden Staat kundgetan hat, kann, sofern ein Staat keine Möglichkeit zu einer Befreiung des Dienstes beispielsweise durch eine Zahlung oder einen alternativen Dienst anbietet, ein Flüchtlingsschutz in Betracht kommen. In Bezug auf die oben genannten Beispiele und insbesondere für geflüchtete Eritreerinnen und Eritreer gestaltet sich die Verweigerung des Dienstes an der Waffe aus Gewissensgründen im Asylverfahren entsprechend schwierig, da eine solche Position mit der Ablehnung der nationalen Identität einherzugehen droht.

Mit dem Wehrdienst wird eine Institution des staatlichen Sicherheitsapparats diskutiert, deren Gewaltanwendung in der Regel als legitim gewertet wird und damit reaktionären Formen der Gewalt entgegensteht. Was in Zeiten des Friedens als eine in der Regel klare Aufgabenverteilung und ein Vorrecht des Staates gilt (Unterhaltung und Rekrutierung einer Armee), sieht in Bürgerkriegen jedoch schnell ganz anders aus. Unterschiedliche Gruppen beanspruchen das Recht auf die Regierung und bringen diesen Anspruch in ihren Gebieten unter anderem darin zum Ausdruck, dass sie sich als legitime Armee verstehen und die für den Wehrdienst vorgesehenen Jugendlichen rekrutieren. Mit diesem Argument rekrutierten im tadschikischen Bürgerkrieg alle Parteien, ob dies nun Milizen des Staates oder der Opposition waren. Diejenige Miliz, die durch ein Dorf kam, nahm alle Jungen mit, mit dem Argument, dass sie nun den Dienst leisten müssten und dies in der jeweiligen Miliz genauso gut tun könnten. Für die Bevölkerung war somit der Bürgerkrieg dadurch gekennzeichnet, dass die Parteien die Wehrdienstleistenden für ihre Interessen in den Kampf schickten. Fragt man heute nach den Akteuren des Bürgerkrieges, kommt ohne Zögern die Antwort, dass es die Kohorte der Wehrdienstleistenden unter Anleitung von ausgebildeten militärischen Führern war. Natürlich entsprechen diese Angaben nicht der Realität, da auch jüngere Männer von Milizen mitgenommen wurden, aber es reflektiert die Wahrnehmung von Jugend und legitimer Gewalt. Auf diese Weise konnte die Jugend nach dem Krieg wieder integriert werden, es gab kaum Schuldzuweisungen gegen Jugendliche im eigenen Dorf, denn sie hatten ‚nur ihren Dienst absolviert‘.

Ähnliche Konzeptualisierungen finden sich auch in anderen Gesellschaften, nämlich, dass junge Männer in einem Krieg verpflichtet sind zu kämpfen, egal auf welcher Seite. Die Türkei als Nachbarland Syriens erkannte keine jungen, männlichen syrischen Flüchtlinge an, da von diesen erwartet wurde, dass sie in Syrien kämpften. Nur Frauen, Kinder und ältere Personen wurden als Flüchtlinge integriert. Junge Männer im Wehrdienstalter erhielten weder Zugang zum Bildungssystem noch das Recht, legal wirtschaftlich aktiv zu werden. Wer also nicht kämpfen wollte und aus diesem Grund Syrien verlassen hatte, lebte ausgeschlossen aus der türkischen Zivilgesellschaft oder zog weiter in europäische Länder.

Verwendete Literatur

Abbink, Jon und Ineke van Kessel (Hg.) 2005. *Vanguard or Vandals: Youth, Politics and Conflict in Africa*. Leiden: Brill.

Abbink, Jon 2005. „Being Young in Africa: The Politics of Despair and Renewal", in *Vanguard or Vandals: Youth, Politics and Conflict in Africa*, J. Abbink und I. van Kessel (Hg.). Leiden: Brill, 1–34.

Alumona, Ikenna Mike, Kingsley Onwuanabile, Victor Chidubem Iwuoha und Ernest Toochi Aniche 2022. „Old Problem, New Manifestation: the Emergence of Cultism in Rural Secondary Schools in Anambra State, Nigeria".*Security Journal*, Juli 2022.

Bourdieu, Pierre 1993. *Soziologische Fragen*. Frankfurt a. M.: Suhrkamp.

Bouthoul, Gaston 1968. „De certains complexes et de la pyramide des age". *Guerre et paix* 4: 10–22.

Cohen, Phil 1999 [1997]. *Rethinking the Youth Question: Education, Labour and Cultural Studies*. Durham/N.C.: Duke University Press.

Cohen, Stanley 2010 [1972]. *Folk Devils and Moral Panics*. St Albans: Paladin.

Comaroff, Jean und John L. Comaroff 2000. „Réfléxions sur la jeunesse: Du passé à la postcolonie". *Politique Africaine* 80: 90–110.

Comaroff, Jean und John L. Comaroff 2005. „Reflection on Youth: From the Past to the Postcolony", in *Makers and Breakers: Children and Youth in Postcolonial Africa*, A. Honwana und F. de Boeck (Hg.). Oxford: Currey, 19–30.

Cruise O'Brien, Donal 1996. „A Lost Generation: Youth Identity and State Decay in West Africa", in *Postcolonial Identities in Africa*, R. Werbner und T. Ranger (Hg.). London: Zed Books, 55–74.

Daucé, Françoise und Elisabeth Sieca-Kozlowski (Hg.) 2005. *Dedovshchina in the Post-Soviet Military: Hazing of Russian Army Conscripts in a Comparative Perspective*. Stuttgart: ibidem.

Dhillon, Navtej und Tarik Yousef 2007. „Inclusion. Meeting the 100 Million Youth Challenge". *Middle East Youth Initiative*, verfügbar unter: http://www.shababinclusion.org/.

Eisenstadt, S. N. 1988. „Youth, Generational Consciousness, and Historical Change", in *Perspectives on Contemporary Youth*, J. Kuczyński, S.N. Eisenstadt, B. Ly und L. Sakar (Hg.). Hong Kong: United Nations, 91–110.

Fortes, Meyer 1962 [1958]. „Introduction", in *The Developmental Cycle of Domestic Groups*, J. Goody (Hg.). Cambridge: Cambridge University Press, 1–14.

Fuller, Graham E. 2003. *The Youth Factor. The New Demographics of the Middle East and the Implications for U.S. Policy*. Washington D.C.: The Brookings Institution.

Georgeon, François 2007. „Les Jeunes Turcs était-ils jeunes ? Sur le phénomène des générations, de l'Empire ottoman à la République turque", in *Enfance et jeunesse dans le monde musulman. Muslim Childhood and Youth in the Muslim World*, F. Georgean und K. Kreise (Hg.). Maisonneuve & Larose Paris, 147–174.

Girard, René 2021 [1972]. *Violence and the Sacred* (Translation by P. Gregory). London u.a.: Bloomsbury.

Goldstone, Jack A. 1991. *Revolution and Rebellion in the Early Modern World*. Berkeley u.a.: University of California Press.

Hall, G. Stuart 1904. *Adolescence: Its Psychology and its Relations to Physiology, Anthropology, Sociology, Sex, Crime, Religion and Education*. New York: D. Appleton and Company.

Heinsohn, Gunnar 2006. *Söhne und Weltmacht: Terror im Aufstieg und Fall der Nationen*. Zürich: Füssli.

Honwana, Alcinda und Filip de Boeck (Hg.) 2005. *Makers and Breakers: Children and Youth in Postcolonial Africa*. Oxford: Currey.

90 Jugend als kulturelles Konzept und demographisches Potential

Huntington, Samuel P. 1998: *The Clash of Civilization and the Remaking of World Order*. London u.a.: Touchstone.

Juricic, Andrew 1994. *The Faithful Assistant: The Komsomol in the Soviet Military and Economy, 1918–1932*. Dissertation, University of Alberta.

Kasten, Hartmut 1999. *Geschwister. Vorbilder, Rivalen, Vertraute*. München: Ernst Reinhardt.

Kluckhohn, Clyde 1969. „Recurrent Themes in Myths and Mythmaking", in *Myth and Mythmaking*, H. A. Murray (Hg.). Boston: Beacon, 46–60.

Kroehnert, Stephan 2004. „Jugend und Kriegsgefahr". Berlin: Berlin-Institut für Bevölkerung und Entwicklung, verfügbar unter: https://www.ssoar.info/ssoar/handle/document/32159.

Lamphear, John 1998. „Brothers in Arms: Military Aspects of East African Ageclass Systems in Historical Perspective", in *Conflict, Age and Power in North East Africa: Age Systems in Transition*, E. Kurimoto und S. Simonse (Hg.). Oxford: Currey, 79–97.

Lang, Harmut 1997. „Ethnodemographie und Bedeutung von ethnographischen Zensuserhebungen", in *Geburt und Tod: Ethnodemographische Probleme, Methoden und Ergebnisse*, W. Schulze, H. Fischer und H. Lang (Hg.). Berlin: Reimer, 4–36.

Mead, Margaret 1970. *Jugend und Sexualität in primitiven Gesellschaften, Bd. 1: Kindheit und Jugend in Samoa*. München: Deutscher Taschenbuch-Verlag.

Moller, Herbert 1968. „Youth as a Force in the Modern World". *Comparative Studies in Society and History* 10 (3): 237–260.

Müller, Harald K. 1989. *Changing Generations. Dynamics of Generation and Age-Sets in Southern Sudan (Toposa) and Northwestern Kenya (Turkana)*. Saarbrücken: Breitenbach.

Nche, George C. 2021. „Good, but not Good Enough: what Church Leaders Think about the Presidential Amnesty Programme in Rivers State, Nigeria". *Security Journal*, Oktober 2021.

Neyzi, Leyla 2001. „Object or Subject? The Paradox of ‚Youth' in Turkey". *International Journal of Middle East Studies* 33: 411–432.

Stewart, Frank H. 1977. *Fundamentals of Age-Group Systems*. New York: Academic.

Obermeyer, Carla Makhlouf 1992. „Islam, Women, and Politics: The Demography of Arab Countries". *Population and Development Review* 18 (1): 33–60.

Pilkington, Hilary 1994. *Russia's Youth and Its Culture: a Nation's Constructors and Constructed*. London u.a.: Routledge.

Pitt-Rivers, Julian 1975. „The Kith and the Kin", in *The Character of Kinship*, J. Goody (Hg.). Cambridge: Cambridge University Press, 89–105.

Rachewiltz, Igor de 2006. *The Secret History of the Mongols*, Vol. 1. Leiden: Brill.

Radcliffe-Brown, A. R. 1958 [1950]. „Introduction", in *African Systems of Kinship and Marriage*, A. R. Radcliffe-Brown und D. Forde (Hg.). London: Oxford University Press, 1–84.

Richards, Paul 1996. *Fighting for the Rain Forest. War, Youth and Resources in Sierra Leone*. Portsmouth: Heinemann.

Riordan, J. 1989. „The Komsomol", in *Soviet Youth Culture*, J. Riordan (Hg.). Houndmills: Macmillan, 16–44.

Roche, Sophie 2014. *Domesticating Youth. Youth Bulges and their Socio-Political Implications in Tajikistan*. New York: Berghahn.

Roy, Olivier 2006. *Der islamische Weg nach Westen: Globalisierung, Entwurzelung und Radikalisierung*. München: Pantheon.

Schlee, Günther 2006. *Wie Feindbilder entstehen. Eine Theorie religiöser und ethnischer Konflikte*. München: C. H. Beck.

Schlee, Günther 1979. *Das Glaubens- und Sozialsystem der Rendille: Kamelnomaden Nord-Kenias*. Berlin: Reimer.

Şeni, Nora 2007. „La jeunesse: une ‚non-génération'. Rhétorique éducative dans la Turquie des années trente", in *Enfance et jeunesse dans le monde musulman*, F. Georgeon und K. Kreise (Hg.). Paris: Maisonneuve and Larose, 233–258.

Verwendete Literatur

Sternberg, Fritz 1981 [1935]. *Der Faschismus an der Macht*. Hildesheim: Gerstenberg.

Sulloway, Frank J. 1997 [1996]. *Born to Rebel: Birth Order, Family Dynamics, and Creative Lives*. New York: Vintage.

Tiger, Lionel und Robin Fox 1992 [1971]: *The Imperial Animal*. London: Secker & Warburg.

Urdal, Henrik 2007. „The Demographics of Political Violence: Youth Bulges, Insecurity and Conflict", in *Too Poor for Peace? Global Poverty, Conflict and Security in the 21st Century*, L. Brainard und D. Chollet (Hg.). Washington D.C.: Brookings Institution Press, 90–100.

Urdal, Henrik 2006. „A Clash of Generations? Youth Bulges and Political Violence". *International Studies Quartly* 50: 607–629.

Vakil, Sanam 2004. „Iran. The Gridlock between Demography and Democracy". *SAIS Review* 24 (2): 45–53.

Winckler, Onn 2002. „The Demographic Dilemma of the Arab World. The Employment Aspect". *Journal of Contemporary History* 37: 617–636.

Wyn, Johanna und Rob White 1997. *Rethinking Youth*. London: Sage Publications.

Yurchak, Alexei 2006. *Everything Was Forever, Until It Was No More*. Princeton: Princeton University Press.

Zitelmann, Thomas 1991. „Politisches Gemeinschaftshandeln, bewaffnete Gewalt, soziale Mythen: Die Oromo Liberation Front (OLF) in Äthiopien", in *Ethnizität und Gewalt*, T. Scheffler (Hg.). Hamburg: Deutsches Orient-Institut, 251–272.

Weitere Quellen

ECPAT France 2019. „Religious, Social and Criminal Groups in Trafficking of Nigerian Girls and Women. The Case of Shrines, ‚Ladies's Club' and ‚Cultist Groups'". *ECPAT*.

„International Year of Youth: Dialogue and Mutual Understanding", 12.08.2010–11.08.2011, United Nations, verfügbar unter: www.un.org/youth.

Kapitel 5
Geschlechterdynamiken in Konfliktkontexten

Queerfeindliche Gewalt

Ein Kläger aus Gambia berichtet, wie er von einem Cousin in seinem Zimmer beim Geschlechtsverkehr mit seinem Freund überrascht und sodann bedroht worden sei. Beiden gelang es, durch das Fenster zu entkommen und sich im nahen Wald zu verstecken. Der Kläger floh schließlich weiter in ein Hotel, in dem er zuvor gearbeitet hatte. Dort half ihm ein Hotelgast, ein Tourist, der ihn auf der Flucht nach Europa unterstützte. Auch in den Flüchtlingsunterkünften wurde man schnell auf ihn aufmerksam, da er keine Freundin mitbrachte und sich nicht als Frauenheld profilierte.

Bereits als Kind habe er vorzugsweise im häuslichen Bereich und mit Mädchen gespielt, sich am liebsten in der Nähe seiner Mutter aufgehalten und keine Anstalten gezeigt, maskulinen Erwartungshaltungen zu entsprechen. Seine Mutter hatte schnell gemerkt, dass ihn sein Anderssein in Gefahr bringen könnte, erzählt der Kläger, aber die Situation blieb in seiner Erzählung diffus. Aus diesem Grund habe die Mutter ihn nicht aus den Augen gelassen; bis zu ihrem frühzeitigen Tod habe er bei ihr im Zimmer geschlafen; sie hatte ihn beschützt, so gut sie konnte. Als er 13 Jahre alt war, starb seine Mutter, fortan war er schutzlos den Schikanen der Familienmitglieder, Mitschüler und Nachbarn ausgesetzt. Man verdächtigte ihn der Homosexualität. Wie viele andere junge Menschen seines Alters träumte er vom schnellen Reichtum und verdiente sein Geld im Hotel unweit des Strandes. Dann brach seine Erzählung ab, über diese Arbeit berichtete er nicht weiter.

Wie wird Geschlecht markiert und geschlechtliche Identität hergestellt? Welche Konsequenzen hat die kulturelle Konstruktion von Geschlecht für Menschen, deren Geschlechteridentität oder sexuelle Orientierung nicht der Vorstellung der Mehrheitsgesellschaft entspricht? Welches Vokabular steht zur Beschreibung geschlechtsspezifischer Verfolgung zur Verfügung, und welche Konflikte ergeben sich daraus? Welches Konfliktpotential wird Geschlechterverhalten zugeschrieben?

Täterin und Opfer

Eine junge Kurdin aus der Türkei erzählte bei ihrem Interview, das sie nach Ankunft in Deutschland beim BAMF gegeben hatte, wie sie während der

Nawrus-Feierlichkeiten, dem Neujahrsfest, das Kurden und Perser gleichermaßen feiern, beim Tanzen von jungen Männern angesprochen worden sei, ob sie nicht in Syrien den Kurden helfen wolle. Noch während der Feierlichkeiten bestieg die gerade einmal fünfzehnjährige Schülerin mit einer anderen jungen Frau ein Auto und wurde von den Männern in Richtung Grenze gebracht. Irgendwo stiegen sie aus, erhielten die Möglichkeit, sich zu waschen und umzuziehen, und wurden dann nach Syrien in ein von der nordsyrisch-kurdischen Volksverteidigungseinheit (YPG[34]) betriebenes Lager gebracht. Dort erhielten beide Frauen militärisches Training, bevor sie in eine Einheit integriert wurden und gegen den IS kämpften. Beim BAMF hatte sie mit gewissem Stolz erzählt, wie sie die IS-Terroristen bekämpfte. Die Unterdrückung und Gewalt gegen Kurden erlebte sie bereits als Jugendliche, als ihr Bruder verhaftet wurde. Sie wollte schon lange etwas gegen die Ungerechtigkeit, die Kurden widerfuhr, unternehmen, erklärte sie. Sie stellte sich als Kämpferin und Befreierin dar, erzählte aber auch von den traumatischen Erlebnissen des Krieges, von den Leichenteilen, die sie einsammeln musste, und den grauenhaften Taten des IS gegen Zivilisten, von ihren Verletzungen und den psychischen Folgen der etwa fünf Jahre, die sie in Syrien verbrachte. Sie wurde schließlich von zwei Freunden zurück in die Türkei geholt.

Nach ihrer Rückkehr wurden die türkischen Sicherheitsbeamten umgehend auf sie aufmerksam, da die Türkei die YPG als Teil der PKK sieht und sie damit als Terroristin einstufte. Sie konnte nicht bei ihrer Familie bleiben und reiste durch die Türkei von einer Schwester zur nächsten, aber keine mochte das Risiko eingehen, eine ehemalige YPG-Kämpferin zu verstecken. Schließlich floh sie nach Deutschland.

In Deutschland erhielt sie psychologische Behandlung. Als sie nun vier Jahre später im Asylverfahren am Verwaltungsgericht über ihr Leben berichten sollte, hatte sie die Heldenerzählung in ein Opfernarrativ umgewandelt. Die Männer hätten sie entführt, sie sei noch minderjährig gewesen und trage keine Verantwortung. In Syrien wollte sie keine Waffe tragen, diese seien ihr ohnehin viel zu groß gewesen, erklärt die kleine zarte Frau im Gerichtssaal. Sie weigerte sich, zu schießen und an den Kämpfen teilzunehmen, und wurde schließlich als Sanitäterin ins Krankenhaus versetzt. Nach langem Betteln wurde sie zu ihrer Familie zurückgebracht. Dort konnte sie nicht bleiben, weil die türkischen Sicherheitsdienste die kurdischen Kämpfer in Syrien als Terroristen suchen und verhaften, sie unterscheiden nicht, welche Position eine Person innerhalb der YPG innehatte.

Welche Rolle spielt die Sozialisierung in eine Geschlechterrolle durch eine Gesellschaft für das Konfliktverhalten? Welche Narrative und Verhaltenserwartungen ergeben sich aus kulturspezifischen Geschlechterkonstruktionen? Welche Rolle spielen Wertevorstellungen bei der Zuschreibung von

Schuld sowie für den Täter-/Opferstatus? Welche Verfolgungskategorien ergeben sich daraus?

Thematische Einleitung

Die Philosophin Judith Butler schrieb 1990 das Buch *Gender Trouble: Feminism and the Subversion of Identity* und gab damit der Geschlechterforschung (Gender Studies) eine neue Richtung. Seit den 1960er Jahren hatte sich eine starke feministische Bewegung entwickelt, die die Basis für die Gender Studies legte. In ihrem Buch schlug Butler daher vor, zunächst die Kategorien Mann und Frau nicht mehr als biologische Kategorien zu begreifen, sondern die Aufmerksamkeit vielmehr auf Diskurse von Macht und Geschlecht sowie auf Performanz zu lenken. Butler ist fachlich in der Philosophie beheimatet, bediente sich jedoch der Werke französischer Intellektueller wie Claude Lévi-Strauss.

Die Kritik Butlers wandte sich zunächst gegen feministische Studien, die von einer universalen Bedeutung des Geschlechterbegriffs ‚Frau‘ ausgingen. Butler argumentierte, dass es ‚die Frau‘ nicht gebe; wenn sie dennoch konstruiert wurde, dann nur deshalb, weil sie sich von einem ebenso plakativen patriarchalen Bild abgrenzte. Das System des Feminismus konstituiert Frauen, erklärt Butler, über genau den Diskurs, der seine Emanzipation ermöglichen soll. Geschlecht als binäre Opposition zu verstehen, sei nicht nur eine falsche Annahme, so Butler, sondern hindere auch daran, die Gesellschaft als Ganzes zu untersuchen. Eine Frau wird durch Diskurse und Performanz zu einer Frau, nicht durch biologische Merkmale, so das Argument. Geschlecht ist also performativ und daher veränderbar.

Die Geschlechterstudien haben sich zwar aus den feministischen Studien entwickelt, beschränken sich jedoch nicht auf Frauen. Geschlecht/Gender meint nicht eine individuelle Eigenschaft einer Person, sondern ein soziales Verhältnis, das historisch und gesellschaftlich gewachsen ist. Dass hier zunächst die Perspektive der Frauen im Fokus stand, war darauf zurückzuführen, dass Frauen als gesellschaftliche Akteure lange ignoriert worden waren. Heute werden jedoch vermehrt auch soziale und kulturelle Konstruktionen von Männlichkeit in den Blick genommen.

In Asylverfahren ist unter anderem die Frage nach geschlechtsspezifischer diskriminierender Behandlung relevant. Im Rahmen von Asylverfahren ist zudem ersichtlich, dass konfliktspezifische Themen, die Frauen betreffen, dem Bereich der Kultur zugeschrieben werden, während das Handeln von Männern mit einer sehr viel höheren Wahrscheinlichkeit als politisches Handeln wahrgenommen wird. Dies wirkte sich in der Vergangenheit auf die Diskussionen um Menschenrechte der Vereinten Nationen aus. So schreibt die Rechtswissenschaftlerin Anna Lena Göttsche in ihrer 2020 erschienenen Studie *Weibliche Genitalverstümmelung/Beschneidung: Interdisziplinäre Betrachtungen und rechtliche Einordnungen im Lichte von Grund- und Menschenrechten*: „Denn der Diskurs war hier – wie das in Bezug auf Menschenrechte allgemein gilt – geprägt von männlichen Foltererfahrungen, während Handlungen, die ausschließlich oder typischerweise Frauen betreffen, trivialisiert wurden. So waren systematische Vergewaltigungen in Staatenkonflikten schlicht ein Effekt von Krieg oder private Handlungen meuternder Soldaten; oder so genannte häusliche Gewalt ein ‚privates' Problem."[35] Besonders sichtbar wird diese Diskrepanz im Diskurs um Kriegsverbrechen. Bis vor wenigen Jahren galt Vergewaltigung – oft ein Massenphänomen und als strategische Waffe eingesetzt, um dem Feind in einem Konflikt zu schaden – nicht als Kriegsverbrechen, sondern als ‚privates' Problem, das in bestimmten Kulturen auftrete, während Folter an Männern im gleichen Kontext als Kriegsverbrechen eingestuft wurde und daher auch international geahndet werden konnte.

Die hier angelegten Maßstäbe werden von einer dualen Gesellschaftsperspektive geprägt, die sich bis heute schwertut, Diskriminierung und Gewalt gegen Frauen und gegen Menschen, die binären Geschlechterkonstruktionen nicht entsprechen, auch als mögliche Folge politischer Verfolgung zu betrachten. Gewaltakteure werden bei geschlechtsspezifischen Delikten meist als individuelle Akteure und Privatpersonen gesehen und weniger als Vertreter gesellschaftlicher, politischer oder militärischer Institutionen, insbesondere, wenn sich diese Gewalt gegen Frauen richtet. Immer wieder wird zudem eine kulturalistische Sicht angenommen, die Gewalt gegen Frauen als ethnische, religiöse oder traditionelle Praktik betrachtet und somit verharmlost.

Gleichzeitig wird von einem dualistischen Geschlechterbild ausgegangen, bei dem die Vielzahl weiblicher Rollen in Konflikten ignoriert wird. Frauen gelten oft pauschal als Opfer von Konflikten. Ein anschauliches Beispiel bietet die junge Kurdin und YPG-Kämpferin. Ihre Erzählung wirkte irritierend auf die Verfahrensbeteiligten. Unter dem gesellschaftlichen und psychotherapeutischen Einfluss in Deutschland veränderte die Asylantragstellerin ihr Narrativ zu einem weiblichen Opfernarrativ, wie es von einer Frau, die Asyl in Deutschland beantragen möchte, erwartet wird. Weibliche Heldinnen kommen, obwohl Frauen inzwischen in sicherheitsrelevanten Berufen aktiv sind, immer noch nicht in offiziellen Diskursen vor.

Konflikte und Krisen machen versteckte Spannungen einer Gesellschaft sichtbar, auch im Bereich der Geschlechterordnung. Gerade Geschlechterkonstruktionen werden in Konflikten und Krisen umkämpft bzw. erzwungen, nicht selten mit Gewalt. Aus den Kultur- und Religionswissenschaften heraus vertreten Christina von Braun und Ulrike Auga die These, dass in

Thematische Einleitung

einem Konflikt diejenige Partei als Sieger hervorgeht, die die Geschlechterordnung am klarsten und radikalsten definiert. Auch wenn sich diese These diskutieren lässt, haben diese Wissenschaftlerinnen auf die Notwendigkeit hingewiesen, Geschlechterkonstruktionen in Konflikten gesondert zu betrachten und nicht bloß auf kulturelle Eigenheiten zu verweisen.

Das folgende Kapitel wird zunächst aus der Perspektive der Frauen auf Konflikte eingehen. Zu Maskulinität und Konflikt gibt es ebenfalls eine Reihe Studien, die zum Teil bereits im Kapitel 4 zu ‚Jugend' eingeflossen sind. Allerdings wäre ein Gender-Kapitel ohne die Behandlung unterschiedlicher Perspektiven unvollständig. Daher wird ebenfalls die Konstruktion von Maskulinität und nicht-binären Geschlechtern in Konflikten betrachtet.

Obwohl jede Gesellschaft eine gewisse Durchlässigkeit der Geschlechterrollen erlaubt – allerdings in sehr unterschiedlichem Umfang –, hat die in Europa und den USA geführte politische Diskussion um LGBTQI (deutsch: Lesbisch, Schwul, Bisexuell, Transsexuell/Transgender, Queer und Intersexuell) in vielen Gesellschaften des Globalen Südens eine heftige Abwehrreaktion hervorgerufen. Diese Entwicklung bringt die starke Rolle von Religion (insbesondere Christentum und Islam) zum Vorschein, die kulturelle Formen der Geschlechterflexibilität (vor allem während der Kolonialzeit) verurteilte und zu einer homophoben Gesetzgebung beitrug. Zudem wird eine Einmischung durch UN-Organisationen oder NGOs des Globalen Nordens in geschlechtsspezifische Angelegenheiten, die zum Beispiel weibliche Genitalverstümmelung oder den Umgang mit nicht-binären Personen betreffen, als Angriff auf die nationale oder ethnische Identität verstanden, und in nicht wenigen Fällen führt diese Einmischung nicht zu einer Unterbindung dieser Praktiken, sondern im Gegenteil zu einer verstärkten Anwendung von Gewalt gegen betroffene Personen. Kulturelle Begrifflichkeiten und Praktiken erhalten dann möglicherweise eine neue Dimension und Aufmerksamkeit, zum Beispiel im Rahmen der LGBTQI-Debatte.

Wenn politische Parteien kulturelle und soziale geschlechtsspezifische Praktiken zu einem Politikum machen, führt dies nicht zwangsläufig zu einer toleranten Gesellschaft, sondern kann zu neuen Kategorien der Verfolgung oder zur Verfestigung bereits existierender führen. Insbesondere Personen, die sich auf globale Diskurse beziehen, um sich von lokalen Zwängen und möglicher Gewalt zu befreien, sowie Rechte fordern (z. B. Frauen, die traditionelle Frauenrollen ablehnen, oder LGBTQI-Personen, die keiner binären Geschlechterkonstruktion entsprechen möchten), sind davon betroffen.

Multiple Rollen von Frauen in Konflikten

Studien aus den Geschichtswissenschaften, den Regionalwissenschaften und der Konfliktforschung erinnern daran, dass Gesellschaften, die von Krieg zu Frieden oder von einer Naturkatastrophe zum Wiederaufbau wechseln, das Geschlechterverhalten von Frauen als einen zentralen Faktor für die Wiederherstellung der sozialen und politischen Ordnung erachten.[36] Konflikte betreffen die Gesellschaft als Ganzes und produzieren Opfer weit über das Epizentrum der Kampfarena hinaus. Selbst wenn Frauen als Soldatinnen Waffen tragen und aktiv an Kämpfen teilnehmen, wie die junge Kurdin, die den IS bekämpfte, oder wenn sie als Familienoberhaupt heroisch ihre Angehörigen durch Kriegszeiten führen, werden ihre Geschichten in der Regel als Opfernarrative wahrgenommen und ihr Beitrag zum nationalen Helden-Narrativ verschwiegen. Nationale Erzählungen bestätigen das traditionelle Bild der patriarchalen Familie, um nach einer Krise wieder Kontinuität und Machthierarchien zu etablieren bzw. um eine Ordnung nach dem Krieg zu schaffen.[37] Frauen werden in diesen Narrativen über ihre familiären Beziehungen definiert, das heißt als Mütter oder Schwestern; nicht-binäre Geschlechterkonstruktionen werden gar als Gefahr für die Ordnung wahrgenommen.

Diese Aktivierung patriarchalischer Narrative nach Kriegsereignissen wurde sowohl in der Geschichtsschreibung als auch in politischen Studien und in der ethnologischen Literatur beschrieben. Kriege definieren Geschlecht und entwerten das Engagement und Wissen von Frauen, stellen Helle Bjerg und Claudia Lenz fest, die das Geschlecht in der kulturellen Erinnerung der Besatzung Dänemarks und Norwegens während des Zweiten Weltkrieges untersuchten.

Ein wichtiger Forschungszweig der Ethnologie, der sich mit den Handlungsfeldern und Konstruktionen von Geschlecht im Krieg beschäftigt, sind die *Memory Studies*. Forscher dieses Themenfeldes haben festgestellt, dass Alltagserinnerungen aus dem Krieg von Frauen bei der Aufarbeitung von Konflikten weitaus weniger Relevanz zugeschrieben wird als den Erinnerungen der Entscheidungsträger und der Frontsoldaten, Männer, die in ihren Erzählungen den nationalen Rahmen aufspannen.

Ein Beispiel bezüglich der Konsequenz für die Beteiligung von Frauen als Kämpferinnen in Konflikten und Protesten wurde von den Friedens- und Konfliktforscherinnen Soro Thiruppathy und Nirekha De Silva für Sri Lanka untersucht. Sowohl die Singhalesen als auch Tamilen wiesen Frauen eine aktive Rolle als Teilnehmerinnen an Protesten und Konflikten zu. Die tamilische LTTE hatte bereits ab August 1983 einen Frauenflügel, der zunächst für politische Propaganda verantwortlich war, später aber auch militärisch ausgebildet wurde. Auch die reguläre Armee Sri Lankas etablierte bereits im Jahr 1980 eine Frauenabteilung (*women's corps*). Während man dies zunächst als Ausdruck von Gleichberechtigung werten könnte, führte die militärische Einbindung von Frauen in der Praxis zu einer Verschärfung des Geschlechtergegensatzes. Als der Friedensvertrag unterzeichnet war, wurden allein die Männer für ihren Einsatz ausgezeichnet, und dies selbst dann, wenn sie dabei durch die Anwendung von Gewalt Pflichtverletzungen begangen hatten. Frauen dagegen erlebten eine Marginalisierung, die sie zum Schweigen über ihre Kampfeinsätze zwang. Die beiden Autorinnen resümieren: „Während des Übergangsprozesses laufen die ehemaligen Kämpferinnen, die gegen traditionelle Verhaltensregeln und Geschlechterrollen verstoßen hatten, Gefahr, an den Rand gedrängt zu werden. In vielen Fällen ziehen es weibliche ehemalige Soldatinnen vor, ihre militärische Vergangenheit zu verbergen, anstatt sich gesellschaftlicher Missbilligung auszusetzen."[38]

In einer ähnlichen Situation finden sich Frauen in Eritrea wieder. Wie die Männer sind auch sie zum Militärdienst verpflichtet; wie die Männer sind sie Teil des nationalen Narrativs der Unabhängigkeit: Sie haben als Heldinnen (*khaki-clad*) einen Platz im nationalen Narrativ, während gleichzeitig von ihnen eine klassische weibliche Rolle als Mutter erwartet wird. Ein Propagandaposter der 1990er Jahre visualisiert diese Erwartung: Es zeigt eine Eritreerin mit einer AK-47 in der einen Hand und einem Baby unter dem anderen Arm.

Mit dem Ende des Krieges verdrängten konservative Rollenbilder die Errungenschaften weiblicher Emanzipation. Mädchen verließen nunmehr vorzeitig die Schule, um nicht im letzten Schuljahr vor ihrem Abschluss in ein Militärcamp geschickt zu werden, in dem die Jugendlichen immer wieder den Schikanen der Vorgesetzten ausgesetzt werden. Der Unabhängigkeitskampf hat einerseits Frauen die Möglichkeit eröffnet, in den unterschiedlichsten Gebieten zu arbeiten und Seite an Seite mit Männern zu kämpfen, allerdings ohne dass sich traditionelle Rollenbilder nachhaltig geändert hätten, erklärt der Ökonom Ravinder Rena. Geringere Bildung als die ihrer männlichen Altersgenossen und weniger Chancen auf gesellschaftlichen und beruflichen Aufstieg sind die Konsequenzen dieser Entwicklungen.

Elaine Martine plädiert daher für eine Analyse, die nicht nur die Perspektive der Frauen, sondern darüber hinaus auch stets die Vielfalt der möglichen Frauenrollen in einem Konflikt berücksichtigt. Meist werden nur Frauen in Opferrollen untersucht, wobei übersehen wird, dass viele Frauen auch aktiv bzw. als Kämpferinnen ihren Beitrag zum Konflikt geleistet haben, was nicht überraschen sollte, da sie eine gemeinsame Weltanschauung oder besser einen gemeinsamen Wertehorizont mit ihren männlichen Kollegen geteilt haben. Zudem ist es wichtig, erklärt Martine, nicht auf eine schlichte Dichotomisierung von Frauen als Opfer und Täterinnen abzuzielen, sondern darüberhinaus auch den gesamten Graubereich zwischen diesen beiden Polen in den Blick zu nehmen. Denn erst dadurch wird ersichtlich, wie es beispielsweise zu einem System wie in Deutschland während des Dritten Reichs kommen konnte. Die vielen Mitläuferinnen und Personen, die sich einfach fügen, um möglichen Unannehmlichkeiten aus dem Weg zu gehen, spielen eine zentrale Rolle in der Etablierung und Aufrechterhaltung eines Systems. Weiter zeigt Martine, dass Geschlechterkonstruktionen oftmals eng mit rassistischen Konstruktionen verknüpft werden. So reproduzierten Frauen im Nationalsozialismus die Unterdrückung, die sie als solche im patriarchalen System erlebten, im Umgang mit ihnen untergeordneten Frauen. Des Weiteren waren zahlreiche Frauen unter Hitler an der Tötung von Insassen psychiatrischer Anstalten beteiligt, und es waren Frauen, die Kandidatinnen auswählten, die zur Zwangssterilisation verpflichtet wurden.

Dieses Muster findet sich auch unter Ehefrauen der Kämpfer der Terrorgruppe Islamischer Staat wieder. Unter anderem waren IS-Ehefrauen unter dem 2014 ausgerufenen Kalifat, das bis 2017 im Irak und in Syrien Bestand hatte, aktiv an der Folterung von Yezidinnen beteiligt. Jennifer W. wurde vor einem deutschen Gericht unter anderem beschuldigt, gemeinsam mit ihrem Mann ein yezidisches Mädchen unter Anwendung von Folter getötet sowie deren Mutter misshandelt zu haben. Die Islamistin mit deutschem Pass war aus eigenem Antrieb in den Nahen Osten gereist, um aktiv am Aufbau des Islamischen Staates mitzuwirken. Obwohl sie als Frau strengen Regeln unterstand, schreckte sie nicht vor Folter und Gewalt gegen ihr untergeordnete Personen zurück und reproduzierte auf diese Weise die Gewaltideologien des Islamischen Staates.

Auch im Kampf für Freiheit und Unabhängigkeit waren und sind Frauen beteiligt. In den letzten zwei Jahrzehnten haben Historikerinnen wie zum Beispiel Margaret R. Higonnet, Susan Grayzel oder Nicole Dombrowski die Zentralität von Frauen in Protesten, Friedensprozessen und Bewegungen der sozialen Gerechtigkeit im 20. Jahrhundert beschrieben, wie den ersten Internationalen Frauenfriedenskongress 1915 in Den Haag, die Verbraucherboykotte gegen Apartheid oder Proteste gegen Sklaverei. Geschlecht als Konfliktkategorie ist also nicht nur eine Frage der Kultur (im verbreiteten Missverständnis als einer Art ‚zweiter Natur': unveränderlich und ahistorisch), sondern vor allem eine politische Angelegenheit, die alle Ebenen einer Gesellschaft durchzieht, in Konflikten ebenso wie bei der Friedensherstellung und Versöhnung.

Während die Frauenbewegungen bereits früh in internationalem Maßstab dachten, bleibt die nationale Geschichte hartnäckig eine von männlichen Entscheidungen, männlichen politischen Figuren und männlichen Erzählungen geprägte Geschichte, die davon ausgeht, dass die Stimmen von Frauen politisch weniger Gewicht haben. Es gibt allerdings eine Ausnahme, nämlich die Frau als Mutter und Erzieherin zukünftiger Soldaten. In dieser Rolle wird die Mutter mit Auszeichnungen aller Art und Statuen auch öffentlich geehrt. In Antwort auf die hohen Opferzahlen im Zweiten Weltkrieg erhielten Mütter der Sowjetzeit ab 1944 je nach Anzahl der Kinder eine ‚Ruhm der Mutter'-Medaille und ab zehn Kindern außer einer Goldmedaille auch ein Geschenk, beispielsweise ein Auto.

Zulässige geschlechtsspezifische Kategorien werden gerade in Konflikten von den Konfliktakteuren und Führungsfiguren vorgegeben und aus einem dynamischen und veränderbaren kulturellen Kontext herausgelöst. Franziska Dunkel beobachtete für den Ersten Weltkrieg, dass Kriege auf Geschlechterordnungen eher konservativ als innovativ wirken. Oder wie Braun und Auga es ausdrücken: Diejenige Kriegspartei, die in der Lage ist, die Geschlechterordnung zu definieren, hat ‚automatisch das Sagen'. Das bedeutet nicht, dass Geschlechterkonstruktionen militärische Ziele darstellen – das Gegenteil ist der Fall, im Kriegstumult werden strenge Geschlechtskategorien und Rollenzuschreibungen zwangsläufig aufgelöst –, vielmehr scheinen klare geschlechtsspezifische Gesellschaftsordnungen, die von den Parteien als Gesellschaftsmodell angeführt werden, strukturierend auf die Bevölkerung zu wirken und die Wahl des Siegers entscheidend mitzuprägen. Geschlechterkonstruktionen kommt daher in der Konfliktanalyse eine zentrale Bedeutung zu.

Unabhängig von Konflikten gehen mit der Rolle als Mutter und Ehefrau in der Regel kulturelle Konzepte von Scham, Zurückhaltung der eigenen Emotionen, vor allem von Schmerz und Verlust, außerhalb eines kulturell akzeptierten Rahmens (z. B. Klagegesänge bei Ritualen), Fürsorgeaufgaben oder gesellschaftliche Unsichtbarkeit bzw. die Verharmlosung eigener Arbeiten, Taten und Erlebnisse einher. Auch in Asylverfahren stellen sich Ehefrauen vor allem als Mütter und als eine Art ‚Erweiterung' des Ehemannes als Familienoberhaupt dar.[39] Im Asylkontext wird zudem üblicherweise von einem emotionsgeladenen Frauenbild ausgegangen, das als geschlechtsspezifisch und damit allgemeingültig gesehen wird. Entsprechend wird von Frauen ein emotionaler Ausbruch während der gerichtlichen Verhandlung erwartet, der die Dramatik einer Situation visualisiert, ein Verhalten, das weit entfernt von Erwartungshaltungen an Frauen in anderen Gesellschaften sein kann. Zahlreiche harte disziplinarische Maßnahmen, unter denen die weibliche Genitalverstümmelung nur eine von vielen ist, dienen dazu, dass Frauen ihre Emotionen beherrschen lernen, um neben ihrem Mann unsichtbar, aber verlässlich zu bleiben. Diese Unsichtbarkeit im Asylverfahren sichtbar zu machen, ist für alle beteiligten Parteien eine Herausforderung, denn der Umgang mit Emotionen ist kulturspezifisch.

Motherist movements

Mit dem Begriff *motherist movements* wird ein Status von Frauen in Konflikten benannt, der weniger die Opferrolle als vielmehr die soziale und biologische Kapazität von Frauen als Mütter hervorhebt. Die Rolle einer Frau als Mutter wird in nationalen Diskursen oft betont. Damit unterscheiden sich die Studien zu *motherist movements* von feministischen Bewegungen, die nach einer größeren Rollenvielfalt von Frauen streben.

Im Folgenden soll eine ethnologische Studie von Malathi de Alwis, Wissenschaftlerin der feministischen Studien in Colombo, aus dem Jahr 2008 mit dem Titel *Motherhood as a space of protest: Women's political participation in contemporary Sri Lanka* vorgestellt werden. Mütter, so de Alwis, setzten Mutterschaft bewusst im Konflikt ein und nutzten auf diese Weise die Rhetorik des Staates selbst, um politischen Aktivismus zu formulieren. Dabei würden Genderkategorien allerdings eher verstärkt als überwunden.

Zwischen 1987 und 1991 erlebte Sri Lanka einen Aufstand der nationalistischen, marxistischen singhalesischen Jugend mit dem Namen *Janatha Vimukthi Peramuna* (JVP – Volksbefreiungsfront). Diesem Aufstand begegnete der Staat mit voller Härte. Während die militante Jugendgruppe die Bevölkerung terrorisierte und diejenigen umbrachte, die sie kritisierten oder angeblich mit dem Staat zusammenarbeiteten, reagierte der Staat seinerseits mit der Ermordung und dem Verschwindenlassen von Verdächtigen. Tausende junger Männer und immer wieder auch Frauen sowie viele Linksaktivisten, Rechtsanwälte und Journalisten verschwanden. Leichen, die am Strand verrotteten oder den Fluss hinabtrieben, waren kein seltener Anblick in jener Zeit.

Im Juli 1990 bildete sich die Gruppe *Mothers' Front*, eine Graswurzel-Organisation von Frauen mit etwa 25.000 Mitgliedern, die gegen das Verschwinden ihrer Kinder und Ehemänner, insgesamt etwa 60.000 Jugendliche und Männer mittleren Alters, protestierten. Sie forderten einen Wandel der politischen Verhältnisse und des gesellschaftlichen Klimas, um ihre Kinder zu Männern zu erziehen und gemeinsam mit ihren Ehemännern leben zu können – in anderen Worten, sie forderten ein von gesellschaftlichen Konflikten und Gewalt freies, ungestörtes Familienleben und appellierten damit an ein konservatives Gesellschaftsbild. Und ihr Protest wurde genau deshalb beachtet, so de Alwis, weil sie sich auf ein klassisches patriarchales Bild bezogen, das jeden Menschen, unabhängig von seiner politischen Verortung im Konflikt, ansprach. Sie nahmen also Bezug auf ein sehr reduziertes Konzept von Frau, benutzten dieses aber ganz bewusst, um den Konflikt in ihrem Sinne zu beeinflussen. Sie öffneten mit ihren spektakulären Demonstrationen den Raum für immer neue Proteste, die schließlich zum politischen Wechsel der Regierung führten.

Motherist movements 103

Die *Mothers' Front* hatte sich im Rahmen der oppositionellen Partei *Sri Lanka Freedom Party* (SLFP) gebildet. Die Frauen, meist aus ruralen Gebieten, trafen sich im Haus des Parteivorsitzenden, um ihre Protestaktionen vorzubereiten. Diese Mütter glaubten fest daran, dass ihre Söhne noch am Leben waren, während die männlichen Parteimitglieder dies für naiv hielten, erklärt de Alwis. Genau dieser Glaube an die Familie gab wiederum dem Protest den Anschein, unpolitische Forderungen zu stellen, was den Frauen und später auch der ganzen Partei die Möglichkeit eröffnete, offen und militant zu protestieren. Die *Mothers' Front* zwang den Staat in eine defensive Rolle, indem sie die Rhetorik des Staates selbst nutzte, der behauptete, die Bürger schützen zu wollen, stellen Thiruppathy und De Silva fest. „Indem sie eine Rückkehr zur ,natürlichen' Ordnung von Familie und Mutterschaft forderten, bedienten sich diese Frauen offen patriarchaler Stereotypen, die sie vor allem über eine familiäre/häusliche Position wie Ehefrau und Mutter definierten."[40] Damit appellierten sie an ein Familienmodell, das auch der Staat selbst propagierte, und waren so in der Lage, die Grenzüberschreitungen und die Gewalt des Staates offenzulegen. Der Staat verweigerte sozusagen die Möglichkeit der Mutterschaft, indem er die Kinder und Ehemänner verschwinden ließ.

Um mit Butler zu sprechen: Die Frauen nutzten die Performanz ausgewählter Frauenrollen, um sich öffentlich in den Konflikt einzumischen. Durch eine Überbetonung der Mutterrolle stellten sie sich gegen politische Repressionen und gesellschaftliche Gewalt, und zwar auf Seiten der Opposition.

Die Mütter nutzten allerdings nicht nur ihre gesellschaftliche Rolle, um die Legitimität ihres politischen Protests zu begründen, sondern auch kulturelle Rituale: Sie brachen Kokosnüsse und baten die Götter darum, ihnen ihre Söhne und Ehemänner wiederzubringen. Dabei belegten sie die Personen, die für das Verschwinden der Söhne verantwortlich waren, mit einem Fluch. Der Präsident nahm diese Rituale persönlich und unterzog sich sofort einem Reinigungsritual, bei dem er von ,sieben Jungfrauen' gebadet wurde. Als dann der Stellvertretende Generalinspektor und Architekt der Todesschwadronen, Premadasa Udugampola, plötzlich starb, waren die Frauen überzeugt, dass ihr Fluch ihn tatsächlich getroffen habe. Vom Erfolg ihres Rituals beflügelt, veranstalteten sie am Tag des Geburtstages des Präsidenten ein weiteres Ritual und versetzten damit die Polizei in Angst und Schrecken, die schleunigst alle Tempel verriegeln ließ.

Zwar hatten die Mütter weitgehend autonom gehandelt und sich aus einem kulturellen Repertoire bedient, doch die SLFP hatte sie logistisch unterstützt und beanspruchte den Erfolg ihres Widerstands für sich. Die Frauen wurden zwar lautstark als Heldinnen der SLFP gefeiert, erhielten aber kaum eine Chance, sich zu ihren Erfolgen zu äußern.

104 Geschlechterdynamiken in Konfliktkontexten

Die dezidierte Bezugnahme kulturell anerkannter Konstruktionen von Geschlecht eröffnete den Frauen Möglichkeiten des gezielten politischen Protests, den sie strategisch nutzten. Obwohl die Frauen damit einen wichtigen politischen Beitrag leisteten, wurden sie in den nationalen Narrativen als passive Opfer dargestellt, eine aktive politische Mitarbeit und Mitgliedschaft in der SLFP wurden ihnen verwehrt. Die Erfahrung dieser Frauen ist ein typisches Beispiel dafür, wie weiblicher politischer Aktionismus in einem nationalen Narrativ verdrängt und verharmlost wird und kaum Spuren der Erinnerung in schriftlichen Berichten hinterlässt. Sofern weibliche Protagonisten überhaupt erwähnt werden, erscheinen sie als eine passive homogene Masse der Frauen.

Auch in anderen Ländern nutzten Mütter-Vereinigungen ihre soziale Position, um politischen Protest zu organisieren. In Argentinien sind es die von Elena Shabliy beschriebenen *Madres of Argentina*, in Guatemala ist es die *Mutual Support Group for Reappearances of our Sons, Fathers, Husbands and Brothers*, die die konservative Geschlechter- und Familienrhetorik des Staates nutzen, um sich politisch zu engagieren und die Konfliktparteien herauszufordern. Solche *motherist movements* findet man darüber hinaus auch in anderen Teilen der Welt. Zum Beispiel spielen schiitische Mütter eine zentrale Rolle in der Verehrung von Märtyrern, das heißt der Verkehrung der Trauer über den Tod der eigenen Söhne, Brüder oder Ehemänner in den Jubel über ihre heldenhafte Tat. Die Klagerituale der Frauen beziehen sich dabei auf die ritualisierte Klage unter Schiiten um die historisch wichtige Niederlage in Kerbala im Jahr 680 (im heutigen Irak).[41] Fatin Shabbars Beschreibung der Rolle der Mütter im Klageritual von Kerbala ist sehr aufschlussreich: Sie argumentiert, dass in diesem von Frauen durchgeführten Ritual sowohl Opferrollen als auch weibliche Stärke demonstriert werden. Denn im Pantheon der Beklagten befinden sich einmal Om Al Baneen, die das Symbol für die ‚opfernde Mutter' darstellt, weil sie vier ihrer leiblichen Söhne in diesem Krieg verlor, und zum anderen Fatima Al Sughra, eine Tochter des Imam Hussein. Die Klagerituale sollen vor allem Kindern politischen Widerstand lehren. Was als historisches Ritual zelebriert wird, hat damit unmittelbar Auswirkungen auf die Gegenwart. Shabbar berichtet, dass sich aus diesem Klageritual in Kerbala heraus der Protest gegen Saddam Hussein nährte und entwickelte. „Das Erziehen von Kindern in Kriegsgebieten und in militarisierten Gesellschaften ist zwangsläufig ein politischer Akt, weil es meistens darauf ankommt, Kindern Widerstand anzuerziehen."[42]

Samir Kumar Das stellt in ihrer Untersuchung der Frauenbewegungen in Indien fest, dass „Mutterschaft eine der wenigen in der Region verfügbaren Formen der Frauenpolitik ist, durch die Frauen ihren demokratischen Widerstand artikulieren und organisieren [können]".[43] Die in politischen Protesten eingesetzte Mutterschaft ruft jedoch eine desexualisierte Vorstellung der

Motherist movements 105

Frau auf, die auf eine imaginierte ‚Reinheit der Mutter der Nation' verweist: Jede Diskussion dieser Mutter als Frau und sexualisierte Person wäre ein Tabu. Die Mutter der Nation kann keine sexualisierte mit weiblichen Reizen ausgestattete Person sein, stellt Das fest.

Eine extreme Form des Aktivismus von Frauen, die ihrer Rolle als Mütter, Schwestern und Ehefrauen allen anderen weiblichen Handlungsfeldern voranstellten, waren die *Black Widows* aus Tschetschenien. Den Höhepunkt dieses Aktivismus erreichte eine Gruppe tschetschenischer Frauen im Oktober 2002 als sie sich in einem Moskauer Theater, in dem sie Geiseln genommen hatten, in die Luft sprengten und dabei 129 Personen mit in den Tod rissen. Irritierend war dabei, dass sie auf ihre Rolle als Mütter und Ehefrauen, denen man in den vergangenen tschetschenischen Kriegen die Söhne und Ehemänner genommen hatte, in den Vordergrund gestellt hatten und damit ihre Selbstmordanschläge als Racheakte darstellten.

Weiblicher Aktivismus im Kaukasus ist ein wenig recherchiertes Thema, stellt die Politikwissenschaftlerin und Menschenrechtsaktivisten Ekaterina Sokirianskaia fest, nicht zuletzt deshalb, weil die lokale tschetschenische Regierung unter Ramsan Kadyrow die Forschung erheblich erschwert. Zudem wurde unter den Kadyrow-Regimen eine Gesellschaft aufgebaut, die eindeutige Rollenzuschreibungen festlegt und jede Form von nicht-binären Identitäten mit voller Härte verfolgt. Gleichzeitig entwickelten sich die weiblichen Terroristinnen – von der Presse aus oben genannten Gründen *Black Widows* betitelt – zu einem wichtigen Faktor in den Tschetschenienkriegen. Seit weibliche Selbstmordattentäter beteiligt sind, wurden 22 der 28 Selbstmordanschläge von Frauen verübt.

Wie Braun und Auga anhand von Nachkriegsgesellschaften argumentieren, setzte das Kadyrow-Regime sich unter anderem anhand klarer Geschlechterrollen durch. Damit einher gehen die Entmündigung von Frauen im politischen Feld und die eingeschränkten Möglichkeiten, ihre Belange in der Öffentlichkeit darzustellen. Mit diesem Hintergrund sind die *Black Widows* eine tragische extreme Ausdrucksform weiblichen Handelns im Rahmen radikaler Ideologien und fehlender sozialer und politischer Optionen.

Mutterschaft in Konflikten kann sowohl zu einem Aktionsfeld von Frauen in der Politik führen als auch bestehende Gendergrenzen verstärken. In Zeiten politischer Neuordnung insbesondere nach Kriegen werden Geschlechterrollen naturalisiert und Diskussionen über Frauen zu einer Debatte über die Mutter reduziert, bemerkt Susan Grayzel. Dennoch können Konflikte auf Frauen auch befreiend wirken und zu einem größeren Repertoire an Identifikationsmöglichkeiten und Rollenbildern führen.

Frauen in der Opferrolle

Im Gegensatz zur politischen Figur der Mutter werden Frauen weitaus häufiger als primär passive Opfer konzeptualisiert. In fast allen Kriegen findet geschlechtsspezifische Gewalt anhand von Vergewaltigungen statt, also unabhängig von kulturellen Weltanschauungen. In Gesellschaften, in denen weiblichen Familienmitgliedern Schamhaftigkeit und die Einhaltung eines strengen Ehrenkodex abverlangt werden, erhält der Einsatz geschlechtsspezifischer Gewalt in Konflikten eine zusätzliche strategische Dimension. Klassischerweise wird diese Gewalt jedoch als Nebenprodukt politischer Auseinandersetzungen gesehen und auf kulturelle Eigenheiten der betroffenen Gruppe zurückgeführt. Im Folgenden wird ein Denkansatz vertreten, der sich von diesem allzu simplen kulturellen Argument distanziert und alternative Forschungsansätze hervorhebt. Grundlegend ist die Betrachtung sexueller Gewalt als Kriegswaffe, mit der dem Feind irreversibel geschadet werden soll. Kulturelle Konstruktionen von Ehre und Scham sind nicht der Auslöser für diese Gewalt, sondern nur der Kontext, in dem die Gewalt verarbeitet und erzählbar wird. Forscher akzeptieren allzu schnell ein kulturelles Narrativ als kausale Erklärung und verharmlosen damit die Auswirkungen von Kriegen auf bestimmte Frauengruppen.

Die umfassende und detaillierte Forschung des Ethnologen Mohamed Haji Ingiriis in Somalia bietet hierzu ein Beispiel. Er kontextualisiert die Narrative über geschlechtsspezifische Gewalt ausschließlich im Rahmen kultureller Konstruktionen von Ehre und Scham und nicht als Teil des politischen Gewaltarsenals. „Als die Gewalt unter den Klans in einem noch nie dagewesenen Ausmaß eskalierte, wurde Vergewaltigung als Mittel eingesetzt, um Frauen zu demütigen, die rivalisierenden und sich bekriegenden Klans angehörten. Menschenrechtsgruppen befragten eine somalische Mutter, die aufgrund ihrer Klan-Identität von Kämpfern, die auf Seiten des Regimes standen, ins Visier genommen worden war. Die Mutter gehörte zu einem der Klans, den das Regime als Feind betrachtete, und war wie viele andere Mütter auch vor den Augen ihrer Kinder missbraucht worden."[44]

Obwohl Ingiriis davon ausgeht, dass sexuelle Gewalt stets in einem Klan-Kontext stattfand, der die Zugehörigkeit der betroffenen Frauen markierte, stellt er fest, dass auch Frauen aus dem eigenen Klan vergewaltigt wurden. Das wirft die Frage auf, ob die retrospektiven kulturellen Erklärungsmodelle geschlechtsspezifischer Gewalt durch Wissenschaftler und Experten nicht eine spätere sinngebende Interpretation der Taten sind – wie sie auch die betroffenen Gruppen vornehmen –, in Wirklichkeit aber Frauen zu einer (politischen und strategischen) Beute reduziert wurden, durch alle beteiligten Kriegsakteure. Ihre Klan-Zugehörigkeit war dabei nur ein Merkmal der Identifikation der Personen als Zugehörige einer Gruppe. Damit waren

Frauen in der Opferrolle

nicht die kulturellen Eigenschaften von Ehre und Scham relevant, sondern die militärstrategische Entscheidung, Personen entsprechend der Zugehörigkeit zu einer Gruppe zu verfolgen und die Zerstörung des Gegners durch Mord oder Folter zu erreichen. Mit einem solchen Ansatz würden kulturelle Modelle hinfällig – auch dann noch, wenn sie zu einem späteren Zeitpunkt als sinngebende Erklärungen von den Frauen selbst angebracht würden –, während die sexuelle Gewalt im Konflikt eine bewusste geschlechtsspezifische Zerstörung der körperlichen Integrität bedeutet und damit der Folter gleichkommt.

Die ethnographische Studie von Francesca Declich unter den Bantu-Somali des Juba-Flusses, den Zigula und Shabara, die im Zuge des Bürgerkrieges der 1990er nach Kenia und Tansania geflohen waren, gibt Aufschluss darüber, wie kontrovers sexuelle Gewalt diskutiert und wie stark das Sprechen über solche individuellen Erfahrungen durch kulturelle Konventionen der Scham erschwert wird. Gewalterfahrungen während eines Konflikt, stellt sie fest, werden vor dem Hintergrund vergangener Erfahrungen im Nachhinein interpretiert und erzählt. Besondere Aufmerksamkeit widmete Declich in ihrem Beitrag den Narrativen von Frauen, die in ihren Erzählungen offen über andere Frauen berichteten, die sexuelle Gewalt erlebt hatten, sich aber immer wieder als ‚einzige aus der Gruppe, die keine sexuelle Gewalt erlebt hatte‘, darstellen. Sie untersucht dabei Strategien des Erzählens, die zwar Gewalt in einem gemeinschaftlichen Kontext bejahten, aber Erzählungen eigener erlebter Gewalt möglichst auswichen.

Die Erfahrungen der Frauen ähnelten sich dabei stark, so Declich: Frauen, die auf der Suche nach Essen die Grenzen des Dorfes verlassen mussten, riskierten, von männlichen Gruppen überfallen und vergewaltigt zu werden. Obwohl sich die Berichte stark ähnelten und auf diese Weise eine kollektive Erfahrung zum Ausdruck gebracht wurde, schafften es nur äußerst wenige Frauen, sich selbst als Opfer einer Vergewaltigung darzustellen. Zum Beispiel berichtet eine Frau, wie alle Frauen ihres Dorfes, die mit ihr auf Nahrungsmittelsuche unterwegs waren, von einer Gruppe Soldaten überwältigt und vergewaltigt wurden – ihr allein sei es gelungen zu fliehen, indem sie ihr Kind zwickte, damit es laut schrie. Andere Frauen berichten, es sei ihnen gelungen, Angreifer durch Urinieren abzuwehren. Allen Geschichten gemeinsam, so Declich, ist der Versuch, zwar die eigenen Vergewaltigungserfahrungen nicht zu erzählen, aber dennoch die traumatischen Erfahrungen erzählbar zu machen.

Es sei hier angemerkt, dass die Betroffenen sich als kluge Frauen darstellten, die durch Tricks die Soldaten abhielten. Declich vergleicht hernach die Geschichten der Frauen mit denen, die ihr Männer erzählen, und stellt fest, dass die Männer durchaus explizit über ihre Gewalterfahrungen – Verwundungen und Folter – sprechen können, was für die Frauen unmöglich ist: Im Gegensatz zu anderen Formen der Gewalt ist geschlechtsspezifische sexualisierte Gewalt an Frauen mit Scham belegt und zwingt viele Frauen dazu, ihre Geschichten zu verändern.

Dass Männer ihre Frauen wissentlich immer wieder dem Risiko der Vergewaltigung aussetzten, versucht Declich mit einem Abwägen der unterschiedlichen Konsequenzen der Gewalt zu erklären: Für Männer ende eine Konfrontation mit Soldaten oft tödlich; die Gewalt an Frauen werde als das ‚kleinere Übel' akzeptiert, was bedeutet, dass die Männer geschlechtsspezifische Gewalt mehr oder weniger bewusst in Kauf nahmen und stillschweigend tolerierten. Damit wird ersichtlich, dass sexualisierte Gewalt an Frauen von Männern als Teil der Kriegsstrategien begriffen und als systematische Form der Folter eingesetzt wurde.

Auch in zahlreichen anderen Konflikten wurde sexuelle Gewalt an Frauen als Kriegswaffe eingesetzt, um die Bevölkerung zu demütigen und zu demoralisieren, etwa von Soldaten der serbischen Truppen gegen bosnische Frauen. Als Teil der ethnischen Säuberung sollten die Opfer ‚serbische Babys gebären', hieß es. Auch im Völkermord in Ruanda wurde Vergewaltigung systematisch eingesetzt, um die Tutsi moralisch zu schwächen.

Ein rezentes Beispiel ist die Gewalt an Yezidinnen durch den Islamischen Staat. Immer wieder müssen yezidische Frauen ihr Schicksal im Asylverfahren erzählen, da mit dem militärischen Sieg über den IS im Jahr 2017 davon ausgegangen wird, dass auch der Asylgrund und die Verfolger beseitigt sind. Eine irakisch-yezidische Klägerin erzählt im Asylverfahren mit monotoner Stimme, dass sie am 3. August 2014 miterlebte, wie der IS das Dorf Pocho im Nordwesten des Iraks umzingelte. Wer konnte, sprang in ein Auto und versuchte zu fliehen, bevor die Umzingelung eine Flucht unmöglich machte. Ihrer Familie misslang die Flucht. Ihre Eltern wurden getötet, sie und ihre Geschwister wurden in die Dorfschule gebracht, wo die Männer von den Frauen und Kindern getrennt wurden. Die Männer wurden weggebracht und werden seitdem vermisst. Ihr Cousin, der ebenfalls an der Verhandlung teilnimmt, wurde mit anderen Jungen in eine religiöse Schule (Madrassa) gebracht, um dort den Koran zu studieren. Sie und andere Mädchen wurden nach Mosul verschleppt und irakischen IS-Kämpfern übergeben. Von diesen wurde sie an einen weiteren IS-Kämpfer nach Syrien verkauft, der sie ebenfalls vergewaltigte. Bei der Frage nach dessen Namen erklärt sie, dass jeder Kämpfer mehrere Namen hatte, sie bringt aber kaum einen der Namen über die Lippen. Sie versuchte mehrmals zu fliehen, wurde aber immer wieder zurückgebracht. Sie bettelte, dass man sie gehen lassen möge, bis der irakische Kämpfer genug hatte und sie an einen Tunesier verkaufte. Auch diesen bat sie ständig um die Freilassung. Gegen die Zahlung von Lösegeld – Fahrer, die zwischen Irak und Syrien pendelten, überbrachten große Summen zum Freikauf yezidischer Sklavinnen – gelangte sie endlich in die Freiheit.

Die junge Frau schmückt ihre Erzählung nicht aus, gibt keine Erklärungen, sie sieht müde aus, wirkt emotionslos. Auf die Nachfrage, ob die Klägerin psychologische Unterstützung erhalten habe, winkt sie ab: Ein Arzt habe sie zum Reden aufgefordert. Aber sie könne über alles Erlebte nicht reden, sie wolle nur vergessen, reden mache sie nur krank. Dass die Erzählungen der Opfer von Vergewaltigungen oftmals von distanzierter Resignation geprägt sind und von einer Sprachlosigkeit, die die politische Dimension der erlittenen Gewalt und Demütigung nicht benennen kann, sorgt vor deutschen Gerichten immer wieder für Irritation.

Während das Massaker an den Yeziden im August 2014 international als ‚Ausnahme‘ und ‚einmaliges Ereignis‘ ohne historisches Vorbild Beachtung fand, das die außergewöhnliche Grausamkeit des IS zum Ausdruck brachte, sieht Zeynep Kaya, die an der renommierten London School of Economics and Political Science forscht, das Massaker als eine Fortsetzung der bereits lang existierenden Feindschaften und Marginalisierungsstrategien gegenüber den Yeziden. Deren Verfolgung als ‚Teufelsanbeter‘ ist keine Erfindung des IS, sondern die Fortsetzung eines Vokabulars, das von Muslimen gegen die Yeziden als ganze Gruppe gerichtet ist und auf ihr Verschwinden abzielt. Die Yeziden selbst deuten dieses Massaker als eine Fortsetzung systematischer Verfolgung durch sunnitische Muslime, die sich durch ihre Geschichte zieht.

Die Kämpfer des IS, die mehrheitlich aus dem Irak stammten und damit über die einzelnen kulturellen Gruppen der Region bestens informiert waren, rechtfertigten diese grausame Strategie damit, dass Yeziden nicht einer Buchreligion angehörten. Zudem wussten sie, dass eine Yezidin niemals aus der Gruppe herausheiraten darf, ohne dass sie damit alle Gruppenrechte verliert. Damit war die Versklavung durch den IS eine aggressive Form der Islamisierung nicht-islamischer Gruppen im Irak und der systematischen Vernichtung der Yeziden als eigenständige religiöse Gruppe. Auch hier ging es also nicht um eine private kulturelle Aggression gegen Frauen, deren Ziel die persönliche Erniedrigung der Männer war, sondern um eine religionspolitische systematische Strategie. Laut den Wissenschaftlern Şefik Tagay und Serhat Ortaç schrieb sich der IS gewissermaßen in eine Tradition ein. Die Yeziden waren seit Jahrhunderten aus eben diesem Grund immer wieder Opfer der Verfolgung muslimischer Herrscher und Bewegungen geworden.

Vergewaltigungen im Rahmen von Bürgerkriegen werden oft als kulturspezifische Delikte verharmlost oder als Begleiterscheinung von Konflikten abgetan. Seit den 1980er Jahren kämpfen Rechtsanwälte und Menschenrechtler für die Anerkennung von Vergewaltigung als Kriegsverbrechen. Helen Anne Durham, im Jahr 2014 als erste Frau auf den Posten des Director of International Law and Policy des Internationalen Komitees des Roten Kreuzes (ICRC) berufen, beklagte, dass es für die Zerstörung kulturellen

110 Geschlechterdynamiken in Konfliktkontexten

Eigentums eine wirksamere Strafverfolgung gibt als für die Zerstörung des weiblichen Körpers.

Dank intensiver Bemühungen wurde 2016 vor dem Internationalen Strafgerichtshof in Den Haag (IStGH) das erste Urteile gefällt, das sexuelle Gewalttaten (Vergewaltigung und Sklavenverkauf) als ‚Verbrechen gegen die Menschlichkeit' wertet. Im Jahr 2008 hatte der UN-Sicherheitsrat die Resolution 1820 verabschiedet, die festhält, dass Vergewaltigungen und andere Formen von sexueller Gewalt als Kriegsverbrechen, Verbrechen gegen die Menschlichkeit oder als Handlungen, die den Tatbestand des Völkermords erfüllen, geahndet werden können. Dem folgte Kroatien im Mai 2015, das als erstes Land ein Gesetz verabschiedete, welches Vergewaltigung als nie verjährendes Kriegsverbrechen anerkannte. Obwohl Vergewaltigung in vielen Bürgerkriegen systematisch als Kriegswaffe und Foltermethode eingesetzt wurde und wird, wurde das Thema vom IStGH nur selten bearbeitet. Erst mit dem ‚Bemba-Urteil' im Jahr 2016, in dem der kongolesische MLC-Rebellenführer und Politiker Jean-Pierre Bemba wegen sexueller Gewalt verurteilt wurde, nahm der IStGH Stellung, und zwar in Bezug auf sexuelle Gewalt gegen Frauen und Männer. Allerdings wurde das Urteil bereits zwei Jahre später aufgehoben.

Sexuelle Gewalt im Krieg und in Friedenszeiten ist nicht eine Frage des Ausmaßes von körperlichem Leid und Schmerz, sondern des strategischen, gezielten Einsatzes von Gewalt. Um diesen Unterschied fassbar zu machen, hat Annemiek Richters sieben Kriterien entwickelt, die auf eine strategische Form geschlechtsspezifischer Gewalt hinweisen.

1. Vergewaltigungsorgien haben ihren Ursprung in einem kulturell verwurzelten Frauenhass, der in Extremsituationen ausarten kann (Vergewaltigung als Frauenfeindlichkeit).
2. Vergewaltigungen werden seit jeher zu den ‚Spielregeln des Krieges' gezählt. Es gilt als (ungeschriebenes) Recht des Siegers, sich an Frauen auszulassen (Vergewaltigung als Belohnung).
3. In militärischen Konflikten gehört der Missbrauch von Frauen zur Kommunikationsstrategie unter Männern. Nicht das Leid der Frauen spielt dabei eine Rolle, sondern die Wirkung, die [die sexuelle Gewalt] auf Männer hat (Vergewaltigung als Terror).
4. Vergewaltigung kann als letzter symbolischer Ausdruck der Demütigung gegenüber den männlichen Gegnern angesehen werden, die ‚ihre' Frauen nicht schützen können (Vergewaltigung als Zeichen der Niederlage).
5. Vergewaltigung ist auch das Ergebnis der Konstruktion von Männlichkeit, die Soldaten in der Armee erlernen und deren idealisierte Form in westlichen Kulturen mit Krieg einhergeht. In Kriegen erlangen Männer Anerkennung und Bestätigung ihrer Männlichkeit. Vergewaltigung wird

dabei als Instrument zur Initiation und zur Bindung unter den Soldaten verwendet (Vergewaltigung zur Steigerung der Moral).

6. Im Krieg begangene Vergewaltigungen zielen darauf ab, die Kultur des Gegners zu zerstören. Aufgrund ihrer kulturellen Stellung und ihrer zentralen Rolle innerhalb der Familie sind Frauen ein Hauptziel, wenn man eine Kultur und Gemeinschaft zerstören will (Vergewaltigung als Kulturkampf).

7. In der Kriegspropaganda wird Vergewaltigung eingesetzt, um die bestialische Natur des Gegners zu unterstreichen. Diese Art der Propaganda wird von den Machthabern genutzt, um Hass zu schüren und sich dadurch die Unterstützung des Volkes für den Krieg zu sichern (Vergewaltigung als Propaganda).[45]

Die Diskussion um die Anerkennung von Gewalt an Frauen als Kriegsverbrechen bringt zusätzliche Fragen aufs Tapet: Werden Frauen nur dann als Opfer von Kriegsverbrechen angesehen, wenn sie eine passive Rolle annehmen? Oder auch dann, wenn sie auf Seiten der ‚Täter' deren Ausübung von Gewalt aktiv unterstützen oder gar selbst Gewalt ausüben? Wie steht es um das Verhältnis von Gewalt gegen Frauen im Rahmen von Kriegshandlungen zur alltäglichen, kulturell als legitim erachteten Gewalt gegen sie in Friedenszeiten? Wo und wie werden die Grenzen gezogen? Wie kommt es zu einer Entbettung geschlechtsspezifischer Gewalt im Zuge des Ausbruchs kriegerischer Konflikte? Wie wird der Anteil von Kultur an geschlechtsspezifischer Gewalt in Bürgerkriegen retrospektiv bewertet? Weder wissenschaftlich noch juristisch ist das Thema Gewalt an Frauen in Konflikten bisher ausreichend behandelt worden.

Konstruktionen von Männlichkeit

Im Allgemeinen wird davon ausgegangen, dass Kriege in allererster Linie durch Männer geführt werden und Gewalttätigkeit und Aggression Männern wesenseigen, angeboren, sozusagen biologisch einprogrammiert sei. Die aus dieser Sicht abgeleitete Hobbes'sche These, Aggression sei dem Menschen natürlich angeboren und ohne Gewaltmonopol würde sie willkürlich ausgelebt, wurde allerdings grundlegend widerlegt. Forschungen haben gezeigt, dass Heldenideale auf kulturspezifische Sozialisationstechniken zurückgeführt werden können, die oftmals schon im frühen Kindesalter angelegt wurden.

Während der verhältnismäßige Erfolg der Frauenbewegung im letzten Drittel des 20. Jahrhunderts sowie die akademische Etablierung der Geschlechterstudien in den letzten Jahren dazu geführt haben, dass etwas

112 Geschlechterdynamiken in Konfliktkontexten

ausgiebiger über die soziale Konstruktion und Performanz weiblicher Geschlechterrollen und -identitäten im Rahmen männlicher Herrschaft in unterschiedlichen Gesellschaften nachgedacht und geschrieben wurde, ist die soziale Konstruktion von Maskulinität im Rahmen der Geschlechterverhältnisse – und gerade auch von gewalttätiger, aggressiver Männlichkeit – lange Zeit kaum in den Blick genommen worden. Auch die meisten Ethnographien stellen zuvorderst eine Welt der Männer dar, ohne zu erklären, wie die gesellschaftliche Dominanz von Männern gegenüber Frauen und nicht-binären Menschen hergestellt und abgesichert wird und wie dem, was sie als soziale, politische und kulturelle Akteure tun, gesellschaftliche Relevanz und Repräsentativität zugesprochen wird. Interessanterweise gilt dies auch für (sozusagen außeralltägliche) Praktiken wie etwa Maskulinität in Konflikten und die Orientierung an maskulinen Heldenidealen, wie der Ethnologe Michael Bollig im Jahr 1992 feststellt: „Heldenideale sind in der Ethnologie als kulturelle Vorbilder bisher im Konfliktzusammenhang allenfalls marginal und nur im Zusammenhang mit Mytheninterpretationen thematisiert worden, obwohl sie sich in einer Vielzahl, wenn nicht sogar in einer Mehrzahl der globalen Kulturen finden"[46] – und dies nicht nur in der Vergangenheit, sondern auch der Gegenwart.

Inzwischen gibt es allerdings zahlreiche Ethnographien, die sich mit Männlichkeit befassen und die gesellschaftlichen Praktiken und Institutionen analysieren, die ihrer Herstellung dienen – dies leider oft, ohne die parallele Herstellung von Weiblichkeit und die Verflechtung beider Prozesse zu berücksichtigen, die der Verfestigung von Geschlechterhierarchien dienen.[47] Diese Forschungen haben gezeigt, dass das Hineinwachsen in eine Welt der Männer eine Sozialisationsleistung darstellt, die von mehr oder weniger vielen Ritualen begleitet wird. Jungen müssen in die ihnen zugedachte Rolle hineinwachsen und gesellschaftlichen Erwartungen entsprechen, was oft mit großen Mühen und Entbehrungen verbunden ist und auch unter Anwendung von Gewalt geschieht.

Eine detaillierte Beschreibung der Sozialisierung männlicher Kämpfer findet sich bei Michael Bollig und Matthias Österle, die ihre Forschung unter anderem in Kenia durchgeführt haben. Das Grasland Kenias wird von unterschiedlichen nomadischen Gruppen besiedelt, die ihre intra-ethnischen Konflikte meist gewaltlos austragen und dabei strenge Regeln der Konfliktregulierung einhalten. Konflikte zwischen den Gruppen, Überfälle und Fehden, sind dagegen von großer Gewalt gezeichnet, dennoch folgen auch sie festen Regeln. Diese ritualisierten Überfälle basieren auf einer gezielten Sozialisierung der jungen Männer in eine Kampfkultur. Für die Gruppe der Pokot, die sich ihr Territorium mit den Turkana teilen, was regelmäßig zu Konflikten führt, ist ihre Kampftüchtigkeit, die Fähigkeit, Überfälle erfolgreich durchzuführen, ein wichtiger Bestandteil ihrer Kultur. Die Überfälle

Konstruktionen von Männlichkeit 113

auf benachbarte Gruppen dienen unter anderem der Markierung von Geschlecht in der Gesellschaft: Frauen werden als ‚unfähig' angesehen, solche Gewaltleistungen zu erbringen. Durch das Erzählen von Geschichten wird dieses Geschlechterbild den männlichen Pokot von Kindesalter an vermittelt, die aktive Teilnahme an der rituell gerahmten Planung von Überfällen und die tatkräftige Beteiligung an ihnen ermöglichen Heranwachsenden Prestigezugewinn: „Es braucht mehrere Wochen, manchmal Monate, um einen Überfall zu organisieren; daher sprechen die Pokot von *ketech luk* – was wörtlich ‚einen Überfall bauen' bedeutet. Häufig wird die Idee eines Überfalls in einem Fleischschmaus (*asiwa*) geboren. Das gemeinsame Verspeisen von Fleisch durch Männergruppen gibt den angemessenen Kontext, um einen zukünftigen Überfall zu besprechen, der von jungen Männern initiiert wird, die ihr Ansehen innerhalb der Männer-Gesellschaft verbessern möchten. Sie zeigen Entschlossenheit und Wildheit.'[48]

Die Vorbereitung eines Überfalls folgt bestimmten Konventionen. Bei der gemeinsamen Besprechung reden die Männer aufgeregt und gestenreich, um ihren Mut zu demonstrieren. Bereits die Initiative einer solchen Rede wird als Mutprobe verstanden. Anschließend sucht eine Gruppe Männer einen rituellen Spezialisten (*kapolokyon*) auf, der sie berät und ihre Waffen und Sandalen segnet. Diese Gruppe, die nun als ‚Besitzer des Überfalls' angesehen wird, begibt sich darauf auf Erkundungstour, um die Gegend und die Viehweiden der Turkana ausfindig zu machen. Nach ihrer Rückkehr folgen weitere Rituale, die sich über mehrere Wochen erstrecken und den sozialen Zusammenhalt der beteiligten Männer stärken sowie die Kämpfer psychologisch auf die Auseinandersetzung vorbereiten sollen. Zudem suchen die Kämpfer den gruppeneigenen ‚Propheten' auf, um eine Voraussage über den Ausgang des Unternehmens zu erhalten. Erst wenn alle diese Vorbereitungen abgeschlossen sind und die relevanten Autoritäten ihren Segen gegeben haben, macht sich die Gruppe auf den Weg.

Was in dieser Beschreibung sichtbar wird, ist die langwierige Vorbereitung, die primär darin besteht, die jungen Männer für eine kriegerische Handlung zu motivieren. Die nötige Aggressivität für die Überfälle – die auch das Töten von Menschen umfassen kann – wird in Gruppenritualen erzeugt und in körperlichen Praktiken, die sich an einem Bild des mutigen Kämpfers orientieren, eingeübt.

Für eine benachbarte Gruppe, die Samburu in Nordkenia, hat Bilinda Straight gezeigt, dass junge unverheiratete Frauen über Spott und sexuelle Präferenzen junge unverheiratete Männer, die *Imurran*, dazu drängen, sich in Überfällen (*cattle raiding*) zu profilieren. Freundschaft und intime Beziehungen stellen eine Verbindung zwischen den jungen Männern her, von denen erwartet wird, dass sie Überfälle durchführen, um Vieh für die Gruppe zu rauben, und den jungen unverheirateten Mädchen, die sich relativ frei in der Gemeinschaft bewegen können. Die Lieder der Frauen und die Macht, einen untreuen oder schwachen Liebhaber zu verfluchen, verleihen ihnen entsprechenden Einfluss auf die jungen Krieger. Die Sozialisierung in eine Kriegerrolle ist damit nicht eine rein männliche Angelegenheit, sondern in der Regel ein gesamtgesellschaftliches Unternehmen, bei dem auch Frauen mitwirken.

Auch wenn viele Studien flexible Umgangsweisen mit tradierten Geschlechterkonstruktionen vernachlässigen, die es in jeder Gesellschaft gibt, so liefern sie doch wertvolle Informationen darüber, dass die männliche Kriegerfigur – und dadurch auch männliche Gewalttätigkeit und Aggressivität – in jeder Gesellschaft erstens unterschiedlich konzeptualisiert und zweitens das Ergebnis von Sozialisationsprozessen ist.

Nationale Helden

Heldengeschichten sind in Nationalstaaten tief verankert und werden in Form von Geschichtsschreibung, Kunstwerken und dem Wehrdienst zelebriert. Entsprechend werden unabhängig von der kulturellen Vielfalt in einem Land in wahrscheinlich allen Nationen die Heldengeschichten als geschlechtlich klar zuzuordnende Errungenschaften direkt in den schulischen Unterricht integriert. Auch imperiale Systeme haben patriarchale Narrative gefördert und in ihren Kolonialstaaten ihre Hierarchien den lokalen kulturellen Vorstellungen von Gesellschaft übergestülpt. Diese auf der politischen und verwaltungstechnischen Ebene inzwischen nicht mehr wegzudenkenden Hierarchien vieler Kolonialstaaten haben Machtverhältnisse zwischen Gruppen und geschlechtsspezifische Erwartungen geprägt, die selbstverständlich auch auf die Konfliktaustragung Auswirkungen haben.

Neben den Mythen, Geschichten und imperialen und nationalen Narrativen spielen auch Medien eine zentrale Rolle in der Produktion von Männlichkeitsidealen und Vorbildern, die auf Gewaltanwendung ausgerichtet sind. Ein empirisches Beispiel hierzu hat der Ethnologe Paul Richards in Bezug auf Sierra Leone vorgestellt. Er fand bezüglich der Akteure im Bürgerkrieg der 1990er heraus, dass die noch sehr jungen Kämpfer ihre Vorbilder aus dem Film *Rambo* bezogen. In diesem Film erkannten sie nicht nur ihre eigene Situation der sozialen Marginalisierung wieder, sondern sie übernahmen auch die im Film vermittelte Vorstellung von Gewalt als einziger Option, Gerechtigkeit wiederherzustellen. Die medialen Vorbilder dürften auch in Zukunft noch stärker an Einfluss gewinnen. Wie sie auf Sozialisationsformen, auf die Anwendung von Gewalt, auf Männlichkeitsideale und die Durchführung von Konflikten wirken, ist noch nicht umfassend untersucht.

Nationale Helden 115

Die Liste von Vorbildern ließe sich beliebig weiter verlängern. Auch Heldenkulte, die historische Quellen als Referenz benutzen, wie zum Beispiel die schiitischen Milizen, die den historischen Helden Ali und Hussein nacheifern, sind bekannt. Allerdings wäre es allzu verkürzt, wenn man von mythischen oder ideologischen Männlichkeitsidealen auf Konfliktführungen schließen wollte. Welch große Rolle der Rückgriff auf historische Heldenkulte und -erzählungen sowie auf die darin vermittelten Konzeptionen von Männlichkeit im Rahmen der postkolonialen Nationenbildung hat, zeigt eine Studie über das postsozialistische Tadschikistan. Die maskulinen Konzepte sollten einerseits die Basis für den neuen Staat legen und wirkten dabei andererseits auch auf die Milizen, die während des aufkommenden Bürgerkrieges daraus ihre Legitimation schöpften.

Die Republik Tadschikistan wurde im Zuge der Sowjetunion 1929 konzipiert und definiert. Das Land hatte in dieser Form und ethnischen Konzeptualisierung zuvor nicht existiert. Mit der Unabhängigkeit von Russland bzw. der Sowjetunion 1991 brachen Diskussionen über die Natur des neuen Staates aus sowie darüber, welche historischen und politischen Konzepte und Territorien die Legitimation des Staates untermauern sollten. Der Iranist Tim Epkenhans weist diesen Prozess der Nationenwerdung als maskulines Unternehmen in seinem Buch *The Origin of the Civil War in Tajikistan* nach. Er arbeitet darin mit schriftlichen Autobiographien politischer Akteure, die sich in der Konstruktion von Staat und Mensch unter anderem explizit auf altpersische Männlichkeitsideale beziehen.

Am Vorabend der Unabhängigkeit Tadschikistans (1991), während der Massenproteste (1992) und schließlich im Rahmen des Bürgerkrieges (1992–1995) tauchen Begriffe aus der persischen Kultur wieder auf, die während der Sowjetzeit in Vergessenheit geraten waren. Im Ringen um ein neues, nationales Geschichtsverständnis wird der sowjetische Mann dem ‚modernen‘ Tadschiken (in einem unabhängigen Tadschikistan) gegenübergestellt. *Javonmardi* (Männlichkeit) wird zum neuen Begriff, der Männlichkeit und gleichzeitig tadschikische Authentizität beschreiben soll. Epkenhans' Analyse zufolge „ist ein *Javonmard* zunächst ein männlicher tadschikischer politischer Aktivist, der sich seines Selbsts, seiner Kultur, seiner Sprache und Geschichte bewusst ist und der dem von den Sowjets auferlegten nationalen Nihilismus trotzt. So wird der *Javonmard* zum Repräsentanten einer postkolonialen authentischen tadschikischen Kultur und zum Gegenteil des sowjetischen Mannes stilisiert.“[49]

Die im Rahmen der tadschikischen Nationenbildung zelebrierten *Javonmardi*-Werte sind Mut, Anstand, Bescheidenheit, Treue, Gastfreundschaft, Großzügigkeit, gutes Benehmen und Ehre. Sie gehören zum persischen Kanon guter männlicher Praxis, die bereits von dem Philosophen und Arzt Abu Ali ibn Sino in seiner Abhandlung *Tadbir al Manozil* und

116 Geschlechterdynamiken in Konfliktkontexten

von Unsuralmaali Kaykovos in seinem *Kobusnoma* (Buch der Ratschläge) aus dem Jahr 1082/83 dargestellt wurden. Ihre nationale Färbung erhalten diese Darstellungen allerdings im Rahmen kontemporärer nationaler Geschichtsmythen. Diese als traditionell geltenden Werte wurden im Rahmen der Unruhen und des Bürgerkrieges über alle ideologischen Grenzziehungen hinweg diskutiert, sie erlaubten sowohl populären Führern und Politikern als auch Verbrechern, das Tadschike-Sein für sich selbst in Anspruch zu nehmen. Laut Buri Karim, einem der von Epkenhans angeführten autobiographischen Autoren, ist der *Javonmard* vor allem ein ‚männlicher tadschikischer politischer Aktivist'. Im Rahmen der Neuerfindung nationaler tadschikischer Geschichte und Identität wird ein Männlichkeitsbild konstruiert, das über die persischen Werte von gutem Benehmen hinausgeht und mit politischen Rechtfertigungen und Heroisierungen im Konflikt um staatliche Herrschaft nach der Unabhängigkeit zusammengebracht wird. Als der Bürgerkrieg ausbrach, beanspruchten mehrere Parteien dieses Konzept für sich und behaupteten, das Land und seine kulturellen Werte gegen die jeweils anderen Konfliktparteien zu verteidigen.

Die Feststellung, dass Gesellschaften nach einem Krieg auf konservative Gesellschaftsmodelle zurückgreifen, trifft damit auch auf Tadschikistan zu. Obwohl die islamische Opposition sich in vielen Dingen gegen die säkulare konservative Volkspartei des Präsidenten richtete, waren sich die Parteien des gesamten politischen Spektrums in Angelegenheiten der Geschlechterkonstruktion erschreckend einig: Frauen wurden auf ihre Mutterrolle reduziert, Männer als gläubige Familienoberhäupter und loyale Bürger konzipiert. Diese Geschlechterordnung wurde in neu eingeführten Unterrichtsfächern vermittelt, die sich der Weitergabe traditioneller geschlechtsspezifischer Arbeitstechniken wie Brotbacken, aber auch Themen wie Ethik und Familienführung widmete; zudem wurde eine öffentliche Kleiderordnung etabliert, die Frauen das Tragen traditioneller Frauenkleidung aufzwang.

Die nationale Identität wurde auf der Basis traditioneller Geschlechterkonstruktionen entwickelt, die keinen Raum für emanzipative Geschlechterbilder lassen. Nach der Beendigung des Bürgerkriegs versuchte die Regierung auf diese Weise, Stabilität, Unabhängigkeit und nationalen Stolz zu demonstrieren, auf Kosten selbstbestimmter Lebensentwürfe.

Diverse Geschlechteridentitäten

In der politischen Ausrichtung von Geschlechtsidentität unter den Vorzeichen von ‚Tradition' und nationaler Geschichte werden potentielle Verfolgungskategorien bereits angelegt, nämlich für Personen, die sich nicht biologisch oder/und sozial eindeutig definieren lassen wollen und können.

Diverse Geschlechteridentitäten

Ein Beispiel scheinbar paradoxer Geschlechterkonstruktion sind die ‚Tanz-knaben' in Mittelasien. Die aus dem Iran stammenden Journalisten Fartâb und Ardâsir Pârse beschreiben Tanzknaben als Form von Kinderprostitution in Afghanistan. Der Begriff Tanzknabe (*bacha bazi*) in Mittelasien bezieht sich auf Kinder, die im Alter zwischen neun und zwölf Jahren von wohl-habenden Männern in den Dienst genommen werden, um vor Männergesell-schaften in Frauenkleidung zu tanzen und zu musizieren sowie um für se-xuelle Dienste zur Verfügung zu stehen. Tanzknaben werden entweder von ihren eigenen Vätern gegen Geld vermietet oder auch schlichtweg entführt; in der Regel fügen sie sich nicht freiwillig in diese Rolle. Ein ‚schöner Junge' hebt das Ansehen seines Besitzers erheblich und wird dann auch gerne von anderen ‚Freiern' umworben.

Sobald der Bartwuchs einsetzt und der Junge äußerlich zum ‚Mann' wird, endet sein Dienst. Von den Tanzknaben wird nun erwartet, dass sie eine ‚normale Ehe' mit einer Frau eingehen und sich als ‚Mann' beweisen. Jede Form der Homosexualität unter Erwachsenen ist tabuisiert und wird bei Ent-deckung mit dem Tod, der Vertreibung aus der Familie oder anderen Strafen geahndet.

Aus diesem Beispiel wird ersichtlich, dass die Bandbreite der gesell-schaftlich anerkannten Verknüpfungen zwischen biologischen Geschlechts-merkmalen und sozialer Geschlechterrolle nicht nur vom sozialen Alter bzw. den Altersunterschieden der Beteiligten abhängig ist, sondern sich auch in ökonomischen und anderen Machtverhältnissen artikuliert.

Nicht berücksichtigt wird dabei, ob sich die sexuelle Orientierung eines Tanzknaben im gleichen Maße ändert und mit welcher Geschlechteriden-tität dieser sich identifiziert. Analytisch ist diese Unterscheidung allerdings sinnvoll, weil sie hilft, Kontroversen in Asylprozessen aufzuklären, wo be-troffene Personen nicht über das notwendige Vokabular und die Konzepte verfügen. Nicht nur in Afghanistan wird eine diverse sexuelle Orientierung von Männern – bei Frauen wird dies keinesfalls toleriert – als Möglich-keit angenommen. Es gibt sogar ein Sprichwort in Afghanistan, das besagt: ‚Frauen sind für die Kinder, Knaben für die Liebe'. Allerdings stellt dies die gesellschaftliche Ordnung nicht in Frage, sondern bestärkt sie vielmehr: Ho-mosexuelle Handlungen zwischen zwei ähnlich alten Männern werden mit rigorosen Strafen belegt, pädophile Handlungen dagegen zumindest unter bestimmten Schichten toleriert und sogar gepflegt.

Die sexualisierte Beziehungen zwischen Jungen und Männern waren in Zentralasien bis weit ins 19. Jahrhundert verbreitet; sie werden in zahl-reichen persischen und türkischen Gedichten besungen. Auch im antiken Griechenland war die Knabenliebe weit verbreitet. Sex mit Kindern war in den Kontext einer Konstruktion von Gesellschafts- und Machthierarchie eingebettet, in der Kinder, Frauen, Sklaven und Prostituierte als potentielle

118 Geschlechterdynamiken in Konfliktkontexten

Sexualpartner verfügbar waren, weil sie gesellschaftlich untergeordnete Menschen waren. Mit Gleichrangigen dagegen, mit anderen ‚Bürgern‘, die über die gleichen politischen Rechte verfügten, waren solche sexualisierten Beziehungen ausgeschlossen, so der Historiker David Halperin.

Diese Konzeptualisierung potentieller Sexualpartner definiert sich nicht über die Vorstellungen von Identität, von Innerlichkeit, Emotion, Neigung oder Begehren, sondern über die gesellschaftliche Verteilung von Rechten und Machtressourcen. Anthony Shay, Professor für Tanz und Cultural Studies, spricht von der Verwechslung einer Homosexualität als Identität und als Handlung, die zu einer falschen Sicht auf männliche Tänzer im Mittleren Osten und Zentralasien geführt habe. Ein erwachsen gewordener Tanzknabe könne gleichzeitig seinen ehelichen Pflichten nachkommen und sich auf homosexuelle Handlungen einlassen, ohne dass dies zwangsläufig als Widerspruch angesehen werde.

Während in den meisten Gesellschaften heute pädophile Beziehungen verboten sind und strafrechtlich verfolgt werden, hat die Diskussion um Homosexualität eine neue Richtung genommen. Diese gestaltet sich unterschiedlich. Im Iran beispielsweise ist Geschlecht weiterhin primär in den Körper eingeschrieben. Allerdings können Personen, deren Geschlechteridentität nicht mit den biologischen Merkmalen übereinstimmt, eine Operation zur Geschlechtsumwandlung teilfinanziert bekommen. In anderen Worten, die operative Anpassung der Geschlechtsidentität an die sexuelle Orientierung ist akzeptabel, nicht jedoch die Möglichkeit von Transgender, Intergender oder anderen Lebens- und Identitätsformen.

Auch der eingangs erwähnte Kläger aus Gambia wird mit dem Problem konfrontiert, dass die gambische Gesellschaft Geschlechterrollen anhand biologischer Merkmale zuteilt. Zwar beschreibt er sich in einer weiblichen Rolle, äußert sich aber nicht bezüglich seiner Geschlechtsidentität. Die Familie und die Gesellschaft zeigen ihr Unwohlsein jedoch deutlich und reagieren mit Gewalt, als die Diskrepanz zwischen der angenommenen Geschlechtsidentität und erwarteten sexuellen Orientierung sichtbar wird und die binäre Konstruktion von Gesellschaftsordnung – und damit etablierte Machtkonstellationen – offenkundig wird.

Die Vereinigung von Menschengruppen, denen aufgrund ihrer Sexualität oder Geschlechtsidentität gesellschaftliche Rechte und Anerkennung verweigert wurden, unter dem Begriff der LGBTQI-Bewegung und ihr Eintreten für eine Wahlfreiheit von Lebensformen sind in ihrer derzeitigen Form ein Produkt der jüngeren euro-amerikanischen Geschichte.[50] Zunächst wurden sehr eingeschränkte Beziehungsformen (homosexuelle Männer) und diese wiederum im Rahmen religiöser Moralkonzepte – Homosexualität wurde als Krankheit oder ‚asoziales Fehlverhalten‘ angesehen – betrachtet. Noch bis Ende der 1960er Jahre wurden Homosexuelle von deutschen Gerichten

Diverse Geschlechteridentitäten

allein wegen ihrer sexuellen Ausrichtung verurteilt – um die Geschlechtsidentität kümmerte man sich überhaupt nicht. Nach und nach wurde der Kreis durch Bisexuelle, Transexuell/Transgender, Queers, Intersexuelle und neuerdings auch Asexuelle ergänzt. Rechte der LGBTQI werden in unterschiedlichen Gesellschaften gefordert, und dabei werden immer wieder politische Parteien herausgefordert. Obwohl LGBTQI in jeder Gesellschaft existieren und immer existiert haben, unterscheidet sich der kulturelle Rahmen, innerhalb dessen die unterschiedlichen Lebensformen eingebunden wurden. Gemeinsam haben alle diese Gesellschaften, dass nicht-binäre sexuelle Orientierungen und diverse Geschlechteridentitäten zumindest als verunsichernd, wenn nicht als Bedrohung wahrgenommen wurden bzw. werden. Mit dem Erstarken des Rechtsextremismus in Europa hat auch die Verfolgung der LGBTQI wieder zugenommen.

Eine ethnologische Studie von Patrick Awondo, Peter Geschiere und Graeme Reid aus dem Jahr 2012 weist darauf hin, dass die weitverbreitete homophobe Einstellung in vielen Ländern des Subsahara-Afrika aus zwei Quellen gespeist wird: Zum einen wird sie durch einen antikolonialen Diskurs angeregt, der Homosexualität als ein (politisches) ‚Programm' des Globalen Nordens bzw. Westens ansieht, gegen das man autochthonen kulturellen Widerstand leisten müsse, zum anderen geht der Diskurs auf lokale religiöse und traditionelle Autoritäten zurück, die aktiv homophobe Diskurse führen und so Gesellschaften gegen Personengruppen aufbringen oder Rechtsgrundlagen zur Bestrafung solcher Personen eingeführt haben wie in den letzten Jahren in Uganda beispielsweise.

Am eingangs dargestellten Beispiel aus Gambia sieht man, dass der heute anhand der Homosexuellen ausgetragene Konflikt zwischen dem Globalen Norden und der gambischen Gesellschaft weniger mit der Kritik zwischenmenschlicher Beziehungsformen an sich zu tun hat als mit der Verteidigung der bedroht geglaubten Macht, gesellschaftliche Werte zu definieren. Während manch wichtiges politisches Thema nur geringes öffentliches Interesse erregt, eignet sich die Skandalisierung nicht-heteronormativer Lebensweisen bedauerlicherweise dazu, konservative Teile der Bevölkerung zu mobilisieren.

Mögen auch die Begriffe lesbisch, schwul, bi, trans, queer und asexuell in afrikanischen Staaten nicht weit verbreitet sein, so gibt es doch manche zumindest gebilligte Rollenmodelle, die von der gesellschaftlich dominanten Heteronormativität abweichen. Die oder der Mannfrau *góor-jigéen* (in Wolof) etwa ist in Gambia ein Mann, der Frauenkleider anzieht und damit Geschlechtergrenzen durchbricht. Der Begriff weist darauf hin, dass solche Praktiken seit langem existieren, was allerdings nicht bedeutet, dass damit positive Eigenschaften konnotiert wären. Die gängigen Termini für Homosexuelle in Gambia sind *yoos*, *ibbi* und *coba*, erklärt Jaiteh. Während *yoos* auf Männlichkeit anspielt und damit Beziehungen unter erwachsenen Männern meint, bezieht sich *ibbi* auf Jungen, also die Möglichkeit pädophiler Beziehungen. *Coba* war lange ein Codebegriff, den lediglich Homosexuelle ähnlichen Alters benutzten, um sich ihresgleichen zu erkennen zu geben. Inzwischen wurde er von einem Sänger bekannt gemacht und hat damit seine Funktion eingebüßt. Die heute spürbare Aggression gegen Homosexuelle in Gambia steht in einem gewissen Widerspruch zu ihrer stillschweigenden Billigung und der Duldung pluraler Beziehungsformen, immerhin scheinen genügend Homosexuelle neben ihrem Partner auch eine Familie zu versorgen. Zudem sind die *beachboys* oder *bumster* bekannt dafür, ihre sexuellen Dienste nicht selten sowohl weiblichen als auch männlichen Touristen anzubieten, beobachtet Mariama Jaiteh in ihrer Dissertation zu Sextourismus in Gambia. Vielmehr habe erst der ehemalige Präsident und Diktator Yahya Jammeh (1996–2017 im Amt) gemeinsam mit religiösen Autoritäten ein Feindbild geschaffen, gegen das die nachfolgende Regierung, trotz ihrer ursprünglichen Absicht, Homosexualität wieder zu entkriminalisieren, nicht ankomme.

Jammeh propagierte die Ansicht, Homosexuelle seien ein Sicherheitsrisiko für das Land, und ließ sie massiv verfolgen. Homosexuelle Handlungen werden bis heute in Gambia als Straftat (Artikel 144 im Strafgesetzbuch), als ‚unnatürliches‘ Verhalten geahndet. Auch Oppositionsparteien wie die neu gegründete Partei *Gambia Alliance for National Unity* äußerten sich bei der ersten Gelegenheit bezüglich Homosexualität, als wäre ihre politische Daseinsberechtigung von einer Positionierung zu diesem Thema abhängig. Argumente, dass Homosexuelle die Identität eines Volkes bedrohten oder die Familie als gesellschaftliche Institution gefährdeten, sind jedoch nicht nur in Gambia, sondern weit darüber hinaus zu hören.

Der Kläger aus Gambia erfährt den Druck der Familie vor allem, nachdem die Mutter verstorben ist und er in ein Alter kommt, in dem die Gesellschaft abweichende Geschlechteridentitäten immer weniger toleriert. Im Versuch, gesellschaftlich anerkannte maskuline Verhaltensweisen einzuüben, scheitert der Kläger; er trifft schließlich Menschen mit ähnlichen Bedürfnissen. In der Verhandlung fehlt ihm jedoch das Vokabular, um diese Erfahrungen zu beschreiben. Die ihm zur Verfügung stehenden gambischen Termini sind abwertend und verletzend, sie lassen sich außerdem nur schwer ins Deutsche übersetzen. So beschränkt er seine Erzählung auf die Darstellung der sexuellen Handlungen mit seinem Freund, da sich daran die strafrechtlichen Konsequenzen am leichtesten ablesen lassen, und vermeidet es, von erniedrigenden Erfahrungen zu berichten, die auf seine ersten Begegnungen mit Touristen in den Strandbars zurückgehen dürften und als Pädophilie zu werten wären. Unerzählt bleiben auch seine eigene Definition seiner Geschlechtsidentität und die Zuschreibungen durch seine Umgebung. Der

Schutz der Mutter und die Gewalt männlicher Schulkameraden und männlicher Familienmitglieder deuten darauf hin, dass er bereits in seiner Kindheit als andersartig markiert wurde. Gerade im Bereich der Geschlechtsidentität sind die meisten Gesellschaften hoch sensibel, damit werden gerade Jungen, die nicht klassischen Männlichkeitsbildern entsprechen, vornehmlich Opfer heterosexueller pädophiler Männer. Solche Erfahrungen erschweren es allerdings betroffenen Personen, sich zu einem späteren Zeitpunkt im Leben klar zu ihren Geschlechtsidentitäten und sexuellen Orientierungen zu äußern.

Erzählt das Beispiel des jungen Mannes von der Vehemenz der Gewalt gegen männliche Homosexuelle, so haben es Frauen, die nicht den gesellschaftlichen Erwartungen entsprechen, in Gambia ungleich schwerer als Männer, ihre sexuelle Orientierung auszuleben bzw. abweichende Geschlechtsidentitäten zu entwickeln. Bereits als Mädchen sind sie im häuslichen Raum einer stärkeren Kontrolle ausgesetzt als Jungen und haben entsprechend weniger Freiräume, sich individuell zu entwickeln. Dass es daher kaum Fälle polizeilicher Verfolgung von Lesben in Gambia gibt, liegt nicht etwa an einer größeren gesellschaftlichen Toleranz, sondern an einem sehr viel radikaleren Umgang mit ihnen im Nahbereich von Familie und Nachbarschaft.

Ein gesellschaftliches Konfliktpotential kann aus einer politischen Diskussion um die Definition von Werten und Machthierarchien aktiviert werden. Geschlecht dient dabei als Gegenstand zur Etablierung von machtpolitischen Ordnungen. In diesem Zusammenhang können nicht-binäre Personen instrumentalisiert und dazu benutzt werden, Parteiinteressen durchzusetzen.

Verwendete Literatur

Alwis, Malathi de 2008. „Motherhood as a Space of protest: Women's Political Participation in Contemporary Sri Lanka", in *Women in Peace Politics*, P. Banerjee (Hg.). Los Angeles: Sage.

Awondo, Patrick, Peter Geschiere und Graeme Reid 2012. „Homophobic Africa? Toward A More Nuanced View". *African Studies Review* 55 (3): 145–168.

Baldauf, Ingeborg 1988. *Die Knabenliebe in Mittelasien: Bačabozlik*. Berlin: Das Arabische Buch.

Bjerg, Helle und Claudia Lenz 2008. „'If Only Grandfather Was Here to Tell Us.' Gender as a Category in the Culture of Memory of the Occupation in Denmark and Norway", in *The Gender of Memory. Cultures of Remembrance in Nineteenth- and Twentieth-Century Europe*, S. Palatschek und S. Schraut (Hg.). Frankfurt: Campus, 221–236.

Bollig, Michael 1992. *Die Krieger der gelben Gewehre. Intra- und interethnische Konfliktaustragung bei den Pokot Nordwestkenias*. Kölner Ethnologische Studien ID, Münster: LIT.

Bollig, Michael und Österle 2007. „'We turned our enemies into baboons' – Warfare, Ritual and Pastoral Identity among the Pokot of Northern Kenya", in *The Practice of War: Production,*

122 Geschlechterdynamiken in Konfliktkontexten

Reproduction and Communication of Armed Violence, U. Rao, M. Bollig und M. Böck (Hg.). New York: Berghahn. 23–51.

Braun, Christina von und Ulrike Auga 2006. „Beyond Boundaries: Introduction", in *Gender in Conflicts: Palestine, Israel, Germany*, C. v. Braun und U. Auga (Hg.). Münster: LIT, 1–14.

Butler, Judith P. 1990. *Gender Trouble. Feminism and the Subversion for Identity*. London: Routledge.

Cooper, Dana und Claire Phelan (Hg.) 2014. *Motherhood and War. International Perspectives*. New York: Palgrave Macmillan.

Das, Samir Kumar 2008. „Ethnicity and Democracy Meet when Mothers Protest", in *Women in Peace Politics*, P. Banerjee (Hg.). Los Angeles u.a.: Sage, 54–77.

Declich, Francesca 2001. „When Silence Makes History", in *Anthology of Violence and Conflict*, B. Schmidt und I. Schröder (Hg.). London: Routledge, 161–175.

Dombrowski, Nicole Ann (Hg.) 1999. *Women and War in the Twentieth Century: Enlisted with or without Consent*. New York: Garland Publisher.

Dunkel, Franziska (Hg.) 2015. *Frauen und Frieden? Zuschreibung, Kämpfe, Verhinderungen*. Opladen: Budrich.

Elder, Miriam 2010. „Moscow Bombings Blamed on Chechnya's Black Widows". 29.03.2010, The Guardian, verfügbar unter: https://www.theguardian.com/world/2010/mar/29/black-widows-women-moscow-bombings.

Epkenhans, Tim 2016. *The Origins of the Civil War in Tajikistan: Nationalism, Islamism and Violent Conflict in Post-Soviet Space*. Lanham u.a.: Lexington Books.

Göttsche, Anna Lena 2020. *Weibliche Genitalverstümmelung/Beschneidung*. Tübingen: Mohr Siebeck.

Grayzel, Susan R. 1999. *Women's Identities at War: Gender, Motherhood, and Politics in Britain and France during the First World War*. Chapel Hill, London: The University of North Carolina Press.

Halperin, David M. 1990. *One Hundred Years of Homosexuality, and Other Essays on Greek Love*. New York: Routledge.

Hankel, Gerd 2019. *Ruanda. Leben und Neuaufbau nach dem Völkermord. Wie Geschichte gemacht und zur offiziellen Wahrheit wird*. Springe: zu Klampen Verlag.

Harding, Leonhard (Hg.) 1998. *Ruanda – der Weg zum Völkermord. Vorgeschichte – Verlauf – Deutung* (Studien zur afrikanischen Geschichte, Bd. 20). Münster: LIT.

Higonnet, Margaret R., J. Jenson, S. Michel und M. C. Weitz (Hg.) 1987. *Behind the Lines: Gender and the Two World Wars*. New Haven: Yale University Press.

Ingriis, Mohamed Haji 2014. „Mother and Memory: Suffering, Survival, and Sustainability in Somali Clan Wars", in *Motherhood and War. International Perspectives*, D. Cooper und C. Phelan (Hg.). New York: Palgrave Macmillan, 225–240.

Jaiteh, Mariama 2018. *Seeking Friends With Benefits In A Tourism-Based Sexual Economy: Interrogating The Gambian Sexscape*. Dissertation, Florida International University.

Joseph, Suad 1993. „Gender and Relationality among Arab Families in Lebanon". *Feminist Studies* 19 (3): 465–486.

Kassem, Fatema 2011. *Palestinian Women. Narrative Histories and Gendered Memory*. London: Zed Books.

Kaya, Zeynep 2019. „Coming to the Verge of Destruction". LSE Conflict Research Programme Blog, 12.03.2019, London.

Kaya, Zeynep 2019. *Iraq's Yazidis and ISIS: the Causes and Consequences of Sexual Violence in Conflict*. LSE Middle East Centre, London.

Martine, Elaine 2007. „Is War Gendered? Issues in Representing Women and the Second World War", in *The Practice of War. Production, Reproduction and Communication of Armed Violence*, A. Rao, M. Bollig und M. Back (Hg.). New York: Berghahn, 161–174.

Verwendete Literatur

McClintock, Anne 1995. *Imperial Leather: Race, Gender and Sexuality in the Colonial Contest.* London: Routledge.

Northrop, Douglas 2004. *Veiled Empire. Gender and Power in Stalinist Central Asia.* Ithaca, N.Y.: Cornell University.

Parsa, Fariba 2021. „Iranian Women Campaign to Stop the Rise in ,Honor Killings'". *Middle East Institute*, 26.08.2021.

Pârse, Fartâb und Ardâsir Pârse 2011. „Afghanistan: Gottes vergessene Kinderseelen". *Online-Magazin Parse & Parse,* 25. November 2011, verfügbar unter: https://parseundparse.wordpress.com/2011/11/25/afghanistan-gottes-vergessene-kinderseelen/.

Rashidov, Tuychi 2017. „Historical Analysis of the Family and the Education of Children in the Works of Oriental Thinkers during the Soviet Period and the Period of Modernity", in *The Family in Central Asia New Perspectives*, S. Roche (Hg.). Berlin: Klaus Schwarz, 206–216.

Rena, Ravinder 2007. „The Women Employment in Eritrea – Reflections from Pre- and Post-Independence Period", *The Indian Journal of Labour Economics* 50 (2): 357–370.

Richards, Paul 1996. *Fighting for the Rain Forest. War, Youth and Resources in Sierra Leone.* Portsmouth: Heinemann.

Richters, Annemiek 1998. „Sexual Violence in War: Psychosociocultural Wounds and Healing Processes: the Example of the Former Yugoslavia". European Strategies to Combat Violence against Women, Copenhagen, Konferenzbericht 11.–13.12.1997, 59–71.

Rutherford, Danilyn 2021. „Toward an Anthropological Understanding of Masculinities, Maleness, and Violence". *Current Anthropology* 62 (Sonderausgabe 23: Toward an Anthropological Understanding of Masculinities, Maleness, and Violence), 1–4.

Schwarz, Alexander 2016. „Das erste Urteil zu sexueller Gewalt vor dem Internationalen Strafgerichtshof". *Junge Wissenschaft im öffentlichen Recht*, verfügbar unter: https://www.juwiss.de/29-2016/.

Shabbar, Fatin 2014. „Motherhood as a Space of Political Activism: Iraqi Mothers and the Religious Narrative of Karbala", in *Motherhood and War. International Perspectives*, D. Cooper und C. Phelan (Hg.). New York: Palgrave Macmillan, 207–224.

Shabliy, Elena 2014. „The Women's Resistance Movement in Argentine: Los Madres de Plara de May", in *Motherhood and War. International Perspectives*, Cooper, D. und C. Phelan (Hg.). New York: Palgrave Macmillan, 85–94.

Shay, Anthony 2014. *The Male Dancer in the Middle East and Central Asia.* Cambridge: Cambridge University Press.

Sokirianskaia, Ekaterina 2016. „Women in the North Caucasus Conflicts: An Under-Reported Plight", 09.06.2016, *Crisis Group*, verfügbar unter: https://www.crisisgroup.org/europe-central-asia/caucasus/north-caucasus/women-north-caucasus-conflicts-under-reported-plight.

Speckhard, Anne und Khapta Akhmedova 2006. „Black Widows: The Chechen Female Suicide Terrorists", in *Female Suicide Terrorists*, Y. Schweitzer (Hg.). Memorandum Nr. 84, Jaffee Center for Strategic Studies, 62–80.

Stoler, Ann Laura 2002. *Carnal Knowledge and Imperial Power: Race and the Intimate in Colonial Rule.* Berkeley: University of California.

Straight, Bilinda 2023. „What Do (Pastoralist) Women Want! Warfare, Cowardice and Sexuality in Northern Kenya", in *Dynamics of Identification and Conflict: Anthropological Encounters*, M. V. Höhne, E. Chr. Gabbert und J. R. Eidson (Hg.). New York, Oxford: Berghahn, 27–49.

Thiruppathy, Soro und Nirekha De Silva 2008. „Women in Sri Lankan Peace Politics", in *Women in Peace Politics*, P. Banerjee (Hg.). Los Angeles u.a.: Sage, 138–151.

Woollacott, Angela 2006. *Gender and Empire.* Basingstoke: Palgrave Macmillan.

Zilfi, Madeline C. (Hg.) 1997. *Women in the Ottoman Empire: Middle Eastern Women in the Early Modern Era.* Leiden: Brill.

Weitere Quellen

„Focus Gambie: Situation des personnes LGB en Gambie". 21.05.2021, *Staatssekretariat für Migration* (SEM), verfügbar unter: https://www.sem.admin.ch/dam/sem/fr/data/internationales/herkunftslaender/afrika/gmb/GMB-situation-lgb-personen-f.pdf.download.pdf/GMB-situation-lgb-personen-f.pdf.

Kapitel 6
Ethnische und Glaubenskonflikte

Ethnische Gruppe

Ein Kläger gibt an, aus der Provinz Ghazni in Afghanistan zu stammen. Er gehört zum Volk der Hazara und ist Schiit. Bei einem der regelmäßig wiederkehrenden Angriffe der Kutschi-Nomaden auf die Hazara sei sein Vater getötet worden; auch andere Familienmitglieder seien angegriffen worden, zudem raubten die Kutschi Vieh und Vorräte der Familie. Dem Kläger selbst wurde bei diesem Angriff der Arm gebrochen. Bereits zuvor hatten die Kutschi-Nomaden das Land des Vaters des Klägers immer wieder besetzt; dem Vater fehlte die Möglichkeit, sich effektiv zu verteidigen. Nach seinem Tod verkauften die Brüder das Land und flohen in die nächstliegende Stadt. Der Kläger und sein Bruder kamen bei einem Hazara unter und nahmen Gelegenheitsjobs in den umliegenden Dörfern an, um zu überleben, bevor sie sich dazu entschieden, nach Europa zu fliehen.

Welche Rolle spielt die religiöse oder ethnische Identität in einem Konfliktfeld? Wer sind die Konfliktakteure und worum geht es in einem ethnischen Konflikt? Was ist eine ethnische Gruppe und warum erscheint Gruppenzugehörigkeit in Konflikten zentral?

Glaubensfragen: Hexerei

Eine Klägerin aus Nigeria berichtet über Erbschaftsangelegenheiten ihrer Familie. Ihr Vater, ältester Sohn seiner Familie, habe das Erbe – traditionellerweise gehe es an den ältesten Sohn – mit seinen jüngeren Geschwistern geteilt. Diese waren jedoch nicht zufrieden und belegten den Vater mit einem *juju*-Fluch. Der Vater der Klägerin verstarb nach sechsmonatiger Krankheit. Da er keine Söhne hinterließ, meldeten die jüngeren Brüder des Vaters Ansprüche auf seinen Besitz an. Zunächst bot ein Bruder an, die verwitwete Mutter zu heiraten. Nachdem diese jedoch ablehnte, verjagte er die Mutter mit ihren beiden Töchtern vom Hof und nahm den gesamten Besitz seines verstorbenen Bruders an sich. Auf sich gestellt, versorgte die Mutter die beiden Töchter mehr schlecht als recht, indem sie Arbeit in der Großstadt Benin City annahm. Die Klägerin gab ihr bereits begonnenes Studium auf, um der Mutter zu helfen.

Eines Tages habe sie auf dem Weg zur Arbeit eine Frau getroffen, die ihr versprochen habe, sie nach Europa zu schicken, wo sie einem lukrativen

126 Ethnische und Glaubenskonflikte

Job nachgehen könne. Die Frau überzeugte sie, dass dieser Job seriös sei. Als ihre Mutter nach vielem Bitten der Auswanderung zustimmte, wurde sie von der Frau, die sie während der Verhandlung *Madame* nennt, zu einem Ort gebracht, an dem sie einen Schwur ablegen musste. Ein Mann habe sie dazu aufgefordert, ihm einige ihrer Schamhaare und Fingernägel, Stücke ihrer Unterwäsche, ein Foto von ihr und schließlich Blutstropfen zu überlassen. Nach einer Reihe von Ritualen, die vor allem angsteinflößend wirkten, zeigte der Hexer ihr einige Fotos anderer Frauen, die ihm zufolge das Geld nicht zurückgezahlt hatten und gestorben seien. Der Hexer drohte ihr, dass er sie ebenfalls sterben lassen werde, wenn sie das Geld nicht zurückzahle. Sie schwor darauf, dass sie ihm das Geld zurückzahlen und niemals die Polizei einschalten werde.

Die Madame übergab die junge Frau daraufhin Schleusern, die sie nach Europa brachten. Auf dem gesamten Reiseweg war sie, auf die Madame und deren Kontakte angewiesen. In Italien angekommen, versuchte sie auf dem schnellsten Wege nach Deutschland zu gelangen, um der Kontrolle der Madame zu entgehen. Allerdings begann diese daraufhin, die Mutter der jungen Frau in Nigeria unter Druck zu setzen, um das Geld von dieser zu erhalten. Die Mutter wechselte daraufhin ihre Bleibe, um sich dem Druck der Madame zu entziehen. Aber die Angst vor dem Zauber konnte die junge Frau nicht überwinden, im Verfahren blieb offen, ob sie die Summe bereits begleichen konnte oder nicht.

Welche Formen von Konflikt werden durch Schuldzuweisungen in traditionellen Glaubenssystemen, wie zum Beispiel Hexerei, verarbeitet? Wie wirken sich Glaubenssysteme auf Konfliktverläufe und Gruppendynamiken aus?

Thematische Einleitung

Lange wurde ein wesentlicher Schwerpunkt der Konfliktforschung auf die Kausalanalyse gelegt. Gerade bei Bürgerkriegen, die häufig komplex und schwer zu verstehen sind, wollte man eine Ursache für die Gewalt ausfindig machen und Erklärungen für politische Auseinandersetzungen finden. Nicht selten nahm man die Feindbilder, die die kämpfenden Gruppen gerne als absolute und unüberwindbare Differenzen darstellten, als primordiale Unterschiede an. Hutu/Tutsi, Serben/Bosnier, Huthi/Hadi und zahlreiche andere Beispiele zeigen, dass in Konfliktbeschreibungen oft ein kausaler Zusammenhang zwischen ethnischen Gruppen und Interessendifferenzen hergestellt wird. Bezeichnend ist, dass Konflikte, die sich nicht auf ethnische Gruppen reduzieren lassen, in der Presse weitaus weniger rezipiert werden. Die Idee ethnischer Animositäten ist keinesfalls exotisch, sondern ein Erklärungsmuster, das mindestens bis auf den Ersten Weltkrieg zurückgeht

Thematische Einleitung 127

und in den Lausanne-Verträgen von 1923 völkerrechtlich festgelegt wurde. Unter anderem wurde in den Lausanne-Verträgen das Osmanische Reich aufgelöst und seine ethnoreligiöse Struktur in nationale Staaten überführt. Die Herstellung ethnisch homogener Staaten sollte Stabilität und Frieden in Europa sichern. In diesem Zusammenhang wurde für notwendig erachtet, dass multi-ethnische Staaten entmischt und Bevölkerungen ausgetauscht werden müssten. Fast zwei Millionen Menschen wurden auf diesem Wege umgesiedelt, vertrieben und in neuen Staaten angesiedelt – Frieden hat diese Praxis jedoch nicht gebracht. Die empirisch nicht belegbare Ansicht, dass ethnische und religiöse Vielfalt notwendigerweise zu Konflikten führt, hat sich jedoch bis heute hartnäckig gehalten.

Ethnische Gruppen werden in dieser Sichtweise, die eng an Konzepte der Nation und des Nationalstaats aus dem 19. Jahrhundert geknüpft ist, als naturgegebene, ahistorische Einheiten angenommen. Dabei ist es nicht immer klar, wie sich eine Gruppe von der anderen unterscheidet, wann und warum eine Unterscheidung der Gruppen sinnvoll ist und warum diese Unterscheidung Konfliktpotential birgt.

Ein ethnologischer Konfliktansatz wird sich wenig für die Authentizität ethnischer Merkmale interessieren, die eine ethnische Gruppe sich selbst in Abgrenzung von einer anderen Gruppe zuschreibt, jedoch unbedingt für die Beziehung der Unterscheidungsmerkmale zwischen den Gruppen innerhalb eines Konfliktfeldes. Denn spätestens seit Fredrik Barth, einem norwegischen Ethnologen, ist nachgewiesen, dass Unterschiede nicht in einem imaginierten Zentrum definiert werden, sondern an den Grenzen zu anderen Gruppen, in anderen Worten, immer in Beziehung zwischen Gruppen, die im Kontakt stehen.

Auch die Ressourcen, um die sich Parteien streiten, sind nur von verhältnismäßig geringer Bedeutung für die Analyse, denn die Ressourcen selbst sagen nichts über die Allianzen und sozialen Handlungsoptionen aus. Günther Schlee macht darauf aufmerksam, dass die Beziehungen der Konfliktakteure zum Gegenstand des Konflikts nicht erklären, warum in Konflikten bestimmte Machtkonstellationen entstehen. Asylsuchende geben im Verfahren schließlich auch nicht an, sie seien wegen der Erdölkonflikte aus dem Irak geflohen, obwohl die meisten Konflikte des Iraks in irgendeiner Weise mit Erdöl verbunden sind. Die Frage um die Ressourcen in einem Konflikt ist schnell geklärt, die um die Konfliktkonstellationen und Gruppenallianzen dagegen nicht. Relevant sind daher Gruppenzugehörigkeiten, soziale Beziehungen der Konfliktakteure untereinander sowie deren Handlungsoptionen, Allianzen und Feindbilder, die im Laufe eines Konflikts zutage treten. Mit anderen Worten, die soziale Einbettung von Konflikten steht im Zentrum der Bürgerkriegsanalysen in der Ethnologie. Das notwendige Wissen umfasst Kenntnisse über Stammes-, Klan- oder Familienstrukturen,

128 Ethnische und Glaubenskonflikte

Gruppenformationen, Glaubenssysteme, wirtschaftliche Austauschsysteme und mikropolitische Strukturen.

Für die Ethnologen sind Kausalanalysen daher sekundär, nicht zuletzt deshalb, weil bekannt ist, dass Bürgerkriege mit der fast gleichen Gruppenzusammensetzung enden, wie sie begonnen haben, und daher in der Regel keine fundamentale Entwicklung oder Erneuerung während des Konflikts sichtbar ist. Kausalanalysen sind daher häufig spekulativ und können weder einen Bürgerkrieg noch Fluchtgründe erklären. Der Soziologe Peter Waldmann stellte in seinen Arbeiten aus dem Jahr 1999 fest, dass die historischen Gegebenheiten zwar notwendige Voraussetzungen sind, aber keine ausreichenden Ursachen für den Ausbruch von Gewalt darstellen. Dennoch wirken Bürgerkriege auf allen Ebenen einer Gesellschaft und verändern diese – meist im negativen Sinne – nachhaltig. Verfolgungsakteure können während eines Konflikts neue Positionen erlangen und damit Machtansprüche langfristig durchsetzen.

Die Zugehörigkeit zu einer Gruppe kann in Bürgerkriegen die Ausgangsposition eines Individuums in einem Konflikt so bestimmen, dass ihm kaum Konfliktvermeidungsoptionen offenstehen. Im Konflikt werden Personen oft anhand beliebiger selektiver Merkmale zu einem Kollektiv zusammengefasst, das als Feindbild dient. Frieden auf politischer Ebene löst dabei gefestigte Gruppenfeindlichkeiten in der Regel nicht auf, sondern verlagert diese bestenfalls zeitweilig auf eine parteipolitische Ebene.

In Asylverfahren wird klassischerweise von Asylsuchenden nicht erwartet, dass sie die Hintergründe von Konflikten darlegen, sondern die Zugehörigkeit zu einer Gruppe sowie die drohende Gefahr für Leib und Leben nachweisen können. Das Wissen um einen Konflikt beziehen Richter dagegen aus den Herkunftslandinformationen. Die Sicht auf Konflikte und die beteiligten Gruppen unterscheidet sich allerdings naturgemäß zwischen Personen, die sich im Feld positionieren müssen, und allgemeinen Analysen, die alle Positionen betrachten. Um diesen Problemen aus dem Weg zu gehen, werden in Asylverfahren Kriterien angelegt, die als ‚Gefahrendichte‘ oder ‚Verfolgungsdichte‘ bekannt sind. Dabei wird ermittelt, wie hoch das Risiko für Leib und Leben für ein Mitglied einer ethnischen oder religiösen Gruppe ist. Es wird also nicht aus der Gruppe heraus ein Konfliktfeld betrachtet, sondern territoriale, statistische und politische Kriterien angelegt und das individuelle Schicksal analysiert. Beträgt die Wahrscheinlichkeit, im bewaffneten Konflikt erheblichen Schaden zu erleiden, weniger als fünfzig Prozent und/oder stellt sich das Konfliktfeld als nicht grundsätzlich letal für die betroffene Person dar bzw. kann eine Person einer Gefahrenlage entgehen, indem sie in einem anderen Landesteil Zuflucht erhält (die sogenannte ‚innerstaatliche Fluchtalternative‘), kommt ein Flüchtlingsstatus auf Basis der ‚Gefahrendichte‘ und der ‚Zugehörigkeit zu einer bestimmten sozialen Gruppe' nicht in Frage. Im nächsten Schritt werden auch kulturspezifische Aspekte beleuchtet und eventuelle politische Programme, die sich gegen bestimmte ethnische, religiöse, Berufsgruppen oder andere soziale Gruppen richten, mit in die Analyse einbezogen sowie weitere eventuelle ,individuelle gefahrerhöhende Umstände' identifiziert.

Interessanterweise verhalten sich religiöse und ethnische Gruppenkonflikte ähnlich; sie werden daher in diesem Kapitel gemeinsam behandelt. Zudem wirken Glaubensformen auf Schuldzuweisungen und Konfliktkonstellationen über Gruppenanimositäten hinaus. Denn Glaube ist mehr als ein Identitätsmarker. Hexerei ist eine solche Glaubensform, die soziale Spannungen ordnet und durch Schuldzuschreibung Konflikte innerhalb kleinster sozialer Einheiten (Dorf, Gemeinde) zu lösen sucht. Als Erklärungsmuster wird Hexerei in Asylverfahren immer wieder eingebracht, wobei meist auf soziale Konfliktfelder von hoher Komplexität hingewiesen wird. In der Regel wird allerdings Hexerei nicht weiter untersucht, da der Glaube als Aberglaube abgetan wird, eine Untersuchung der sozialen Dimension von Hexerei und der Auswirkungen auf das Handeln bleiben damit aus.

Ethnische Gruppen

Ethnien sind Gruppen, die sich selbst eine kollektive Identität zuschreiben, schreibt Georg Elwert im Lehrbuch für Soziologie. Von einer Ethnie spricht man, wenn eine Gruppe sich selbst als solche bezeichnet und zudem von außen als solche wahrgenommen wird, das heißt, wenn emische (kulturimmanente) Merkmale der Selbst- und Fremdabgrenzung von anderen Gruppen anerkannt werden. Dieser Ethnienbegriff ist nicht universal, daher hat Elwert noch weitere Kriterien hinzugefügt. „Mit ,familienübergreifend und familienerfassend' ist die Ethnie einerseits vom Verwandtschaftsverband unterschieden, andererseits ist die Erblichkeit der Zuordnung impliziert, unabhängig davon, ob der Vererbende selbst durch Geburt oder durch Beitritt in die Ethnie aufgenommen wurde."[51] Der Begriff der Ethnie ist zudem von dem der Nation zu unterscheiden, denn ihm fehlt der Bezug auf eine Zentralinstanz mit Gewaltmonopol.

Die Ethnien gehören, wie Klassen und religiöse Organisationen, zu den Wir-Gruppen, die weniger eine soziale Realität beschreiben, als ein Verhalten der Personen fordern, die sich dieser Gruppe zugehörig fühlen. Sie verhalten sich wie Bewegungen, meint Elwert, die zur Durchsetzung fiktiver Zukunftsziele Traditionen[52] postulieren und Verhaltensaufforderungen bis hin zu einer neuen gesellschaftlichen Organisation hervorbringen können.

Diese Definition von Ethnie stellt eine gute Ausgangsbasis dar, um Konflikte zu analysieren. Ethnizität wird häufig als Grund für Animositäten zitiert.

Bürgerkriege werden oft unter Gruppen ausgefochten, die sich (scheinbar) durch eindeutige ethnische Merkmale unterscheiden. Dabei ist keinesfalls klar, auf welcher Basis eine ethnische Gruppe von anderen unterschieden wird. Während in manchen Fällen Sprache als grundlegender Unterschied wahrgenommen wird, spielen bei anderen Gruppen bestimmte kulturelle Praktiken oder Abstammung eine zentrale Rolle. Ebenso können religiöse Identifikationen oder Wirtschaftsweisen als grundsätzlich unterschiedlich definiert werden. Welche kulturellen, sprachlichen oder wirtschaftlichen Merkmale als ethnische Unterscheidungskriterien ausgewählt werden, ist primordial nicht angelegt und lässt sich nicht vorbestimmen, sondern unterliegt einer (mehr oder weniger) rationalen Wahl, argumentiert Schlee. Die Frage für die Ethnologen ist daher, wann, unter welchen Umständen und weshalb sich ein bestimmtes ethnisches Merkmal dazu zu eignen scheint, Gewaltakteure zu rekrutieren und Krieg zu führen.

Klassische Erklärungsmodelle halten ethnische Identitäten, die in Konflikten aufgerufen werden, für historisch fundiert und damit für ‚Jahrhunderte alt‘; zudem wird die Erklärung von Konflikten, in denen sich die beteiligten Gruppen auf ethnische Identitäten berufen, gewissermaßen naturalisiert. Des Weiteren wird angenommen, dass man eine ethnische Zugehörigkeit zu einer Gruppe nicht wechseln kann und ethnische Gruppen territorial gebunden seien. Hierbei wird vergessen, dass dieses Konzept von Ethnie von einem veralteten, von europäischen Erfahrungen des 19. Jahrhunderts und in der kolonialen Zeit geprägten Begriff abgeleitet wurde.

Die Ansicht, ethnische Gruppen bildeten die soziale Grundstruktur zwischen Familie bzw. Dorfgemeinschaft einerseits und politischen Einheiten andererseits, gehört zu den kolonialen Exporten. Unter anderen vertrat Lenin eine evolutionistische Theorie, derzufolge eine Ethnie, die über eine eigene Sprache und ein eigenes Territorium verfügt, im Zuge ihrer geschichtlichen Entwicklung eine nationale Identität entwickeln werde, um sich schließlich im Sozialismus aufzulösen. Zensusaufnahmen dienten in der Sowjetunion ebenso wie in britischen oder französischen Kolonien als Grundlage für die Aufteilung von kolonialen Territorien, wie die Ethnologin Veena Das für Indien und der Historiker Fuat Dündar für den Irak nachgewiesen haben: Die von einer Kolonialadministration unterstützten Forschungen setzten die Parameter für Gruppenzugehörigkeit und leiteten daraus die administrative Aufteilung der Bevölkerungsgruppen und ihrer Territorien ab.

Im Prozess der administrativen Aufteilung Zentralasiens wurden manche ethnischen Kategorien, die den Unterscheidungen nach Sprache, Kultur und Territorium zuwiderliefen, einfach gestrichen (siehe weiter unten). Viele der unter kolonialer Herrschaft lebenden Bevölkerungen waren beispielsweise multilingual und ordneten sich nach anderen Kriterien als Sprache und Territorium. Russland versuchte diese Vielfalt damit unter Kontrolle zu bringen,

Ethnische Gruppen 131

dass Territorien neu organisiert wurden und je eine ‚ethnische Gruppe' ein Territorium erhielt. Je nach geographischer Ausdehnung oder politischer Loyalität wurden autonome Regionen oder Republiken gegründet. Im Laufe der Zeit identifizierten Wissenschaftler immer neue ‚ethnische Gruppen', die auf der Basis dieser von Ethnographen betriebenen Forschungen eigene territoriale Ansprüche zu stellen begannen. Einige der Konflikte im Kaukasus gehen heute noch auf diese Nationalitätenpolitik der Sowjetunion zurück.

Im Irak nahm die historische Entwicklung nach dem Ende des Osmanischen Reichs eine vollkommen andere Richtung: Hier machten die Briten das Versprechen einer kulturellen Autonomie und das Recht auf Selbstbestimmung von staatenlosen Volksgruppen, das im Zuge der Friedenskonferenz in Versailles gegeben wurde, zunichte. Das Schicksal der Minderheiten des ehemaligen Osmanischen Reiches wurde im Vertrag von Sèvres 1920 besiegelt und im Vertrag von Lausanne 1923 angepasst und völkerrechtlich anerkannt. Fuat Dündar beschreibt, wie die demographisch große Gruppe der Kurden im britischen Mandatsgebiet in unterschiedlichen, teilweise kleinteiligen statistischen Erhebungen, die zwischen 1919 und 1932 in der Region des heutigen Nordiraks durchgeführt wurden, zu einer unbedeutenden Minderheit gefasst wurde, um ihnen die Autonomie zu verweigern und sie einer arabischen bzw. indirekten britischen Führung zu unterstellen.

Wissenschaftler, die den zahlreichen Volksgruppen im Mittleren Osten evolutionistische Merkmale von mehr oder weniger ‚entwickelt' zugeschrieben hatten – christliche Armenier galten als hoch entwickelt und kurdische Bevölkerungen als weniger entwickelt –, legitimierten die britische koloniale Strategie und ermöglichten es, politische Loyalität vor die tatsächliche Gruppengröße und die kulturellen bzw. ethnischen Rechte zu stellen, erklärt Dündar. Demographische Daten und statistische Verfahren wurden von kolonialen Mächten als ‚objektive Fakten' herangezogen, um Völkerschaften entsprechend ihrer politischen Loyalität mit Rechten zu versehen. Obwohl der britische Offizier Edward Noel aufgrund der geographischen Verteilung der Kurden für ein vereinigtes Kurdistan plädierte, folgten die Briten schließlich Argumenten, wonach die Kurden „nicht in der Lage seien würden, einen Staat für sich selbst zu führen"[53], zitiert Dündar den zu jener Zeit bekannten Professor für internationale Geschichte, Arnold J. Toynbee. Die Folge war, dass im Jahr 1921 der arabische Emir Faisal als König des Iraks eingesetzt wurde.

Bezeichnenderweise sind die zugrunde liegenden Statistiken, wonach dieser von 96 Prozent der Iraker gewählt worden sei, bis heute nicht zugänglich. Diese Strategie der demographischen Faktenerstellung wurde später immer wieder von Herrschern, wie zum Beispiel Saddam Hussein oder Wladimir Putin, eingesetzt, um Territorien zu besetzen und demographische Verhältnisse anzupassen.

Um die Wahl von Gruppenloyalitäten und Identifikationsmerkmalen besser fassbar zu machen, entwickelte Günther Schlee in seinem Buch *Wie Feindbilder entstehen* eine Entscheidungstheorie von Identifikationen. Er unterscheidet drei Ebenen: 1) soziale Strukturen und ihre kognitiven Repräsentationen, 2) die Politik von Inklusion und Exklusion sowie 3) die Ökonomie von Gruppengrößen und die soziale Position.

Soziale Identitäten sind Schlee zufolge nicht beliebig, da sie plausibel sein müssen. Innerhalb eines semantischen Feldes können Identitäten jedoch manipuliert und verändert werden. Konzepte und Kategorien, anhand derer die Menschen geordnet werden, sind in der Regel systematisch und logisch, betont Schlee.

Strategien der Inklusion und des Ausschlusses sind zentral für die Gruppengröße und bestimmen die Stärke und Relevanz der Gruppen in Konflikten. So können Identifikationsmerkmale in ihrer Relevanz vergrößert oder verkleinert werden. Man kann zum Beispiel ganz allgemein ein Muslim sein oder sich nur als Schiit oder sogar nur Taliban identifizieren. Die Gruppengröße ist dann relevant, wenn es um den Zugang zu Ressourcen geht. Je größer die Gruppe, umso mehr Mitglieder fordern Teilhabe an den zur Verfügung stehenden Ressourcen. Entsprechend kann es zur Teilung von Gruppen kommen oder auch zum Ausschluss, der durch das Einführen von neuen Merkmalen und neuen Anforderungen an die ‚Reinheit' einer Gruppe begründet wird, um den Zugang zu Ressourcen erneut zu regulieren.

Dennoch lassen sich Gruppenprozesse nur bedingt vorhersagen, denn wer mit wem zu welchem Zeitpunkt kooperiert, hängt von vielen Faktoren ab. Neben materiellen und politischen Voraussetzungen sowie demographischen Gruppengrößen spielen ideologische Konflikttreiber, die kollektive Identitäten erfolgreich mobilisieren können, eine Schlüsselrolle. Diesbezügliche Forschungen stellen zumeist Personen als handelnde Akteure in den Vordergrund, die sich für eine Seite aus strategischen Gründen entscheiden. Eine Arbeitsgruppe des Max-Planck-Institutes hat zur Mobilisierung kollektiver Identitäten im Jahr 2009 ein umfassendes Arbeitspapier vorgelegt. Die Autoren gehen dabei der Frage nach, wie das Verhältnis des Grades der Wahlfreiheit einer Identität gegenüber den äußeren Zwängen ist, also zwischen dem bewussten und unbewussten Reproduzieren von Identitäten und den Zuschreibungen von außen. Damit wird auf die Rationalität, Situationsgebundenheit und weitgehend bewusste Entscheidung für eine bestimmte Identität hingewiesen. Gleichzeitig wird von der Ansicht Abstand genommen, Personen seien Gefangene ihrer ethnischen Zugehörigkeit.

133

Erforschung ethnischer Konflikte – die sowjetische *Konfliktologiia*

Konflikte, die mit dem Ende der Sowjetunion im Dezember des Jahres 1991 aufkamen, wurden, unabhängig davon, ob sie nun, wie der jugoslawische Bürgerkrieg der 1990er Jahre, im Balkan stattfanden oder, wie die Konflikte in Nagorny-Karabach, Tschetschenien, Abchasien, Südossetien, im Kaukasus oder aber, wie die Kämpfe im Ferghana-Tal, in Zentralasien, immer als ethnische Auseinandersetzungen beschrieben, als wäre der Ethnonationalismus eine unausweichliche logische Folge aus dem Zusammenbruch der Sowjetunion. Eine zentrale Rolle bei diesen Narrativen kommt sowjetischen Ethnographen zu, die sich der Identifikation ethnischer Gruppen (Subethnien, Super-Ethnien, Nationalitäten etc.) mit Hingabe widmeten.

Die Ethnologin Tamara Dragadze stellt in einer Studie aus dem Jahr 2011, die die Arbeit der sowjetischen Ethnographen Igor Krupnik und Galina Staravoitova in den 1970er und 1980er Jahren zu verschiedenen Gebieten im Kaukasus untersucht, fest, dass die Ethnographen nicht nur möglichst viele Gruppen anhand kultureller Merkmale identifizieren wollten, sondern die Gruppen auch aktiv darin bestärkten, für sich selbst die kulturelle Autonomie zu fordern. In den 1980er Jahren machten Ethnographen sogar den Vorschlag, die Sowjetrepublik Georgien in 200 kulturelle Autonomiegebiete zu unterteilen, die sich unter der Aufsicht Moskaus selbst verwalten sollten. Für Georgien wäre es unter diesen Umständen problematisch und schwierig geworden, weiterhin eine umfassende nationale Identität zu behaupten, erklärt Dragadze.

Ähnlich erging es Aserbaidschan, das 1936 zur sozialistischen Sowjetrepublik (SSR) deklariert wurde. Bereits wenig später wurden die Menschen in Nagorny-Karabach darin bestärkt, ihre Unabhängigkeit von Aserbaidschan zu fordern. Damit wurde der Grundstein für weitere Konflikte gelegt. Am Ende der Sowjetzeit wurden auf Basis dieser im Rahmen politischer Doktrinen geförderten ethnographischen Studien zahlreiche Forderungen nach Unabhängigkeit sowie gewaltsamen Auseinandersetzungen sichtbar. Nicht ethnische Identitäten an sich sind hier also die Konfliktursache, sondern die mit der Anerkennung als ‚Nationalität' einhergehenden Versprechungen eines unabhängigen Staats bzw. kultureller Rechte. Das Ziel einer Unabhängigkeit schien mit dem Ende der Sowjetunion für viele ethnische Gruppen mit einem Mal greifbar und erstrebenswert.

Die Zuschreibung von Gefahr und Konfliktpotential im postsozialistischen Raum ging und geht bis heute auf sowjetische Konfliktanalysen der *Konfliktologiia* zurück, die die Ethnologin Madeleine Reeves aufgearbeitet hat. Politiker meinten, Konfliktpotentiale besonders in Regionen ethnischer

Vielfalt zu sehen, in denen ethnische Gruppen nicht in ihrer Titularnation lebten. Die sowjetische *Konfliktologiia* basierte auf einer patriotisch konnotierten Konfliktforschung, bei der der (sowjetische) Staat als Hauptakteur und damit als Instanz auftrat, der die Parteien definierte. In den Peripherien der ehemaligen Sowjetunion wurde Ethnizität zur Grundlage der meisten postsowjetischen Konflikte gemacht und Patriotismus als eine natürliche Konsequenz ethnischer Gruppenidentifikation toleriert.

Diese *Konfliktologiia* arbeitet mit einem Begriff der Ethnizität, den bereits Lenin zur Grundlage seiner Nationalitätenpolitik gemacht hatte und den die Anthropologen Sergei Arutiunov und Yuri Bromlei in den 1970er Jahren neu belebten. Ethnizität wird hier als eine primordiale Identität angenommen, die alle anderen Identifikationsmöglichkeiten überschreibt. „Ethnien sind vergleichbar mit Arten", so Arutiunov und Bromlei, die bestimmte Nischen besetzen; in diesem Sinne stellten Ethnien ein natürliches, allgemeingültiges Phänomen dar. Dieser Theorie zufolge liegen so gut wie allen Konflikten auf dem Territorium der ehemaligen Sowjetunion auf irgendeiner Weise ‚ethnische Probleme' zugrunde. Es ist also nicht weiter verwunderlich, dass postsozialistische Konflikte primär auf ethnische Faktoren reduziert wurden. Eine Ethnisierung sozialer Beziehungen war Teil der sowjetischen Strategie, um in der Region eine neue politische Ordnung zu etablieren. Heute bildet Ethnizität immer wieder die Vorlage für Gruppenbildungen in vielschichtig gelagerten Auseinandersetzungen.

Gegen ein solches Verständnis von Ethnizität argumentiert Reeves, dass es sich bei den vorgeblich ethnischen Konflikten in erster Linie um Prozesse im Rahmen der Nationalstaatenbildung handelt, das heißt um Konflikte der Grenzziehung, des *bordering*. Konflikte werden dabei zunehmend militarisiert ausgetragen und damit gewaltgeladener. Die Betonung der ethnischen Komponente von Konflikten ist Reeves zufolge dem sowjetischen Konfliktforschungsansatz geschuldet, das heißt, die russische Forschung hat dieses Problem selbst geschaffen, indem sie die Kategorien der Analyse mit Handlungskategorien verwechselt hat.

Ethnische Konflikte erhalten grundsätzlich mehr Aufmerksamkeit als solche, in denen ethnische Zugehörigkeit keine Rolle spielt, beklagt Paul Richards, der den Bürgerkrieg in Sierra Leone, der aufgrund des Fehlens ethnischer Gruppen von westlichen Medien kaum rezipiert wurde, untersucht hat. Die Ethnisierung von Konflikten stellt ein weit verbreitetes Muster der Konfliktanalyse dar, ein methodisches Vorgehen, das komplexe Prozesse und Konfliktkonstellationen auf unzulässige Weise vereinfacht und auf den Gegensatz primordialer Identitäten reduziert. Ethnographen trugen mit ihren Studien nicht nur in der Sowjetunion maßgeblich dazu bei, sowohl Merkmale ethnischer Gruppen zu bestimmen, als auch deren ethnisch-politische Forderungen zu unterstützen.

Der Narzissmus der feinen Unterschiede

Nach welchen Kriterien sich ethnische oder religiöse Gruppen unterscheiden, ist von außen nicht immer auf den ersten Blick erkennbar. Status und Abgrenzung werden durch Embleme oder Symbole hergestellt und können in einzelnen Details ausgedrückt werden. Allerdings werden sie stets innerhalb eines gemeinsamen Bedeutungssystems kommuniziert und verstanden. Am Beispiel von Kamelnomaden in Nord-Kenia und Somalia zeigte Schlee, dass Status und Gruppenzugehörigkeit anhand von Halsbändern aus Perlen, Ohrschmuck und anderen Zeichen markiert werden. Die Symbole und Zeichen wurden von den Nomaden über viele unterschiedliche ethnische Gruppen hinweg verstanden.

Soziale Unterschiede, stellt Pierre Bourdieu fest, werden auch in kulturellen Praktiken hergestellt, vermittelt und reproduziert. Allerdings können diese Unterschiede sehr fein und für Außenstehende gar nicht erkennbar sein, während sie für die Betroffenen als fundamentale Differenz wahrgenommen werden. Die Abgrenzungen zwischen ethnischen oder religiösen Gruppen entstehen nach dem gleichen Muster. Es kann sich dabei ebenso um kleine Symbole oder unscheinbare Praktiken als auch um Alltagspraktiken, wie kulinarische Eigenheiten, Kleidung oder Musik, die als fundamentale Unterschiede zelebriert werden, handeln.

Die Stilisierung von ‚feinen Unterschieden‘ zu unversöhnlichen Gegensätzen zwischen Gruppen in einem Gewaltkontext wurde in Anlehnung an den Psychologen Sigmund Freud ‚Narzissmus der kleinen Unterschiede‘ (*narcissism of minor differences*) genannt. Kleine Unterschiede werden hier zu entscheidenden Merkmalen der Unterscheidung von Freund und Feind erhoben und als unüberwindbares Hindernis des Zusammenlebens dargestellt. Während Freud das Konzept eines Narzissmus der kleinen Unterschiede auf Nachbarn, familiäre Beziehungen und das Berufsleben anwendete, übertrug der Kulturanthropologe Anton Blok das Konzept auf ethnische Konflikte und Bürgerkriege. Wer einen „Entwurf einer allgemeinen Macht- und Gewalttheorie [wagt,] kommt nicht umhin festzustellen, dass die verbittertsten Kämpfe oft zwischen Individuen, Gruppen und Gemeinschaften stattfinden, die sich nur sehr wenig unterscheiden – oder zwischen denen die Unterschiede stark abgenommen haben",[54] so Blok. Er betont, dass sich die gegeneinander kämpfenden Gruppen in der Regel sehr gut kennen und die Unterschiede ihrer Gegner nur aufgrund eines gemeinsamen Bedeutungssystems verstehen können. Je besser die andere Partei bekannt ist, umso leichter fällt es, die Schwachstellen des Gegenübers auszunutzen. Wir haben es Blok zufolge in Bürgerkriegen also häufig mit Parteien zu tun, die einander sehr gut kennen und einander daher auch auf sehr grausame Art und Weise verletzen können.

136 Ethnische und Glaubenskonflikte

In der Wissenschaft wurde vor allem der Krieg in Jugoslawien in den 1990er Jahren als Ausdruck eines ‚Narzissmus der kleinen Unterschiede‘ diskutiert, bei dem kleine und kleinste Unterschiede wie Dialekte und sogar Vorlieben für gewisse Zigarettenmarken als Merkmale von identitären Unterschieden dienten.[55] Kroaten, Serben und die muslimischen Slawen in Bosnien sprechen Dialekte, die sich stark ähneln. Die Zugehörigkeit zu verschiedenen Religionen führte ebenso wenig zur Unterscheidung zwischen klaren Feindgruppen in diesem Krieg. Nur wenig trennt die kroatischen von den ungarischen Katholiken; Albaner sind zum Teil katholisch, zum Teil muslimisch; katholische und orthodoxe Slawen gehören wiederum derselben linguistischen Gruppe an. Die sogenannten ethnischen Gruppen bildeten immer wieder neue Allianzen, verkauften und vermieteten sich gegenseitig Kleinwaffen und Panzer und stellten auf diese Weise einen unübersichtlichen Gewaltkontext her, der von einzelnen Gewaltakteuren zu ihrem individuellen Vorteil ausgenutzt werden konnte.[56] Obwohl der Krieg immer wieder als postsozialistischer ethnisch-religiöser Konflikt beschrieben wurde, war die Aufteilung der ethnischen Gruppen weniger die kausale Ursache als das Resultat des Bürgerkrieges.

Die Frage ist also nicht so sehr, wie groß oder klein ein Unterschied tatsächlich ist oder seit wann eine Gruppe als ethnische oder religiöse Einheit angesehen wird, sondern vielmehr, welche Verletzlichkeiten aufgrund von Kontakten untereinander und guten Kenntnissen übereinander existieren und wie diese in einem Gewaltkontext zur Schädigung des Gegners ausgenutzt werden können. Es sind also primär Faktoren des sozialen Zusammenlebens, die den Verlauf von ethnischen und religiösen Konflikten bestimmen. Ein rezentes Beispiel für einen *narcissism of minor differences* ist der Krieg zwischen der Ukraine und Russland, in dessen Verlauf die (ethnischen) Unterschiede zwischen Russen und Ukrainern erneut markiert, formuliert und besiegelt werden – ein Prozess, der die langjährigen sowjetischen Assimilationsbestrebungen auflöst.

Ein weiteres Beispiel, das der Soziologe Dieter Neubert und der Historiker Gérard Prunier gemeinsam untersucht haben, ist der Krieg in Ruanda zwischen Tutsi und Hutu. Im Verlauf der Kolonialgeschichte wurde Ruanda erst unter deutscher Herrschaft und später unter den Belgiern vollständig verändert. Die auf rassistischen Konzepten basierende Hamitentheorie sah in den Tutsi eine eingewanderte Gruppe der Niloten, die mit europäischen Völkern verwandt seien. Auf Basis dieser Annahme bevorzugte die deutsche Kolonialverwaltung die Tutsi als geborene Herrscherklasse, obwohl sie eine Minderheit im Land darstellten. Die Mehrheitsgruppe der Hutu wurde dagegen auf Grundlage der Hamitentheorie als weniger entwickelte Rasse konzeptualisiert und entsprechend im Kolonialgefüge untergeordnet; ein problematisches Kapitel der Geschichte, das unter anderem der Afri-

Der Narzissmus der feinen Unterschiede 137

kawissenschaftler Leonhard Harding und der Völkerrechtler Gerd Hankel beleuchtet haben.

Dieses diskriminierende Rassenkonzept wurde auch von den Belgiern weiter kultiviert, nachdem ihnen nach dem Ersten Weltkrieg die Kolonie im Jahr 1923 zugesprochen worden war, allerdings mit umgekehrten Vorzeichen. Die Hutus wurden im Rahmen eines katholischen Rettungsnarratives zu der bevorzugten Gruppe und sollten die Tutsi zunehmend aus ihren privilegierten Positionen verdrängen. Das rassistische Konzept wurde später in Verwaltungsakten festgelegt. Die Tutsi galten weiterhin als geborene Krieger und Herrscher, jedoch hatten sie im Zuge der Kolonialzeit ihren sozialen und politischen Status an die Mehrheitsgruppe der Hutus abgegeben. Die äußerst gewaltgeladenen postkolonialen Konflikte im Ruanda der 1990er Jahre waren eine Fortführung dieser Konzepte in einem Feld der Konkurrenz um Macht und Ressourcen und mündeten in einen Genozid sowohl gegen die Tutsi als auch gegen moderate Hutus im Jahr 1994.

Es war also gerade die politisch gewollte Auflösung von Unterschieden zwischen den Tutsi und Hutu durch die Kolonialherren, die beide Gruppen zu erbitterten Feinden machte. Prunier hat die Beziehung zwischen Hutu und Tutsi im Rahmen eines auf wirtschaftlichen Abhängigkeiten basierenden hierarchischen Systems erklärt. Die nomadischen Tutsi kooperierten mit den Ackerbau treibenden Hutus in einer Patron-Klient-Beziehung. Auf diese Weise etablierten sich enge Verflechtungen und unzählige Hutu-Tutsi-Heiraten, wobei die zahlenmäßig kleinere Gruppe der Tutsi ihren elitären Status bis zur Übernahme des Territoriums durch Belgien beibehielt. Tutsi konnten Teile ihres Viehs an Hutus abgeben und so zur sozialen Mobilität der Hutu beitragen. Die Förderung der Hutus (die etwa 80 Prozent der Bevölkerung ausmachen) durch die Missionare gab dieser bisher untergeordneten Gruppe den Vorzug, in die oberen Ränge der Kolonialverwaltung aufzusteigen. Während die Unterschiede für die betroffenen Personen eindeutig waren und trotz vermischter Heiraten und politischer Karrieren in Erinnerung blieben, können die Gruppen weder nach linguistischen Kriterien (beide gehören zur Bantu-Gruppe) noch nach Religion getrennt werden. Auch territorial sind sie nicht trennbar, da sie die gleichen Gebiete bewirtschaften. Während die beiden Gruppen sich vor der Kolonialzeit bewusst voneinander abgegrenzt hatten, wurden sie sich zwischen 1945 und 1959 immer ähnlicher in Bezug auf Bildung, Reichtum, Besitz und Elitenzugehörigkeit. Die Unabhängigkeit Ruandas im Jahr 1962 bot einen Rahmen, in dem die beiden Gruppen nun mit Waffengewalt die politisch-wirtschaftlichen Grenzen zwischen sich – inzwischen als ethnische Grenzen konzeptualisiert – erneut zogen.

Mit einem ähnlichen Problem haben es die Hazara in Afghanistan zu tun. Konflikte zwischen der Gruppe der Hazara, die in Afghanistan neben Paschtunen und Tadschiken die drittgrößte ethnische Gruppe darstellen, und den

138   Ethnische und Glaubenskonflikte

kohabitierenden paschtunischen Kutschi-Nomaden spielen in jedem gewaltgeladenen afghanischen Konflikt eine Rolle. Dabei erscheint die Gruppe
der Hazara manchmal als religiös, dann als ethnisch oder wirtschaftlich
definierte Gruppe. Entsprechend werden gewaltgeladene Konflikte mit den
Kutschi-Nomaden mal als ökonomische Ressourcenkonflikte beschrieben,
wie in dem eingangs beschriebenen Beispiel aus einem Asylverfahren, mal
als ethnische, dann wieder als religiöse Konflikte konzeptualisiert. Am Beispiel der Hazara lässt sich sehr gut verdeutlichen, wie bestimmte Gruppen
in einem latenten Spannungsfeld durch das Vokabular der jeweils herrschenden Macht klassifiziert werden und wie aus dieser Einordnung Erklärungsmodelle für bestehende Konflikte abgeleitet werden.

Historische Dokumente zeigen, wie die Hazara aufgrund der Betonung
unterschiedlicher Merkmale immer wieder auf andere Weise zum Feind
deklariert werden konnten. Der Vorwurf etwa, sie stammten von den Mongolen ab, die zwischen 1219 und 1332 in der Region geherrscht hatten, hob
vor allem physiologische Merkmale der Gruppenmitglieder hervor. Religiöse Unterschiede spielten dagegen bei den Eroberungsfeldzügen von
Amir Abdu Rahman Khan (1880–1901) eine Rolle, bei der die Gruppe der
Hazara um die Hälfte dezimiert und wirtschaftlich und politisch der Zentralregierung unterstellt wurde. Der sunnitische Amir hatte den Jihad, das
heißt den religiös motivierten Krieg, gegen die schiitischen Hazara ausgerufen. Ethnopolitische Argumente wurden dagegen angeführt, als paschtunische Soldaten der Regierung in Hazarajat[57] stationiert wurden und die dort
lebenden Hazara unterdrückten, bis diese revoltierten. Diese Konstellation
einer wechselweise religiös, wirtschaftlich und/oder ethnisch legitimierten
Auseinandersetzung zog sich durch das gesamte 20. Jahrhundert hindurch,
ungeachtet der Tatsache, dass die Hazara immer wieder als sogenannte
ethnische Minderheit an der Regierung beteiligt waren. Diskriminierung,
Marginalisierung, Versklavung und Verfolgung der Hazara wurden also
durch ganz unterschiedliche Ideologien gerechtfertigt. Nach dem Ende des
Kommunismus wurde die Gruppe erneut zum Opfer der Paschtunen, die nun
unter dem Namen Taliban kämpften. Es kam wiederholt zu Massakern, bei
denen etwa im Jahr 1998 über 10.000 Hazara getötet wurden.

Dabei war Ethnizität nicht immer die primäre Kategorie, an der Gruppen-
unterschiede in dieser Region festgemacht wurden. Unter Mohammed Daoud
Khan, der von 1973 bis zu seinem Tod 1978 der erste Präsident der Republik
Afghanistan war, war eine auf ethnischen Gruppen basierende Aufteilung
in Afghanistan zugunsten des Ziels einer nationalen Einheit unterbunden
worden. Der Linguist und Afghanistanexperte Lutz Rzehak beschreibt den
Wandel der politischen Relevanz von Ethnizität in der jüngeren Geschichte
Afghanistans folgendermaßen: „Nicht immer besaßen ethnische Fragen
eine so hohe politische Bedeutung wie heute. Die Wirren der kommunis-

Der Narzissmus der feinen Unterschiede 139

tischen Herrschaft in den 1980er Jahren mit ihrer Nationalitätenpolitik nach sowjetischem Vorbild, der Bürgerkrieg der 1990er Jahre, dessen Frontlinien oft ethnischen Grenzen folgten, und die Taliban-Herrschaft von 1995 bis 2001 mit ihrer eigensinnigen Interpretation des Islam und der sprachlichen Bevorzugung des Paschto hatten dem ethnischen Faktor eine alles überragende Bedeutung verliehen."[58]

Erst im postsowjetischen Bürgerkrieg wurden ethnische Identitäten zu einem bestimmenden Faktor der Gruppenidentität aufgewertet, der in der Politik ab 2001 zu hitzigen Debatten führte. In der Verfassung der Islamischen Republik Afghanistan vom 27. Januar 2004, Artikel 4, wurden erstmals die verschiedenen ethnischen Gruppen des Landes aufgeführt, allerdings nur diejenigen, die sich als solche behaupten konnten. Gruppen wie zum Beispiel die Sayyid, die ihre Identität aus einer hierarchisch-religiösen Aufgabenverteilung bezogen, in deren Rahmen sie mit anderen schiitischen Gruppen zusammenwirkten, erhielten diesen Status nicht.

Im Bereich der Landwirtschaft wird der Konflikt zwischen den paschtunischen Stämmen der *Kutschi*-Nomaden und den Hazara um Nutzungsrechte von Acker- bzw. Weideland ausgetragen. Die *Afghanistan Research and Evaluation Unit* schreibt 2013 zu diesem Konflikt: „Der Kutschi-Hazara-Streit im zentralen Hochland (Hazarajat) um die alpinen Weidegebiete hat sich in der Dekade nach der Bonner Afghanistan-Konferenz [2002–2012] immer mehr zugespitzt. Dieser Konflikt hat historische Dimensionen bezüglich der Landnutzungsrechte und Existenzgrundlagen. Diese spiegeln sich in anderen Gegenden wider, aber weniger heftig, als dies in Hazarajat der Fall ist. […] Der historische Ursprung der heutigen Probleme zwischen Kutschi und Hazara liegt in der Zuweisung von Almweiden in Hazarajat an bestimmte Kutschi-Klans durch Amir Abdul Rahman in den 1890er Jahren, nach seiner Eroberung von Hazarajat und der damit einhergehenden zunehmenden Kontrolle über das heutige moderne Afghanistan."[59]

Einen solchen Konflikt beschreibt auch der Kläger in seinem eingangs ausgeführten Bericht. Er stellt die Auseinandersetzung primär als einen Ressourcenkonflikt dar und unterlässt es dabei, seine soziale Gruppenzugehörigkeit mit ethnischen und religiösen Merkmalen zu verknüpfen, um sich dadurch als Opfer der Taliban darzustellen: eine Version, die von vielen anderen Klägern in ähnlicher Lage bevorzugt wird. Für die individuelle Wahrnehmung der Gefahrenlage eines Hazaras ändert das Vokabular wenig, für die Bewertung von Verfolgung im asylrechtlichen Rahmen jedoch spielt die Gruppenzugehörigkeit im Sinne einer ethnischen bzw. religiösen Identität eine zentrale Rolle.

Die Eroberung Afghanistans durch die Taliban im August 2021 hat die Konfliktgruppen nicht verändert, nur das Vokabular in der Konfliktführung wurde angepasst, da ethnische Diskriminierung dem Islam als Konfliktlinie im Prinzip fremd ist. In einer Vielzahl von Auseinandersetzungen, die sich zwischen Landkonflikten, ethnischer Diskriminierung und religiösen Animositäten bewegten, wurden auch unter den Taliban im Herbst 2021 wieder Hazaras aus ihren Häusern vertrieben, und zwar in Daikundi, einem Gebiet, das bereits unter Rahman Khan (1880–1901 im Amt) paschtunischen Stammesführern und Generälen als Dank für ihre Loyalität geschenkt worden war. Die Hazaras ebenso wie die neue Regierung des Islamischen Emirats scheinen sich einig, dass die Konfliktlinien sich nicht verändern werden, nur werden statt ethnischer Begründungen nun religiöse und politisch-wirtschaftliche Argumente für den Konflikt angeführt.

Es könnten noch viele weitere Beispiele beschrieben werden, die darauf hinweisen, dass Unterschiede keinesfalls zu Feindschaft führen müssen, sondern zu einem System wechselseitiger Anerkennung und hierarchischer Integration führen können, und dass im Gegenteil gerade der Versuch, Unterschiede zwischen Gruppen zu beseitigen, zu gewalttätigen Konflikten führen kann. Ebenso gibt es zahlreiche Beispiele für Konfliktkonstellationen, die sich je nach politischer Lage mit ganz unterschiedlichen Vokabularen darstellen und analysieren lassen, etwa der Konflikt in Nordirland, in dem sich Konfliktlinien zwischen Konfessionen, Nationalitäten und Klassenzugehörigkeit überlagern. Andere sogenannte ethnische Konflikte werden durch wechselnde Regierungen neu aktualisiert und mit einem entsprechend angepassten Vokabular belegt, wie das Beispiel der Hazara zeigt. Auch in Europa sind solche Prozesse zu verfolgen, wie am Konflikt auf Zypern zu sehen, bei dem die Insel in einen griechischen und einen türkischen Teil getrennt wurde, obwohl die Bewohner der beiden Teile mehr miteinander gemein haben als mit ihren türkischen oder griechischen Landsleuten auf dem Festland. Die Wahl ethnischer Unterscheidungsmerkmale zur Markierung von Differenz zu benachbarten und kohabitierenden Gruppen ist eine bewusste Entscheidung und zieht die Notwendigkeit nach sich, diese Unterschiede aufrechtzuerhalten, zu betonen, zu inszenieren und zu verteidigen. Eine Aktualisierung oder Wiederherstellung von Unterschieden kann mit enormer Gewalt einhergehen.

Die Ethnisierung politischer Parteien

Die Überzeugung, ethnische Identitäten seien für Konfliktparteien eine unüberwindbare Größe, hat zu der Praxis geführt, dass zu Friedenszwecken die politische Landschaft betroffener Länder nach ethnischen Zugehörigkeiten organisiert wird. Dies war etwa im Libanon, im Irak oder in Bosnien der Fall. In der Folge sind ethnisierte oder ethnoreligiöse politische Parteien entstanden, und/oder es ist eine politische Verteilung der Parlamentssitze

Die Ethnisierung politischer Parteien 141

nach ethnischer Zugehörigkeit vorgenommen worden. Bei einer solchen politischen Lösung wird davon ausgegangen, dass ethnische Identitäten die wichtigste Form der politischen Identifikation darstellen. Warum gerade Identitäten, von denen doch angenommen wird, dass sie Konflikte antreiben, für eine demokratische Entwicklung geeignet sein sollten, ist nur eine der vielen Paradoxien, die empirischen Forschungsergebnissen widersprechen. Im Irak wurde nach der Vertreibung Saddam Husseins im Jahr 2003 die Bildung einer Regierung gefördert, die sich entsprechend der Aufteilung der Bevölkerung aus religiösen und ethnischen Gruppierungen zusammensetzte. Man ging wie selbstverständlich davon aus, dass Schiiten eine schiitische Partei wählen würden, Kurden eine kurdische Partei und Mitglieder arabischer Stämme eine sunnitische Partei. Entsprechend dieser Annahme wurde informell vereinbart, dass das schiitische Lager den Regierungschef stellen solle, der Präsident ein Kurde sein müsse und der Regierungssprecher ein Sunnit. Die Kategorien selbst gehen von der Annahme eindeutiger, feststehender Identitäten aus, die aber nur teilweise richtig ist, da ethnische und religiöse Zugehörigkeiten mehr militante Rekrutierungskategorien darstellen als politische Verortungen.

Die Folgen dieser Politik schienen die feindlichen Lager zunächst zu befrieden. Langfristig hat dies dazu geführt, dass sich die Angehörigen der ehemaligen Elite Saddam Husseins, mehrheitlich säkulare Sunniten, im Laufe der folgenden Jahre von der Teilnahme am politischen Leben, an Debatten und Entscheidungen zurückzogen und zum Kern der jihadistischen Opposition, die im IS ihren Höhepunkt fand, zusammentaten. Unter den Kurden dagegen haben sich unterschiedliche politische Lager herausgebildet, die auf nationaler Ebene gegeneinander auftreten und damit die Spannungen in der Region Kurdistan erhöhen, da jedes Lager den exklusiven Anspruch erhebt, die Kurden zu repräsentieren. Unter den schiitischen Parteien, die sich seit 2003 gebildet haben, ist die Feindschaft noch größer als zwischen den kurdischen; ihre Auseinandersetzungen werden vom Iran maßgeblich beeinflusst. Aus diesen Gründen richten sich die Proteste der Bevölkerung gegen diese Aufteilung des politischen Feldes nach ethnoreligiösen Kriterien und gegen die Parteien, die nicht nur ihre politische Legitimation vorschnell aus ethnoreligiösen Identitäten ableiten, sondern auch unter diesem Vorwand die vorhandenen Ressourcen unter sich aufteilen, während das gemeine Volk vor allem als Masse potentieller Rekruten bereitstehen soll. Dass zunehmend mehr Menschen gegen diese Politik sind, zeigen die nicht enden wollenden Proteste in Bagdad und anderen Metropolen des Iraks in den vergangenen Jahren. Minderheiten sind in diesem politischen System nur stille Beisitzer, die höchstens mit einigen Stimmen in der irakischen Regierung vertreten sind und nur in Diskussionen über die Belange von Minderheiten überhaupt

142　　　　　　　　　　　　　　　　Ethnische und Glaubenskonflikte

eine Rolle spielen, nicht aber in ihrer Funktion, irakische Bürger im politischen Prozess zu repräsentieren.

Während im Irak die ethnisch-konfessionelle Aufteilung des Parlaments auf früheren nicht-verschriftlichten Abmachungen basiert und damit in gewisser Weise verhandelbar bleibt, ist die nach religiöser Zugehörigkeit aufgeteilte Nationalversammlung im Libanon ein Resultat des Bürgerkrieges (1975–1990), das im Dokument der nationalen Versöhnung und später in der Verfassung festgehalten wurde. Damit sind Parteien Konfessionsträger, und es wird erwartet, dass die Bevölkerung ihre Wahlstimme entsprechend abgibt. Auch in Bosnien-Herzegowina erhalten Parteien gemäß dem Friedensvertrag von Dayton und der neuen Verfassung sowie entsprechend ihrer ethnischen Repräsentation Zugang zum Parlament. Damit werden ethnische Differenzen nicht eliminiert, sondern weiter kultiviert und politisch legitimiert.

Religiöse Dynamiken in Konflikten

Die Studien, die den Zusammenhang zwischen Religion und Gewalt untersuchen, beschränken sich meist auf die drei Schriftreligionen Judentum, Christentum und Islam. Der Brudermord von Kain an Abel ist eine Gewaltgeschichte, die am Anfang der Genesis dieser drei Religionen steht und in vielen analytischen Ansätzen als Ausgangspunkt dient. Unabhängig davon, ob Gewaltakte nun von Göttern, mystischen Wesen, Priestern oder anderen religiösen Akteuren ausgehen, wird in vielen Religionen Gewalt als inhärenter Teil der Religion akzeptiert. Auch geschlechtsspezifische Gewalt wird immer wieder mit religiösen Gesellschaftskonstruktionen gerechtfertigt. Was dabei allerdings theologisch begründet wird, basiert in der Regel weniger auf kulturellen und religiösen Praktiken als auf politischen und wirtschaftlichen Machtverhältnissen. Das zeigt sich zum Beispiel daran, dass Gewalt gegen Frauen gerade nicht in traditionellen Gesellschaften, sondern in Transformationszeiten stark ansteigt. Treffend hat es die Politikwissenschaftlerin Fariba Parsa anhand der Ehrdelikte im Iran gezeigt. Sie führt die steigenden Zahlen von Ehrdelikten nicht einfach nur auf traditionelle patriarchale Strukturen zurück, die scheinbar unverändert das Leben der Iranerinnen bestimmen, sondern auf die Transformationsprozesse, die die Vormacht der Männer zunehmend infrage stellen. Ein hoher Bildungsgrad unter Frauen, der Kampf um Rechte auf dem Arbeitsmarkt und als Mutter haben die Gesellschaft grundlegend verändert. Der Rückgriff auf von der Regierung hingenommene und im politisch-religiösen Diskurs legitimierte Ehrenmorde ist dabei ein politisches Problem, da die Transformationsprozesse durch das Regime mit aller Gewalt blockiert werden. Damit ist geschlechtsspezifische Gewalt nicht grundsätzlich in den Bereich der Kultur bzw. des religiösen Diskurses zu verorten, sondern entwickelt sich in Bezug zu gesellschaftlichen und politischen Dynamiken.

Zunächst stellt sich jedoch die Frage nach einer angemessenen Definition von Religion. Je nach wissenschaftlicher, theologischer und politischer Sichtweise ist Religion ein Glaubenssystem, das auf Mythen aufbaut, wie der Ethnologe Edward B. Tylor in seinem Werk *Primitive Culture* (1871) beschrieb, oder ein Erklärungsmodell, ein Wahrheitssystem oder eine Denkart, die irrational ist, wie die Psychologie seit Lucien Lévy-Bruhl sie sah. Émile Durkheim legte in seinem Werk *The Elementary Forms of the Religious Life* eine der einflussreichsten Definitionen vor, die die gesellschaftliche Funktion von Religion ins Zentrum stellt. Religion aus ethnologischer Sicht ist demnach eine symbolische Repräsentation sozialer Beziehungen. Clifford Geertz begreift zudem Religion als Geflecht von Bedeutungen, als symbolisches System, das ein andauerndes Machtgefüge etabliert, indem es Regeln und Ordnungen erstellt, welche den Anhängern der betreffenden Religion als realistische Repräsentation von Wirklichkeit erscheinen und die sie daher befolgen werden.

Religion ist ein Glaubenssystem, das seinen Mitgliedern Orientierung für ihre Handlungen bietet, Solidarität unter den Gruppenmitgliedern herstellt und eine moralische Gemeinschaft stiftet, die sich in der Einrichtung von religiösen Institutionen niederschlägt. Auch wenn diese Definition nicht die Variabilität wissenschaftlicher Erkenntnisse in Gänze reflektiert, so sind darin doch die wichtigsten für die Frage nach der Beziehung zwischen religiösen Gruppen und der Verwendung von Gewalt relevanten Aspekte aufgezeigt.

Hilfreich ist zudem die Religionsethnologie, die von der sozialen, wirtschaftlichen und politischen Einbettung religiöser Institutionen und religiösen Handelns ausgeht. Interessant ist im Zusammenhang mit dem Thema Konflikt die Feststellung des Anthropologen Jack David Eller bezüglich der vielen übernatürlichen Wesen, die oft sowohl das Gute als auch das Böse bewirken können, jedenfalls aber mächtig sind und auf die Menschen Einfluss nehmen. In seinem Querschnitt durch die Glaubenssysteme der Welt zeigt er, dass in den meisten Glaubenssystemen, in denen Götter verehrt werden, gute und böse Eigenschaften den übernatürlichen Wesen eigen sind und damit menschliche Wesenszüge auf die Götterwelt projiziert werden.

Obwohl nicht alle Religionen Götter in ihren Kanon aufgenommen haben, wird in so gut wie allen Religionen Gewalt als Teil der übernatürlichen Wesen akzeptiert, ob dies nun Götter, Geister oder andere Wesen sind. Zentral für die weiteren Diskussionen sind daher die durch Glaubenssysteme etablierten Machtstrukturen und deren religiöse Rechtfertigungen sowie die bei Opfermythen und Märtyrertum relevanten Interpretationen der selektiven Gewalt.

144 Ethnische und Glaubenskonflikte

Religion ist zunächst also ein Gruppenphänomen, das Individuen und ihre Umwelt auf bestimmte Art und Weise miteinander in Beziehung setzt.

Religiöse Autoritäten haben in der Regel eine wichtige Funktion im Erhalt und in der sozialen Reproduktion von Religion. Religiöse Experten, seien es Priester, Schamanen oder Hexer, finden sich in vielen Glaubenssystemen. Religiöse Institutionen können zur Festigung politischer Herrschaftsstrukturen beitragen oder in einem gewissen Spannungsverhältnis zu politischen Institutionen stehen. Schließlich kann Religion als identitätsstiftendes Moment, wie ethnische Identitäten auch, zu einem zentralen Merkmal in einem Konflikt erhoben werden.

Religiöse Konfliktkonstellationen

Obwohl in vielen Konflikten Religion als Grundmotiv angegeben wird, verhält es sich mit religiösen Identitäten in Konflikten ähnlich wie mit ethnischen Identitäten: Allein aus religiösen Unterschieden heraus ergeben sich so gut wie keine Konflikte. Dennoch können religiöse Argumente eine Dynamik entwickeln, die andere Faktoren sekundär erscheinen lassen. Als Identitätsmerkmal kann Religion daher von beteiligten Akteuren eine zentrale Rolle zugewiesen werden. Aus religiösen Konflikten lassen sich übergeordnete bzw. allgemeingültige Konfliktmuster jedoch nicht ableiten, zumindest nicht anders, als dies für ethnische Konflikte gilt. Obwohl die Geschichte Europas auf viele religiös motivierte Konflikte zurückblickt, lassen sich stets weitere konflikttreibende Faktoren ausmachen. Das gilt nicht nur für die Religionskriege des 16. und 17. Jahrhunderts, sondern auch für Konflikte des 20. Jahrhunderts wie in Irland ebenso wie für den Balkankrieg. Dort, wo politische Rechte an religiöse Identitäten gekoppelt werden, können Identitätsmerkmale zur Etablierung eines Freund-Feind-Schemas schnell aktiviert werden.

Die Verfolgung einer Person aufgrund ihrer religiösen Überzeugung wird in Asylverfahren genau geprüft. Die reine Mitgliedschaft in einer religiösen Gemeinschaft, Organisation, Gruppe oder Bewegung besagt allerdings noch nicht, inwiefern bei einer Bedrohung der religiösen Gemeinschaft von einer ‚Gruppenverfolgung' ausgegangen werden kann. Generell ist die Sensibilität deutscher Asylrichter gegenüber religiösen Gruppen ungleich größer als gegenüber ethnischen Gruppen. Dies liegt sicherlich auch in der Vergangenheit Deutschlands begründet, aber leitet sich auch juristisch aus der Genfer Flüchtlingskonvention ab. Daria Dudley hat ‚Gruppenverfolgung' im Asyl- und Flüchtlingsschutz aus juristischer Perspektive umfassend aufgearbeitet und dabei auch die Verwendung von länderspezifischen Referenzen in ausgewählten Entscheidungen diskutiert.

Im Kontext einer ethnologischen Konfliktanalyse sind zwei Aspekte von besonderer Bedeutung und sollen im Folgenden näher beleuchtet werden. Erstens wird anhand eines konkreten Beispiels gezeigt, wie religiös fundierte Verfolgung in historische Zusammenhänge eingebettet und daraus Gewalt legitimierende Narrative bezogen werden. Zweitens wird auf das Opfer in religiösen Diskursen geschaut, um darauf aufbauend Hexerei in ausgewählten afrikanischen Gesellschaften näher in den Blick zu nehmen.

Als Beispiel für die Verfolgung aus religiösen Gründen sollen im Folgenden die Yeziden im Mittleren Osten beschrieben werden, eine ethnisch-religiöse Gruppe mit heute etwa einer Million Mitgliedern, deren Siedlungsgebiet ursprünglich im Norden des heutigen Iraks, in Nordsyrien und im Südosten der Türkei liegt. Die yezidische Religion gilt als die wahrscheinlich älteste heute noch praktizierte Religion der Welt. Tausi Melek (ein Engel in Form eines Pfaues) wurde von Gott zusammen mit sechs weiteren Engeln aus seinem Licht erschaffen und ist Stellvertreter Gottes auf Erden. Die yezidische Religion ist naturverbunden, folgt den Zyklen der Natur und stellt die Sonne als eine Quelle des Lebens ins Zentrum. Während die Yeziden im 16. Jahrhundert noch über viele Stämme verfügten und eine politisch einflussreiche Macht darstellten, sorgten in den folgenden Jahrhunderten systematische Verfolgungen durch muslimische Heere für eine Dezimierung, die im Genozid des IS gegen die Yeziden von Sindschar im Sommer 2014 einen Höhepunkt erreichte.

Die Autoren Güneş M. Tezcür, Zeynep N. Kaya und Bayar M. Sevdeen haben in einem Beitrag aus dem Jahr 2021 die Entstehung der politischen Identität der Yeziden aufgearbeitet. Die Osmanen veranstalteten bereits in den 1640er Jahren immer wieder Strafexpeditionen gegen yezidische Siedlungen und massakrierten und versklavten Tausende Yeziden. Die Yeziden wurden zunehmend aus ihren Stammesgebieten verdrängt und verloren schnell an politischem Einfluss, dennoch wurden sie wiederholt Ziel osmanischer Militärschläge, die durch religiöse Diskurse legitimiert wurden. Im späten Osmanischen Reich versuchte man, die Yeziden über (Zwangs-)Konversionen in die muslimische Bevölkerung zu integrieren, und zwar in Konkurrenz zu (europäischen) christlichen Missionaren im britisch kontrollierten Irak.

Nachdem der Irak zu einem von Arabern dominierten Staat geworden war, wurden die Yeziden zur Angriffsfläche der arabischen Machthaber. Saddam Hussein siedelte in den 1980er Jahren ganze yezidische Dörfer um und vergab das fruchtbare Land an Araber. Die Heiligtümer der Yeziden wurden zerstört und ihre Freiheiten eingeschränkt. Mit dem Ende des Baath-Regimes im Jahr 2003 wurde die Lage der Yeziden nur geringfügig besser. Die in Massen entlassenen Soldaten des ehemaligen Baath-Regimes zogen sich in unwegsame Regionen und über die Grenze nach Syrien zurück. Von dort

146 Ethnische und Glaubenskonflikte

aus entfaltete der IS oder Daesh ab dem Jahr 2013 seine Kraft und kehrte 2014 in den Irak zurück. Seine Anhänger rekrutierten sich mehrheitlich aus arabischstämmigen Irakern, die mit dem Militärschlag der USA 2003 an Macht verloren hatten. Die Araber, die in die Region Ninive umgesiedelt worden waren, begrüßten den IS allem Anschein nach mehrheitlich und unterstützten zumindest teilweise direkt oder indirekt den Genozid gegen die Yeziden im Sommer 2014. Auch wenn sie sich nicht immer aktiv an Massakern beteiligten, so halfen sie den Tätern bei der Identifizierung der yezidischen Höfe oder forderten Yeziden auf, nicht zu fliehen und abzuwarten – mit fatalen Folgen.

Der Genozid an den Yeziden durch die IS-Kämpfer ließ sich durch ein seit vielen Jahren weit verbreitetes islamistisches Denken begründen, das der Nahostexperte Khaled Hroub von der Universität Cambridge als ‚Daeschisierung‘ bezeichnet. Der Islamische Staat sei nicht aus dem Nichts heraus entstanden, so Hroub, vielmehr entspringe sein Gedankengut einer Identitätspolitik, die die öffentliche Debatte über gesellschaftliche, religiöse und politische Angelegenheiten in den arabischen Ländern bereits seit einem halben Jahrhundert prägte. Konservative religiöse Sichtweisen eroberten die Moscheen, die Schulen und die Medien und popularisierten fundamentalistische Unterscheidungen von Gut und Böse, die sich auf alle Bereiche des täglichen Lebens erstreckten, erklärt Hroub. Es entwickelten sich zunehmend rigide fundamentalistische Maßstäbe und Hierarchien, an denen die gesellschaftliche Stellung einer Person und die ihr gebührende Achtung bemessen werden. All das vollzog sich nicht losgelöst von den geopolitischen Entwicklungen in der Region: Ohne gescheiterte Staatlichkeit, ausländische Einmischung und imperiale Interessen (Kontrolle über Erdöl) wäre dieses Szenario nahezu undenkbar gewesen, meint Hroub. So setzte sich das Primat des Religiösen über das (nicht-religiös konnotierte) Bürgerliche hinweg und fand zunehmend Eingang in die Gesetzgebung.

Obwohl dem Konflikt der Yeziden mit den Muslimen unterschiedlicher ethnischer Herkunft auch stets machtpolitische und wahrscheinlich wirtschaftliche Faktoren zugrunde lagen, kategorisierten Fatwas – das sind Rechtsgutachten islamischer Gelehrter – die Yeziden kollektiv als Feinde des Islams. Arabische Gelehrte prägten ein religiöses Bild der Yeziden, nach dem die Yeziden im Kampf um Karbala (680 n. Chr.) für den Tod von Imam Hussein, einen Enkel des Propheten, mitverantwortlich seien; ihre kollektive Verfolgung ließe sich mithin als Rache verstehen.[60] Diese Fatwas sind umso wichtiger, als sie Aufschluss über die (Verfolgungs-)Geschichte der Yeziden erlauben. Die Yeziden selbst hinterließen nur wenige historische Dokumente, eine eingeständige Tradition der Geschichtsschreibung gab es nicht, und erst im Jahr 1850 erschien eine erste von einem Yeziden verfasste Abhandlung zu ihrem Glaubenssystem, die jedoch nicht in historiographischer Absicht verfasst wurde, sondern allein den Zweck verfolgte, die Yeziden von der Militärpflicht im Osmanischen Reich zu befreien.

Mit der tradierten Beschuldigung, für das tragische Schicksal einer islamischen Gründungspersönlichkeit verantwortlich zu sein, lassen sich potentiell gewaltbereite Muslime auch in Zukunft aktivieren. Der Umgang des IS mit den Yeziden in der Region – Zwangskonvertierungen, Versklavung, Vernichtung – hat diese Rechtfertigungsdiskurse erneut aktualisiert. Entsprechend verbleiben diese Verfolgungserfahrungen in der Erinnerung der Yeziden als kollektives Trauma, das durch Rituale und Geschichten als eine Art Warnung lebendig gehalten wird.

Bezüglich der in Asylverfahren erzählten Erfahrungen durch Yeziden fällt auf, dass ihre individuellen Geschichten wenig ausformuliert und individualisiert werden. Dies wird asylrechtlich zum Problem, weil dem Narrativ als zentraler Nachweis eines Schicksals eine zentrale Rolle im Asylverfahren zukommt. Es wäre allerdings absurd zu verlangen, dass Yeziden über die Feindbilder ihrer Verfolger berichten und davon ihre eigene Gewalterfahrung ableiten. Gleichzeitig sehen sie ihr eigenes Schicksal im Jahr 2014 weniger als einmaliges Ereignis denn als eine Fortsetzung einer seit Jahrhunderten andauernden, sich wiederholenden gezielten Verfolgung. Damit werden die Verfolgungsakteure jedoch unklar, da jeder Muslim potentiell in Frage kommen würde – was selbstverständlich nicht der Fall ist. Mit dem Fall der Yeziden wird ersichtlich, dass religiöse Verfolgung einen komplizierten Sachverhalt darstellt.

Das Opfer im religiösen Diskurs

Der Literaturwissenschaftler René Girard entwirft in seinem vieldiskutierten Werk *Das Heilige und die Gewalt* eine Theorie des Opfers, um den Zusammenhang von Religion und menschlicher Gewalt zu erhellen. Anhand von Beispielen aus der griechischen Mythologie und den abrahamitischen Religionen Judentum, Christentum und Islam untersucht er die Beziehung des rituellen Opfers (*sacrifice*) und der Gemeinschaft. Opfermythen sind gut bekannt, da sie Teil der Gründungsmythen dieser Religionen sind. Paradigmatisch ist die Geschichte Abrahams, der von seinem Gott beauftragt worden war, seinen Sohn zu opfern, aber im letzten Moment die Erlaubnis erhielt, den Sohn durch ein Lamm zu ersetzen. Im Akt des Opferns wird das Opfer zerstört und umgewandelt, es wird durch diesen Prozess heilig, argumentiert Girard. Von diesem Akt profitiert allerdings nicht das Opfer selbst, sondern die Person, die es zur Verfügung stellt, oder derjenige, der es opfert, sowie die gesamte Gemeinschaft, für deren Wohlergehen das Opfer gegeben wird.

148 Ethnische und Glaubenskonflikte

Girard widerspricht mit seiner Theorie der Ansicht der Soziologen Henri Hubert und Marcel Mauss, die das rituelle Opfer als irrationale Gewalttat darstellen und es primär als einen Akt der Kommunikation mit den Göttern begreifen, für die das Opfer bestimmt ist. Girard dagegen argumentiert, dass Opferhandlungen unabhängig von Religionen existieren und damit eine soziale Rolle einzunehmen scheinen. Das Opfer eines Tieres oder eines Menschen dient dabei der Regulierung von Konflikten und funktioniert, obwohl kulturell sehr unterschiedlich eingebunden, in allen Gesellschaften auf ähnliche Weise. Das Tieropfer wird zu einem Substitut für ein Menschenopfer, übernimmt aber die gleiche konfliktregulierende Funktion wie ein Menschenopfer. Der Anthropologe Jack David Eller hat in seiner Konfliktanalyse gezeigt, dass sowohl Tier- als auch Menschenopfer in Religionen und Kulturen aller Kontinente zu finden sind. Opfer werden dort erbracht, wo soziale Konflikte in eine Gewaltspirale zu münden drohen, das heißt, wenn Konflikte nicht mehr regulierbar erscheinen, argumentiert Girard. Um das Ausmaß der Gewalt einzuschränken, wird ersatzweise das Opfer dargebracht, um so die Gemeinschaft gewissermaßen vor sich selbst zu schützen.

Girard sieht also im Opfer einen konfliktregulierenden Akt, den eine Gemeinschaft erbringt, um interne Gewalt und einen offenen Konfliktausbruch zu verhindern und soziale Harmonie wiederherzustellen. Das wird unter anderem klar, wenn man sich die Opferkategorien anschaut: Die Opfer, die in Frage kommen, sind Menschen oder Tiere, von denen keine Rache zu erwarten ist, beobachtet Girard. Gewählt werden Personen ohne gesellschaftlichen Status, etwa Kriegsgefangene oder Kinder vor ihrer Initiation oder Personen mit gesondertem Status. Durch das Opfer wird gruppeninterne Gewalt eingedämmt und soziale Harmonie hergestellt. „Der gemeinsame Nenner ist die interne Gewalt – all die Meinungsverschiedenheiten, Rivalitäten, Eifersüchteleien und Streitigkeiten innerhalb der Gemeinschaft sollen durch das Opfer unterdrückt werden. Der Zweck des Opfers besteht darin, die Harmonie in der Gemeinschaft wiederherzustellen und das soziale Gefüge zu stärken. Alles andere ergibt sich daraus.“[61] Die soziale Gewalt innerhalb einer Gruppe, die Rivalitäten, Eifersucht, Konflikte und Auseinandersetzungen spiegeln sich in der rituellen Darstellung des Opfers wider: Rituelle Gewalt an einem Opfer wäre demnach ein soziale Konflikte regulierendes Phänomen.

Die soziale Dimension von Hexerei

Die Studien von Girard legen den Fokus auf die soziale Dimension von rituellen Opfern. In diesem Zusammenhang soll die Hexerei aufgegriffen werden. Vor allem Geflüchtete aus afrikanischen Staaten südlich der Sahara berichten in den Anhörungen im Rahmen von Asylverfahren immer wieder von Gewalterfahrungen und Konfliktkonstellationen, die im Zusammenhang mit Hexerei stehen. Hexerei wird meist dann erwähnt, wenn eine dem Asylantragsteller nahe Person Opfer von Krankheiten oder anderen Umständen geworden ist oder wenn die Person selbst fürchtet, von höheren Mächten (Hexerei, *juju*, Zauber) beeinflusst zu werden bzw. worden zu sein. Die Angst vor Hexerei geht mit sozialen Zwängen einher, bleibt aber für die anderen Beteiligten des Verfahrens meist eine nicht-fassbare Kategorie. Im Rahmen von Asylverfahren werden Bezüge zu Hexerei oftmals allzu schnell als Aberglaube abgetan, ohne die Auswirkungen auf soziales Handeln näher zu beleuchten. Ethnographische Analysen der Hexerei in einem sozialen Wirkungszusammenhang können verdeutlichen, wie Hexerei im Rahmen gesellschaftlich verbindlicher Deutungssysteme real wirksam ist und wie Krankheit, Unglück und Tod davon abgeleitet werden können. Zudem kann die soziale Stigmatisierung als ,Hexe/Hexer' oder ,Zauberer' zur sozialen Ächtung und Verfolgung führen.

Mit ,Hexerei' (*witchcraft*) wird eine Bezeichnung aus einem weiten Repertoire an Begriffen gewählt, die in der Vergangenheit von etablierten Religionen wie beispielsweise dem Christentum zur Delegitimierung abweichender religiöser bzw. magischer Praktiken eingesetzt wurden. Während vergleichbare Begriffe wie Schamanismus, Mediation oder Heilkunde positiv konnotiert sind, haben ,Hexerei' und ,Zauberei' einen negativen Beiklang, der ihrem europäischen Entstehungskontext geschuldet ist. Die den Hexen und Zauberern zugeschriebenen Tätigkeiten, nämlich die Fähigkeit, mit nichtmenschlichen Wesen zu kommunizieren und diese für menschliche Handlungen zu vereinnahmen, werden aber in den jeweiligen Gemeinschaften sehr unterschiedlich bewertet.

Die Schamanen, Hexen oder Mediatoren zahlreicher Gesellschaften wurden durch Ethnologen in ihren Praktiken und biographischen Werdegängen ausführlich beschrieben. Ihre exotisch anmutenden Handlungsweisen scheinen gerade auf Ethnologen eine besondere Anziehungskraft auszuüben. Interessanterweise geraten in diesen Studien jedoch die soziologischen Fragen meist in den Hintergrund, während esoterische, kulturelle und performative sowie medizinische Fragen in den Vordergrund gerückt werden.

Hexerei ist laut der Religionswissenschaftlerin Judith Bachmann vor allem eine historisch gewachsene globale Vergleichskategorie. Eine umfassende Diskussion dieses sozialen Phänomens würde den Rahmen dieses Buches sprengen, daher soll gezielt auf bestimmte Aspekte von Hexerei eingegangen werden, die konfliktsoziologisch interessant und asylrelevant sind.

Die Geschichte der Hexerei ist komplex und Teil globaler Verflechtungen, die unter anderem Bachmann in ihrer 2021 erschienenen religionsgeschichtlichen Abhandlung zur Hexerei bei den Yoruba in Nigeria dargestellt hat.[62]

Die Diskussion um Hexerei wurde dabei von Missionskirchen geprägt, die darin einen heidnischen vorchristlichen Kult sahen. Übersetzungen des Alten und Neuen Testaments in Yoruba hatten zur Folge, dass lokale Begrifflichkeiten als ‚Hexerei' übersetzt und als widergöttliche Praktiken konzeptualisiert wurden. Kolonialherrscher übernahmen bei ihrem Kontakt mit den betroffenen Kulturen die Ansichten der Missionare, wonach Hexerei vor allem den traditionellen Herrschern dazu diente, ihre Macht zu erhalten. Sie strebten danach, eine strafrechtliche Verfolgung von ‚unmenschlichen' Orakelpraktiken im Namen der Menschlichkeit durchzusetzen. Im Rahmen des kolonialen Rechts wurde Hexerei zu einem Inbegriff okkulten Aberglaubens, der als Straftat in das koloniale Recht aufgenommen wurde und je nach Kolonie (z. B. Rhodesien, Tansania, Nigeria, Kenia) mit Gefängnisstrafen von bis zu sieben Jahren belegt wurde. Die Absichten dieser kolonialen Gesetzgebung lagen allerdings weniger in humanitären Idealen als in dem Wunsch, die Macht lokaler Autoritäten einzuschränken.

Die aus dieser Zeit vererbten Gesetze verurteilen zwar weiterhin den Glauben an Hexerei im Allgemeinen, bleiben aber in ihren Ausführungsbestimmungen vage und lassen den negativen sozialen Einfluss der als Hexen beschuldigten Personen unberücksichtigt. In vielen postkolonialen Ländern Afrikas wurden die Gesetze bezüglich Hexerei nicht wesentlich umgeschrieben, die Rechtspraxis hat sich allerdings geändert. Seit dem Ende der Kolonialherrschaft wird Hexerei zunehmend mit Frauen und Kindern in Verbindung gebracht, eine Entwicklung, die auf soziale und religiöse Diskurse zurückgeht und weniger auf die indigenen okkulten Begriffe selbst. Simeon Mesaki, der als Ethnologe über zwanzig Jahre zu Hexen in Afrika, insbesondere in Tansania, gearbeitet hat, hält die Macht der Hexerei (*witchcraft*) für so stark, dass dieser Glaube ohnehin nicht durch Gesetzgebung und juristische Verfolgung allein beseitigt werden könne.

Bezüglich Nigeria schreibt Bachmann, dass sich in der ersten Hälfte des 20. Jahrhunderts neue Bewegungen etablierten – ein Yoruba-Christentum und ein Yoruba-Islam –, die sich bewusst gegen die Missionskirchen und die Kolonialregierung abgrenzten. Die Indigenisierung des Christentums und des Islam brachte die traditionellen Kulturen wieder in den Fokus und belebte bereits vergessene lokale Praktiken wieder, stellte Bachmann fest. „Traditionelle Praktiken fungieren dabei nicht nur als eine äußerliche, entgegengesetzte Position, sondern sie sind vielmehr dasjenige, was in Christentum und Islam konstant unterdrückt werden muss, um bestimmte Vorstellungen von Christentum und Islam, etwa der Vorstellung von einer radikalen Wiedergeburt, affirmieren zu können. Gerade bei der Betrachtung von Heilpraktiken und Befreiungsdienst tritt jedoch zu Tage, wie klein die Unterschiede sein können und wie stark daher auch die Notwendigkeit ist, diese Unterschiede, etwa durch die Zuweisung von Hexerei und Magie, zu

Die soziale Dimension von Hexerei 151

vergrößern. Das bedeutet, dass traditionelle Praktiken als konstitutiver Teil von Christentum und Islam in Afrika erforscht werden müssen."[63]

Hexerei lässt sich als Religion oder Weltanschauung, als magisch-okkulte Praxis, als medizinische Heilpraxis, im Kontext psychischer Erkrankung (wie Epilepsie oder dissoziativer Persönlichkeitsstörungen), als politischer Streit um Macht und Herrschaft oder auch als konfliktregulierende Praxis untersuchen. Empirische Studien haben gezeigt, dass Hexen primär in kleineren Gemeinschaften und im Rahmen individueller sozialer Beziehungen agieren, auch wenn sich die Wirkung ihrer Hexenkunst, den Gläubigen zufolge, über Kontinente hinweg erstreckt. Hexern und Hexen wird die ambivalente Fähigkeit zugesprochen, zwischenmenschliche Konflikte zu regulieren und zu lenken, aber auch, sie zu initiieren. Gruppenkonflikte oder nationale Konflikte gehören dagegen in der Regel nicht in die Zuständigkeit der Hexen oder Zauberer.

Als Hexer und Hexen beschuldigte Personen können Opfer sozialer Konflikte sein. Nicht immer wird den beschuldigten Personen eine Möglichkeit gegeben, sich dieser Rollenzuschreibung zu entziehen oder den Vorwürfen etwas entgegenzusetzen. Die Zuschreibung, die in der Regel von einer geschädigten Person oder ihrem Umfeld auf der Suche nach einem Schuldigen an einem sonst schwer erklärlichen Ereignis stammt, wird durch die Gemeinschaft unhinterfragt akzeptiert, wenn sie im Rahmen eines verbindlichen Deutungssystems argumentiert und daher oftmals sogar von als Hexen und Hexer beschuldigten Personen selbst angenommen.

Viele Gesellschaften sehen in Unglück, Krankheit, bei Todesfällen und Umweltereignissen keine natürlichen oder zufälligen Geschehnisse, sondern gehen von einem magischen Ursache-Wirkungszusammenhang, also einer kausalen Beziehung aus. Gemäß dieser Sicht ist für jedes schicksalhafte Ereignis im Leben eines Menschen ein anderer Mensch verantwortlich, ob bewusst oder unbewusst. Wenn ein Fischer in seinem Netz nach langer Arbeit nur wenige Fische fängt, muss dies Hexerei sein; wenn eine Ehefrau ihren Mann abweist oder dieser gar stirbt, ist dies das Ergebnis von Hexerei; wenn ein gesunder Mann plötzlich krank wird und vielleicht auch noch der Ernährer der Familie ist: Hexerei; wenn ein Arbeitsmigrant trotz der hohen Erwartungen seiner Familie an ihn keinen Erfolg hat, wurde er verhext; wenn eine Ehefrau eines einflussreichen Mannes ein totes Kind gebärt, ist eine Hexe schuld – die Gründe für Hexerei sind zahlreich und stets sozial und wirtschaftlich eingebettet, schrieb bereits Edward E. Evans-Pritchard in seiner Studie *Witchcraft, Oracles, and Magic among the Azande* aus den 1930er Jahren.

Die Azande, eine ethnische Gruppe im nördlichen Zentralafrika, sind von Ethnologen detailliert untersucht worden. Bei dieser Gruppe sind Hexerei und Orakeltechniken eng miteinander verbunden. Aus diesen Kräften

152 Ethnische und Glaubenskonflikte

beziehen die Chiefs ihre Macht, und die Menschen regulieren ihre alltäglichen Probleme und Konflikte mithilfe dieser Orakel. Bevor eine Person des Schadenszaubers beschuldigt wird, befragt man ein Orakel. Hexen sind dabei nach einer sozial und/oder wirtschaftlichen Logik mit der zu Schaden gekommenen Person verbunden. Handelt es sich zum Beispiel um eine erkrankte Ehefrau, deren Genesung trotz zahlreicher Heilungsversuche ausbleibt, geraten die anderen Ehefrauen des Mannes unter Verdacht, sie verhext zu haben. Als Motiv wird hier Eifersucht angenommen; folgerichtig wird die als Hexe beschuldigte Frau einem Reinigungsritual unterzogen, um ihre Eifersucht zu heilen und den Frieden zwischen den Frauen wiederherzustellen.

Ein klassisches Motiv der Hexerei findet sich in bestimmten Typen sozialer Beziehungen, die als problematisch gelten oder konfliktgeladen sind. Hierzu gehören zum Beispiel die Beziehungen zwischen den Frauen einer Familie und die affinalen, also über eine Heirat verbundenen, Verwandtschaftsbeziehungen. Ebenso fallen Frauen, die nicht einem – oft sehr eng definierten – kulturellen Standard von Weiblichkeit entsprechen, insbesondere was die weiblichen Rollen in der Familie betrifft, schnell dem Vorwurf der Hexerei zum Opfer und werden für unterschiedliche Unglücksfälle verantwortlich gemacht. Der Tod eines Ehemannes, Kinderlosigkeit oder andere negative soziale Erfahrungen werden dabei oft dem Wirken übernatürlicher Kräfte zugeschrieben. Dabei kann die Person, der zu Lasten gelegt wird, den Schaden verursacht zu haben, sowohl die betroffene Frau selbst als auch eine mit dieser in verwandtschaftlicher oder nachbarschaftlicher Beziehung stehende Person sein. Interessant und keineswegs selbstverständlich ist die Beobachtung, dass zunehmend primär Frauen der Hexerei beschuldigt werden. Für die Yoruba hat Bachmann gezeigt, dass die Begriffe *aje* und *oso* ursprünglich kein eindeutiges Geschlecht hatten und dieses erst durch die Übersetzungen der Bibel geschlechtsspezifische Merkmale erhielten.

In Uganda traf die Ethnologin Heike Behrend auf eine Gruppe, die ihr berichtete, sie werde von ‚Kannibalen' heimgesucht. Überrascht, dass Kannibalen ihr Unwesen in Uganda treiben sollten, ging sie dieser Behauptung nach. Sie fand heraus, dass der Aufschwung okkulter Praktiken – und damit auch der Glaube an Kannibalen – eng mit der schnellen Verbreitung von Aids, einer schwächer werdenden Wirtschaft, Bürgerkrieg in anderen Landesteilen und korrupter Politik zusammenhing. Zudem hatte sich die katholische Kirche selbst zum Retter vor Hexerei und Kannibalismus erhoben und dabei dem Glauben, den sie zu beseitigen suchte, seine schon verlorene Legitimation wiedergegeben. Hexenjäger der katholischen Kirchen wie die *Uganda Martyrs Guild* jagen vermeintliche Kannibalen sowie Hexen und Hexer, um sie dann oft folterähnlichen Ritualen der Heilung zu unterziehen.[64] In diesem Zusammenhang „wurden die Hexen- und Kanniba-

Die soziale Dimension von Hexerei 153

lenjagden zu einem politischen Instrument in einem Machtkampf zwischen verschiedenen christlichen Bewegungen und Kirchen, und die Kannibalen wurden zunehmend zum ‚heidnischen' und ‚satanischen' Anderen des Christentums".[65]

Nicht nur religiöse Aktivisten widmeten sich der Bekämpfung des ‚Kannibalismus': Auch eine korrupte Politik und korrumpierte Sicherheitskräfte ließen zu, dass lokale Mobs Selbstjustiz übten. Die Hexenjagd verschärfte sich, als die Zahl der Aidsopfer seit den 1990er Jahren rapide zunahm, so dass jeden Tag oft mehrere Beerdigungen in Tooro, dem Forschungsort von Behrend, stattfanden. Die Ursache dafür wurde je nach Gruppe entweder dem strafenden christlichen Gott, der fahrlässigen Vernachlässigung von Traditionen oder aber der Hexerei zugesprochen. Die der Hexerei beschuldigten Personen wurden dabei zu den Hauptverantwortlichen der Aidsepidemie erklärt, im Vorwurf des Kannibalismus spitzte sich diese Anschuldigung zu. Der Vorwurf des Kannibalismus verbreitete sich also in einem allgemeinen Kontext des Misstrauens und der Verunsicherung angesichts kumulativer Krisen und hoher Sterberaten. Auf diese Weise wurde die Figur des Kannibalen integraler Bestandteil des lokalen xenophoben Repertoires des ausgeschlossenen ‚Anderen'. Alle Kannibalen seien Hexen, erfährt Behrend von ihren Informanten, aber nicht alle Hexen seien Kannibalen. Das Auftauchen von ‚Kannibalen' ist also als Radikalisierung des Hexendiskurses zu verstehen, der das Ausmaß von Gewalt in der Gesellschaft nochmals gesteigert hat.

Hexerei hat sich in den Gesellschaften Afrikas, auch dort, wo sie als ein integraler Bestandteil der Traditionen wahrgenommen wird, im Kontext der sich verschärfenden sozialen, ökonomischen und politischen Krisen der letzten Jahrzehnte stark verändert. Eine Verallgemeinerung dieses Befunds ist jedoch kaum möglich. Während Bachmann für Nigeria ausführlich beschreibt, wie Hexen (*aje*) als Geister Heilungsprozesse befördern, widmet sich Holger Riegel in seinem Film *Hexenwahn in Tansania* Hexenverfolgungen, denen jährlich Hunderte Menschen, vor allem Frauen, zum Opfer fallen. Im ersten Fall agieren die *aje* als ambivalente Wesen, die sowohl Positives als auch Negatives bewirken können und als Mitglieder von ‚Gottes Armee' den Religionen Islam und Christentum zugerechnet werden[66] – und auf diese Weise ein gewisses Maß gesellschaftlicher Anerkennung erhalten. Im Falle von Tansania dagegen werden soziale, gesundheitliche und wirtschaftliche Schwierigkeiten einzelnen Personen angelastet, die dann der Hexerei beschuldigt werden. Mit welcher Gewalt solche Beschuldigungen oftmals einhergehen, zeigt Riegels Film sehr anschaulich: Ein Sohn erschlägt seine Mutter, die von einem Medizinmann der Hexerei beschuldigt und für die gescheiterte Ehe des Schwagers sowie die Kinderlosigkeit des Sohnes verantwortlich gemacht wurde. Das Drama zwischenmenschlicher

154 Ethnische und Glaubenskonflikte

Spannungen und ungelöster verwandtschaftlicher Konflikte wird in diesem Beispiel deutlich vorgeführt. Allgemein lässt sich für die letzten Dekaden sagen, dass mehr Menschen infolge der Beschuldigung der Hexerei zu Tode gekommen sind als durch Hexerei selbst, konstatiert Jack David Eller.

Immer wieder ist auch ein Erbstreit Auslöser für Vorwürfe der Hexerei und daraus resultierende Gewalttaten. Eine Witwe, die das Erbe ihres verstorbenen Gatten antritt, wird der Hexerei bezichtigt, für dessen Tod verantwortlich gemacht und daher von seinen Blutsverwandten getötet; eine andere wird aus dem gleichen Grund durch die Brüder des verstorbenen Ehemannes vom Hof vertrieben. Bei der Beschuldigung der Hexerei sind die beteiligten Personen einander grundsätzlich bekannt, ja oft sogar verwandt und eng vertraut. Für die Wirkung von Hexerei scheint die direkte Bekanntschaft sogar grundlegend zu sein, auch wenn geglaubt wird, dass Gegenstände den Zauber speichern und damit über große Entfernungen transportfähig machen können. Die Macht von Hexen bzw. Zauberern, sind sich die Gläubigen sicher, wirkt über die Landesgrenzen hinaus, ja über Meere hinweg und beeinflusst das Handeln von Menschen auch in Europa. Bekannt geworden ist dieser Glaube beispielsweise im Zusammenhang mit dem transnationalen Menschenhandel und der Prostitution. Unzählige Frauen, unter anderem auch aus Nigeria, wie im oben dargestellten Fall aus einem Asylverfahren, nutzen das Netzwerk von Menschenhändlern, um nach Europa zu gelangen, und werden dabei durch Zaubersprüche und ihren festen Glauben an die im Zweifelsfall tödliche Wirksamkeit von *juju*-Schwüren an die Erfüllung von Vertragsbedingungen gebunden, von denen sie sich nicht mehr ohne weiteres loszusagen vermögen.

Der Ethnologe David Signer macht darauf aufmerksam, dass der Glaube an Hexerei im gleichen Maße zunimmt wie die wirtschaftlichen und sozialen Probleme bzw. das Auseinanderdriften von Arm und Reich. Hexerei dient, so Signer, zudem der Kontrolle innerhalb sozialer Gemeinschaften und verhindert, dass einzelne Personen aus dem allgemeinen Wohlstandsniveau herausragen. Zudem dient Hexerei Signer zufolge dazu, eigenes Scheitern anderen zuzuschreiben und Verantwortung von sich abzuweisen. Allerdings stimmen bei weitem nicht alle Wissenschaftler mit Signer darin überein, dass Hexerei ein wesentliches Hindernis für eine erfolgreiche soziale und wirtschaftliche Entwicklung in den betroffenen Gesellschaften darstellt. Aus einer ethnologischen Perspektive betrachtet, ist Hexerei unter anderem ein Mittel der Konfliktregelung sowie eine Umgangsweise mit individuellen Schicksalsschlägen und sozialen Katastrophen, bei der einzelnen Personen die Verantwortung zugeschrieben wird. Diese Zuschreibung wird durch rituelle Autoritäten vorgenommen, die in sozialen Kategorien nach Schuldigen und nach Abweichungen von kulturellen Standards suchen.

Verwendete Literatur

Abashin, Sergei 2007. *Die Sartenproblematik in der russischen Geschichtsschreibung des 19. und des ersten Viertels des 20. Jahrhunderts*. Berlin: Klaus Schwarz.

Adili, Ali Yawar und Jelena Bjelica 2018. „The E-Tazkera Rift: Yet another Political Crisis Looming?", 22.02.2018, *Afghanistan Analyst Network*, verfügbar unter: https://www.afghanistan-analysts.org/en/reports/political-landscape/the-e-tazkera-rift-yet-another-political-crisis-looming/.

Bachmann, Judith 2021. *Hexerei in Nigeria zwischen Christentum, Islam und traditionellen Praktiken. Globale Verflechtungen und lokale Positionierungen bei den Yoruba*. Baden-Baden: Nomos.

Barth, Fredrik 1998 [1969]. „Introduction", in *Ethnic Groups and Boundaries: The Social Organization of Culture Difference*, F. Barth (Hg.). Long Grove/Ill.: Waveland Press, 9–38.

Behrend, Heike 2007. „Catholics and Cannibals: Terror and Healing in Tooro, Western Uganda", in *The Practice of War*, A. Rao, M. Bollig und M. Böck (Hg.). New York: Berghahn Books, 73–86.

Blok, Anton 1998. „The Narcissism of Minor Differences". *European Journal of Social Theory* 1 (1): 33–56.

Bourdieu, Pierre 2012 [1987]. *Die feinen Unterschiede. Kritik der gesellschaftlichen Urteilskraft*. Frankfurt am Main: Suhrkamp.

Das, Veena 1995. *Critical Events: An Anthropological Perspective on Contemporary India*. Neu-Delhi: Oxford University Press.

Denich, Bette 1994. „Dismembering Yugoslavia: Nationalist Ideologies and the Symbolic Revival of Genocide". *American Ethnologist* 21: 367–390.

Donahoe, Brian, John Eidson, Dereje Feyissa, Veronika Fuest, Markus V. Hoehne, Boris Nieswand, Günther Schlee und Olaf Zenker 2009. The Formation and Mobilization of Collective Identities in Situations of Conflict and Integration. Working Paper Nr. 116, Max-Planck-Institut für Ethnologische Forschung.

Dragadze, Tamara 1990. „Some Changes in Perspectives on Ethnicity Theory in the 1980s: A Brief Sketch". *Cahiers du Monde russe et soviétique* 31 (2–3): 205–212.

Dragadze, Tamara 2011. „Soviet Ethnography: Structure and Sentiment", in *Exploring the Edge of Empire: Soviet Era Anthropology in the Caucasus and Central Asia*, F. Mühlfried und S. Sokolovskiy (Hg.). Münster: LIT, 21–34.

Dudley, Daria 2020. *Gruppenverfolgung im Asyl- und Flüchtlingsrecht. Einheitlichkeit der Rechtsprechung von Tatsachen- und Obergerichten*. Baden-Baden: Nomos.

Dündar, Fuat 2012. *„Statis Quo". British Use of Statistics in the Iraqi Kurdish Question (1919–1932)*. Brandeis University, Crown Center for Middle East Studies, Crown Paper 7.

Durkheim, Émile 2001 [1912]. *The Elementary Forms of Religious Life*. Oxford: Oxford University Press.

Eberle, U. J., D. Rohner und M. Thoenig 2020. „Heat and Hate: Climate Security and Farmer-Herder Conflicts in Africa". ESOC Working Paper 22.

Eberle, Ulrich und Paul Franz 2020. „The Climate Factor in Nigeria's Farmer–Herder Violence". *The Crisis Group*, verfügbar unter: https://nigeriaclimate.crisisgroup.org.

Eller, Jack David 2010. *Cruel Creeds, Virtuos Violence: Religious Violence across Culture and History*. New York: Prometheus Books.

Elwert, Georg 2001. „Ethnizität und Nation", in *Lehrbuch der Soziologie*, H. Joas (Hg.). Frankfurt am Main: Campus, 245–263.

Evans-Pritchard, Edward 1937. *Witchcraft, Oracles, and Magic among the Azande*. New York: Oxford University Press.

156 Ethnische und Glaubenskonflikte

Freud, Sigmund 1991 [1930]. „Civilization and its Discontents", in *The Penguin Freud Library*, Vol 12. *Civilization, Society and Religion,* Albert Dickson (Hg.). Harmondsworth: Penguin Books, 243–340.

Geertz, Clifford 1973. *The Interpretation of Cultures.* New York: Basic Books.

Girard, René 2021 [1972]. *Violence and the Sacred* (Translation by P. Gregory). London u.a.: Bloomsbury.

Hammel, Eugene A. 1993. „Demography and the Origins of the Yugoslav Civil War". *Anthropology Today* 9 (1): 4–9.

Hobsbawm, Eric und Ranger, Terence 1983. *The Invention of Tradition.* Cambridge: Cambridge University Press.

Hroub, Khaled 2017. „Der Aufbruch des Islamismus in den arabischen Gesellschaften. Der IS in den Köpfen". 30.06.2017, *Qantara*, verfügbar unter: https://de.qantara.de/inhalt/der-aufbruch-des-islamismus-in-den-arabischen-gesellschaften-der-is-in-den-koepfen.

Hubert, Henri und Marcel Mauss 1964. *Sacrifice: Its Nature and Function.* Chicago: Chicago University Press.

Janson, Marloes und Birgit Meyer 2016. „Introduction: Towards a Framework for the Study of Christian-Muslim Encounters in Africa". *Africa* 86: 615–619.

Judah, Tim 2000 [1997]. *The Serbs: History, Myth, and the Destruction of Yugoslavia.* New Haven, London: Yale University Press.

Kerborani, Hawar Bahadin 2021. „Paying the Price of Dasht-e Karbala: Historical Perceptions of Yezidis in the Ottoman Era", in *Kurds and Yezidis in the Middle East: Shifting Identities, Borders, and the Experience of Minority Communities,* G. M. Tezcür (Hg.). London u.a.: I. B. Tauris, 99–114.

Mesaki, Simeon 2009. „Witchcraft and the law in Tanzania". *International Journal of Sociology and Anthropology* 1 (8): 132–138.

Meyer, Birgit 1992. „‚If You Are a Devil, You Are a Witch and, If You Are a Witch, You Are a Devil.' The Integration of ‚Pagan' Ideas into the Conceptual Universe of Ewe Christians in Southeastern Ghana". *Journal of Religion in Africa* 22 (2): 98–132.

Neubert, Dieter 1999. „Dynamics of Escalating Violence: The Genocide in Rwanda", in *Dynamics of Violence. Processes of Escalation and De-Escalation in Violent Group Conflicts,* G. Elwert, S. Feuchtwang und D. Neubert (Hg.). Berlin: Duncker & Humblot, 153–174.

Parsa, Fariba 2021. „Iranian Women Campaign to Stop the Rise in ‚Honor Killings'." 26.08.2021, *Middle East Institute,* verfügbar unter: https://www.mei.edu/publications/iranian-women-campaign-stop-rise-honor-killings.

Prunier, Gérard 1995. *The Rwanda Crisis. History of a Genocide.* London: Hurst.

Reeves, Madeleine 2014. *Border Work: Spatial Lives of the State in Rural Central Asia.* Ithaca, London: Cornell University Press.

Reeves, Madeleine 2005. „Locating Danger: Konfliktologiia and the Search for Fixity in the Ferghana Valley Borderlands". *Central Asian Survey* 24 (1): 67–81.

Richards, Paul 1996. *Fighting for the Rain Forest. War, Youth and Resources in Sierra Leone.* Portsmouth: Heinemann.

Riedel, Holger 2008. „Hexenwahn in Tansania. 360° – GEO Reportage". 21.01.2008, Folge 234, *ARTE,* verfügbar unter: https://www.youtube.com/watch?v=8K_unhDEPJo.

Rzehak, Lutz 2016. „Ethnische Gruppen und Strukturen", in *AfPak Grundlagen der Stammes- & Clanstruktur,* Bundesamt für Fremdenwesen und Asyl (BFA) Seiten 9–29.

Schlee, Günther 2006. *Wie Feindbilder entstehen. Eine Theorie religiöser und ethnischer Konflikte.* München: C. H. Beck.

Schlee, Günther 2004. „Taking Sides and Constructing Identities: Reflections on Conflict Theory". *Royal Anthropological Institution* 10: 135–156.

Verwendete Literatur

Signer, David 2004. *Die Ökonomie der Hexerei oder Warum es in Afrika keine Wolkenkratzer gibt.* Wuppertal: Peter Hammer Verlag.

Tagay, Sefik 2018. „Die Jesiden: Religion, Gesellschaft und Kultur". *Bundeszentrale für politische Bildung*, 02.07.2018.

Tezcür, Güneş, Zeynep N. Kaya und Bayar Mustafa Sevdeen 2021. „Survival, Coexistence, and Autonomy: Yezidi Political Identity after Genocide", in *Kurds and Yezidis in the Middle East: Shifting Identities, Borders, and the Experience of Minority Communities*, G. M. Tezcür (Hg.). London u.a.: I. B. Tauris, 77–95.

Tonle, Véronique Matemnago 2018. *Conflits, coutume et deuil en Afrique subsaharienne.* Paris: L'Harmattan.

Waldmann, Peter 1999. „Societies in Civil War", in *The Dynamics of Violence: Processes of escalation and De-Escalation in Violent Group Conflicts*, G. Elwert, S. Feuchtwang und D. Neubert (Hg.). Berlin: Duncker & Humblot, 61–84.

Wily, Liz Alden 2013. „Land, People, and the State in Afghanistan: 2002–2012". AREU – Afghanistan Research and Evaluation Unit, Februar 2013, verfügbar unter: https://www.ecoi.net/file_upload/1226_1362566796_1303e-land-ii-cs-feb-2013.pdf.

Kapitel 7
Formen der Vergeltung, Fehden

Die Fehde als politische Auseinandersetzung

Ein Asylsuchender aus Tschetschenien berichtet in seinem Asylverfahren, dass sein Bruder einen Kollegen getötet habe. Nun verstecke der Bruder sich, da er Rache vonseiten der Familie des Getöteten befürchte. Auch er selbst, der Kläger, sei als nächster Verwandter des Bruders in Gefahr, der Rache anheimzufallen. Da der getötete Kollege des Bruders Mitglied des Klans von Kadyrov, dem Präsidenten Tschetscheniens, sei, gebe es keinen staatlichen Schutz vor Rache.

Der Kläger nimmt hier Bezug auf eine Form der Konfliktführung, die als Blutrache, Rache, Vendetta oder Fehde bezeichnet wird. Welche Formen der Verfolgung kann die Rache hervorbringen? Welches sind die Regeln der Fehdeführung und unter welchen Umständen wird aus einer familiären Fehde eine politisch motivierte Verfolgung? Unter welchen Bedingungen entwickelt sich aus einem einfachen Racheakt oder einer Vergeltung eine Fehde?

Thematische Einführung

Die Fehde ist eine Form der Konfliktaustragung zwischen miteinander gut bekannten Gruppen. Wie die Rache, Blutrache, Vendetta, Selbstjustiz etc. gehört die Fehde zur Form der Vergeltung. Die Praktiken der Vergeltung sind vielfältig und umfassen Gewalt und Gegengewalt ebenso wie die Option einer Ausgleichzahlung und damit die Möglichkeit gewaltloser Aushandlungsprozesse. Die Vergeltung basiert auf dem Prinzip der Reziprozität, der Gegenseitigkeit. Auch die Austragung einer Fehde entspricht diesem Prinzip. Allerdings impliziert die Fehde, im Gegensatz zu anderen reziproken Handlungen wie dem Tausch, physische Gewalt als ein Mittel der Konfliktaushandlung. Die Fehde wurde in den ostafrikanischen Gesellschaften eingehend von Ethnologen untersucht, sodass die der Fehde zugrunde liegende Regelhaftigkeit gut dokumentiert ist. Fehden wurden zunächst als Form der Konfliktführung in staatenlosen Gesellschaften identifiziert, später stellte man jedoch fest, dass Fehden nicht unbedingt mit der Etablierung eines zentralisierten staatlichen Gewaltmonopols verschwinden: Sie verändern sich lediglich in ihrer Dimension und Ausführung. Formen der Austragung von Fehden finden sich in Gesellschaften auf der ganzen Welt. In Europa ist besonders Albanien für die Austragung von Fehden bis in die Gegenwart bekannt

In Nordalbanien sind seit dem Ende der kommunistischen Diktatur (1944–1990) etwa 9.500 Menschen der Blutrache zum Opfer gefallen. Unter der eisernen Hand von Enver Hodscha wurde jede Form von Blutrache aufs schärfste verfolgt, so dass diese Praxis bis in die 1960er Jahre so gut wie vollständig verdrängt wurde. Mit seinem Tod wurde die Blutrache erneut angewendet. Allerdings wäre es falsch, das Wiederaufleben der Fehde als eine erneute Aufnahme einer unveränderten Tradition zu betrachten; vielmehr handelt es sich um eine Anpassung während der unsicheren Zeiten nach Hodschas Tod. Der *Kanun* (*Kanuni i Lekë Dukagjinit*), das seit Anfang des 20. Jahrhunderts kodifizierte albanische Gewohnheitsrecht, auf das sich die Menschen bei ihren Blutfehden beziehen, umfasst allerdings weitaus mehr als die Blutrache in ihrer heute praktizierten Form. Auch wenn der Staat seit 2001 die Regelung persönlicher Konflikte im Strafgesetzbuch kodiert hat und nicht mehr dem *Kanun* überlässt, so ist die Entwicklung noch zu neu und unsicher, als dass sich die betroffenen Familien nun vollständig auf den Staat verlassen würden. Die Fehden gehören in den meisten Ländern zum nicht-verschriftlichten, informellen Recht einer Volksgruppe.

In Russland gilt der Kaukasus als die Gegend, in der Fehden weiterhin ausgetragen werden. Der Kläger beruft sich in seinem Asylvortrag auf eine solche Tradition in Tschetschenien. Für die verhandelnden Richter stellen sich nunmehr unter anderem folgende Fragen: Zunächst muss festgestellt werden, ob der Vorfall tatsächlich in eine Fehde übergehen konnte, die dann auch den Asylsuchenden implizieren würde. Zudem muss geklärt werden, wer in diesem Fall als Verfolgungsakteur in Betracht kommt – eine einzelne Person, eine soziale Gruppe (beispielsweise ein spezifischer Klan) oder eine staatliche Institution (Sicherheitskräfte, Strafgericht) – und welcher Verfolgungsgrund dabei angeführt wird. Allgemeiner formuliert, wird in diesem Fall ein Konfliktverhältnis bearbeitet, das stark reguliert erscheint, aber gängigerweise auch als traditionelle und daher nicht mit modernen politischen Strukturen zu vereinbarende Konfliktform betrachtet wird.

Im Folgenden wird zunächst eine kurze Einführung in die Forschung zu Vergeltung gegeben und anschließend ausführlicher auf das Fehdensystem eingegangen. Die Begriffe Fehde, *Vendetta*, Rache oder Vergeltung unterscheiden sich weniger inhaltlich als in der wissenschaftlichen Anwendung. So handelt es sich beim Begriff *Vendetta* um eine Bezeichnung für eine auf Gewohnheitsrecht basierende Institution der Blutrache, die vornehmlich in der Forschung zu Italien verwendet wird, während der ethnologische Begriff der Fehde in Bezug auf Gesellschaften in Afrika und Asien bevorzugt wird. Mit ‚Vergeltung‘ als einem Überbegriff hat der Ethnologe Bertram Turner die unterschiedlichen soziopolitischen Konfliktformen Fehde, Rache, Selbstjustiz, *Vendetta* etc. vergleichbar gemacht. Im folgenden Kapitel wird daher zunächst Vergeltung als eine Form der Reziprozität vorgestellt.

Wie die Fehde als Ordnungssystem funktioniert, haben frühe Ethnographien ostafrikanischer Gesellschaften gezeigt. Anhand eines ersten Beispiels aus Ostafrika soll gezeigt werden, dass die Fehde eine strukturierende und konfliktkontrollierende Funktion hat, die jedoch ein hohes Maß an Gewalt in Kauf nimmt. Die Rolle von Verwandtschaft ist in Fehden grundlegend, da sie Ressourcen für Frieden und Allianzen bereitstellt und temporäre Ruhephasen von Fehden ebenso wie die Beendigung von Fehden durch Ausgleichszahlungen ermöglicht. In einem zweiten Beispiel aus dem Kaukasus soll eine Tradition der Fehdenführung beschrieben werden, die unterschiedliche politische Systeme – Emirat, Zarenreich, Sozialismus, Demokratie – überdauert hat und heute bis tief in die politischen Strukturen hineinreicht.

Vergeltung

Das Prinzip der Vergeltung ist so alt wie die Menschheit. Ihre Form und Organisation unterscheidet sich jedoch je nach Gruppe erheblich. Im populären Verständnis dient die Vergeltung der Wiederherstellung von Gerechtigkeit auf eigene Faust, ähnlich dem Robin-Hood-Phänomen, schreibt Turner. Die Anwendung von Gewalt kann bis zu einem gewissen Grad innerhalb bestimmter soziokultureller Rahmenbedingungen außerhalb des staatlichen Rechts gerechtfertigt erscheinen.

Die Medien, so Turner, konzeptualisieren Rache vor allem auf zwei Arten: einmal als archaische Konfliktführung traditioneller Gruppen, zum andern als militärisch präzisen Gegenschlag. Dabei, kritisiert Turner, konzentrieren sich die Medien auf Fälle, die Gewaltspiralen auslösen; die Wahl gewaltloser Ausgleichsoptionen dagegen, die in der Regel inhärenter Teil der Vergeltung sind, werden ausgeklammert. Vergeltung kann auf allen Ebenen ausgeübt werden: zwischen zwei Personen, Familien, Gruppen oder Nationalstaaten. Daher wird in manchen Gesellschaften Vergeltung als Organisationsprinzip eingesetzt. Die Vergeltung hat in den letzten Jahren erneut das Interesse der Forschung geweckt, diesmal nicht nur der Ethnologen, sondern auch der Psychologen und Rechtswissenschaftler.

Grundsätzlich ist Vergeltung dem Prinzip der Reziprozität zuzuordnen, das die Grundlage menschlicher Austauschprozesse darstellt. Reziprozität, also die Entsprechung von Leistung und Gegenleistung, basiert auf dem Tausch, dessen zentrale Funktion der Ausgleich zwischen Individuen und Gruppen und der, in formalisierter Form, die Grundlage wirtschaftlicher Transaktionen ist. Allerdings kommt die Reziprozität nicht nur in der Wirtschaft und im Wettbewerb zum Vorschein, sondern durchzieht alle Lebensbereiche, oft in institutionalisierter Form.

Betrachtet man Vergeltung also als Teil sozialer Austauschsysteme, wird der formalisierte Charakter der Vergeltung und damit ihre Funktion als Mechanismus der Konfliktregelung und der Reduzierung der Gewalt klarer. In fast allen Gesellschaften eröffnen Regeln der Vergeltung eine nicht-gewalttätige alternative Lösung oder zumindest die Chance, die Anwendung von Gewalt zu minimieren. Es handelt sich bei der Vergeltung also nicht um einen Kreislauf nicht endender Gewalt traditioneller Gruppen, wie immer wieder fälschlich angenommen wird, sondern um eine institutionalisierte Form der Konfliktführung, meist unter Ausschluss staatlicher Instanzen. Die Erwartung einer Entgegnung, die durch eine Handlung im Rahmen der Reziprozität aufgebaut wird, beruht auf einer Moralität, so Turner, die der Reziprozität inhärent ist.

Bekannt ist die Vergeltung unter anderem aus religiösen Diskursen, wo ihr die Funktion der Aufrechterhaltung eines moralischen Wertekanons zugesprochen wird. Im Islam wird Vergeltung streng geregelt und neben Gewalt stets eine nicht-gewalttätige Alternative angeboten. In diesem Zusammenhang hat unter anderen der Ethnologe Ben Hounet *diya*, die Möglichkeit der Ausgleichzahlung bei Vergeltung im Rahmen islamischer Rechtspraktiken, untersucht.

Das Spektrum der Vergeltung reicht von Kommunikationsverweigerung bis hin zur Anwendung von Gewalt. In der Tat ist Gewalt ein wichtiger Bestandteil der Vergeltungskonflikte, sowohl in individuellen als auch in Gruppenauseinandersetzungen. Wichtig für diese Form der Konfliktaustragung sind die gleichen Ausgangsbedingungen für beide Parteien, zumindest in der Wahrnehmung. Einzelpersonen sind stets aufgrund ihrer Gruppenzugehörigkeit bzw. Verwandtschaftsbeziehungen betroffen. Gruppen oder Personen, die nicht zu den beiden beteiligten Parteien gehören, werden nicht in den Streit involviert.

Bei der Vergeltung handelt es sich nicht unbedingt um eine sanktionsorientierte Maßnahme, sondern um ein sozial eingebettetes Handeln. Betroffene Gesellschaften sind sich dabei von vornherein bewusst, welche potentiellen Konsequenzen ein bestimmtes abweichendes Verhalten hervorrufen kann. Damit ist die Vergeltung eine gewaltkontrollierende Maßnahme, deren Regeln klar definiert sind und die nur unter Konfliktakteuren in Frage kommt, die in einem gemeinsamen soziokulturellen Rahmen leben. Turner weist zudem darauf hin, dass „[i]m Rahmen alltäglicher Streitigkeiten über längere Zeiträume [...] Vergeltung keinesfalls mehr Gewalt erzeugt, sondern zu ihrer Eindämmung beiträgt. Dies gilt sogar für soziale Gefüge, in denen Vergeltungsmaßnahmen mit Gewalt gleichgesetzt werden. Ihre Einbettung in institutionelle Arrangements der Konfliktregulierung bietet einen analytischen Ausgangspunkt und den Schlüssel zum Verständnis dafür, wie Vergeltung sich auf menschliche Beziehungen auswirkt."[67]

Die beteiligten Akteure nehmen sich nominell als gleichwertige Partner wahr und sind miteinander bekannt. Dies gilt auch für Banden oder kriminelle Gruppen, die eigene Regeln der Vergeltung aufstellen und in langjährige, fehdenähnliche Konflikte verwickelt sein können. Man denke hier zum Beispiel an die arabischen und kurdischen Klans, die sich in Berlin offen bekriegen und ihre wirtschaftlich-kriminellen Netzwerke durch eigene Konfliktmodi regeln.

Die Fehde als Form der Vergeltung kann aber auch in eine vom Staat unterstützte oder zumindest gebilligte Form der Sicherheitsmaßnahme übergehen, wie im Fall von Tschetschenien. Hier vermischt sich politische Gewalt mit persönlichen Animositäten und schafft ein neues Gewaltgefüge, das die am Konflikt Beteiligten aber weiterhin mit dem Begriff der Fehde beschreiben. Damit wird politische Verfolgung zwar mit einer traditionellen Bezeichnung belegt, kann aber nur schwer mit Vergeltungsmaßnahmen im Rahmen eines vorkolonialen Systems der Fehde verglichen werden. Opfer des Systems sind Personen wie der Kläger, die in einen fehdenähnlichen Konflikt hineingezogen werden, wenn der Staat einer individuellen Gewalttat nicht mit dem regulären Gerichtssystem begegnet, sondern in einen Gruppenkonflikt überführt.

Die Fehde unter den Nuer in Ostafrika

Die Forschung ging lange davon aus, dass Fehden die zentrale Form der Konfliktaustragung in Gesellschaften, in denen kein Staat existiert, darstellen und damit kein Gewaltmonopol zur Konfliktregelung eingesetzt werden kann. Die Nuer in Ostafrika sind ein Beispiel für eine solche akephale, also ‚kopflose' Gesellschaft, die ohne eine zentralisierte Institution Konflikte löst. Sie wurden unter anderem durch die Ethnographien von Edward Evans-Pritchard aus den 1940er Jahren bekannt. Die Nuer zeichnen sich dadurch aus, dass sie in vielen unterschiedlichen Stämmen leben, die jedoch nicht zentralisiert organisiert sind und keine Chiefs anerkennen.

Zu Zeiten von Evans-Pritchard unterschieden die Nuer intern zwischen Gruppen, die westlich und östlich des Nils lebten. In anderen Worten, die Stämme teilten sich in territoriale Segmente auf, die als separate Gemeinschaften angesehen wurden. Die Siedlungsgebiete haben sich im Laufe der Zeit verändert, der territoriale Bezug von Stämmen bleibt aber eine zentrale Referenz der Gruppen.

Die Nuer leben von der Rinderzucht und sind, abhängig von Regenfällen und dem jahreszeitlichen Wachstum der Vegetation, entsprechend mobil.

Rinder bilden das Zentrum ihres Lebens und ihrer Kultur, auch wenn sie zusätzlich Hirse oder Mais anbauen. Für ihre Rinder nehmen sie jedes Risiko auf sich. Nuer müssen mit sehr knappen Ressourcen haushalten und leben je nach Saison über ein großes Territorium verstreut, weit voneinander entfernt, um ihren Rinderherden die bestmögliche Ernährung zu sichern. Wenn Teile des Gebiets in der Regenzeit überschwemmt werden, ziehen sie in andere Gebiete und leben dann möglicherweise auf einem Gebiet gemeinsam mit anderen Gruppen.

Die Heiratsregeln der Nuer sehen Exogamie vor, das heißt, dass die Ehepartner unterschiedlichen Nuer-Klans entstammen müssen und Männer keine Frauen aus dem eigenen Verwandtschaftsverband heiraten dürfen. Die Exogamie-Regelung zwingt sie, Allianzen mit entfernten Gruppen einzugehen, mit denen sie auch im Konflikt stehen könnten. Damit sind Heiratsallianzen ein Druckmittel zur Kooperation, in einer Gesellschaft, in der Rinderdiebstahl weit verbreitet ist und immer wieder Anlass zu Streitigkeiten und Auseinandersetzungen bildet.

Laut den – inzwischen bezüglich der Details sicherlich veralteten – Ethnographien von Evans-Pritchard beläuft sich der Brautpreis für eine Frau auf vierzig Rinder, die der künftige Ehemann von seinen eigenen Verwandten oder aus der väterlichen Herde erhält. Damit geht der Bräutigam sowohl mit den eigenen Verwandten als auch mit den Verwandten seiner künftigen Frau eine Beziehung ein, in deren Rahmen er sich friedfertig verhalten muss. Ebenso ist der Bruder der Ehefrau auf diese Rinder angewiesen. Trennt sich ein Paar, müssen die Rinder allerdings den Verwandten des Ehemanns zurückgegeben werden. Neben dem Tausch von Rindern und dem Brauttausch gibt es weitere Institutionen, die einen relativen sozialen Frieden zwischen den Klans aufrechthalten, etwa die Beziehung zwischen dem Onkel mütterlicherseits (*avunculus*) und seinen Neffen. Gute soziale Beziehungen werden daher als Voraussetzung für ein befriedetes Leben angenommen. Kommt es dennoch zu Konflikten, werden diese nach feststehenden Regeln ausgetragen.

Evans-Pritchard entwickelte ein Schema der Segmentierung, in dem er die territoriale räumliche Aufteilung mit der sozialen Struktur verband. Er zeigte dabei, dass die *lineages* (Verwandtschaftslinien) jeweils in unterschiedliche Segmente aufgeteilt sind, und zwar bis hinunter auf die Dorfebene. Fehden werden ausschließlich auf der gleichen Segmentebene ausgetragen, das heißt, eine Dorfvereinigung kann Fehden mit einer anderen Dorfvereinigung austragen, ein Lineage-Segment mit einem gleich großen anderen Lineage-Segment. Damit stehen sich also theoretisch immer gleich große Einheiten gegenüber; niemals muss sich ein Dorf gegen ein Lineage-Segment verteidigen. Weitet sich ein Konflikt aus, so verändert sich die Größe der Gruppe, bis hin zu Auseinandersetzungen der Nuer mit anderen

Die Fehde unter den Nuer in Ostafrika 165

ethnischen Gruppen, zum Beispiel bei Streitigkeiten um Wasserrechte. Im Falle eines externen Angriffs, wie etwa durch Truppen der Kolonialmächte, stellten die verschiedenen ethnischen Gruppen ihre Feindseligkeiten untereinander hintan, um gemeinsam den externen Feind zu bekämpfen. Diese Form der Konfliktführung zwischen den Gruppen bezeichnet Evans-Pritchard als Fehde, obwohl der Krieg gegen externe Armeen von den Nuern nicht mehr nach den Regeln der Fehde geführt wird.

Der ‚Leopardenfell-Chef' und die ‚Propheten' sind die einzigen Autoritäten der Nuer, die eine gewisse politische Funktion ausüben. Neben den Heiratsallianzen zwischen Angehörigen verschiedener Klans sorgt zudem die Organisation der Gesellschaft in Altersklassen (age-sets) im Gebiet der Nuer für eine relativ strukturierte Konfliktaustragung. In diese Altersklassen wird jedes männliche Individuum hineinsozialisiert und verbleibt dort bis an sein Lebensende. Die Nuer haben meist etwa sechs Altersklassen gleichzeitig, die in Abständen von zehn Jahren gebildet werden, ein Organisationsprinzip, das in Kapitel 4 ausführlich beschrieben wurde.

Konflikte zu Zeiten von Evans-Pritchard fanden sowohl innerhalb der Nuer-Stämme als auch zwischen den Nuer und der Gruppe der Dinka statt. Während bei Auseinandersetzungen innerhalb des Stammes Frauen und Kinder weder verletzt noch geraubt werden durften, galten im Kampf gegen die Dinka andere Regeln. Das Gesetz der Fehde galt Evans-Pritchard zufolge nur zwischen Mitgliedern eines Stammes und sah neben einer gewaltsamen Auseinandersetzung infolge eines Homizids immer auch eine gewaltlose Alternative (Blutgeld) vor. Konflikte zwischen unterschiedlichen Stämmen hingegen wurden nicht als Fehde wahrgenommen; weder Frauen und Kinder noch Behausungen wurden folglich verschont. Evans-Pritchard resümiert: „Man kann daher sagen, dass es unter Stammesangehörigen ein Gesetz im begrenzten und relativen Sinne gibt, [...] aber kein Gesetz zwischen den Stämmen. Wenn ein Mann an einem Stammesgenossen eine Straftat verübt, stehen er und seine Verwandten diesem Mann und seinen Verwandten in einer Rechtsbeziehung gegenüber, und die daraus hervorgehenden feindlichen Beziehungen können durch Zahlung von Vieh geschlichtet werden. Wenn ein Mann die gleiche Tat gegen einen Mann eines anderen Stammes begeht, wird kein Gesetzesbruch angenommen, es gibt keine Verpflichtung zur Beilegung des Streits und es gibt kein Verfahren, um ihn beizulegen. Die lokalen Gemeinschaften wurden entweder als Stämme oder Stammessegmente klassifiziert, je nachdem, ob sie die Verpflichtung zur Zahlung von Blutvermögen anerkennen oder nicht."[68]

Die Verpflichtung, Blutgeld zu zahlen, dient der Klassifizierung anderer Gruppen als Teilsegment der gleichen Gruppe oder als fremder Stamm. Damit definiert die Form der Konfliktführung zugleich die Zugehörigkeit zu einer Gruppe, und dies mehr noch als institutionelle oder kulturelle

Faktoren. Das bedeutet nicht, dass keine Unterschiedsmerkmale nach kulturellen Aspekten erstellt werden (Kleidung, Schmuck, Nahrungsmittel, Rituale etc.), vielmehr wird damit ausgedrückt, dass Fehden immer wieder die Grenzen zwischen Gruppen schärfen und erkennbar machen oder auflösen.

Mit dieser Feststellung definiert Evans-Pritchard wichtige Kriterien der Fehde, nämlich die Beschränkung auf Gruppen, die sich miteinander verbunden und verpflichtet fühlen und sich bezüglich der Regeln der Gewaltanwendung einig sind. Die Fehde wird dabei als strukturierende Institution für die Gruppe beschrieben. Entsprechend werden die Anwendung von Gewalt und die Waffen, die dabei zum Einsatz kommen dürfen, klar definiert.

Dies wird in einer aktuelleren ethnographischen Episode von Günther Schlee aus dem Jahr 2008 anschaulich dargestellt. Die Boran sind eine Gruppe in Ostafrika, die bis heute regelmäßig in Fehden involviert sind. Die Fehde dient dabei auch als Grenzziehung zwischen Gruppen und bestimmt die Zugehörigkeit des Einzelnen. Schlee gibt hierzu folgendes Beispiel: Ein Boran beschloss, seine Gruppe zu verlassen und wegzuziehen. Die Krieger wollten das nicht hinnehmen und verfolgten ihn, um ihn zu töten. Dabei töteten sie ihn jedoch nicht als Feind (mit Speer und Trophäe), sondern betrachteten ihn noch als Mitglied ihrer Gruppe. Die Folge war, dass diese Tötung (mit Knüppel) als Mord eines Gruppenmitgliedes verurteilt wurde und die dabei zu Schaden gekommene Familie kompensiert werden musste. Mit der Art des Tötens wurde die Position dieser Person als externer oder interner Feind markiert.

Das Kämpfen selbst gehört zu den idealen Tätigkeiten eines Mannes, allerding wird die Art der Waffe entsprechend dem Alter festgelegt. Kinder werden erzogen, mutig zu sein und für ihre Ehre zu kämpfen. Bereits die Kinder treten mit Spikearmbändern bewaffnet gegeneinander an. Männer im gleichen Dorf oder Camp streiten mit Keulen, Männer verschiedener Dörfer mit Speeren, und Kämpfe zwischen Gruppen, die außerhalb des Stammessystems stehen, werden mit Gewehren ausgetragen. Entsprechend hoch ist die Zahl der Toten und Verletzten. Nur die betroffenen Parteien kämpfen, und es dürfen keine weiteren Personen eingreifen, auch nicht Verwandte. Kämpfer können jedoch getrennt werden, und der Älteste mit dem Leopardenfell, dem im Dorf eine Sonderrolle als Friedenshüter zukommt, kann einen Streit schlichten, sofern die Konfliktparteien ihn einbeziehen. Somit ist Kompensation möglich und ritualisiert.

Für die Nuer hat Evans-Pritchard eine Reihe von konfliktauslösenden Ereignissen gelistet: Tierdiebstahl, die Vernichtung einer Ernte durch fremdes Vieh, eine Verletzung der Wasserrechte oder Weiderechte oder das eigenmächtige Ausleihen eines Gegenstandes ohne vorherige Erlaubnis. Allgemein wird der Einsatz von Gewalt dann gerechtfertigt, wenn die Ehre eines

Mannes angegriffen wurde. Ehre meint hierbei die Integrität einer Person als Teil einer Gemeinschaft, die jede Position klar definiert.

Evans-Pritchard meint, dass die Angst vor einer Fehde die Garantie für die Sicherheit des Einzelnen darstellt. Gleichzeitig beschreibt er, dass es kaum einen Mann ohne Narben gibt, was die Häufigkeit von Fehden nahelegt. Zudem bezweifelt er, dass angesichts der zahlreichen Konflikte, die tödlich enden, die dafür vorgesehene Kompensation überhaupt noch in Betracht gezogen wird. Individuen, schreibt er, seien ständig in Auseinandersetzungen eingebunden. Jede Beleidigung könne der Auslöser für eine Fehde sein. Grundsätzlich spielt aber die strukturelle Distanz eine wichtige Rolle: Sind Personen nahe Verwandte, wird der Konflikt schnell beigelegt; sind Personen zwar Nachbarn, aber ohne Heiratsallianzen untereinander, ist der Konflikt schwieriger zu beenden.

Das Fehdensystem führt dazu, dass Gruppen immer wieder miteinander fusionieren oder sich trennen. Damit wirkt die Fehde sowohl als Faktor der politischen Organisation als auch der sozialen Dynamik. Konflikte können dabei entweder mit der Wiederherstellung der bisherigen Ordnung enden und damit zur Stärkung der Ordnung beitragen oder mit einem Bruch, einer Spaltung der Gruppe.

Der Grundlagentext von Evans-Pritchard zu den Nuern wurde ausführlich dargestellt, da er das Grundprinzip der Fehde als Form der Vergeltung darstellt. Zusammenfassend lässt sich für eine Fehde sagen: 1) Es handelt sich bei der Fehde um einen Konflikt, der sich infolge eines Angriffs auf die Ehre eines Individuums oder einer Gruppe zwischen dem Täter und dem Geschädigten entwickelt. 2) Die Gruppenzugehörigkeit des Opfers und des Täters bestimmt die Ebene des Konflikts (Familie, Dorf, Stamm, Klan). 3) Rache und Gegenrache unterliegen den den beteiligten Gruppen bekannten Regeln. 4) Vermittler (z. B. Leopardenfell-Chef, Propheten), die Teil des soziokulturellen Rahmens des Fehdensystems, aber selbst nicht in den Konflikt involviert sind, haben die Möglichkeit, in einem solchen Konflikt zu verhandeln und gewaltlose Optionen vorzuschlagen. Sie können gewaltlose Alternativen jedoch nicht erzwingen, weil es keine Sanktionsmacht gibt – die Parteien müssen deren Vorschlägen zustimmen.

Varianten der Fehden-Austragungen

Der Ethnologe Max Gluckman, der in den 1970er Jahren seine Forschung zu Ostafrika publizierte, geht davon aus, dass blutige Konflikte umso besser vermieden werden können, je mehr soziale Beziehungen zwischen Verwandtschaftsverbünden (Klan oder Stamm) existieren. Er nennt dieses Prinzip *cross-cutting ties.*

168 Formen der Vergeltung, Fehden

Ausgangspunkt für solche multiplen Verflechtungen (*cross-cutting ties*) ist die Annahme, dass ein friedliches Zusammenleben vorteilhafter ist als ein Zustand permanenten Konflikts bzw. der ständigen Angst vor Vergeltung. Heiratsbeziehungen seien demnach ein bewährtes Mittel, um Feindschaften und Fehden zu vermeiden, postuliert Max Gluckman. Dadurch, dass jeder Ehepartner auf der anderen Seite Verwandte habe, bestehe ein gemeinsames Interesse an einer möglichst gewaltreduzierten Konfliktaustragung. Damit erzeugt die Etablierung verwandtschaftlicher Beziehungen einen gewissen Druck auf die Akteure, ihre Konflikte gewaltlos zu lösen. Gluckmans Theorie ist damit weniger eine Konflikttheorie als eine Theorie der Friedenssicherung.

Die funktionale und strukturelle Erklärung, die Gluckmans Theorie zugrunde liegt, wurde kritisiert, weil sie davon ausgeht, dass die Fehde versteckte Ziele beinhaltet. Christopher Robert Hallpike zum Beispiel, dessen Ethnographie der im Hochland von Papua-Neuguinea lebenden Tauade im Jahr 1977 publiziert wurde, ist der Ansicht, dass die räumliche Nähe von Gruppen, denen Schaden zugefügt wurde und von denen daher Rache zu erwarten wäre, eher zu einer Konflikteskalation als zu Frieden führt. Damit wird die Rolle von Fehden in Bezug auf Konfliktführung und Friedenssicherung kontrovers diskutiert.

Während Evans-Pritchard koloniale Entwicklungen in seinen ethnographischen Untersuchungen außer Acht lässt, stellen spätere Forschungen dar, wie die Kolonialmächte massiv in lokale Formen der Konfliktführung und damit der Fehde eingriffen. Unter kolonialen Regimen wurden unter anderem Rituale zur Initiation in die Altersklassen verboten, die allerdings sichergestellt hatten, dass keine Altersklasse unverhältnismäßig viel Macht durch Gewalt akkumulieren konnte. Die Kolonialverwaltung unterbrach diesen Ausgleichsmechanismus und stattete die aktuelle Altersklasse der Krieger mit neuen Machtbefugnissen aus. Diese Intervention der Kolonialmacht in Stammesangelegenheiten trug dazu bei, dass die Angehörigen der Kriegerklasse ihre neuerworbene Macht behalten wollten und den Aufstieg in die nächste Altersstufe, in der die Anwendung von Gewalt nicht mehr legitimiert wäre, ablehnten. Die in der Kriegerklasse verharrende Generation festigte ihre Macht weiter, während die Unzufriedenheit der jüngeren Generationen wuchs. Dies war zum Beispiel der Fall im *Ituika*-Altersklassensystem in Kenia, bei dem die Macht alle 30 Jahre an die nächste Generation übergeben werden sollte. Aus diesen Kriegerklassen bildeten sich schließlich die antikolonialen Armeen, wie die Mau-Mau-Bewegung, die den Kampf mit den Briten aufnahmen.

Trotz des umfassenden Eingriffs in die soziale Ordnung und die damit verbundene Konfliktaustragung verdrängte die Kolonialzeit die Fehde als regulative Konfliktführung und politisches System nicht. Zwar änderten

Varianten der Fehden-Austragungen 169

sich die Kräfteverhältnisse und die Art der Waffen, die für die Auseinandersetzung eingesetzt wurden, jedoch scheinen die Gruppenallianzen weiterhin den Regeln der Fehde zu unterliegen. So stellt Günther Schlee in seiner Forschung zu den nomadischen Gruppen Gabbra und Rendille aus dem Jahr 1997 fest, dass Fehden weiterhin ausgetragen werden und die Zahl der Toten sogar relativ hoch ist. Die dreihundert Krieger der Altersklasse *Ilkichili* (Jahrgänge 1965–1979) der Rendille, ein Stamm in Ostafrika (Kenia und Somalia), trugen allesamt mehrere weiße Perlen, wobei jede Perle einen getöteten männlichen Gabbra repräsentiert. Auch die Gabbras dürften ähnlich viele Rendille getötet haben. Dies lässt auf ein beträchtliches Ausmaß an Gewalt schließen, wenn man bedenkt, dass die Gruppen jeweils kaum mehr als 20.000 Mitglieder haben. Das Kräfteverhältnis zwischen den Gruppen während der Konflikte wurde vor allem durch die Einführung von Handfeuerwaffen verändert – zugunsten der Gabbra, die einen besseren Zugang zu diesen hatten.

In seiner Forschung stellt Schlee allerdings fest, dass es sich nicht bei allen gewaltsamen Konflikten um eine Fehde handelt, deren Ziel Vergeltung für vorangegangenes Unrecht ist. Was die Fehde in Ostafrika bis heute kennzeichnet, ist ihre Funktion, Grenzen der Zugehörigkeit und Feindschaft zwischen den Gruppen immer wieder neu zu etablieren und zu aktualisieren. Die Fehde setzt Gruppen in eine spezifische Abhängigkeit, die ein Eroberungs- oder Vernichtungskrieg nicht kennt. Kompensation, Vergeltung und Gewalt sind soziale Handlungen, die bestimmten Regeln folgen und Gewalt in gewissen Grenzen halten. Fehden sind keine traditionellen Kriege, warnt Schlee, sondern dynamische Auseinandersetzungen zwischen Gruppen im Rahmen von Beziehungen, die immer wieder neu verhandelt werden.

Von diesen Forschungsgrundlagen ausgehend hat Schlee später mit dem handlungstheoretischen Modell *Rational Choice Theory* (RCT) gearbeitet. Schlee sieht in dieser Theorie die Möglichkeit einer zeitgemäßen Erforschung traditioneller Systeme. Dabei werden die Handelnden nicht als Gefangene ihrer Kultur oder Tradition gesehen, sondern die rationalen Gründe hinter der Wahl der Allianzen und Konflikte in den Fokus der Forschung gestellt. So sind prinzipiell viele Variationen der Konfliktallianzen möglich, die durch die vorherrschenden Kenntnisse, Gegebenheiten und demographischen und klimatischen Verhältnisse beeinflusst werden. Dazu gehören territoriales Wissen, Konstruktionen von Unterschieden bezüglich ethnischer Zugehörigkeiten, Stammes- und Religionszugehörigkeit und die materielle Ausstattung für einen Konflikt sowie das Rechtsverständnis. Mit diesem Ansatz löst er die Konfliktführung aus dem System der Fehde heraus und generalisiert den methodischen Ansatz der Konfliktanalyse. Die Frage, inwieweit Konflikte an kulturelle Muster gebunden sind, stellt sich umso mehr, als moderne Staatengebilde die Konfliktführungen weiter

170 Formen der Vergeltung, Fehden

beeinflussen, transnationale Netzwerke diese über lokale Orte hinaustragen und Kleinwaffen die Kräfteverhältnisse verändern können. Fehden sind eine Möglichkeit, Konflikte zwischen Gruppen und Individuen zu rechtfertigen, sie sind jedoch nicht mehr (wenn sie es denn je waren) ein kultureller Zwang ohne Optionen für die Beteiligten.

Somalia – Fehden als Kräfteausgleich

Auf Konflikte in Somalia wurde bereits in den Kapiteln zuvor aus unterschiedlichen Perspektiven geschaut. Im Folgenden soll auf einen klassischen Erklärungsansatz bezüglich Konflikten in Somalia eingegangen werden, wie er meist in den Herkunftslandinformationen vertreten wird. Üblicherweise wird Somalia hier als eine von Klan- und Lineage-Gruppen (auf Abstammung basierenden Gruppen) bestimmte Gesellschaft betrachtet, deren dominante Gruppen mobiler Viehhaltung nachgehen und auf einem mehr oder weniger definierten Territorium leben, dessen Grenzen sich aus den Notwendigkeiten der Tierhaltung ergeben. Die Mitglieder der einzelnen Klans und Lineages können ihre Abstammung dem Ethnologen Ioan M. Lewis zufolge bis auf etwa zwanzig Generationen zurückverfolgen.

Der Politik- und Regionalwissenschaftler Joakim Gundel beschreibt in seinem Gutachten zu Somalia aus dem Jahr 2009, dass eine Lineage-Gruppe immer so groß sein muss, dass sie in der Lage ist, Vergeltung im Falle eines Totschlags zu üben. In anderen Worten, nicht die absolute Personenzahl ist ausschlaggebend, sondern deren Kapazität, die festgelegten Kompensationszahlungen im Falle eines Totschlags in Höhe einer gewissen Anzahl Kamele (*diya*- oder *mag*-Zahlungen) aufzubringen. Wenn eine Gruppe eine bestimmte Größe überschritten hat, kommt es zur Teilung, allerdings nur, wenn daraufhin beide Gruppen in der Lage sind, die nötige Anzahl an Kamelen unter den eigenen Mitgliedern einzusammeln. Die Anzahl der Kamele als Kompensation variiert je nach der zu Schaden gekommenen Person und der Klan- bzw. Stammesebene, die involviert ist. Diese gegenseitigen Verpflichtungen zwischen zwei Gruppen stellen ein traditionelles, nicht verschriftlichtes Rechtsprinzip dar, das lokal als *xeer* bezeichnet wird.

Das somalische System ist ein vor allem auf nomadische Lebensweisen ausgerichtetes System, zum Nachteil berufsbasierter und von Agrarwirtschaft lebender Gruppen, die unabhängig von ihrer Mitgliederzahl als ‚Minderheiten' betrachtet und auf der politischen Ebene diskriminiert werden. Die im Südosten Somalias lebenden ‚Minderheiten' der Bauern, deren soziale und politische Organisation von Dorfstrukturen abhängt, sind nur selten in der Lage, eine eigene Armee auf die Beine zu stellen, um in diesem Fehdensystem zu bestehen. Minderheiten sehen sich im Rahmen der Regeln des *xeer* daher dazu gezwungen, sich einem dominanten Klan anzuschließen, was durch Adoption oder Inkorporation möglich ist, um im Falle eines Konflikts Schutz zu erhalten.

Im Laufe der zahlreichen Konflikte in Somalia – die keinesfalls immer nur aus ausgeglichenen Fehden-Konflikten bestanden – wurde in den letzten Jahrzehnten ein beträchtlicher Teil der Bevölkerung vertrieben und in Binnenvertriebenenlagern untergebracht. Hier wurde die Abhängigkeit schwacher Gruppen von den Lineages der Viehzüchter in besonders grausamer Weise sichtbar. Frauen von Minderheitengruppen wurden in diesen Lagern vergewaltigt und beraubt, und zwar von Mitgliedern derjenigen Klans, die sich zu ihrem Schutz verpflichtet hatten. Dies war möglich, weil die Geflüchteten ihre territoriale Referenz verloren hatten und anscheinend der Kontext für das Fehdensystem nicht mehr gegeben war, wohl aber die Abhängigkeit fortbestand. Zudem fehlte es an Sanktionsmöglichkeiten gegen marodierende Milizen, die nunmehr dazu übergingen, auch Mitglieder der eigenen Gruppe anzugreifen, vor allem, wenn es sich dabei um adoptierte oder inkorporierte Angehörige von Minderheiten handelte.

Unter Siad Barre, der durch einen Militär-Coup 1969 in Somalia an die Macht kam, wurde 1973 das Rechtssystem reformiert, nicht zuletzt, um eine pan-somalische Identität herzustellen. *Xeer* wurde in das neue Rechtssystem aufgenommen, aber in zentralen Punkten verändert: *diya*- oder *mag*-Zahlungen mussten nun nicht mehr durch die Lineage-Einheit, sondern ausschließlich durch enge Verwandte aufgebracht werden. Konflikte sollten damit auf der Familienebene und nicht mehr auf Lineage-Ebene gelöst werden – allerdings weiterhin unter Ausschluss staatlicher Instanzen. Was folgte, war ein Bürgerkrieg der unterschiedlichen Autoritäten und Gruppen, *xeer* verlor dabei seine gesamtgesellschaftliche Verbindlichkeit, und unterschiedliche Autoritäten versuchten, ihre Macht auf Kosten der gerade erst etablierten pan-somalischen Ordnung zu festigen. In diesem Kontext wurde den aufkommenden Scharia-Gerichten zunehmend Vertrauen geschenkt – sie wurden als neue Autoritäten akzeptiert, unter anderem, weil sie sich gegen die neue Regierung und den damit assoziierten moralischen Verfall der Gesellschaft stellten. Nach dem Sturz Siad Barres im Jahr 1991 entstanden unterschiedliche Scharia-Gerichte, deren Ziel es war, eine klanübergreifende Gerichtsordnung zu schaffen. Die Gerichte wurden sogar im Jahr 2000 durch die Übergangsregierung in die neue Regierung integriert. Auch die Autorität der Scharia-Gerichte reichte jedoch letztlich nicht bis in die Klan-Angelegenheiten.

Im Jahr 2004 vereinigten sich die Scharia-Gerichte zur Union Islamischer Gerichte, die von Geschäftsleuten, Klan-Autoritäten und religiösen Akteuren getragen wurde. Aus diesen heraus bildete sich eine Gruppe junger Kämpfer, die die Scharia-Gerichte gegenüber den verschiedenen Warlords

172 Formen der Vergeltung, Fehden

verteidigten und die Entscheidungen der Gerichte landesweit durchsetzten. Aus dieser hoch motivierten und disziplinierten Gruppe kristallisierte sich 2003 die Bewegung der al-Shabaab (*Harakat al-Shabaab al-Mujahideen*, Bewegung der Mujaheddin-Jugend) heraus.

Versuche, das somalische System zu reformieren und eine zentrale politische Struktur zu etablieren, haben das Land immer wieder in gewaltgeladene Konflikte gestürzt. Vor allem Gruppen, die nicht Teil des traditionellen Lineage-Systems (Minderheiten, bestimmte Berufsgruppen etc.) sind, sollten dabei in den Genuss gewisser Rechte kommen, und die Gewalt bzw. Vergeltung sollte aus der Gruppenverantwortlichkeit in die Hand der Gerichte abgegeben werden. Wie zuvor auch andere Regierungen, Parteien und Gruppen, verlor die Union Islamischer Gerichte allerdings schnell die Rechtshoheit, und zwar diesmal an al-Shabaab, die in den von ihnen eroberten Gebieten ihre eigene Version der Scharia durchsetzte, von Wissenschaftlern als äußerst brutal beschrieben, weil die sogenannten Hudud-Strafen[69] mit besonderer Härte verhängt werden. Die Auseinandersetzungen zwischen einflussreichen Lineages, staatlichen Instanzen und Milizen, ganz vorne al-Shabaab, um die politische und gerichtliche Vorherrschaft dauert weiter an.

Fehden im Kaukasus

Fehden sind kein Spezifikum afrikanischer Gesellschaften, auch wenn sie in Ostafrika besonders intensiv von Ethnologen erforscht wurden. Im Folgenden wird daher auf eine andere Region, den Kaukasus, geblickt. Fehden sind im Kaukasus eine Form der Konfliktaustragung, die vor allem zwischen miteinander bekannten Familien und Nachbarn existiert und seit dem 14. Jahrhundert nachgewiesen ist. Fehden regulieren lokale Beziehungen zwischen zwei Gruppen und werden nicht auf andere Gruppen ausgeweitet. Unter anderen hat die Ethnologin Makka S. Albogachieva zur Blutrache im Kaukasus gearbeitet und konstatiert: „[d]er inguschische Brauch der Blutfehde (inguschisch: *chir, pkha, dov*) existierte weiterhin zumindest teilweise in der modernen Gesellschaft. Schottische Missionare, die 1822 zu den Inguschen reisten, stellten fest, dass ‚unter ihnen fast niemand erwachsen wird, ohne sich des Blutvergießens schuldig gemacht zu haben oder der nicht nach Rache sucht‘.“[70]

Diese Form der Konfliktführung war so verbreitet, dass sie sogar die rurale Architektur beeinflusste und dazu geführt hat, dass viele Gehöfte mit einem Wehrturm versehen wurden. Bis in die Gegenwart hinein verbleiben Individuen lieber bei ihrer Gruppe, die ihnen Schutz garantiert, als etwa aus beruflichen Gründen in einen anderen Landesteil zu ziehen. Die Fehde im Kaukasus wurde wiederholt als resiliente Tradition primitiver Völkerschaf-

Fehden im Kaukasus 173

ten abgetan. Ein solches Argument erklärt indes nicht, warum die Fehde islamische Reformen, koloniale russische Bestrebungen und den sowjetischen Staat überlebt hat. Der Islam breitete sich im nordkaukasischen Dagestan bereits ab dem 7. Jahrhundert aus, erreichte aber andere Regionen des Nordkaukasus, wie beispielsweise Tschetschenien, erst sehr viel später. Die Fehde im Nordkaukasus blieb eine kollektive Angelegenheit des Gewohnheitsrechts (*adat*), auch nachdem der Islam längst die dominante Religion in der Region geworden war; zudem finden sich entsprechende Regelungen in der Scharia, allerdings nur zwischen Individuen ohne das Recht auf die Erweiterung des Konflikts auf die Gruppe. Während das *adat*-Recht in den Händen der Ältesten lag, wurde die Scharia durch Gelehrte, den *qadis*, vertreten, also durch Spezialisten des islamischen Rechts. Diese parallelen Institutionen der Rechtsprechung erlaubten es also, dass Fehden weiterhin eine wichtige Rolle bei der Konfliktaustragung spielten.

Die Scharia eröffnete zwei neue Alternativen zur Austragung von Fehden: zum einen die Festlegung von Kompensationszahlungen und alternative Formen der Bestrafung durch übergeordnete Instanzen, zum anderen die Möglichkeit, dem Täter zu verzeihen und damit den Gewaltkreislauf zu durchbrechen. Das Verzeihen eines Mordes wird als bedeutende Geste des Großmuts im Islam gewertet. Verzeihen wird im Nordkaukasus durch die Vermittlung religiöser Autoritäten erwirkt und unter anderem mit einer Umarmung in der Moschee rituell besiegelt.

Auch im Kaukasus spielt Verwandtschaft bei der Fehde eine wichtige Rolle. Beispielhaft soll im Folgenden auf die Geschichte der Fehde in Tschetschenien eingegangen werden, die von Clemens Sidorko ausführlich dargestellt wurde. Die soziale Organisation unter Tschetschenen war der *taip*, eine Klan-Struktur mit exogamen Heiratsregeln, das heißt, es sollten Frauen aus anderen *taip* geheiratet werden. Mehrere *taip* konnten sich zu Siedlungsverbänden zusammenschließen, den *tuhum*. In vorsowjetischer Zeit existierten zudem sogenannte Männerbünde über Klan-Strukturen hinweg, die mit der Konfliktführung betraut waren. Die Männerbünde setzten sich aus unverheirateten erwachsenen Männern von 15 bis 25 Jahren zusammen, beschreibt Sidorko. Diese Gruppen führten auch Razzien und Angriffe auf benachbarte Gruppen durch, deren Ziel die Aneignung benötigter Güter war oder das Schwächen einer feindlichen Gruppe durch die Entziehung seiner Ressourcen. Der vom Ältestenrat oder der Dorfgenossenschaft gewählte Razziaführer war meist ein junger Mann, der nicht dem *tuhum* angehören musste. In Dagestan wurde dieser *cevechan* oder *belad* genannt, ein Amt, das wohl auch in Friedenszeiten besetzt war und die Instandhaltung der Wachtürme und Wehranlagen umfasste. Razzien, die mit dem arabischen Begriff *ghazwa* bezeichnet wurden, konnten jedoch schnell in eine Fehde münden. Sidorko ist der Ansicht, dass die Gefahr einer Blut-

174 Formen der Vergeltung, Fehden

rache oft die Motivation dafür war, solche Übergriffe möglichst gewaltfrei durchzuführen.

Die Fehde als Form der internen Konfliktführung schwächte die lokale Bevölkerung erheblich, weshalb die russischen Kolonialarmeen bei den Eroberungen, die ab dem 16. Jahrhundert im Kaukasus stattfanden, auf wenig Widerstand trafen. Imam Schamil (1797–1871) aus der Gruppe der Awaren führte Mitte des 19. Jahrhunderts die Widerstandskämpfer Dagestans und Tschetscheniens gegen die russische Armee an. Er hatte erkannt, dass in der Blutfehde die wesentliche Ursache für den schwachen Widerstand gegen die russischen ‚Ungläubigen' lag: Potentielle antikoloniale Kämpfer waren ständig der Bedrohung durch eine Fehde ausgesetzt. Zwar gelang es Schamil, neue Gesetze einzubringen und die Blutrache im Sinne islamischer Rechtsnormen umzugestalten, aber auch er vermochte es nicht, die Fehde gänzlich zu eliminieren.

Zur Regelung individueller Delikte führte Schamil das Scharia-Recht ein, nahm jedoch einige für die Tschetschenen wichtige Anpassungen vor. Da Imam Schamil alle Männer für seinen antikolonialen Kampf brauchte, konnte er sich Strafen wie die Verkrüppelung von Gliedmaßen für Diebstähle nicht leisten und wandelte sie daher in Gefängnisstrafen und Geldbußen um. Für Tötungsdelikte, die unter Kaukasiern häufig lange Spiralen gegenseitiger Blutfehden auslösten, ließ Schamil die Wiedervergeltung (*qiṣaṣ*) zwar zu, verbot aber jede Maßnahme, die über das Gewohnheitsrecht hinaus ging. Floh ein Mörder, so wurde er von den Organen des Imamats gesucht und dem Bluträcher unter der Auflage übergeben, das im islamischen Gesetz festgelegte Sühnegeld zu akzeptieren, falls der Schuldige dessen Zahlung anbot. Scheiterte die Mediation durch die Ältesten, durfte der Rächer das Haus des Mörders einreißen und diesen vertreiben. Mit diesen Maßnahmen wurde die Blutrache zugunsten der Zahlung von Sühnegeld (*diğa/diya,* der Betrag entspricht dem Wert von 100 Kamelen) oder der Verbüßung von Haftstrafen verboten und damit der der Fehde innewohnende Kreislauf von Rache und Gegenrache unterbrochen. Die Maßnahmen Imam Schamils zeigten Erfolg: Im Jahr 1845 trug die Widerstandsbewegung den Sieg über das russische Heer davon. Allerdings wurde die Fehde nie vollständig überwunden, und die Gefängnisstrafe als Ersatz für einen Racheakt wird bis heute von vielen nicht akzeptiert.

Auslöser einer Fehde sind vor allem Angriffe auf die Ehre, wozu Beleidigung, Mord, Gewalt gegen Gäste, Vergewaltigung, der Diebstahl einer Braut und andere Delikte gezählt werden. Bei der Blutfehde (*chir, pkha, dov, dätsa ts'iy, taleon, qisas*) ist der Konflikt meist vererbbar, und jeder männliche Verwandte der Familie kommt für die Rache in Frage.

Ein betroffener Klan kann den Zeitpunkt der Rache hinauszögern und damit Angst und psychologischen Druck auf den Klan des Täters über lange

Zeit aufrechterhalten. So besagt ein Sprichwort: ‚Beeil dich nicht, aber vergiss auch nicht!' Die Vergeltung stellt eine Verpflichtung dar, die an den Sohn oder Bruder weitergegeben wird und auch nicht mit dem natürlichen Tod des Mörders erlischt. Selbst Urenkel bezahlen für die Taten ihrer Vorfahren mit dem Leben. Ausgeschlossen von Fehden sind jedoch Frauen und Kinder. Töten aus dem Hinterhalt ist ebenfalls untersagt sowie das Töten einer ‚wehrlosen' Person. Wie bei den Nuer, ist die Fehde im Kaukasus ein Konflikt, der ausschließlich unter Männern ausgetragen werden darf, dessen Grund und Auslöser jedoch auch Frauen sein können. Damit verändert eine Fehde das soziale Leben grundlegend: Im Kaukasus verzichten die Verwandten eines Mörders, die für eine Rache in Frage kommen, dann auf Feste (zum Beispiel auf Hochzeiten oder Trauerfeiern), an denen Verwandte des Getöteten teilnehmen könnten. Männer der gleichen Abstammungslinie sind in eine Fehde unabhängig von ihrem sozialen Status involviert. Die Frauen tragen bis zur Beendigung einer Fehde dunkle Kleidung und vermeiden jedes zufällige oder beabsichtigte Zusammentreffen mit nahen Verwandten des Getöteten. Alle nahen männlichen Verwandten erscheinen nun nicht mehr in der Öffentlichkeit, verlassen ihre Arbeitsstätten, gehen nicht mehr zur Schule und leben abgeschirmt bis zur Wiedergutmachung. Wer kann, verlässt das Land mit der ganzen Familie. Die sozialen Folgen der Fehde sind also erheblich. Die gesamte Familie des Täters lebt sozial ausgeschlossen und in steter Angst. Oft wird der Täter aufgefordert, seinen Wohnort zu verlassen, oder taucht unter, um der Blutrache aus dem Weg zu gehen.

Um eine Gefährdung der männlichen Familienmitglieder zu vermeiden, müssen Frauen alle Arbeiten außerhalb des Hauses übernehmen und den Familienunterhalt bestreiten. Damit tragen sie, obwohl sie als potentielle Opfer eines Rachemords nicht in Frage kommen, die Hauptlast der unter den Männern ausgetragenen Fehden. Auch öffentliche Verpflichtungen fallen ihnen während der Dauer der Fehde zu. Derweil versuchen Verwandte des Mörders, in Verhandlung mit der Familie des Opfers zu treten und eine Wiedergutmachung auszuhandeln. Allerdings wird Kompensation nicht gerne gesehen und ist daher schwer auszuhandeln.

Im heutigen Tschetschenien hat die Blutrache eine neue Dimension erhalten. Im Rahmen der beiden Tschetschenien-Kriege 1994–1996 und 1999–2009 brachen zahlreiche Fehden aus, die viele Familien des Landes involvierten. Um dem Überhandnehmen der Fehden zu begegnen, führte Aslan Alijewitsch Maschadow, ab 1997 Präsident der international nicht anerkannten tschetschenischen Republik Itschkerien, Scharia-Gerichte ein, die das traditionelle Recht (*adat*) aufheben und die Blutrache, die die Bevölkerung erheblich geschwächt hatte, durch Kompensationszahlungen ersetzen sollten.

Nachdem Achmad Kadyrow, der im ersten Tschetschenienkrieg noch auf Seiten der Unabhängigkeitskämpfer gestanden hatte, sich mit dem Ausbruch des zweiten Tschetschenienkriegs auf die Seite Russlands geschlagen hatte, übernahm er für Russland die Bekämpfung der aufständischen Gruppen. Sein Sohn Ramsan Kadyrow baute hierzu eine Armee auf, die als die *Kadyrovtsy* bekannt wurde und bis heute eine Art Privatarmee des Kadyrow-Klans darstellt. In dieser Armee wurden Männer aufgenommen, die nicht mehr in einer Miliz kämpfen konnten oder wollten. Sie waren bereit, mit großer Gewalt gegen eigene Klan-Mitglieder und Milizen vorzugehen, was die Gewaltspirale der Fehden weiter beschleunigte. Gleichzeitig übernahm Ramsan Kadyrow 2010 die Leitung der im Jahr 1999 gegründeten Kommission zur nationalen Aussöhnung, die Fehdenkonflikte lösen sollte. Dem Aufruf zur Versöhnung folgten etwa 450 Familien. Zur gleichen Zeit erklärte Kadyrow dem nach Großbritannien geflüchteten ehemaligen Premierminister der Regierung Maschadows, Achmed Sakajew, die Blutfehde und signalisierte damit, dass der Herrscherklan der Kadyrow selbst keine Versöhnung anstrebt.

Die Moskauer Regierung gab Kadyrow freie Hand in der Regelung von Konflikten, so lange dabei Moskaus Interessen gewahrt blieben, und hat auf diese Weise zu einer Politisierung vieler Fehden beigetragen. Seit Mai 2007 lässt Kadyrow, nun offiziell Präsident der Teilrepublik Tschetschenien, unliebsame Kritiker entfernen. Die Fehde hat seitdem die Rolle einer parallelen Justiz eingenommen. Weder das russische Recht, dem die Republik Tschetschenien formal unterstellt ist, noch die Scharia, die als moralische Instanz einen hohen Stellenwert besitzt, konnten die Fehde beseitigen. Die Liste der mit Kadyrow persönlich in einer ‚Fehde' stehenden Personen[71] dürfte lang sein und wird weiter ergänzt, wenn es zu politischen Protesten[72] oder militärischen Auseinandersetzungen mit Sicherheitskräften kommt. Immer wieder wird im Zusammenhang mit politischen Auseinandersetzungen ein Vokabular verwendet, das dem Bereich der Fehde entlehnt wird. In Asylverfahren macht diese Vermischung es kaum noch möglich, eine Unterscheidung zwischen politischer Verfolgung, einer traditionellen Fehde und einer kriminellen Bedrohung vorzunehmen.

Während die klassische Fehdenführung auf die betroffenen Parteien beschränkt bleibt und die Vertreibung eine Form der Vergeltung darstellt, mit der die Schuld als beglichen gilt, ist die politisierte Form der Rache, wie sie sich unter Kadyrow entwickelt hat, nicht territorial beschränkt. Immer wieder wird von gezielten Racheakten außerhalb von Tschetschenien berichtet, auch auf europäischem Boden. Das folgende Beispiel zeigt, wie eine traditionelle Konfliktform in eine politische Verfolgungsstrategie überführt wurde. Im März 2019 wurde der Blogger Tumso Abdurachmanow vom Leiter des tschetschenischen Parlaments, Magomed Daudow, auf Instagram

Fehden im Kaukasus 177

bedroht, anscheinend, weil er Kadyrow als Verräter bezeichnet und damit dessen Ehre verletzt hatte. Die offizielle Drohung Daudows, „Achten Sie von nun an beim Zubettgehen darauf, dass Sie die Tür mit einem Schlüssel abschließen. Wenn Sie nach draußen gehen, seien Sie wachsam. Wenn Sie einen Tritt in den Rücken bekommen, seien Sie sich darüber im Klaren, dass es kein Zufall ist,"[73] stellte laut der Evaluierung der Journalisten von Radio Liberty die Initiierung einer Fehde dar.

Um zu verstehen, warum diese Drohung der Ankündigung einer Fehde gleichkommen könnte, muss der weitere Kontext betrachtet werden. Wann die Fehde tatsächlich begann, lässt sich anscheinend nicht festlegen – laut Abdurachmanow in dem Moment, als sein Bruder entführt wurde und seine Familie offen gegen das Verschwinden protestierte. Dabei geriet er selbst ins politische Schlaglicht und wurde festgenommen. Ihm wurde die Mitgliedschaft in einer ‚terroristischen Organisation' vorgeworfen, ein Vorwand, der auch in benachbarten Republiken zu zahlreichen willkürlichen Verhaftungen führte, wie Iwona Kaliszewska für Dagestan anschaulich beschrieben hat. Auch seinem Bruder wurde wohl dieser Vorwurf gemacht. Nach zwei Monaten Schikanen nutzte Abdurachmanow eine Gelegenheit, um Russland zu verlassen, und begann, sich öffentlich gegen Kadyrow zu positionieren. Daraufhin erhielt er wiederholt Drohungen, unter anderem wie zuvor beschrieben von Daudow persönlich.

Die Fluchtgeschichte des jungen Mannes, die am Anfang dieses Kapitels dargestellt wurde, fügt sich in diese moderne Form der Konfliktführung ein. Allerdings fehlt es an weiteren Details, um einschätzen zu können, ob es sich um eine kriminelle Tat, die in eine Fehde im herkömmlichen Sinne übergegangen ist, oder um eine politische Verfolgung durch Kadyrows Männer handelt, die lediglich ins traditionelle Gewand der Fehde gekleidet wurde.

Obwohl es sich in den hier dargestellten Fällen um politische Auseinandersetzungen handelt, wird das Vokabular der Blutrache verwendet. Diese Vermischung erschwert es betroffenen Personen, Maßnahmen zur Beilegung eines Konflikts zu ergreifen. Rechtsinstitutionen scheinen keine reale Option zu sein, gleichzeitig sind die Familienverbände zu schwach, um sich effektiv gegen politisch mächtige Klans zu stellen. Selbst islamische Autoritäten scheinen nicht vermittelnd einzugreifen. Politischer Protest wird auf diese Weise delegitimiert und verhindert, nämlich indem eine politische Kritik an der Amtsführung Kadyrows in einen persönlichen Konflikt uminterpretiert wird. Während ein solcher Vorgang keineswegs auf Gesellschaften beschränkt ist, in denen Fehden eine soziokulturelle Rolle spielen, wird anhand des Beispiels von Abdurachmanow sichtbar, dass die Verwendung eines Vokabulars der Fehde die Form der Gewaltanwendung außerhalb des staatlichen und religiösen Rechts definiert. Mit der ursprünglichen Bedeutung der Fehde hat diese politische Verfolgung nicht mehr viel zu tun,

178 Formen der Vergeltung, Fehden

dennoch scheinen die gewaltauslösenden Argumente und das Vokabular aus dem Blutracheprinzip entnommen zu sein und genau deshalb ihre enorme Wirkungskraft zu entfalten.

Verwendete Literatur

Albogachieva, Makka 2015. „Blood Feud in Ingushetia: Differences in *adat* and *sharia*", in *State and Legal Practice in the Caucasus: Anthropological Perspectives on Law and Politics*, I. Kaliszewska und St. Voell (Hg.). London, New York: Routledge, 51–58.

Barth, Fredrik 1998 [1969]. „Introduction", in *Ethnic Groups and Boundaries: The Social Organization of Culture Difference*, F. Barth (Hg.). Long Grove/Ill.: Waveland Press, 9–38.

Ben Hounet, Yazid 2017. „Crime and Punishment: Intentionality and Diya in Algeria and Sudan", in *On Retaliation: Toward an Interdisciplinary Understanding of a Basic Human Condition*, B. Turner und G. Schlee (Hg.). New York: Berghahn, 145–158.

Bollig, Michael 1992. *Die Krieger der gelben Gewehre. Intra- und interethnische Konfliktaustragung bei den Pokot Nordwestkenias*. Kölner Ethnologische Studien ID, Münster: LIT.

Goerg, Odile, Hélène, Almeida-Topor und Catherine Coquery-Vidrovitch (Hg.) 1992. *Les jeunes en Afrique*. Paris: L'Harmattan.

Declich, Francesca 2001. „When Silence Makes History", in *Anthology of Violence and Conflict*, B. Schmidt und I. Schröder (Hg.). London: Routledge, 161–175.

Evans-Pritchard, Edward 1940. *The Nuer: A Description of the Modes of Livelihood and Political Institutions of a Nilotic People*. Oxford: Clarendon Press.

Gluckman, Max 1973. *Custom and Conflict in Africa*. Oxford: Basil Blackwell.

Gundel, Joakim 2009. „Clans in Somalia", Report on a Lecture by Joakim Gundel, COI Workshop Vienna, 15 May 2009 (Revised Edition), published December 2009. *Austrian Centre for Country of Origin and Asylum Research and Documentation* (ACCORD).

Hallpike, Christopher R. 1977. *Bloodshed and Vengeance in the Papuan Mountains. The generation of conflict in Tauade Society*. London: Oxford University Press.

Kagwanja, Peter M. 2005. „Clash of Generations? Youth Identity, Violence and the Politics of Transition in Kenya, 1997–2002", in *Vanguard or Vandals: Youth, Politics and Conflict in Africa*, J. Abbink und I. van Kessel (Hg.). Leiden: Brill, 81–109.

Kaliszewska, Iwona 2023. *For Putin and for Sharia: Dagestan Muslims and the Islamic State*. Ithaca, London: Northern Illinois University Press.

Lewis, Ioan M. 1999 [1961]. *A Pastoral Democracy: A Study of Pastoralism and Politics Among the Northern Somali of the Horn of Africa*. London: James Currey.

McIntyre, Angela (Hg.) 2005. *Invisible Stakeholders: Children and War in Africa*. Pretoria: Institute for Security Studies.

Müller, Harald K. 1989. *Changing Generations. Dynamics of Generation and Age-Sets in Southern Sudan (Toposa) and Northwestern Kenya (Turkana)*. Saarbrücken: Breitenbach.

Romaliyska, Iryna und Tony Wesolowsky 2019. „Chechen Blogger Says He's Taking ‚Blood Feud' Threat Seriously". 13.03.2019, *Radio Free Europe/ Radio Liberty*, verfügbar unter: https://www.rferl.org/a/chechen-blogger-says-taking-blood-feud-threat-seriously/29819592.html

Schlee, Günther 2006. *Wie Feindbilder entstehen. Eine Theorie religiöser und ethnischer Konflikte*. München: C. H. Beck.

Schlee, Günther 1989. *Identities on the Move. Clanship and Pastoralism in Northern Kenya*. Manchester: Manchester University.

Verwendete Literatur

Schlee, Günther 1997. „Cross-Cutting Ties and Interethnic Conflict: The Example of Gabbra Oromo and Rendille", in *Ethiopia in Broader Perspective*, K. Gukui, E. Kurimoto und M. Shigeta (Hg.). International Conference of Ethiopian Studies, Kyoto, Max-Planck-Institut für ethnologische Forschung, 577–596.

Schlee, Günther und Bertram Turner 2008. „Rache, Wiedergutmachung und Strafe: ein Überblick", in *Vergeltung: Eine interdisziplinäre Betrachtung der Rechtfertigung und Regulation von Gewalt*. Dies. (Hg.). Frankfurt am Main: Campus, 49–68.

Sidorko, Clemens 2007. *Dschihad im Kaukasus. Antikolonialer Widerstand der Dagestaner und Tschetschenen gegen das Zarenreich (19. Jahrhundert bis 1859)*. Wiesbaden: Reichert.

Turner, Bertram 2017 „Introduction", in *On Retaliation: Toward an Interdisciplinary Understanding of a Basic Human Condition*, B. Turner und G. Schlee (Hg.). New York: Berghahn, 1–25.

Turner, Bertram und Günther Schlee (Hg.) 2017. *On Retaliation: Toward an Interdisciplinary Understanding of a Basic Human Condition*. New York: Berghahn.

Walker, Shaun 2019. „‚We Can Find You anywhere‘: the Chechen Death Squads Stalking Europe". 21.09.2019, *The Guardian*, verfügbar unter: https://www.theguardian.com/world/2019/sep/21/chechnya-death-squads-europe-ramzan-kadyrov.

Weitere Quellen

„Blood Feud – how They Kill now in the Caucasus". 26.12.2017, *Caucasian Knot*, verfügbar unter: https://www.eng.kavkaz-uzel.eu/articles/41995/.

„Chechen Police Regiment Urges Putin To ‚Protect‘ It From Newspaper's ‚Defamation‘". 18.03.2021, *Radio Free Europe / Radio Liberty* (RFE-RL), verfügbar unter: https://www.rferl.org/a/chechen-police-gazeta-extrajudicial-killings-torture-defamation-putin-kadyrov-russia/31157934.html.

Kapitel 8
Rebellionen versus Revolutionen

Rebellion

Ein Kläger aus Gambia schilderte, wie er in der Silvesternacht im Jahr 2014 mit dem Kommandeur Lamin Sanneh sowie neun weiteren Personen an einem Putsch gegen den gambischen Präsidenten Yahya Jammeh teilnahm. Sanneh hatte viele Jahre die militärische Einheit, die mit dem Schutz des Präsidenten betraut war, geleitet, bevor er in die USA geflohen war. Auch der Kläger war zuvor Teil der Präsidentengarde gewesen, allerdings als einfacher Soldat. Nachdem er von dem als brutal bekannten Präsidenten Jammeh schikaniert worden war, floh auch er, jedoch nach Deutschland. Im Dezember 2014 kehrte der Kläger nach Gambia zurück, um seinen kranken Vater zu besuchen. In Gambia angekommen, sei er von Sanneh kontaktiert worden, der einen Putsch plante und hierfür Mitstreiter rekrutierte. Nach erfolgreichem Putsch wollte man zunächst den in den USA lebenden Financier des Putsches, Chorno Nije, als Präsidenten einsetzen und im Anschluss demokratische Wahlen abhalten. Am 31.12.2014 hätte sich der Kreis der Putschisten getroffen, um zur Tat zu schreiten. Von den 32 Personen, die sich ursprünglich am Umsturzversuch beteiligen wollten, seien allerdings nur zehn erschienen. Der Plan wurde dennoch umgesetzt, und man teilte sich in Gruppen auf, erzählt der Kläger. Die Person, die den Putschisten am Haupteingang des Regierungsgebäudes *State House* Einlass gewähren sollte, war jedoch nicht aufzufinden. Stattdessen eröffnete eine Wache das Feuer auf die Eindringlinge und tötete Sanneh. Auch der Kläger und die anderen Beteiligten seien beschossen worden, sodass sich schließlich die Überlebenden zurückzogen hätten. Noch in der gleichen Nacht verließ der Kläger Gambia und machte sich erneut auf den Weg nach Deutschland. Die Rebellion war gescheitert. Im Asylverfahren macht er geltend, dass er bei einer Rückkehr wegen des Putschversuchs in Haft genommen und folterähnlichen Zuständen ausgesetzt wäre.

Revolution

Ein syrischer Kläger arabischer Abstammung, der nach eigenen Angaben konfessionslos war, stellte in der Bundesrepublik einen Antrag auf Anerkennung als Flüchtling. Beim Bundesamt für Migration und Flüchtlinge hatte er angegeben, Syrien wegen des Bürgerkrieges verlassen zu haben; er woll-

182　　　　　　　　　　　　　　　　　　　Rebellionen versus Revolutionen

te vermeiden, in die nationale Armee eingezogen zu werden und damit in die Situation zu geraten, auf andere Syrer schießen zu müssen. Später im Verfahren erzählte er, dass er in Syrien für den Roten Halbmond gearbeitet habe. Er habe versucht, so lange wie möglich in Syrien zu bleiben und dort zu wirken, bis er sich schließlich zur Flucht entschied. Im Verfahren blieb unklar, ob es ein spezifisches Ereignis gab, das den Auslöser für die Flucht aus Syrien darstellte. Eine eindeutige politische Position bezog er nicht, kritisierte aber die Verhältnisse unter dem Assad-Regime. In Deutschland begann er, aktiv regimekritische Demonstrationen zu organisieren, gab Interviews und protestierte gegen Ali Deek, einen syrischen Musiker, dem Nähe zum Assad-Regime vorgeworfen wird und der für ein Konzert nach Deutschland zur größten ‚arabischen Silvesterparty Europas' eingeladen worden war.

Was kennzeichnet eine Rebellion, und welche Formen des politischen Protests können als Rebellionen bezeichnet werden? Worin unterscheidet sich eine Rebellion von einer Revolution? Wie lassen sich Handlungsakteure, Gruppen und Parteien in einer Revolution bestimmen, und welche Auswirkungen haben Rebellionen und Revolutionen auf die Bevölkerung?

Thematische Einleitung

Das Thema ‚Revolution' erhielt im Vergleich zu anderen Konfliktformen verhältnismäßig wenig Aufmerksamkeit vonseiten der Ethnologie. Erst der Arabische Frühling, dessen Ursprung auf den 17. Dezember 2010 datiert wird, als in Tunesien die Selbstverbrennung des Gemüsehändlers Mohamed Bouazizi Massenproteste in Gang setzte, die wiederum im Januar 2011 in den Rücktritt des Langzeitherrschers Ben Ali mündeten, zog die Aufmerksamkeit von Sozialwissenschaftlern unterschiedlicher Fachgebiete auf sich. Dass das Interesse zuvor so gering war, ist umso erstaunlicher, da diese Form von Protest in der Regel von marginalisierten Bevölkerungsgruppen ausgeht, in anderen Worten, genau von dem Teil der Gesellschaft, der auch für Ethnologen von Interesse ist. Im Gegensatz dazu wurden die Rebellionen unter afrikanischen Bevölkerungsgruppen in den 1940er und erneut 1960er Jahren systematisch untersucht und theoretisch aufgearbeitet. Heute werden beide Begriffe unsystematisch gebraucht, wobei die Revolution in der Regel für aus europäischer Sicht emanzipatorische Massenproteste verwendet wird. Der Begriff Rebellion dient dagegen eher dazu, einem Protest die politische Relevanz abzusprechen. Eine Unterscheidung auf Basis der ethnologischen Forschung ermöglicht es jedoch, zwei grundsätzlich unterschiedliche Formen von Protest zu erfassen und beschreibbar zu machen, und zwar unabhängig einer parteilichen Wertung.

Thematische Einleitung 183

Ein solcher Ansatz erlaubt es zudem, die Berichte von Asylsuchenden besser zu verorten. Bezüglich des Klägers aus Gambia, der an dem Putsch 2014 teilgenommen hatte, drängt sich aus wissenschaftlicher Sicht die Frage auf, wie sich dieses Ereignis in die große Anzahl ähnlicher Staatsstreiche einordnen lässt, die Gambia seit der Unabhängigkeit im Jahr 1965 erlebt hat. Wer sind die Akteure in diesen Putschen, die als Rebellionen bezeichnet werden können, und welche politischen Ziele verfolgen sie? Geprüft wurde im hiesigen Asylverfahren zudem, ob die ‚Verfolgungshandlung‘ mit der politischen Überzeugung verknüpft ist, das heißt, ob die vom Kläger vorgebrachte Verfolgung durch den Staat und die Haftandrohung auf seine politische Einstellung zurückgehen. Weiterhin wurde das Strafmaß bei einer eventuellen Rückkehr ermittelt, ein Faktor, der in diesem Kapitel allerdings nicht untersucht werden kann. Den politischen Veränderungen seit dem Beginn der Amtszeit des neuen Präsidenten Barrow, der ebenfalls durch einen Putsch im Jahr 2017 an die Macht gekommen ist, kommt dabei besondere Bedeutung zu, da davon ausgegangen wird, dass sich für politisch verfolgte Akeure die Parameter der Verfolgung verändert haben könnten.

Im Gegensatz dazu ist der Versuch, in einer Revolution die Urheber feststellen zu wollen, wenig zielführend. Vielmehr stellt sich bei dem Kläger aus Syrien die Frage, ab wann von einer Teilnahme an der Revolution gesprochen werden kann und, davon abgeleitet, von einer politischen Verfolgung bei einer Rückkehr auszugehen wäre. Eine oppositionelle Einstellung könnte sich dabei aus einer Ablehnung des Wehrdienstes ebenso wie durch die Arbeit beim Roten Halbmond oder aus dem Protest aus dem Exil in Deutschland (sogenannte ‚Nachfluchtgründe‘) ergeben, sofern der Kläger eine solche Verbindung herzustellen vermag. Die Grenzen der Revolution sind schwer zu greifen und die Dynamik unberechenbar, entsprechend wenig Bezüge zur Revolution selbst finden sich in den Berichten syrischer Flüchtlinge – und das, obwohl sich wahrscheinlich alle Syrer in Deutschland einig sind, dass es sich um eine Revolution handelt, deren Ziel nicht nur der Sturz der Regierung, sondern ein gänzlich neues demokratisches System war.

Der Ethnologe Christian Giordano hat 2007 in einem Artikel den Begriff ‚Revolution‘ im Zusammenhang mit den DDR-Protesten im Jahr 1989 untersucht. Er stellt fest, dass Revolutionen einerseits mit Vorstellungen von Fortschritt, Freiheit, Gleichheit und Gerechtigkeit konnotiert, andererseits von Skeptikern als destabilisierendes Ereignis betrachtet und mit Gefahr, Unruhe und arbiträrer Gewaltanwendung bis hin zur Etablierung einer Diktatur in Zusammenhang gebracht werden. Im Gegensatz zu dem positiv konnotierten Begriff der Revolution sei die Rebellion von einigen Wissenschaftlern als eine archaische Form des ‚Protests ohne Ideen‘ betrachtet worden. Er weist dabei auf den bekannten britischen Historiker Eric Hobsbawm hin, der die Ansicht vertrat, dass „Rebellionen [...] archaisch, vorpolitisch, plump, rückwärtsgewandt und daher konterrevolutionär [sind], in erster Linie, weil sie keine klaren, langfristigen sowie ideologisch definierten Ziele und Programme besitzen. Sie haben darüber hinaus keine Chance auf Erfolg, denn sie brechen plötzlich aus und lösen sich ohne einen bestimmten Grund kurze Zeit danach auf. Es handelt sich im Endeffekt um Unruhen irrationaler Natur, die in der Regel – marxistisch ausgedrückt – von bäuerlichen bzw. lumpenproletarischen Schichten mit einem falschen Bewusstsein getragen werden."[74]

Max Gluckman dagegen legt in seiner Definition der Rebellion den Schwerpunkt auf die Kapazität der Rebellion, politische Systeme zu stabilisieren. In seinen Schriften zum Ritual der Rebellion in Subsahara-Afrika stützte er sich dabei allerdings auf die sehr viel älteren Arbeiten von Hilda Kupers und anderer Ethnologen, die ihre Forschung mehrheitlich im kolonialen Afrika durchgeführt hatten. Aufstände gegen die kolonialen Herrscher wurden oft mit dem Begriff Rebellion besetzt, aber mit militärischen Einheiten der Kolonialherrscher bekämpft. Daraus entwickelte sich eine Form des politischen Protests, der seit der Unabhängigkeit der Staaten dem Putsch oder Coup d'État ähnlich ist. In gewisser Weise zeichnet sich in Gambia eine Fortführung der Rebellionsstrategien dadurch aus, dass mit den Putschen lediglich ein neuer Herrscher in den meisten Fällen aus der Zivilgesellschaft ins Amt des vertriebenen Herrschers eingesetzt wird, ohne dass ein neues politisches System oder eine Militärdiktatur angestrebt wird.

Im Gegensatz zu den unterschiedlichen Sichtweisen auf Rebellionen wird der von einer intellektuellen Klasse initiierten Revolution als soziale Bewegung ein kollektives Bewusstsein zugeschrieben. Die ideologische Ausrichtung der Revolutionen sei zukunftsorientiert und neu. Diese Unterscheidung zur Rebellion basiert primär auf einer externen politischen Wertung der Revolution und weniger auf deren Prozess und Steuerung. Eine auf ethnologischen empirischen Studien basierende Unterscheidung zwischen der Rebellion und der Revolution ist weniger an einer Wertung der inhaltlichen Ideen interessiert, sondern konzentriert sich auf die unterschiedlichen Protestformen. Entsprechend werden beide Protestformen im Folgenden nicht anhand moralischer Wertungen untersucht; stattdessen werden Beispiele aus der Forschung vorgestellt und in einer Konfliktanalyse verortet, der es um Formen der Konfliktführung geht.

In jüngerer Zeit haben Farben- und Blumenrevolutionen in Osteuropa und Zentralasien (,Rosenrevolution' in Georgien 2003, die ,Orangene Revolution' in der Ukraine 2004, ,Tulpenrevolution' in Kirgisien 2005) und dem Mittleren Osten (,Arabischer Frühling' ab 2010) die Aufmerksamkeit der Forschung auf sich gezogen.

Der Arabische Frühling hat zum ersten Mal umfassend eine Reihe Ethnologen aus der ganzen Welt dazu animiert, die Ereignisse einer systematischen wissenschaftlichen Analyse zu unterziehen. Die meisten Aufstände im Mittleren Osten wurden gemeinhin als Revolutionen bezeichnet, allerdings konnten nur wenige revolutionäre Bewegungen einen Systemwechsel herbeiführen und aufrechthalten.

In diesem Kapitel soll der Begriff der Rebellion, wie er von Max Gluckman in das Fach der Ethnologie eingeführt wurde, vorgestellt werden, um mit seiner Hilfe lokale moderne Entwicklungen in Somalia und Gambia zu analysieren. Anschließend wird das Konzept der Revolution vorgestellt, und neuere Ansätze werden aus einer ethnologischen Perspektive heraus beleuchtet. Neben vielen anderen Begriffen wie Revolte, Aufstand, Putsch etc., die hier nicht diskutiert werden, sind Rebellion und Revolution zwei soziopolitische Phänomene, die eine Typologisierung von empirisch beobachtbaren Konfliktführungsformen erlauben.

Forschungsansätze zur Rebellion wie zur Revolution haben sich immer wieder auf Ritualtheorien bezogen. Daher wird im Folgenden zunächst die Ritualtheorie des Ethnologen Victor Turner (1920–1983) vorgestellt, dessen Forschung weit über die Ethnologie hinaus in andere Disziplinen hineingewirkt hat. Auf seine Theorie wird – in angepasster und erweiterter Weise – in der Konfliktforschung immer wieder Bezug genommen. Dieser Abschnitt beschränkt sich allerdings darauf, die wichtigsten für die Konfliktanalyse relevanten Aspekte der Ritualtheorie herauszuarbeiten, und verzichtet auf eine umfassende Darstellung dieses Denkansatzes.

Ritualtheorien in der Konfliktforschung

Victor Turner machte die Ritualtheorie des Ethnologen Arnold van Gennep (1873–1957) für die Konfliktanalyse fruchtbar; sie wird bis heute immer wieder als Erklärungsmodell eingesetzt. Van Gennep entwickelte in seinem Werk Übergangsriten aus dem Jahr 1909 den Zyklus individueller und gruppenbezogener Übergangsrituale als Abfolge dreier Phasen: *préliminaire* (Trennung), *liminaire* (lat. *Limen* – Schwelle) und *postliminaire* (Wiedereingliederung), die in nahezu allen menschlichen Gesellschaften Grenzübergänge wie Geburt, Reife oder Tod strukturieren. In der ersten Phase wird dabei die Loslösung aus dem alten Status eingeleitet. Die zweite liminale Phase (Schwellenzustand) zeichnet sich durch eine Befreiung der Personen, die das Ritual durchlaufen, von den alltäglichen Verpflichtungen und gesellschaftlichen Konventionen aus. Während dieser Phase, die Turner als Anti-Struktur bezeichnet, findet der eigentliche Veränderungsprozess statt, das bedeutet, dass Verhaltensweisen möglich werden, die sonst in der Gesellschaft aufgrund von Normen und Regeln sanktioniert würden. Viele Gesellschaften lagern diese liminale Phase eines Rituals aus der Gesellschaft aus, das heißt, sie führen das Ritual außerhalb des Dorfes, im Geheimen oder an ritualisierten Orten durch. In dieser liminalen Phase entwickelt sich unter den Initianden eine Gemeinschaftlichkeit, die Turner *Communitas* nennt. In seinem Buch *The Ritual Process* begeistert sich Turner besonders für die unterschiedlichen Ausprägungen dieser Phase. Zunächst empfinden sich in Communitas alle Beteiligten als gleichwertig; es gelten keine sozialen Hierarchien mehr – alle stehen außerhalb der Gesellschaft. Im dritten Schritt findet die Wiedereingliederung der Personen oder Gruppen in die Gesellschaft und die Eingliederung in eine neue Statusgruppe statt.

Ein Übergangsritual wird von einem Zeremonienmeister begleitet, der die betroffenen Personen durch die einzelnen Phasen leitet. Diese Person stellt auch sicher, dass die liminale Phase beendet wird und die Wiedereingliederung zum richtigen Zeitpunkt stattfindet, sodass der neue Status erfolgreich erworben werden kann. Als Beispiel kann die Kommunion oder Konfirmation in katholischen bzw. evangelischen Kirchengemeinden genannt werden, bei denen junge Menschen während eines festgelegten Zeitraums von einem Priester in Glaubensfragen unterwiesen werden, um abschließend, am Tag der Kommunion bzw. Konfirmation, rituell mit einem neuen Status im Kreise der mündigen Gemeindemitglieder aufgenommen zu werden.

In der Liminalität sieht Turner den Motor sozialer Evolution, denn die Liminalität ist ein Zeitraum, in dem eine Gemeinschaft temporär die Geltung ihrer sozialen Regeln aufhebt und damit ermöglicht, darüber hinauszuwachsen. Offensichtlich sind Gesellschaften nicht statisch, sondern lernfähig, insbesondere während Krisen und Konflikten. Diese Momente der Veränderung stehen im Zentrum von Turners Analyse. Ihn interessiert die zeitweise Auflösung bestehender Ordnungen während der liminalen Phase, in der der Zustand von Communitas Impulse für Veränderung ermöglicht.

Rituale, erklärt der Ethnologe Peter J. Bräunlein, sind für Turner ‚kulturelle Laboratorien' für persönliche existentielle ebenso wie kollektive Transformationsvorgänge. Bräunlein arbeitet vor allem die politischen Momente aus Turners Forschung heraus. Unter anderem können Konflikte über Normen dort entstehen, wo soziale Ausgrenzung praktiziert wird. Die Herausforderung solcher Normen geschieht in der Liminalität durch Personen, die aus der Peripherie agieren und ins Zentrum der Gesellschaft geschwemmt werden, zum Beispiel durch Revolutionen. Solche Gruppen können Jugendliche, Studenten oder politische Gruppen sein. Die Hippie-Bewegung wurde hier als ein gesellschaftliches Beispiel diskutiert. Die Hippies mit ihrer antibürgerlichen Kritik und ihrem Leben in Kommunen agierten aus der gesellschaftlichen Peripherie heraus und wirkten in die Mitte der Gesellschaft hinein, die ihre Werte und Normen in der Folge, zum Beispiel hinsichtlich Geschlechterstereotypen, liberalisierte. Während die Gesellschaft des Globalen Nordens für ihre Jugendlichen Übergangsrituale

(Konfirmation, Jugendweihe, Wehrdienst etc.) bereithielt, nur um sie dann in die Gesellschaft mit einem neuen Status, aber weitgehend regelkonform zu reintegrieren, ließen sich Jugendbewegungen wie die Hippie-Bewegung nicht mehr auf eine Reintegration ein. Die Zugehörigkeit zu diesen Bewegungen wurde nicht mehr als zeitlich begrenzte liminale Phase begriffen, sondern als Dauerzustand. Damit kann sich Gesellschaft auch langfristig verändern – jedoch nicht unbegrenzt, da der Zustand der Liminalität und das Leben in Communitas kein Dauerzustand sein können. Bei länger andauerndem Leben in Communitas, zeigt Turner, entwickeln sich früher oder später auch Routinen, Hierarchien und Regelungen, die die Anti-Struktur wieder in eine möglicherweise neue Form der Struktur überführen.

Turner spricht in seinem Buch *Schism and Continuity* vom *social drama*, um das soziale Feld zu beschreiben, in dem Konflikte ausgetragen werden. Innerhalb dieses Sozialdramas werden Beziehungskonstellationen, insbesondere Verwandtschaft, herausgefordert und verändert. Den genauen Verlauf einer Auseinandersetzung von Beginn an bis hin zu deren Lösung zeigt Turner anhand eines Beispiels aus seiner Feldforschung in einem Dorf der Ndembu in Rhodesien, dem heutigen Simbabwe, auf. Ihn interessieren dabei weniger das Rechtsverständnis der Ndembu und auch nicht die Kausalitäten des Konflikts, sondern die sozialen Dynamiken, die dem Konfliktvorgang die Richtung geben und die Interpretationsebenen bestimmen. Die Konflikte, die er beschreibt, sind Verwandtschafts- und Machtkonflikte.[75] In seinen späteren Werken vertieft er seine Idee des sozialen Feldes weiter.

Während also van Gennep von vollständigen rituellen Zyklen ausgeht, hält Turner es für möglich, dass bestimmte rituelle Phasen lange andauern und damit eine Krise auslösen können bzw. die liminale Phase in eine neue Gemeinschaft übergehen kann, die selbst wieder Strukturen annimmt. Kritiker bezeichnen Turners Theorie allerdings als zu sehr idealisierend. In Realität habe beispielsweise das Gemeinschaftserleben „nicht nur spirituelle Qualität, sondern kann sich mitunter vom Fest zum Pogrom wandeln, und aus einem gemeinschaftlichen ‚Wir' wird Hass gegen ‚Andere'. Nicht universale Geschwisterlichkeit, sondern sozio-kulturelle Differenz wird damit generiert",[76] gibt etwa Bräunlein zu bedenken.

Das Ritual der Rebellion

Die Rebellion wurde in der Ethnologie zunächst als Ritual analysiert, das die sozialen Beziehungen zwischen dem Herrscher, dem Herrschaftssystem und den Untertanen reguliert. Das Ritual dient dabei der Reproduktion und Stärkung der soziopolitischen Beziehungen und damit der Stabilisierung eines politischen Systems; zerstörerische Kräfte gilt es dabei unter Kontrolle zu bringen und möglichen Auflösungstendenzen des Herrschaftssystems entgegenzuwirken. In vielen Gesellschaften hatte der König oder Chief einen gottähnlichen Status. Entsprechend wurde eine gute Beziehung zwischen dem König und seinen Untertanen als zentraler Ausdruck des gesellschaftlichen Wohlbefindens gesehen. Spannungen zwischen der herrschenden Klasse und den Untertanen führten jedoch meist nicht zu einem Systemwechsel, obwohl sie Proteste auslösten. Solche Proteste hat Max Gluckman in seinem Buch *Order and Rebellion in Tribal Africa* aus dem Jahr 1963 in ausgewählten afrikanischen Gesellschaften als Rituale der Rebellion untersucht. Ihm zufolge ist das Ritual der Rebellion in solchen Gesellschaften deshalb notwendig, weil unterdrückende Herrscher ein neues politisches System nicht zuließen, jedoch einzelne Herrscher ersetzt werden könnten. Seine Evaluation afrikanischer Gesellschaften als nichtreformierbar ist selbstverständlich nicht zutreffend, dennoch hat er durch seine Analyse auf eine Form des Protests aufmerksam gemacht, wie sie in Gesellschaften überall auf der Welt vorkommt.

Gluckman konzentriert sich in seiner Analyse auf die Dynamik sozialer Konflikte, die innerhalb einer bestehenden sozialen Ordnung ausgetragen werden. Er unterscheidet klar zwischen politischen Protesten, die dem Erhalt einer Ordnung dienen, und solchen, die einen Systemwechsel beabsichtigen. Ausgehend von James George Frazers Ritualstudien, die auf die vielen Praktiken der symbolischen Umkehrung von Machtverhältnissen in Zeremonien aufmerksam machen, entwickelte Gluckman die Theorie des Rituals der Rebellion. Hierbei dienen Rituale der Statusumkehr dazu, gesellschaftliche Konflikte in symbolischer Form sichtbar, begreifbar und damit bearbeitbar und lösbar zu machen. Dabei wird die bestehende Ordnung an sich nicht infrage gestellt, sondern bestätigt.

In *Order and Rebellion in Tribal Africa* greift Gluckman unter anderem Hilda Kupers Interpretation des *drama of kingship* auf, der zufolge Formen der Rebellion bei den Swasi fester Bestandteil des politischen Systems sind. Das Ritual der Rebellion hat damit einerseits das Ziel, den Handlungsspielraum des Königs einzuschränken, andererseits seine Macht zu sichern. Gegen Ende jedes Jahres kamen Swasi aus dem gesamten Swasiland-Protektorat zusammen, um an den Zeremonien des *Incwala* teilzunehmen. Während dieser wurde der König rituell beschimpft und beleidigt.[77] Diese rituelle Erniedrigung des Königs stand im offensichtlichen Kontrast zur sonstigen Hochschätzung der Königsherrschaft (*kingship*), die den Swasi als heilig galt. Bei diesem Ritual der Statusumkehr wurde der König mit den äußeren Widrigkeiten (beispielsweise Umweltkatastrophen) und internen Rivalitäten konfrontiert. Der König musste Hassergüsse und Beleidigungen über sich ergehen lassen, doch nur, um letztlich gestärkt aus dem Ritual hervorzugehen.

Das Ritual der Rebellion 189

Gluckman sah unter anderem in dieser Zeremonie die Möglichkeit einer Profilierung miteinander rivalisierender Provinzen, die wirtschaftlich unabhängig waren und von denen potentiell jede den König stellen konnte. Das konfliktträchtige Verhältnis zwischen zentralisierter Autorität und regionaler Unabhängigkeit war ein wichtiges Element des politischen Systems in den von ihm untersuchten südafrikanischen Gesellschaften. Da das Königreich auf die Vererbung des Titels an einen männlichen Nachkommen des Königs angewiesen war und lediglich den ältesten Sohn des Königs als Nachfolger ausschloss, kam potentiell jeder Prinz als Nachfolger infrage. Zudem gab es in jeder Provinz Personen, die dem König aus verschiedensten Gründen feindlich gesinnt waren. Diese Personen konnten Feinde im eigenen Stamm, äußere Feinde, Brüder des Königs oder verärgerte Untertanen sein. Mit dem Ritual der Rebellion wurden daher versteckte Konflikte innerhalb der untersuchten Gesellschaften sichtbar und damit auch bis zu einem gewissen Grad kontrollierbar gemacht – in einer für Gluckman unerwarteten Unmittelbarkeit: „Eine der verblüffendsten Eigenschaften ihrer Organisation ist die Art, wie sie [die Rebellionen, S. R.] soziale Spannungen offen ausdrücken".[78]

Der Konflikt, der bei diesem Ritual der Rebellion, *Incwala*, ausgetragen wurde, zielte nicht darauf, das System selbst, die Königsherrschaft zu ersetzen oder auch nur zu reformieren. Im Gegenteil: Gluckman meinte, aus diesem Ritual eine gestärkte Gesellschaft mit gefestigten Herrschaftsstrukturen hervorkommen zu sehen (ungeachtet seiner Beobachtung, dass diese Spannungen immer wieder zu Bürgerkriegen ausarten konnten). Konflikte dieser Art, schlussfolgerte Gluckman, führen zur Stärkung des gesellschaftlichen Zusammenhalts (*social cohesion*).

Die performative Darstellung von Hass und sozialen Spannungen, stellte auch die Ethnologin Susanne Schröter fest, hat einen reinigenden Effekt und stabilisiert die Gesellschaft. Solche Rebellionen haben die auf den ersten Blick paradox erscheinende Kapazität, durch das Brechen von Normen, durch Beleidigungen und Vulgarität, durch Übertreibung und das ungehemmte Ausleben gesellschaftlich sanktionierter Emotionen im Rahmen ritueller Phasen letzten Endes das politische System und den sozialen Zusammenhalt zu bestätigen und zu stärken.

Gluckman ging davon aus, dass die Institutionalisierung von Rebellion Spaltungskriege verhindern könne, insbesondere wenn es um die Thronfolge geht und rivalisierende Prinzen Anspruch auf den Thron erheben. Politisch bedeutet das, dass Rebellionen zu einem Königswechsel führen konnten, aber die Königsherrschaft selbst als politisches System nicht in Frage gestellt, sondern vielmehr stabilisiert wurde. Wie auch im Mittelalter in Europa oder unter den Mogulen in Indien waren Rivalität und Konflikte das Ergebnis von nicht-festgelegten Nachfolgeregelungen, die durch Rituale der Rebellion geregelt werden konnten, so sein Argument. Allerdings schließt Gluckman kategorisch aus, dass Rituale der Rebellion in Gesellschaften, in denen Revolutionen möglich seien, vorkommen. Damit stellt er beide Formen der Konfliktführung nicht nebeneinander oder, wie Karl Marx zuvor, als logische Reihenfolge hintereinander, sondern als sich gegenseitig ausschließende Konfliktformen dar.

Gluckman wurde später dahingehend kritisiert, dass er in seiner Darstellung nicht reflektiert habe, dass seine Untersuchungen in einem kolonialen Kontext stattgefunden hatten und die Rituale aus diesem Grunde ebenso als Rituale des Widerstandes gegen die Herrschaft hätten interpretiert werden können. Aus einer historischen Perspektive heraus sind die Rituale der Rebellion in einem Kontext britischer Kolonialherrschaft und daher als Proteste der Swasi, Zulu und Bemba gegenüber der Kolonialherrschaft zu interpretieren, argumentiert der Religionswissenschaftler Bruce Lincoln.

Gluckmans Ansatz wurde von Historikern aufgegriffen und auf europäische Gesellschaften übertragen. Unter anderem wird der Karneval als symbolische Ausdrucksform realer sozialer Proteste und gesellschaftlicher Konflikte gesehen, die in ritualisierter Form jährlich exzessiv ausgelebt werden. Der Karneval in Deutschland zum Beispiel gibt einen jährlichen Rahmen vor, innerhalb dessen Beleidigungen und Bloßstellungen von Personen, Situationen und politischen Entscheidungen erlaubt sind, die nach Beendigung der ‚närrischen Zeit‘ keine Konsequenzen nach sich ziehen.

Rebellionen in Somalia und Gambia

Einen anderen Ansatz bezüglich Rebellion entwickelte Jon Abbink für Somalia. Während der italienischen und britischen Kolonialzeit in den späten 1890er Jahren kam es immer wieder zu Revolten und Rebellionen gegen die Kolonialmächte und nach dem Erlangen der Unabhängigkeit auch gegen die Regierungen im neugegründeten somalischen Staat. Diese Aufstände richteten sich sowohl gegen eine Zentralisierung von Herrschaft als auch gegen das Erstarken benachbarter Klans sowie gegen indigene Eliten, die sich in städtischen Zentren und Handelsnetzwerken bildeten, erklärt Abbink. Er fasst sie in seiner Darstellung unter dem Begriff der ‚zentrifugalen Kräfte‘ zusammen.

Somalia, konstatiert Abbink, hält an seiner Unabhängigkeit und rebellischen Art fest und wehrt sich gegen jegliche Form äußerer Einmischung ebenso wie gegen die Dominanz einer Gruppe gegenüber anderen Gruppen im Inneren. Das ist nicht zuletzt das Resultat einer sehr heterogenen Bevölkerungsstruktur. Während etwa 60 Prozent der Einwohner im Norden Pastoralisten, also Hirten sind, die eine mobile Form der Tierhaltung pflegen, oder aber als Agro-Pastoralisten Viehzucht und Landwirtschaft verbinden, leben im Süden des Landes Ackerbauern in festen Siedlungen und in den urbanen Zentren wiederum viele Händler. Große Klans agieren als politische Einheiten; sie nehmen kleinere Sub-Klans oder Minderheitengruppen wie die Bantu in Schutz (Kapitel 7). Um die vorherrschende Meinung zu revidieren, nach der es sich bei andauernden Konflikten in Somalia vorwiegend um eine Konkurrenz der Eliten um Macht oder Klassenkonflikte handelt, schlägt Abbink vor, genauer auf die Abläufe und Dynamiken der Rebellionen und Revolten in der Geschichte Somalias einzugehen.

Bereits während der kolonialen Herrschaft kam es ab 1890 in Somalia immer wieder zu gewalttätigen Aufständen. Diese richteten sich nicht nur gegen die Kolonialherrscher, sondern auch gegen jeglichen Versuch, die Herrschaft von innen heraus zu zentralisieren. In zyklischen Abständen gerieten die unterschiedlichen Verwandtschaftsgruppen, ideologisch motivierten Gruppen und andere Interessengruppen in Konflikt miteinander. Über einen langen Zeitraum hinweg betrachtet, produzierten diese Konflikte allerdings keine neuen politischen Strukturen und änderten wenig an den somalischen kulturellen Werten und Identitäten.

Daher sieht Abbink auch in den Konflikten der letzten Jahrzehnte keinen Zerfall politischer Strukturen, sondern eine Form der Rebellion, wie sie auch in der Vergangenheit immer wieder stattfand. Damit möchte er keinen primordialen Konfliktmodus heraufbeschwören, sondern darauf aufmerksam machen, dass in den Konflikten auch weiterhin die Klan-Strukturen und das segmentäre Lineage-System – die Somalia sowohl territorial als auch politisch strukturieren – Loyalität und Zugehörigkeit bestimmen. Diese Klan-Identitäten werden gegenüber anderen Gruppen inszeniert und bedingen die Gruppengröße und -zusammensetzung in politischen Auseinandersetzungen. Versuche religiös motivierter Gruppen, wie der Gruppe von Sayyid Mohammed Abdulla Hassan (1864–1920; abgekürzt als MAH), einem religiösen Lehrer (*Sheikh*), der 1899 zum Widerstand gegen die Kolonialherrschaft aufrief, oder der seit 2008 in Somalia agierenden islamistischen Gruppe al-Shabaab, scheiterten in ihrem Versuch, eine klanübergeordnete Identität und politische Einheit zu etablieren. Auch die säkulare Regierung von Siad Barre konnte keine Einigung der unterschiedlichen Klans und Gruppen erreichen, obwohl er in seine Regierung Repräsentanten aus Minderheitengruppen integriert hatte.

Abbink verwendet in seiner Ausführung häufiger den Begriff Revolte als Rebellion, um die einzelnen Ereignisse zu beschreiben, konzeptualisiert aber seine Analyse als ‚Zyklus der Rebellion‘, um die sich wiederholenden nach innen und je nach politischer Situation auch nach außen gerichteten politisierten Konflikte zu beschreiben. Abbinks Ansatz bietet die Möglichkeit, Konflikte in Somalia in einen größeren Zusammenhang und über lange Zeiträume hin neu zu deuten. Mit dem Begriff der Rebellion können repetitive Formen der Konfliktführung von anderen Konflikten unterschieden werden, ohne gleichzeitig spezifische politische und historische Kontexte unbeachtet zu lassen.

Aus einer ähnlichen Perspektive heraus ließen sich auch Konflikte in Gambia betrachten. Seit der Unabhängigkeit wurden je nach Klassifikation in Gambia etwa acht politische Putsche unternommen, und zwar in den Jahren 1981, 1994, 1995, 2000, 2006, 2009, 2014 und 2017. Ein Großteil dieser Rebellionen endete damit, dass der herrschende Regent und sein engster Kreis aus dem Amt verjagt und ein neuer Herrscher an die Spitze gesetzt wurde. Die Putschisten kamen mehrheitlich aus dem Sicherheitssektor und hatten respektable Positionen, bevor sie von den jeweiligen Herrschern aus dem Amt entfernt worden waren und sich gegen diese stellten. Sie verkörperten damit eine Frustration, die ihnen Sympathie unter oppositionellen Teilen der Bevölkerung einbrachte. Mit Ausnahme des kommunistisch motivierten Putsches im Jahr 1981, der einen Systemwechsel anstrebte, galten alle anderen Rebellionen als Nachfolgerkonflikte. Obwohl Wahlen immer eine realistische Alternative zu den Rebellionen waren und auch regelmäßig durchgeführt wurden, waren die meisten Regierungswechsel nicht die Folge demokratischer Entscheidung, sondern das Ergebnis eines mit der Unterstützung des Militärs durchgeführten Putsches.

Ziel der Rebellen war stets nicht ein neues politisches System, sondern ein neuer Regent, der deutliche wirtschaftliche Verbesserungen in Aussicht stellte. Mit entsprechend großen Erwartungen wurden die neuen Machthaber von der Mehrheit der Bevölkerung begrüßt. Interessanterweise setzten die Putschisten in den meisten Fällen eine zivile Person als Herrscher ein, anstatt einen Präsidenten aus dem Militärkader zu befördern. Um sich die Gunst der Bevölkerung auch nach dem Putsch zu erhalten, warben die neuen Machthaber mit wirtschaftlichen Versprechen und großzügigen Geschenken. Von Yahya Jammeh – der selbst durch einen Coup 1994 an die Macht gekommen war – ist bekannt, dass er vor seiner Wiederwahl 2001 die Bevölkerung mit dem Bau neuer Straßen, Krankenhäuser und Schulen ‚beschenkt' hatte, um sich die Loyalität der Menschen zu sichern.

Als Präsident Jammeh die Wahlen 2016 verlor, weigerte er sich, seinen Posten zu räumen. Erst mit einem erneuten Putsch am 19. Januar 2017 wurde er erfolgreich vertrieben und ‚eine Person des Volkes', wie es in den Zeitungen heißt, ins Amt eingesetzt, Adama Barrow.[79] Bemerkenswert sind die geringe Zahl an getöteten Personen bei diesen Putschen sowie die allgemeine Begrüßung des neuen Herrschers durch weite Teile der Bevölkerung. Es scheint, als läge hier ein klassisches Beispiel von Rebellion vor, wie Gluckman Nachfolgekonflikte beschrieben hat. Dem neuen Herrscher wurde dann eine gewisse Zeit zugebilligt, in der er seine Eignung gegenüber dem Volk unter Beweis stellen konnte.

Rebellionen in Somalia und Gambia

Die oben dargestellte Geschichte des Klägers aus Gambia ähnelt den zur Verfügung stehenden öffentlichen Berichten über die Rebellion von 2014. Seine Beschreibung hat etwas Regelhaftes, als hätte die Häufigkeit solcher Ereignisse zu einer Art allgemeinem Wissen zur Durchführung einer Rebellion geführt. Dabei fallen vor allem die kurze Vorbereitungszeit (fünf Monate) und der vollkommen ideologiefreie Rückgriff auf populäre Meinungen auf sowie der Wunsch, eine zivile Person als neuen Herrscher einzusetzen. Auch die zentralen Akteure entstammen wie zuvor dem staatlichen Machtzentrum. Gluckmans weiter oben dargestellte Erkenntnisse der rituellen Stärkung von Gesellschaften durch Rebellion sind hier zumindest in Teilen zutreffend, nämlich die Verteidigung des Herrschaftssystems gegenüber einem Herrscher, der sich von seinen Untertanen entfernt hat, sowie ein Putsch, der durch potentielle Rivalen durchgeführt wurde.

Was hier diskutiert wird, ist keinesfalls eine Kulturalisierung gambischer politischer Prozesse, sondern eine Analyse der meist in Zeitungen als Putsche rezipierten Herrscherwechsel, die unabhängig vom Regime (diktatorisch oder demokratisch) immer wieder ähnliche Züge aufweisen und erstaunlich oft nach dem gleichen Schema durchgeführt wurden. Gambia ist übrigens keine Ausnahme, was die Häufigkeit von Umsturzversuchen anbelangt. In den 30 Jahren, die der Dekolonialisierung seit den 1950ern folgten, gab es in 14 Ländern südlich der Sahara 35 erfolgreiche Staatsstreiche. Diese wurden meist von der Bevölkerung begrüßt, die sich von der neuen Regierung mehr Aufmerksamkeit und wirtschaftlichen Wohlstand erhoffte.

Zusammenfassend bedeutet Rebellion in diesem Forschungsansatz, dass ein mehr oder weniger ritualisierter Protest (Rebellion) gegen eine herrschende politische Elite gesellschaftliche Spannungen sichtbar macht und zu einem meist von verhältnismäßig wenigen Akteuren getragenen, gewaltsamen, nicht durch demokratische Wahlen legitimierten Wechsel der Eliten führen kann, jedoch das politische System an sich nicht in Frage stellt. Im nachkolonialen Subsahara-Afrika zeigen die Putsche Ähnlichkeiten mit den beschriebenen Rebellionen der Kolonialzeit, gleichzeitig fügen sich die Rebellionen jedoch auch in eine Welt der modernen Nationalstaaten ein. Die Analyse sich wiederholender Protestformen in Somalia und Gambia ist damit sicherlich nicht abgeschlossen, allerdings eröffnet sich mit dem Ritual der Rebellion eine weitere Möglichkeit, den Bericht des Asylsuchenden aus Gambia zum Putsch zu verorten.

Von der Rebellion zur Revolution in marxistischen Ethnographien

Die Revolution als politischer Konflikt mit dem Ziel eines Systemwechsels erhielt ihr theoretisches Momentum in der Ethnologie mit der Russischen Revolution. Marx hatte in seinem Gesellschaftsentwurf die Revolution dem gesellschaftlichen Fortschritt zugeschrieben. Die Rebellion verstand er in diesem Zusammenhang als Protestform, der kein Erfolg beschieden sei und die als Vorstufe zur eigentlichen Revolution zu sehen sei. Die Rebellion war nach Marx ein notwendiger Schritt, um ein Klassenbewusstsein zu entwickeln und im kumulativen Prozess schließlich in eine Revolution zu münden. Leo Trotzki sah dagegen die Rebellion als eine Form des Protests, die ein revolutionäres Bewusstsein nicht nur nicht befördert, sondern dessen Entstehen vielmehr verhindert. Er kritisierte die Proteste der reformorientierten Arbeitergewerkschaften, die er als Produkt eines kapitalistischen Systems sah, die keine tiefgreifenden gesellschaftlichen Umbrüche beabsichtigten. Zur Umwälzung aller gesellschaftlichen Verhältnisse dagegen sei eine sozialistische Revolution notwendig, die von der Arbeiterklasse, die sich primär aus der Industrie rekrutierte, getragen werden müsse. Eine solche Arbeiterklasse gab es allerdings nur in industrialisierten Ländern, was eine Übertragung der sozialistischen Revolution zu einem Problem machte.

Die Russische Revolution von 1917 hatte zu einer neuen geopolitischen Aufteilung der Welt geführt. Auch innerhalb der Ethnologie entwickelten sich unterschiedliche Theorieansätze, die durch dieses politische System beeinflusst wurden. Der Soziologe und Ethnologe Marcel Mauss (1872–1950), ein Neffe des bekannten Soziologen Émile Durkheim (1858–1917), widmete sich dem Konfliktthema Revolution bereits 1905, allerdings verschriftlichte er seine Erfahrungen erst zwanzig Jahre später, nachdem sein Onkel verstorben war. Während Durkheim mit dem Sozialismus lediglich sympathisierte und bereits zu Beginn der Russischen Revolution verstarb, nahm Mauss aktiv, fast schon euphorisch an den Diskussionen in Frankreich Teil.

Die Aufgabe der russischen Ethnographen in der 1922 ausgerufenen Sowjetunion – gut zusammengefasst in einem Beitrag von Sergei Abashin – war die Erforschung der Wirtschaftsweisen und Familienverbände indigener Bevölkerungsgruppen in den Sowjetrepubliken, um ihr ‚revolutionäres Potential' festzustellen. Dabei wurde auf Friedrich Engels' *Studien zu Familie und Entwicklung* zurückgegriffen. Linksorientierte Ethnologen im Westen dagegen – ob sie sich nun explizit als Marxisten bezeichneten oder nicht – interessierten sich vor allem für Widerstandsformen unterdrückter Bevölkerungsgruppen. Hier wurde vor allem James Scott mit seinen Studien in Malaysia bekannt. Die aus dem Marxismus heraus entstandene Revolution war ein Thema für Ethnologen in vielen Ländern und ein Dogma für Ethnologen der Sowjetunion bis in die 1970er Jahre hinein.

Die sozialistische Revolution hinterließ auch weit über die Sowjetunion hinaus in Asien und Afrika Spuren bei den intellektuellen Eliten. Unter den unterschiedlichen islamischen Gruppen in Britisch-Indien zum Beispiel, die sich Anfang des 20. Jahrhunderts gegen die britische Herrschaft zu organisieren begannen, fanden sich auch kommunistische Muslime. Lenin unterhielt ein ‚Orientalisches Propaganda Bureau‘, das die südlich der Sowjetunion liegenden Gesellschaften in ihrem Kampf gegen die Briten unterstützte und den Exilindern (*muhajirin*), die über Kabul in den sowjetischen Norden kamen, mit Trainings und Material versorgte – ein Thema, das der Historiker Khizar Humayun Ansari ausführlich beschrieben hat.

In Zentralasien interessierten sich die Jadidi um die Jahrhundertwende für eine islamische Erneuerung durch eine grundlegende Reform des lokalen Bildungssystems und ließen sich dabei vom tatarischen Reformer Ismail Bej Gasprinskji inspirieren, der wiederum mit den Jungtürken im zerfallenden Osmanischen Reich in Kontakt war (Kapitel 4). Letztere fügten sich allerdings nicht in eine sozialistische Ideologie ein, existierten aber in einer Zeit, die von marxistischen Revolutionsbestrebungen geprägt war. In seiner kurzen Amtszeit versuchte auch Leo Trotzki im Zuge seines Programms der ‚Welt-Revolution‘, muslimische Sozialisten für den Kampf gegen den imperialen Westen zu gewinnen. Jedoch endeten diese ideologischen Allianzen zwischen Muslimen und Kommunisten abrupt unter Stalin, der sämtliche Eliten in den 1930er Jahren massiv verfolgen und vernichten ließ.

Eine interessante Wendung nahm der Export der Russischen Revolution nach Zentralasien. Russland hatte die Region während des *Great Games* im 19. Jahrhundert unter seine Vorherrschaft gebracht und den britischen Einfluss in Zentralasien zurückgedrängt. Die Bolschewiken erhofften sich nun in der kolonialen Peripherie eine besondere Unterstützung der ‚Unterdrückten‘ gegen die zaristische Kolonialmacht. Die Unterstützung kam jedoch nur zögerlich und sicherlich nicht in Form einer Revolution. Vielmehr richteten sich die bewaffneten Proteste in der Region – bekannt geworden als Basmatschi-Proteste – sowohl gegen die lokalen Bolschewiken als auch gegen die Russen im Allgemeinen. Gleichzeit waren die oben genannten Jadidi für Reformen offen, nicht jedoch blinde Anhänger der kommunistischen Revolutionsideologie.

Da Zentralasien keine revolutionäre Arbeiterklasse besaß, wie sie die Architekten der Revolution für den Klassenkampf vorgesehen hatten, versuchten die Bolschewisten, andere alternative ‚unterdrückte Gruppen‘ mit revolutionärem Potential ausfindig zu machen, und fanden sie in der ‚muslimischen Frau, die in patriarchalen, archaischen Strukturen gefangen‘ sei. Der Politikwissenschaftler Gregory Massel stellte in den 1970er Jahren die

These auf, dass muslimische Frauen in Zentralasien das ‚Ersatzproletariat' (*surrogate proletariat*) der Bolschewiken stellten.

Das Beispiel Zentralasien eignet sich, um zu zeigen, dass das Argument der Revolution nach der Machtübernahme der Bolschewiken auch immer wieder als Mittel zum Zweck diente und zu einem oft mit Waffen unterstützten Systemwechsel führen sollte. Das revolutionäre Potential von Gesellschaften stand nicht nur in politischen Diskussionen im Zentrum, sondern prägte auch die Paradigmen der ethnographischen Analysen während der Sowjetzeit. Es sei hier angemerkt, dass die Ethnologie in den meisten Ländern Westeuropas trotz ihrer ursprünglichen Nähe zu kolonialen Regimen stets ein marginales Leben im Schatten politischer Ausrichtungen und wissenschaftlicher Diskurse gefristet hat, während in der Sowjetunion dem Fach *Etnografiya* zentrale Bedeutung zukam, weil es das empirische Material für die politischen Theorien lieferte.

Konzeptuelle wissenschaftliche Debatten fanden fast ausschließlich in Moskau statt, während die ethnographischen Daten für die Theorienbildung in den neu etablierten unterschiedlichen Teilrepubliken erhoben wurden, beobachtet die Ethnologin Tamara Dragadze. Von besonderem Interesse waren dabei ethnische Gruppen, da diesen in Lenins Aufteilung der Sowjetunion eine zentrale Rolle zugesprochen wurde. Der tadschikische Ethnograph Muhiddin Faizulloev, der in den 1970er Jahren in Moskau studiert und über viele Jahre hinweg Forschungsexpeditionen nach Zentralasien begleitet hat, berichtet, dass diese Peripherie der Sowjetunion als ein ‚Labor für sozialistische Evolutionstheorien' betrachtet wurde.

Karl Marx und Friedrich Engels hatten unter anderem Lewis Henry Morgans evolutionistische Sicht der gesellschaftlichen Entwicklung zu einem Weltgeschichtskonzept erweitert. Der Revolution als ‚Lokomotive der Geschichte' maßen sie dabei eine besondere Rolle bei. Die von Morgan unterschiedenen drei Epochen (Wildheit, Barbarei, Zivilisation) der Menschheitsgeschichte wurden später von Marx und Engels in einen neuen theoretischen Zusammenhang gestellt und schließlich von Lenin systematisiert und anhand wirtschaftlicher Produktionsweisen im Fünf-Stufen-Modell[80] (russ. *pyatichlenka*) zur kommunistischen Doktrin erhoben. In der russischen Ethnologie wurden nun unterschiedliche Völker in Bezug auf dieses Modell hin klassifiziert. Hierzu dienten Studien zur Familie und zu Wirtschaftsweisen. In den neu gegründeten Sowjetrepubliken Kasachstan, Kirgisien, Usbekistan, Tadschikistan und Turkmenistan war damit auch ein politisches Interesse verknüpft. Die Zuordnung von Familienmodellen zu einer bestimmten Klasse war mit Steuerabgaben und politischen Bedingungen verbunden, später auch mit Repressionen, schreibt Abashin.

Die Übertragung marxistischer Theorien in ethnologische Forschungsfelder im politischen Westen verlief weniger anhand von marxistisch-leni-

Von der Rebellion zur Revolution in marxistischen Ethnographien 197

nistischen Revolutionstheorien, sondern als koloniale Kritik. Auf eine umfassende Beschreibung dieser Forschungen soll jedoch verzichtet werden. Allgemein lässt sich sagen, dass linksorientierte Ethnologen außerhalb der Sowjetunion nicht auf der Suche nach ökonomischen Klassen waren, sondern Formen des soziopolitischen Widerstandes suchten. Sie entwickelten dabei ihre eigenen Perspektiven auf sozioökonomische Konflikte. So wurden unter anderem Bauern zu einem Ersatzproletariat. Die wohl bekannteste Studie hierzu ist *Weapons of the Weak* von James Scott aus dem Jahr 1985. Mit dem Studium der Bauernschaft wurden Sympathie für die Schwachen und dabei die strukturelle Ungleichheit herausgearbeitet und beschrieben.

Scott suchte nach Alltagspraktiken des Widerstandes im ruralen Malaysia und fand diese in oft nicht verbalisierten Handlungen, die er *hidden transcripts* nannte. Bauern können nur schwer offen rebellieren oder sich der Bürokratisierung einer Regierung widersetzen, stattdessen äußern sie sich durch alltägliche Formen eines bäuerlichen Widerstands, welche verdeckt sind und durch ethnographische Feldforschung herausgearbeitet werden können. Er kritisiert die Politikwissenschaft, die sich zu sehr auf sichtbare Formen der Rebellion konzentrierte und dabei übersah, dass auch Formen des verdeckten Widerstandes direkt auf Herrschaftsmethoden sowie auf Machtmissbrauch und Gewalt reagierten. Mangels einer Möglichkeit, offen zu protestieren, äußert sich dieser Widerstand sehr subtil, zum Beispiel in der Verbreitung von Gerüchten und Klatsch, in versteckten Tricks sowie in der Verwendung von Metaphern und Euphemismen, deren Bedeutung nur Gleichgesinnten verständlich ist, ritualisierten Handlungen – alles unter dem Schutzmantel der Anonymität. Es handelt sich dabei um einen kulturell eingebetteten Widerstand, der nicht als politischer Protest offen formuliert und demonstriert wird bzw. werden kann und dennoch immer wieder aktualisiert wird.

Revolten, so Scott, finden in Bauerngesellschaften seltener als in industrialisierten Gesellschaften statt. Zu den Formen des Widerstands, die den Bauern zu Verfügung stehen, gehört zum Beispiel, dass sie sich der Zahlung von Steuern entziehen oder ihre Söhne nicht zur Armee schicken. Da Herrscher und Beherrschte im gleichen kulturellen Kontext leben und voneinander abhängig sind, verändern sich die Formen des Widerstandes zusammen mit den Formen der Herrschaft.

Diese Beobachtung lässt sich auf kontemporäre Konflikte übertragen. Die Proteste in Syrien, die im Rahmen des Arabischen Frühlings im Jahr 2011 ausgebrochen waren, wurden wesentlich von der verarmten Bauernschaft getragen. Interessanterweise waren es unter anderem ehemalige rurale Orte aus den Anfängen der sozialistischen Baath-Partei-Zeit (ab 1972) wie der Bezirk Deir ez-Zor, die sich im folgenden Bürgerkrieg mit besonderer Vehemenz gegen die Zentralregierung stellten.

198 Rebellionen versus Revolutionen

Lange konnte die syrische sozialistisch ausgerichtete Baath-Partei die Bauernschaft durch Förderprogramme und Privilegien an sich binden. Exzessiver Wasserverbrauch führte jedoch zu Problemen in der Landwirtschaft, woraufhin viele Bauern entweder ihre Betriebe aufgaben und in urbane Zentren zogen oder verarmten (Kapitel 10). Schon bevor die syrische Revolution begann, gehörte der Wehrdienstentzug zu einer klassischen Methode des Widerstandes der vorwiegend arabischen, sunnitischen Bevölkerung gegen die von der ethnischen Minderheit der Alawiten dominierte Regierung. Um eine Rekrutierung zu verhindern, wurden die Söhne in den Libanon geschickt. Eine neue Dimension erreichte diese Strategie des ‚versteckten Widerstands‘ mit dem Ausbruch des bewaffneten Konflikts und dem Überlaufen vieler, vor allem sunnitischer Militärangehöriger aus der regulären Armee in eine Oppositionsarmee. Weitaus mehr noch entzogen sich schlichtweg dem Wehrdienst und flohen in die benachbarten Länder oder nach Europa. Es ist daher wenig überraschend, dass die Flucht vor dem Wehrdienst die meisten Narrative männlicher syrischer Flüchtige in Asylverfahren prägt. In diesem Kontext ist auch der Asylsuchende anfangs des Kapitels zu verorten. Legt man der Analyse dieser Narrative James Scotts Theorie zugrunde, so ist sie eine Form des stummen politischen Widerstandes, der sich ohne versierte politisch-ideologische Begründung praktisch umsetzen lässt, also eine ‚Waffe der Schwachen‘.

Neuere Revolutionsforschungen in der Ethnologie

Revolutionen haben in der populären Vorstellung eine verklärte Seite, die in den wissenschaftlichen Abhandlungen kaum sichtbar wird. Das Versprechen von Gleichheit und des Endes der Unterdrückung wurde durch kaum eine Revolution eingelöst, trotzdem genießen Revolutionen ein hohes Ansehen und sind mit großen Hoffnungen verbunden. Zwar resultieren aus Revolutionen tiefgreifende soziale Veränderungen, aber diese sind nicht selten von noch mehr Gewalt und Unterdrückung geprägt als zuvor, zumindest in den unmittelbar der Revolution folgenden Jahren. Die Französische Revolution, die unter Maximilien Robespierre zeitweise zu einem Terrorregime wurde (bekannt als *La Grande Terreur* von 1793/94), und die Russische Revolution von 1917–1923, die unter Stalin in ein Verfolgungsregime mündete, unter dem Millionen von Menschen im Namen des Regimes in Arbeitslager geschickt oder hingerichtet wurden, sind nur zwei Beispiele der Geschichte.

Die Ethnologie hat sich bisher wenig und eher zögerlich mit Revolutionen auseinandergesetzt. Eine Ausnahme bilden die marxistischen Ansätze, die bereits zuvor dargestellt wurden. Einen Grund für den zögerlichen Umgang mit Revolution sieht der Sozialwissenschaftler Bjørn Thomassen darin, dass es sich dabei um gesamtgesellschaftliche Ereignisse handelt und somit Revolutionen den normalen Analyserahmen der Ethnologen (Gemeinschaften, Dörfer, Randgruppen) zu sprengen scheinen. Dabei wird jedoch übersehen, dass Revolutionen zwischen der Mikro- und der Makroebene angesiedelt sind und gerade mit ethnographischen Methoden gut empirisch recherchiert werden können. Das eigentliche Problem sind – wie bei der Konfliktforschung allgemein – die Unberechenbarkeit dynamischer sozialer Ereignisse und die damit verbundenen Fragen der Sicherheit.

Die globale Digitalisierung, die Möglichkeit, schnell an die unterschiedlichsten Orte der Welt zu gelangen, sowie eine wissenschaftliche Community ausgebildeter Ethnologen in fast allen Ländern haben jedoch den Zugang zu Konfliktfeldern und damit die sozialwissenschaftliche empirische Forschung zu Revolutionen vereinfacht. So waren Sozialwissenschaftler auf dem Tahrir-Platz in Ägypten fast durchgehend anwesend; aber auch in der Türkei, in Tunesien und in vielen anderen Ländern haben Wissenschaftler die Proteste begleitet, dokumentiert und die Ergebnisse digital zur Verfügung gestellt. Eine Dokumentation des revolutionären Geschehens unter dem unmittelbaren Eindruck der Ereignisse in Kairo hat der Ethnologe Samuli Schielke in Form eines ethnographischen Tagebuchs bereitgestellt. Das Dokument ist deshalb interessant, weil es die emotionale Dynamik und die Schwierigkeit, unterschiedliche Ereignisse in Beziehung zueinander zu bringen, dokumentiert, gleichzeitig aber eine wissenschaftliche Reflexionsebene eröffnet.

Der Übergang von Protest zu Revolution ist nicht immer eindeutig, und noch weniger vorhersehbar ist der Ausgang. Im Vergleich zur Rebellion, die in der Regel einen zeitlichen überschaubaren Rahmen hat, scheint die Revolution kein Ende zu haben, sie wird, sofern sie erfolgreich ist, in die neue Staatsdoktrin eingebaut und dient oftmals über Jahrzehnte hinweg als Rechtfertigungsdiskurs der neuen Herrschaft. Eine ethnologische Konzeptualisierung der Ereignisse ist daher schwer, dennoch gibt es Merkmale, die den meisten Revolutionen eigen sind. Versuchsweise hat Thomassen eine Liste von möglichen Charakteristika aufgestellt:[81] Eine politische Revolution bezeichnet ihm zufolge eine umfassende und grundsätzliche Transformation der soziopolitischen Strukturen. Bei einer Revolution werden nicht nur die politischen Institutionen verändert, sondern die gesamte Gesellschaft durchläuft tiefgreifende Veränderungen. Die neue politische Elite bricht mit dem vorangegangenen Regime und Staatssystem und bezieht ihre Legitimation aus der gelungenen Revolution. Während der Proteste werden die Massen mobilisiert, die die existierenden Autoritäten unterminieren. Die Beteiligten erleben diesen Moment der Revolution im öffentlichen Raum als eine liminale Phase. Revolutionen entstehen aus der Masse heraus und werden während des Prozesses dann von Revolutionsführern vereinnahmt, die den Anspruch erheben, Teil der Masse zu sein, keinesfalls jedoch der existierenden Elite anzugehören. Dabei entstehen emotionale Bindungen zwischen den Massen und ihren Führern, die auch über die Revolution hinaus bestehen können. Inwieweit neue politische Programme verschriftlicht werden und wie groß das Ausmaß an Gewalt ist, das in der Revolution eingesetzt wird, bleibt von Fall zu Fall unterschiedlich, so Thomassen. Nach einer erfolgreichen Revolution kommt es zu fundamental neuen sozialen, wirtschaftlichen und kulturellen Konfigurationen. Neue Strukturen und Institutionen werden etabliert, die jedoch nicht mehr hinterfragt werden dürfen und damit den Bruch zwischen dem alten und dem revolutionären Regime absolut setzen.

Thomassen nutzt Turners Ritualtheorie als theoretischen Rahmen seiner Revolutionsanalyse. Auch die Ethnologen Igor Cherstich, Martin Holbraad und Nico Tassi weisen auf Turners Deutung des Rituals als einen geeigneten theoretischen Rahmen für die Analyse von Revolutionen hin. Die Revolution ist ihnen zufolge ein nicht vollendeter Protestzyklus, der den Regeln der Ritualtheorie folgt und sich gegen bestehende Strukturen richtet. Dabei gerät die Masse in eine liminale Phase, in einen Zustand von Communitas, der im Gegensatz zur Rebellion nicht mehr verlassen wird und durch neue Führer in ein neues System überführt wird.

Im Gegensatz zu sonstigen Formen der Konfliktaustragung spielt in der Revolution die Bevölkerungsmasse bzw. die Volksmenge eine zentrale Rolle. In der Masse empfindet sich das Individuum als Teil einer hierarchielosen Gruppe, die in enger Gemeinschaft eine Vorbildrolle einnehmen kann und für ein neues System steht. Die liminale Phase stellt den Rahmen für die Erfahrung der Communitas und kann in eine Art Rauschzustand übergehen, der immer mehr Menschen erfasst. Der Ethnologe Samuli Schielke hat diesen Moment in seinem Ägypten-Tagebuch gut beschrieben und damit seine Erfahrung der Revolution als unmittelbares, alle Sinne beanspruchendes Ereignis der Konfliktforschung zugänglich gemacht. Als ethnographisches Beispiel soll es hier daher als Zitat wiedergegeben werden: „Meiner Schätzung nach befinden sich auf dem Platz etwa 10.000 Menschen gleichzeitig, aber kommen und gehen die Leute, so dass es im Laufe des Tages wahrscheinlich mehr werden könnten. Das Publikum ist stark durchmischt, aber politisch aktive Menschen sind eindeutig am stärksten repräsentiert. Es gibt viele linke Aktivisten, kluge Leute aus der Oberschicht, Salafisten und Muslimbrüder, viele kommen mit der ganzen Familie und stimmen in den Protesten gegen Mubarak ein: Salafistische Familien mit Bart und Gesichtsschleier stehen neben linken Aktivisten und Künstlern, altmodische Intellektuelle, und viele, viele mehr. In dieser Revolution ist Platz für alle. Es gibt auch wirklich viele Frauen, junge und alte.

Keine Gruppe dominiert. Die religiösen Strömungen sind stark und sichtbar, gleichzeitig gibt es aber auch viele Parolen, die die Einheit von

Muslimen und Christen als Ägypter betonen. Die starke Präsenz der Muslimbrüder war etwas, worüber L. während unseres Gesprächs im Flugzeug Bedenken äußerte. Sie traute den Muslimbrüdern nicht und hoffte, dass die ägyptische Gesellschaft etwas säkularer gemacht werden könnte. Aber das liegt in der Natur der Volksrevolution und der Demokratie: Sie kommt von den Menschen, wie sie sind, nicht so, wie sie sein sollten. Es steht außer Frage, dass eine demokratische ägyptische Regierung religiöser und konfrontativer gegenüber Israel sein wird. Was mich betrifft, so stellt sich weniger die Frage, wer Ägypten regiert, als die, wie es regiert wird. Und der heutige Tag hat mir diesbezüglich viel Hoffnung gemacht. Die spontane Organisation von Ägyptern in Demonstrationen und in Wohngebieten ist für mich der stärkste Beweis dafür, dass Ägypter zu einer demokratischen Herrschaft fähig sind. Es ist wirklich fantastisch, und viele Leute, mit denen ich spreche, sind sehr stolz darauf."[82]

Communitas in einem Revolutionskontext entwickelt eine enorme Dynamik und Kraft, die die bestehenden Strukturen und Sicherheitskräfte unter Umständen nicht mehr unter Kontrolle zu bringen vermögen. Hier spielt die Örtlichkeit der Revolution eine zentrale Rolle, denn der Konflikt wird über die Aneignung öffentlicher repräsentativer Plätze sowie relevanter Gebäude ausgetragen. Die öffentlichen Räume, in denen die Menge sich versammelt, sind oft die gleichen wie diejenigen, in denen die Herrschenden ihre Macht zu demonstrieren pflegen (durch Statuen, Veranstaltungen oder Paraden). Städtische Plätze sind die Orte, in denen soziale Veränderungen beginnen und die Menge in die liminale Phase eintritt. In anderen Worten, Revolutionen sind stark an Urbanität gebunden.

Nehmen wir die Ritualtheorie Turners und sein Verständnis der Communitas zum Ausgangspunkt der Analyse, ergibt sich ein zentrales Problem, nämlich das Fehlen eines Zeremonienmeisters oder einer Instanz, die die betroffenen Personen von einem Übergang in den nächsten führt und schließlich zurück in die Gesellschaft begleitet. Das Ritual verharrt sozusagen in der liminalen Phase, gerade weil es an einer übergeordneten Instanz fehlt und die liminale Phase andauert. Aus diesem Zustand heraus kommt es schließlich zur Entwicklung neuer Strukturen, Regeln, Normen und Führungspersonen, die sich durchsetzen.

Nicht nur während der Französischen und der Russischen Revolution wurden die Massen oder die Volksmenge nach erfolgreicher Machtübernahme durch die Revolutionäre zum zentralen Bestandteil der Machtinszenierung eingesetzt. Ohne die Beteiligung dieser Volksmengen (*crowd*) oder Bevölkerungsmassen (*masses*) könnte eine politische radikale Veränderung nicht als Revolution bezeichnet werden; sie wäre ein bloßer Staatsstreich bzw. Putsch. In den ethnographischen Analysen zu seiner Revolutionserfahrung in Ägypten benennt Schielke die Masse als maßgeblichen Protagonisten der

Revolution. Er beobachtet, wie sie in einen Zustand von Communitas verfällt, einen Revolutionszustand, der keine klaren politischen Zukunftsziele mehr hat. Das führt schließlich dazu, so Schielke, dass die Revolution um ihrer selbst willen durchgeführt wird, gerade von denjenigen, die ihr ohne religiöses oder ideologisches Konzept beigetreten waren. Die Revolution selbst wird zum eigentlichen Ziel, es fehlt an Visionen oder politischen Programmen. „‚Die Revolutionäre‘ ist ein irreführender und ausgrenzender Begriff, weil auch viele andere mit anderen Positionen an der Revolution beteiligt waren. Was sie im Zeitraum 2011–2013 jedoch auszeichnete, war die Art und Weise, wie sie sich mit der Revolution selbst und ihren Zielen identifizierten und sich nicht einer spezifischen utopischen Vision oder einem politischen Programm hingaben."[83]

Die ursprünglichen Revolutionäre, die sich, nach Schielke, von den anderen Aktivisten der Revolution absetzten, waren sowohl gegen Mubarak wie auch gegen eine Islamisierung der Gesellschaft, sie gingen in der Anti-Struktur auf, ohne eine Option der Rückkehr in die Gesellschaft oder eine neue Struktur zu formulieren. Bei der ägyptischen Revolution fehlte es an Leitfiguren; die ganze Konzentration war auf ‚das Volk‘ als eine nationale Einheit gerichtet.

Ähnliche Dynamiken dürften auch in Syrien bei den Protesten geherrscht haben. Es ist daher bemerkenswert, dass Asylsuchende im Gericht nur wenig über ihre Erfahrungen als Teil der Masse während der Proteste berichten. Obwohl zentral für einen politischen Umbruch, ist das Sich-Auflösen in der Masse als politisches Momentum schwer erzählbar und wird bei fehlgeschlagener Revolution gar verdrängt. Eine einfache Erwähnung, man sei auf ‚dem Platz‘ dabei gewesen, kann die emotionale Intensität nicht wiedergeben, die diese Beteiligung wahrscheinlich hatte.

Der Bezug auf die Massen dient in allen Revolutionen der Legitimation für die neue Führungselite. Dies zeigt sich zum Beispiel in der staatssozialistischen Revolutionskunst. Sowohl in der Russischen Revolution als auch in der Kulturrevolution Chinas spielten künstlerische Darstellungsformen, die den Massen selbst ihre Funktion bei der Revolution und ihre Aufgaben bei der Verwirklichung einer utopischen Vision veranschaulichten, eine zentrale Rolle. Das Moment der Revolution wurde als Legitimation der neuen Herrscher und einer neuen Gesellschaft über die Kulturpolitik jahrzehntelang lebendig gehalten. Die Kunsthistorikerin Natalia Murray hat dies für Russland folgendermaßen beschrieben: „Die Kultur war den Bolschewiki auch deshalb ein ständiges Anliegen, weil der Staat seit der Oktoberrevolution seine Legitimation aus der Sphäre der Kultur und Ideologie bezog. Um 1920 wurde Kultur in all ihren Formen nicht nur zum Instrument zur Prägung oder Überzeugung einer neuen Gesellschaft, sondern auch zu ihrer Kontrolle eingesetzt. Die Spektakel und Massenaufführungen von 1919 bis 1920

Neuere Revolutionsforschungen in der Ethnologie 203

bildeten die neue Mythologie der bolschewistischen Revolution. Anstatt eine Zukunftsvision zu präsentieren, boten sie den gutgläubigen Zuschauern und Teilnehmern eine verbesserte Version der bolschewistischen Vergangenheit und Gegenwart an – sie beförderten diese in eine Utopie und zeigten ihnen den mythischen Weg dorthin."[84]

In der Kulturrevolution unter Mao Zedong wurde die Bedeutung von Masseninszenierungen besonders deutlich. Opern wie *The East is Red* inszenierten riesige Menschenmassen, deren Teilnehmer allesamt die gleichen Uniformen trugen und den gleichen Leidensweg durchlebten, bis hin zu einer sozialistischen Befreiung. Alles in diesen Inszenierungen konzentrierte sich auf den Führer oder die Partei als Retter – die Masse dient lediglich der Legitimation der Revolution.

Auch in der iranischen Revolution spielte die kulturelle Inszenierung der Massen bei der Darstellung der Utopie des Heiligen eine zentrale Rolle. Trotz der politisch sehr unterschiedlich ausgerichteten Gruppen, die sich an der Revolution von 1979 beteiligt hatten, konnte die islamische Gruppe um Ruhollah Musawi Khomeini die Revolution für sich vereinnahmen. Grund hierfür war die unter den Revolutionären herrschende Vorstellung einer utopischen Gesellschaft, die sich durch besondere Reinheit und eine heilige Herrschaft auszeichnen sollte. Die neue Regierung wurde so zum Hüter der Revolution und ihrer Ideale, repräsentierte allerdings immer weniger die Interessen der Bevölkerung. Der Islamische Rat beansprucht bis heute die Revolution als gesamtgesellschaftliches Ereignis für sich und weist der Religion dabei einen besonderen Platz zu.

Ähnlich wie bei der Russischen Revolution, die von einer Gruppe, die bereits viele Jahre zuvor kommunistische Gesellschaftskonzepte entwickelt hatte, vereinnahmt wurde, konnten die Muslimbrüder (*al-Ikhwan al-Muslimiin*) in Ägypten, die ebenfalls schon politische Gesellschaftskonzepte parat hatten, den Erfolg der Revolution in den ersten Wahlen für sich verbuchen. Die ägyptische Regierung unter Mubarak war über Jahrzehnte immer wieder mit großer Heftigkeit gegen die Muslimbrüder vorgegangen, so dass sie sozusagen als die natürlichen Feinde des alten Regimes die Einrichtung eines neuen politischen Systems für sich beanspruchten. Communitas in Revolutionen ist damit auch ein ausgesprochen fragiles Moment sozialer Massenbewegungen, die gerade aufgrund ihrer Ablehnung von Strukturen und Hierarchien durch marginale oder sogar externe Personen leicht vereinnahmt werden können. Thomassen greift auf die Gestalt des ‚Tricksters' (Kapitel 3) zurück, um die während einer Revolution unerwartet auftauchenden Führungsgruppen oder Individuen zu erklären. Solche opportunistischen Figuren werden für fast alle Revolutionen beschrieben, auch wenn sie nicht immer diejenigen sind, die letzten Endes die Führung übernehmen.

Der Trickster erkennt gerade in Communitas seine Chance als Unterhalterfigur ohne Heimat und Rückzugspunkt und ist damit offen für ein hohes Maß an Risiko. Wenn der Soziologe Max Weber davon ausgeht, dass in Momenten politischen Wandels und in außerordentlichen Momenten charismatische Führer die Leitung übernehmen, übersieht er die Anwesenheit von ‚finsteren Gestalten‘,[85] die nicht selten einen Umschwung erheblich beeinflussen können. Im Gegensatz zu Weber, der von einer zentralen Position charismatischer Führer bei gesellschaftlichen Umwälzungen ausging, sieht Thomassen im Falle von Revolutionen die Draufgängerei, das heißt die Risikobereitschaft und die Marginalität der Revolutionsführer, als wesentliches Merkmal revolutionärer Führerpersönlichkeiten an. Auch wenn schließlich ein mehr oder weniger charismatischer Führer in der Regel zu einem späteren Zeitpunkt die Revolution in eine neue staatliche Struktur überführt, manipulieren in der liminalen Phase Außenseiter und Opportunisten den Prozess und können sich im neuen System erfolgreich profilieren.

Die Bewertung, ob Lenin, Khomeini, Mao oder Robespierre ebenfalls als Trickster oder visionäre Führer betrachtet werden sollten, bleibt letztlich eine subjektive. Die Bilanz einer Revolution ist jedoch zweifellos durchweg sehr viel vielschichtiger und ihr Verlauf viel ungewisser, als es sich die Beteiligten bei ihrem Ausbruch hätten vorstellen können. Die ursprünglichen Ideen und Motivationen, die zum Ausbruch von Massenprotesten geführt haben, sind nicht deckungsgleich mit den am Ende etablierten Systemen. In Kapitel 3 wurde diesbezüglich auf die Iranische Revolution hingewiesen. Ein Großteil der ursprünglichen Revolutionäre wurde weder in das neue System integriert noch am Aufbau beteiligt, sie mussten aus dem Land und vor den neuen Machthabern fliehen. Das gilt auch für die ursprünglichen demokratischen Revolutionäre der ägyptischen Revolution, deren Vorstellungen eines neuen Systems wenig mit dem schließlich als Gewinner aus der Revolution hervorgehenden islamischen Regime der Muslimbrüder gemeinsam hatten.

Selbst wenn man den im Sprachgebrauch schillernden Begriff der Revolution nur auf Fälle anwendet, in denen tatsächlich ein Systemwechsel angestrebt bzw. erreicht wurde (und nicht bloß, wie bei der Rebellion, ein Regierungswechsel), reicht die Bandbreite von Revolutionen mit friedlichen Systemwechseln, wie in der DDR, bis hin zu Gewaltexzessen wie unter Stalin in Russland.

Eine auf die sozialen Prozesse gerichtete Analyse, wie sie in diesem Kapitel verfolgt wurde, wird allerdings den Revolutionen begünstigenden Umständen, wie Armut, wirtschaftliche Ungleichheit und politische Unzufriedenheit, nicht gerecht. Diese Verhältnisse spielen in den ideologischen Diskussionen um Revolutionen eine zentrale Rolle und dienen als Legitimation für Massenproteste. Auch die oft mit großer Emotionalität verteidigten Ideen und Utopien finden in dieser Analyse nicht ihren adäquaten Platz.

Dennoch ist eine auf ihre sozialen Prozesse reduzierte Analyse, wie sie Ethnologen immer wieder betrieben haben, wichtig, um neben den revolutionären Ideengebäuden die individuellen Schicksale, wie sie Geflüchtete darstellen, greifbar zu machen. Der am Anfang des Kapitels beschriebene Fall des jungen Mannes aus Syrien kann hier als Anschauungsbeispiel dienen. Er begreift sich als Teil der Revolution, ohne jedoch Ideologien oder eine politische Überzeugungsrhetorik anführen zu können. Lediglich die Wehrdienstverweigerung dient ihm als Nachweis einer Ablehnung des Regimes, eine stumme Form des Widerstandes oder, um mit Scott zu sprechen, eine Waffe der Unterdrückten. Erst im Exil in Deutschland beginnt er, seine Einstellung in ein politisches Vokabular zu überführen, und seine Proteste nehmen eine gezielte Form der politischen Auflehnung an.

Verwendete Literatur

Abashin, Sergei 2017. „The Paradox in Studies of Families in Central Asia", in *The Family in Central Asia: New Perspectives*, S. Roche (Hg.). Berlin: Klaus Schwarz, 40–52.

Abbink, Jon 2003. „Dervishes, moryaan and Freedom Fighters: Cycles of Rebellion and the Fragmentation of Somali Society, 1900–2000", in *Rethinking Resistance: Revolt and Violence in African History*, J. Abbink, M. de Bruijn und K. van Walraven (Hg.). Leiden, Boston: Brill, 328–356.

Ansari, Khizar Humayun 1986. „Pan-Islam and the Making of the Early Indian Muslim Socialists". *Modern Asian Studies* 20 (3): 509–537.

Ansari, Khizar Humayun 2015. *Emergence of Socialist Thought among North Indian Muslims (1917–1947)*. Oxford: Oxford University Press.

Bräunlein, Peter J. 2011. „Victor W. Turner: Rituelle Prozesse und kulturelle Transformationen", in *Kultur. Theorien der Gegenwart*, S. Moebius und D. Quadflieg (Hg.). Wiesbaden: VS Verlag für Sozialwissenschaften, 149–158.

Cherstich, Igor, Martin Holbraad und Nico Tassi 2020. *Anthropologies of Revolution: Forging Time, People, and Worlds*. Oakland: University of California Press.

Dragadze, Tamara 1990. „Some Changes in Perspectives on Ethnicity Theory in the 1980s: A Brief Sketch". *Cahiers du monde russe et soviétique* 31 (2–3): 205–212.

Dragadze, Tamara 1993. „The Domestication of Religion under Soviet Communism", in *Socialism: Ideals, Ideologies, and Local Practice*, C. M. Hann (Hg.). London: Routledge, 148–156.

Engels, Friedrich 1884. *Der Ursprung der Familie, des Privateigenthums und des Staats*. Hottingen-Zürich: Verlag der Schweizerischen Volksbuchhandlung.

Faizulloev, Muhiddin und Sophie Roche 2014. „The Faithful Assistant: Muhiddin Faizulloev's Life and Work in the Light of Russian Ethnography". Fondation Maison sciences de l'homme Working Papers 85.

Giordano, Christian 2007. „1989: Ist es angebracht, von Revolution zu sprechen?". *Ethnoscript* 9/2.

Gluckman, Max 1973. *Custom and Conflict in Africa*. Oxford: Basil Blackwell.

Gluckman, Max 1963. *Order and Rebellion in Tribal Africa*. London: Cohen & West.

Hobsbawm, Eric J. 1962. *Sozialrebellen. Archaische Sozialbewegungen im 19. Und 20. Jahrhundert*. Neuwied und Berlin: Luchterhand.

Kuper, Hilda 1944. „A Ritual of Kingship among the Swazi". *Journal of the International African Institute* 14 (5): 230–257.

Lincoln, Bruce 1987. „Ritual Rebellion, Resistance: Once More the Swazi Ncwala". *Man* 11: 132–156.

Maliocco, Sabina 2008 [2005]. „Ritual", in *Encyclopedia of Religion and Nature*, B. R. Taylor (Hg.), Vol. 1. London: Continuum International Publishing, 1385–1390.

Massell, Gregory J. 1974. *The Surrogate Proletariat: Moslem Women and Revolutionary Strategies in Soviet Central Asia, 1919–1929*. Princeton: Princeton University Press.

Mauss, Marcel 1992 [1924–1925]. „A Sociological Assessment of the Bolshevism", in *The Radical Sociology of Durkheim and Mauss*, M. Gane (Hg.). London: Routledge.

Murray, Natalia 2016. „Street Theatre as Propaganda: Mass Performances and Spectacles in Petrograd in 1920". *Studies in Theatre and Performance* 36 (3): 1–12.

Reid, Stuart A. 2016. „‚Let's Go Take Back Our Country' – What Happened when 11 Exiles Armed Themselves for a Violent Night in the Gambia". März 2016, *The Atlantic*, verfügbar unter: https://www.theatlantic.com/magazine/archive/2016/03/lets-take-back-our-country/426852/.

Schielke, Samuli 2011. „‚You'll be Late for the Revolution!' An Anthropologist's Diary of the Egyptian Revolution". Blog-Tagebuch vom 25.01.2011–06.02.2011, verfügbar unter: http://www.samuli-schielke.de/latefortherevolution2011.pdf.

Schielke, Samuli 2017. „There will be Blood: Expectation and Ethics of Violence during Egypt's Stormy Season". *Middle East Critique* 26 (3): 205–220.

Schröter, Susanne 2004. „Rituals of Rebellion – Rebellion as Ritual", in *The Dynamics of Changing Rituals. The Transformation of Religious Rituals within Their Social and Cultural Context*, J. Kreinath, C. Hartung und A. Deschner (Hg.). New York u.a.: Lang, 41–57.

Scott, James C. 1985. *Weapons of the Weak: Everyday Forms of Peasant Resistance*. New Haven, London: Yale University Press.

Scott, James C. 1990. *Domination and the Arts of Resistance: Hidden Transcripts*. New Haven, London: Yale University Press.

Stollberg-Rilinger, Barbara 2013. *Rituale* (Historische Einführungen, Bd.16). Frankfurt am Main: Campus Verlag.

Thomassen, Bjørn 2012. „Notes towards an Anthropology of Political Revolutions". *Comparative Studies in Society and History* 54 (3): 679–706.

Trotsky, Leon 1959 [1932]. *The Russian Revolution: The Overthrow of Tzarism and the Triumph of the Soviets* (ausgewählt und editiert von F.W. Dupree). Garden City: Doubleday Anchor Books.

Turner, Victor 1977 [1969]. *The Ritual Process: Structure and Anti-Structure*. Ithaca u.a.: Cornell University Press.

Turner, Victor 1957. *Schism and Continuity in an African Society*. Oxford, Lusaka: The Institute for African Studies University of Zambia, Manchester University Press.

Weitere Quellen

„Situation nach dem Putschversuch im März 2006; wie hat sich die Lage im Land insgesamt weiterentwickelt? Wie ist die Lage für Personen, die beschuldigt werden, an dem Putsch teilgenommen zu haben?", 06.09.2007, Austrian Centre for Country of Origin and Asylum Research and Documentation (ACCORD), verfügbar unter: https://www.ecoi.net/de/dokument/1006522.html.

Verwendete Literatur

„Anfragebeantwortung der Staatendokumentation – SM_INK_Putschversuch 2009". 30.12.2010, BAA, Österreich.

„The East is Red 东方红 1965 Chinese 'song and dance epic' with English subtitles", verfügbar unter: https://www.youtube.com/watch?v=LQaK3tL6qIE.

„Supreme Council of the Cultural Revolution (SCCR)", [ca. 2020], eingesehen am 19.11.2021, verfügbar unter: https://sccr.ir/pages/10257/2.

Kapitel 9
Terrorismus und Staatsterror

Terrorismus

Ein syrischer Kläger war in den 1990er Jahren nach Spanien gekommen und hatte dort einen Aufenthaltstitel erhalten. Da er eine Vereinigung unterstützte, die der terroristischen Bewegung al-Qaida nahestand, wurde er bereits kurz nach seiner Einreise in Spanien zu einer Haftstrafe von elf Jahren verurteilt. Er war Teil einer schlafenden Terrorzelle und hatte in der Organisation wohl eine verhältnismäßig wichtige Rolle innegehabt. Das zuständige Gericht fand heraus, dass er für die Rekrutierung von Personen und deren Entsendung in Konfliktgebiete verantwortlich war und finanzielle Mittel für die Einrichtung und den Betrieb von Ausbildungslagern beschaffte.

Im Jahr 2015, einige Jahre nach seiner Entlassung aus der Haft in Spanien, kam er nach Deutschland und erhielt dort den Flüchtlingsstatus. Seine vergangenen Erfahrungen in einer terroristischen Organisation sowie seine Haftstrafe verheimlichte er dem Bundesamt für Migration und Flüchtlinge (BAMF). Im Jahr 2018 stellte das BAMF fest, dass er und seine Familie aufgrund der vergangenen Aktivitäten und deren Verheimlichung im Asylverfahren in Deutschland kein Recht auf einen Daueraufenthalt hatten. Im ausländerrechtlichen Verfahren, in dem seine Vergangenheit und seine Unterstützung der Terrorzelle zur Sprache kamen, stellte der Kläger seine Aktivitäten als nichtpolitische soziale Handlungen dar, die einen gerechten Kampf gegen Diktatoren unterstützen sollten, und sprach sich gegen Gewalt als Mittel des Kampfes aus. Er sah keinen Zusammenhang zwischen seinen Aktivitäten in Spanien und den Gewalthandlungen von al-Qaida.

Die Diskrepanz zwischen dem eigenen sozialen und moralischen Handeln einerseits und der ideologischen Ausrichtung der Organisation, für die jemand aktiv ist, andererseits wird, wenn letztere als terroristische Organisation registriert ist, im Asylverfahren zu einem schwer zu überwindenden Hindernis. Was aber ist eine terroristische Organisation, und ab wann wird man Mitglied, Unterstützer oder Sympathisant? Definiert sich eine Terrororganisation nach ihrer Ideologie, nach ihren Handlungen oder entsprechend der sozialen Gruppe, die diese mehrheitlich stellt (zum Beispiel Jugend)? Welche sozialen Faktoren begünstigen die Entscheidung, sich einer Terrorgruppe anzuschließen?

Staatsterror

Eine Klägerin gibt im Verfahren an, sie sei aus Eritrea geflüchtet. Sie sei dort zur Schule gegangen, aber dann habe man sie aufgefordert, zum Militär zu gehen. Viele ihrer Freundinnen heirateten noch im gleichen Jahr, um dem Wehrdienst zu entgehen. Sie selbst blieb fortan zu Hause, um der Mutter zu helfen, und ging nicht mehr zur Schule. Niemand aus der Familie habe gewollt, dass sie zum Militär gehe, weil dort Frauen schutzlos der Willkür der Vorgesetzten ausgesetzt seien. Der Staat nutze den Wehrdienst zur totalen Kontrolle der Bevölkerung. Als Militärpersonal in das Dorf der Klägerin kam und auch zu Hause nach ihr fragte, habe sie beschlossen zu fliehen. Sie ging nach Äthiopien und weiter nach Deutschland.

Sie habe Angst gehabt, zum Militär eingezogen oder aber in Haft genommen zu werden, in beiden Fällen wäre sie der Willkür der Männer ausgesetzt gewesen, erklärt die Klägerin. Der Verlust der körperlichen Unversehrtheit geht auch in Eritrea einher mit dem Verlust des sozialen Status einer Frau. Für die Klägerin hätte der Wehrdienst ein großes Risiko bedeutet, das sie und ihre Familie nicht eingehen wollten.

Ihr Bericht ist nüchtern, ohne Ausschmückung und enthält wenig Details. Es ist, als sei ihr Lebenslauf in ein Skript eingeschrieben, das der Staat seinen Bürgern vorschreibt und das für alle selbstverständlich ist. In diesem Skript gehört jeder Bürger dem Staat, der darüber entscheidet, welche Laufbahn sein Leben nimmt. Nur wenige riskieren den aktiven Widerstand und bezahlen in der Regel teuer dafür. Die Mehrheit versucht, sich dem Staat zu entziehen, so lange wie möglich. Die Gefahr ist diffus, unkonkret, eigentlich immer da und nie greifbar.

Warum ähneln sich Narrative von Bürgern aus Diktaturen oftmals so stark, dass es scheint, als seien ihre Lebensläufe vorprogrammiert? Wie ist die diffuse Angst zu verstehen, von der so viele Geflüchtete berichten, und warum erscheinen Abläufe in Diktaturen den Klägern so selbstverständlich, als wären sie nicht erklärungsbedürftig? Warum erfährt man oft wenig über das Leben in einer Diktatur? Welche kulturellen und bürokratischen Strategien nutzen solche Regime zur Kontrolle ihrer Bürger? Wie unterscheidet sich Terror durch einen Staat von terroristischen Anschlägen einzelner Gruppen und Akteure? Was genau beschreiben die Begriffe Terror, Terrorismus oder Terrorstaat?

Thematische Einleitung

Die Geschichte des Terrors beginnt in den meisten Abhandlungen mit der Französischen Revolution und Maximilien de Robespierres *Grand Terreur*

(1793–1794). Als Maßnahme der Erziehung etablierte Robespierre, einer der wichtigsten Protagonisten der Französischen Revolution, ein radikales System, das alle Menschen, die nicht dem neuen System, das Gleichheit und Gerechtigkeit bringen sollte, nacheiferten, zu potentiellen Gegnern der neuen politischen und gesellschaftlichen Ideen deklarierte. Die in kurzen Verfahren für schuldig befundenen Personen wurden in Schauprozessen hingerichtet – schließlich auch Robespierre selbst, am 27. Juli 1794. In diesem Leitbild des Terrors sind bereits zwei wesentliche Merkmale des Terrorismus enthalten: das Töten unschuldiger Menschen bzw. von Personen, die sich nicht bedingungslos dem System unterordnen, und die Ausübung von Gewalt als Mittel der Kommunikation politischer Ziele.

Die Verbreitung von Angst und Schrecken als politisches Mittel geht jedoch wesentlich weiter zurück als zur Französischen Revolution. Für den Philosophen und Staatstheoretiker Thomas Hobbes im 17. Jahrhundert war die Angst vor der Bestrafung die Grundlage für einen Staat, den er als absolutistische Herrschaft konzeptualisierte. Die Angst als Mittel der Herrschaft ist jedoch nicht abstrakt, sondern bedarf einer gewissen Erfahrung seitens der betroffenen Teile der Bevölkerung. Dabei muss diese Angst bzw. der Terror nicht immer am eigenen Leib unmittelbar erfahren worden sein; der Begriff *territio* geht auf Praktiken im Mittelalter zurück und bezeichnet den Schrecken, den ein Mensch allein beim Zeigen von Folterinstrumenten verspürte und der ihn dazu veranlasste, ein Geständnis abzulegen. *Territio verbalis* war der erste Schritt, ein Geständnis zu erzwingen. Im zweiten Schritt, *territio realis*, wurde die Folter dann tatsächlich angewendet, falls der Beschuldigte nicht die vorgefertigte Anschuldigung zugab.

In diesem Beispiel wird der Terror von der regierenden Macht verbreitet; das Regime selbst hat ein Interesse daran, Bürger zum Gehorsam zu zwingen. Damit unterscheidet sich der Terror als ein Zustand der Angst von Terrorismus, einem Mittel oder einer Verhaltensweise zur Erzeugung von Angst. Auf der analytischen Ebene ist eine Unterscheidung zwischen Terror als eine Form der Staatsgewalt und Terrorismus als antistaatliche Gewalt sinnvoll. Obwohl beide Begriffe aufeinander aufbauen, haben sie fundamental unterschiedliche Konsequenzen für die betroffenen Bevölkerungen. Auch der Verfolgungsakteur unterscheidet sich grundlegend, je nachdem, ob es sich um eine Diktatur handelt oder um eine als terroristische Gruppe registrierte Opposition. Während in Diktaturen die Regierungen selbst zum Verfolger von Individuen und Gruppen werden, sind (anti-staatliche) Terroristen Gewaltakteure, deren politische Ziele und Gewalthandlungen nicht unbedingt logisch miteinander verknüpft sind.

Im Folgenden soll zwischen Terror als Staatsterror im Rahmen einer Diktatur und Terrorismus als antistaatlichem Terrorismus unterschieden werden, da beide Formen auch verschiedene Forschungsansätze hervorgebracht haben. Beide wissenschaftliche Forschungsansätze bleiben allerdings eine Herausforderung für die Wissenschaft. So beklagt der Terrorismusforscher und Professor für Internationale Beziehungen Alex P. Schmid, dass die Forschung gängigerweise weniger Terrorismus selbst und die damit verbundene Gewalt untersucht, sondern primär ‚Terrorismus als...'-Fragen stellt (Terrorismus als Sicherheitsfaktor, als Kommunikation etc.). Viel Energie wurde darauf verwendet, die Anwendbarkeit der Forschung zu Terrorismus zu analysieren, und man verpasste es, die politischen Interessen von Auftragsforschungen zu ergründen, erklären die Ökonomen und Medienkritiker Edward S. Herman and Gerry O'Sullivan bereits 1989. Die Forschung habe dominante Mythen und Vorstellungen bezüglich Terrorismus eher bestärkt und reproduziert, als diese einer kritischen Analyse zu unterziehen. Auch zwanzig Jahre später hat sich das nicht geändert, kritisiert Richard Jackson.

Die Sozialwissenschaften und insbesondere die Ethnologen mussten mit dem Problem umgehen, dass sie terroristische Gruppen nicht ohne weiteres untersuchen konnten, nicht nur weil diese naturgemäß schwer zugänglich sind, sondern weil eine Forschung in einer solchen Gruppe schnell zum Vorwurf der Kollaboration des Wissenschaftlers mit der terroristischen Gruppe führen konnte. Folglich gibt es nur wenige Studien zu Gruppen, die terroristische Gewalt einsetzen. Die Behauptung von Alex P. Schmid und Albert J. Jongman aus dem Jahr 1988, dass es wahrscheinlich keinen anderen Bereich gibt, in dem so viele Publikationen auf Basis so geringer Mengen an Forschungsmaterialien publiziert wurden, lässt sich noch immer bestätigen.

Die Sozialwissenschaften betrachten Terrorismus vor allem als eine Kommunikationsstrategie. Der Soziologe und Terrorismusexperte Peter Waldmann schreibt hierzu: „Wer den Terrorismus aus sozialwissenschaftlicher Sicht untersucht, ist gut beraten, sich von derartigen definitorischen Konjunkturschwankungen unabhängig zu machen. Er kann dies auch guten Gewissens tun, denn im Unterschied etwa zur Moralphilosophie oder dem Völkerrecht zielt die sozialwissenschaftliche Analyse weniger auf die Beurteilung der moralischen bzw. rechtlichen Qualitäten terroristischer Anschläge ab. [...] Dass mit der Analyse der Motivation der Terroristen auch deren legitimatorische Vorstellungen zur Sprache kommen, versteht sich von selbst."[86] Dennoch wurde die Arbeit des Anthropologen Scott Atran, der sich immer wieder an die Front bewaffneter Konflikte begibt und IS-Kämpfer interviewte, wiederholt kritisiert.

Im Folgenden wird eine Definition vorgeschlagen, die zentrale Merkmale listet, ohne einen Absolutheitsanspruch zu erheben. Der Politikwissenschaftler Andreas Bock definiert Terrorismus demnach als

1. politische Gewalt, die
2. Zwang ausübt, indem sie

Thematische Einleitung

3. Angst und Schrecken (Terror) verbreitet, weil sie
4. grundsätzlich jeden verletzen und töten kann.[87]

In Bocks Definition wird der Inhalt bzw. die politische Nachricht, die durch einen terroristischen Akt kommuniziert werden soll, allerdings kaum berücksichtigt. Damit wird die Grenze zu Kriminalität und willkürlicher Gewalt verwischt. Zudem lässt sich diese Definition auch weitgehend auf einen Terrorstaat übertragen.

Im Gegensatz zu Terrorismus ist der Terror in Diktaturen, also der durch ein Regime hervorgebrachte Zustand der Angst, in der Regel nicht unmittelbar für Außenstehende sichtbar, daher dauert es oft Jahrzehnte, bis das negative Ausmaß einer solchen Herrschaft sichtbar wird. Neben dem Dritten Reich und Stalins Herrschaft in der Sowjetunion können als aktuelle Beispiele Syrien und Guatemala genannt werden (siehe weiter unten). Die Erforschung von Diktaturen wird umso leichter, je weiter ein solches Regime zeitlich zurückliegt.

Kontrovers diskutiert wird die seit dem ‚Krieg gegen den Terror' (*War on Terror*, 2001) ansteigende politische Kontrolle und Gewalt, die im Namen des *War on Terror* in vielen Ländern eingeführt wurde. So gibt es zahlreiche Studien, die zeigen, wie sich der Kampf gegen Terrorismus zu einem Kampf gegen interne Dissidenten entwickelte und die Wahrnehmung von legitimer Gewalt des Staates verändert hat. In der Ethnologie haben zum Beispiel Julia Eckert oder Ulf Hannerz kritische Studien diesbezüglich vorgelegt. Die Ethnologin Vasiliki P. Neofotistos bemerkt zudem, dass, im Gegenteil zu Terroranschlägen in Europa, Anschläge außerhalb Europas inzwischen zur Normalität geworden sind, und die die Wahrnehmung dieser Gesellschaften verändert hat.

Beispiele bezüglich Terrorismus als gewalttätiger Aktion kleiner Gruppen ziehen sich durch die zeitgenössische Geschichte: von der RAF in Deutschland über die IRA in Irland bis hin zum IS. Um die unterschiedlichen Phänomene zu verstehen, werden in diesem Kapitel jedoch nur wenige Beispiele verwendet und keine umfassenden Abhandlungen über terroristische Aktivitäten in unterschiedlichen Ländern und geschichtlichen Perioden angestrebt. Vielmehr sollen anhand ausgewählter Beispiele Merkmale des Terrorismus herausgearbeitet werden, die, da von Ethnologen untersucht, vor allem die sozialen und symbolischen Dimensionen terroristischer Gewalt berücksichtigen.

In Asylverfahren wird ebenfalls zwischen einem totalitären Staat, der Gewalt systematisch gegen seine eigenen Bürger einsetzt, und antistaatlichen terroristischen Gruppen unterschieden. Im ersten Fall wird auf existierende Quellen zurückgegriffen und dabei die Position der deutschen Regierung weitgehend übernommen. Wissenschaftliche oder menschenrechtsaktivistische Positionen sind zwar zur Einschätzung der Lage im Land relevant, werden aber mit den politischen Ausrichtungen der Regierung abgeglichen.

Während die Wissenschaft sich mit der Frage, welche Gruppe anhand welcher Kriterien als terroristisch bezeichnet werden soll, immer wieder neu beschäftigen muss, greifen Gerichte auf bereits vorhandene Terrorlisten zurück, insbesondere auf die im Rahmen der europäischen ‚Gemeinsamen Außen- und Sicherheitspolitik‘ (GASP) definierte Gruppenliste oder internationale Terrorlisten. Die Referenz für die Mitgliedstaaten der Vereinten Nationen bilden mehrere Resolutionen, unter anderem die Resolution 1373 vom 28. September 2001, die terroristische Handlungen nicht nur in der bloßen Teilnahme an einem terroristischen Anschlag sieht. In der Resolution heißt es: Personen, die finanzielle Unterstützung in unterschiedlicher Weise, etwa die Gewährung von Unterschlupf oder die Lieferung von Waffen, geleistet haben, gelten als terroristischen Personen; sie sollen keinerlei Unterstützung und keinen Flüchtlingsstatus erhalten; zudem sollen Informationen bezüglich solcher Personen mit den Mitgliedsstaaten geteilt und an terroristischen Handlungen beteiligte Personen vor Gericht mit hohen Strafen belegt werden. Die Mitgliedschaft in einer terroristischen Vereinigung hat demnach in Deutschland strafrechtliche Folgen für betroffene Personen, und das gilt auch, wenn im Asylverfahren eine solche Mitgliedschaft festgestellt wird. Die in Asylverfahren zugrunde gelegten Definitionen berücksichtigen wissenschaftliche Diskurse wenig, sondern folgen politischen Vorgaben.

Die Zugehörigkeit einer Person zu einer terroristischen Organisation nachzuweisen, stellt eine Herausforderung für die Behörden dar. Wie im Beispiel zu Beginn des Kapitels dargestellt, ist es für Behörden schwierig, einen ‚Terroristen‘ allein anhand regulärer bürokratischer Prozeduren ausfindig zu machen. Der betreffende Asylsuchende aus Syrien bzw. Spanien stellt sich selbst nicht als Mitglied einer terroristischen Vereinigung dar, sondern als Freiheitsaktivist. Die Finanzierung und die Unterstützung werden von vielen Sympathisanten solcher Organisationen (noch) nicht unbedingt als militante Teilnahme angesehen, einige Unterstützer geben sogar vor, eine Ideologie der Gewaltlosigkeit zu vertreten. Die große Anzahl von Gruppen und Untergruppen mit gewaltbereiten Ideologien sowie die Strategie, finanzielle Unterstützungen solcher Gruppen über humanitäre NROs laufen zu lassen, machen es Behörden schwer, verdächtige Personen ausfindig zu machen. Zusammengefasst stellen Terror und Terrorismus in der Asylpraxis weiterhin eine große Herausforderung dar.

Terrorismus als anti-staatliche Gewalt

Die gängigste Definition von Terrorismus, auf die sich auch der Politikwissenschaftler Andreas Bock in seinem Buch *Terrorismus* aus dem Jahr 2009 stützt, stammt von Peter Waldmann. Waldmann reserviert den Begriff Terrorismus für antistaatliche Gewalt: „Terrorismus sind planmäßig vorbereitete, schockierende Gewaltanschläge gegen eine politische Ordnung aus dem Untergrund. Sie sollen allgemeine Unsicherheit und Schrecken, daneben aber auch Sympathie und Unterstützungsbereitschaft erzeugen."[88] Es gibt jedoch keine einheitliche Definition von Terrorismus, höchstens eine Liste von Charakteristika. Hierzu gehört unter anderem Gewalt, die in Kauf nimmt, dass unbeteiligte Personen getötet werden, die öffentliche Wirkung der Gewalt, die fehlende Legitimität der Gewalt etc. Die Verwendung des Begriffs bewertet ein Ereignis als nicht gerechtfertigt und grausam, in diesem Punkt sind sich alle Quellen einig. Bock macht genauso wie die Historikerin Claudia Verhoeven allerdings darauf aufmerksam, dass Terrorismus immer auch einen politischen Kern hat, oder, wie Verhoeven es ausdrückt: Terrorismus ist „politics in becoming".[89]

Terrorismus ist eine Strategie relativ schwacher Gruppen. Gerade weil sie schwach sind und nur wenige Anhänger haben, bedienen sie sich der Gewalt. Staaten reagieren auf solche Gruppierungen in der Regel mit der Aussage: ‚keine Verhandlungen mit Terroristen'. Den Gruppen fehlt es scheinbar oder tatsächlich an anderen Möglichkeiten des politischen Protests. Terroristische Gruppen und Staaten sind offensichtlich nicht auf der gleichen Machtebene.

Der politische Aspekt des Terrorismus wird oftmals verdrängt; es wird angenommen, dass man Terrorismus mit militärischen Gegenschlägen bekämpfen könnte. Allerdings, so Bock, sei diese Rechnung noch nie zugunsten eines dauerhaften Friedens aufgegangen. Terrorismus lässt sich nicht mit Gegengewalt eindämmen, schon gar nicht mit militärischen Vergeltungsschlägen gegen ganze Staaten, wie im Irak oder in Afghanistan. Im Gegenteil, solche Militärschläge werden von den Terroristen begrüßt, weil sie ihnen neue Anhänger in die Arme treiben. Anti-Terror-Kriege haben daher immer wieder den Terroristen in die Hände gespielt und höchstens kurzzeitige Erfolge verzeichnet.

Ethnologen haben sich eher wenig mit solchen gesellschaftlichen Ereignissen auseinandergesetzt. Ulf Hannerz und andere Ethnologen kritisieren die Ethnologie allerdings dafür, dass sie es versäumt habe, sich mit wichtigen aktuellen Fragen auseinanderzusetzen, und Diskussionen über terroristische Gewalt vielmehr Think Tanks, Journalisten und Politikwissenschaftlern überlasse, auch wenn es Gruppen betrifft, für die sie aufgrund ihrer Forschung als Experten gelten können.

216 Terrorismus und Staatsterror

Dennoch gab es Ethnologen, die die ‚Nebenwirkungen' der Anti-Terror-Maßnahmen nach dem 9/11-Anschlag auf das World Trade Center in New York untersucht und vor stereotypen Beschreibungen der Akteure gewarnt haben.[90] Bei den Anschlägen, die ein Wahrzeichen der USA und Symbol des globalen Kapitalismus trafen, wurden etwa 3.000 Menschen in den Tod gerissen. In Reaktion auf diese Anschläge initiierte Präsident George W. Bush den *War on Terror*, der in den folgenden Jahrzehnten eine Polarisierung der Welt zur Folge hatte und in unzähligen Ländern der Erde bis auf die lokale Ebene hinunter soziale und politische Prozesse beeinflusste.[91] Die neue Ordnung der Welt konfigurierte sich um ein allumfassendes Narrativ, ein totales Feindbild, den islamischen Terrorismus, gegenüber dem die westlichen demokratischen Werte verteidigt werden sollten, beobachtet die Ethnologin Veena Das. Andere Formen des Terrorismus und vielschichtige Konfliktkonfigurationen wurden für mehrere Jahre vernachlässigt. „Somit ist es die Rekonfiguration des Terrorismus als eine große singuläre globale Kraft – nämlich der islamische Terrorismus –, die gleichzeitig jede andere Form des Terrorismus aufhebt und einen totalen Feind schafft, der im Interesse eines durch die amerikanische Nation verkörperten Universalismus besiegt werden muss."[92]

Auch die Ethnologin Julia Eckert stellte fest, dass die Sicherheitsgeographie nach 2001 es Staaten, wie zum Beispiel Russland oder der Türkei, erlaubte, interne Konflikte im Rahmen eines globalen Risikodiskurses auf neue Weise zu interpretieren. Unliebsame Oppositionelle oder Protestierende gerieten auf diese Weise leicht unter Terrorverdacht. Zahlreiche Länder nutzten das Sicherheitsparadigma infolge des *War on Terror*, um sämtliche lokale Spannungen und Konflikte zugunsten einer staatlich motivierten Versicherheitlichung (*securitization*) auszulegen.

Das Konzept der Versicherheitlichung wurde von der Kopenhagener Schule in den 1990er Jahren entwickelt und macht darauf aufmerksam, dass politische Akteure bestimmte Themen gezielt zum ‚Sicherheitsproblem' erheben, um so die Gesellschaft für außergewöhnliche Maßnahmen zu mobilisieren. Die sicherheitsgefährdende Bedrohungssituation soll unter Umgehung etablierter demokratischer Regeln bekämpft werden. Das Konzept steht der Politisierung eines Problems entgegen; letzteres fördert eine öffentliche Debatte und folgt üblichen politischen und juristischen Vorgehensweisen. Beispiele finden sich in demokratischen ebenso wie in totalitären Staaten. Unter anderen wurden Personen, die wegen Terrorismus im Gefängnis Guantanamo Bay der USA festgehalten wurden, regelmäßig in kurzen Prozessen zum Tode verurteilt. In der Türkei verhindert die Regierung Erdoğans jeden Versuch der Kurden, den Konflikt in einen politischen demokratischen Prozess zu überführen, indem sie sowohl politische Akteure der HDP (Halkların Demokratik Partis) als auch nicht-politische kulturelle

Bestrebungen der Kurden früher oder später mit der als terroristische Organisation deklarierten PKK verknüpft und zum ‚Sicherheitsproblem' erhebt, welches nur mit ‚außergewöhnlichen Maßnahmen' bekämpft werden könne. In ihrem richtungsweisenden Buch *Security: A New Framework of Analysis* haben die Autoren Barry Buzan, Ole Wæver und Jaap de Wilde zudem gezeigt, dass auch andere Sektoren wie der Umwelt-, der wirtschaftliche und der soziale Sektor zunehmend in eine Debatte um Sicherheit integriert werden.

Über den Ursprung moderner (ab Ende des 19. Jahrhunderts) terroristischer Attentate hat die Historikerin Claudia Verhoeven eine Studie vorgelegt, in der es um den tödlichen Anschlag auf Zar Alexander II. im März 1881 geht. Die sozialrevolutionäre russische Gruppe *Narodnaja Volja* benutzte ab 1879 terroristische Akte, um die Massen zu einer Revolte gegen die autoritäre Zarenherrschaft zu bewegen. Der Terrorismus richtete sich dabei klar gegen den Staat und nutzte die zivile Gesellschaft, um die Ziele der Gruppe gewalttätig zu verfolgen. Terrorismus war eine neue Form der politischen Kommunikation, die es so bis dahin nicht gegeben hatte, argumentiert Verhoeven.

Allerdings ist eine Typologisierung von Terrorismus allein anhand des Merkmals willkürlicher Gewalt gegen die zivile Bevölkerung und Gewalt als Form der Kommunikation zu eng gefasst. Gezielte Gewalt gegen Teile einer Bevölkerung war und ist eine klassische Strategie der Kriegsführung, die dazu dient, die zivile Bevölkerung zu demoralisieren. Sie findet sich als Kriegsstrategie bei den Mongolen im 13. Jahrhundert, sie war einer der Gründe für den Atombombenabwurf auf Hiroshima und Nagasaki im Jahr 1945 durch die USA, und gezielte Gewalt wurde in Syrien bei der Bombardierung von Idlib im Jahr 2020 durch den NATO-Verbündeten Türkei angewendet. Gewalt gegenüber Zivilisten ist also kein typisches Merkmal der Terroristen. Dennoch relativiert oder legitimiert ein solcher Vergleich nicht den Terrorismus.

Dass die Beurteilung von Gewaltakten auch von internationalen Machtkonstellationen und deren Veränderung über die Zeit abhängt, zeigt das Beispiel der *African National Congress Party* (ANC) in Südafrika. Sie wurde 1912 gegründet und kämpfte gegen das Apartheidssystem. Erst als ihr Anführer Nelson Mandela 1993 den Friedensnobelpreis erhielt, wurde die Partei von der internationalen Terrorliste gestrichen. In den USA allerdings wurde die Gruppe noch bis Juli 2008 als terroristische Gruppe geführt. Ebenso erging es der *Palestine Liberation Organization* (PLO), die 1964 gegründet wurde. Obwohl Jassir Arafat als legitimer Vertreter der Palästinenser anerkannt war und an Friedensverhandlungen teilnahm, blieb die PLO in vielen Ländern als terroristische Organisation gelistet.

Man sieht also, dass es in der Klassifizierung von Gruppen als terroristische Gruppen keine international gültige Definition gibt. Eine Abgrenzung zu anderen Definitionen kann jedoch hilfreich sein. Im Gegensatz zum Kampf revolutionärer Gruppen präsentiert sich der terroristische Angriff als ‚Ausnahme' und als unerwartetes Ereignis; der Terrorakt setzt auf den Eindruck des Undenkbaren, Unvorstellbaren und dennoch des allgemein zu Verstehenden. Damit meint Verhoeven, dass terroristische Anschläge für sich zu sprechen scheinen. Mediale Aufmerksamkeit und ein Bekennerschreiben sind ausreichend, um politische Forderungen zu kommunizieren.

Waldmann schlägt vor, Terrorismus als eine Kommunikationsstrategie zu sehen; damit ist gemeint, dass die Medien von den Terroristen als Teil der Strategie mitgedacht werden. In anderen Worten, für kleine Gruppen mit radikalen politischen Ansichten gibt es oft keinen öffentlichen oder politischen Raum, um sich Gehör zu verschaffen. Der Rückgriff auf Gewalt hat eine Symbolkraft, die Desillusion ausdrückt. Terrorismus ist also immer ein öffentlicher Akt, der jedoch im Geheimen geplant wird. Es gibt Bekennerschreiben, und der Anschlag geschieht an einem Ort, der Aufmerksamkeit erregt. Dabei spielen die Opfer keine oder eine symbolische Rolle. Es ist im Grunde unwichtig, wer die Opfer sind, denn das politische System soll attackiert werden. Terrorismus lebt daher von der Angst, dass es prinzipiell jeden treffen könnte.

Das Label ‚terroristische Gruppe' ist zu vage, um die ideologische Bandbreite militanter Gruppen zu fassen, deren Programme von der Bekämpfung der Apartheid über den Kampf um Minderheitenrechte bis hin zur utopischen Errichtung der Weltherrschaft reichen. Schaut man sich die Terrorlisten an, scheint die Kampfansage einer Gruppe gegen einen etablierten Staat ein zentrales, wenn auch nicht ausschließliches Kriterium zu sein, ob eine militante Gruppe zur terroristischen Vereinigung erklärt wird, und zwar in noch stärkerem Maße, als es die tatsächliche Form der Gewaltanwendung ist, die oft über Jahrzehnte hinweg stark schwanken kann.[93]

Terroristische Organisationen profitieren von einer Konfliktlage, in der sie behaupten, die Schwächeren einer Gesellschaft oder eine bestimmte Minderheit zu vertreten. Die Aktivität terroristischer Gruppen wird oft von einem mehr oder minder großen Kreis von Sympathisanten getragen, die über Spenden die Finanzierung der Gruppe sichern oder sich in Form tatkräftiger Hilfe engagieren, indem sie Unterschlupf bieten, Fahrdienste leisten, Pässe fälschen oder Botengänge übernehmen. Viele Anhänger mögen sich als gewaltlos beschreiben und die gewalttätigen Methoden der terroristischen Vereinigung, die sie unterstützen, (tatsächlich oder angeblich) verurteilen, sie gelten jedoch als ideologische Unterstützer. Die Übergänge vom passiven Unterstützer zum aktiven Terroristen sind, ebenso wie die vom Außenseiter zum Kämpfer, oftmals fließend. So kann ein Drogendealer oder Krimineller einen plötzlichen Sinneswandel vollziehen und mit minimaler ideologischer Ausstattung, aber einer hohen Risikobereitschaft in ein aktives Konflikt-

Das soziale und familiäre Umfeld der Terroristen 219

gebiet reisen, um sich dort einer terroristischen Vereinigung anzuschließen. Gleichzeitig fließen große Summen an terroristische Organisationen unter dem Deckmantel humanitärer Hilfe und verwischen auf diese Weise politische Ziele, humanitäre Hilfe und terroristische Gewalt.

Das soziale und familiäre Umfeld der Terroristen

Eine wesentliche Frage, die sich Wissenschaftler ebenso wie Politiker oder Journalisten stellen, ist die nach dem Werdegang von Terroristen. Nach einem terroristischen Akt beginnt in der Regel die Suche nach der Motivation und der Lebensgeschichte des Täters. Es besteht ein großes Bedürfnis, solche Taten in einen Sinnzusammenhang zu stellen und das Unbegreifliche greifbar zu machen. Bis heute gibt es jedoch kein eindeutiges Täterbild; marginalisierte Personen sind genauso als Täter in Erscheinung getreten wie Menschen aus sicheren sozialen und wirtschaftlichen Verhältnissen, gebildete ebenso wie ungebildete, Abenteurer ebenso wie schüchterne Personen, psychisch Kranke sowie zuvor nie instabil in Erscheinung getretene Personen und schließlich religiöse, konvertierte sowie nicht-religiöse Individuen. Die Ethnologie hat daher auch nie versucht, anhand von individuellen, kulturellen oder psychologischen Merkmalen bestimmte Tätertypen zu definieren. Vielmehr hat sie die Frage nach dem sozialen Umfeld von Personen gestellt und insbesondere die Rolle von Verwandtschaft in den Blick genommen.

Verwandtschaft als ein zentrales Ordnungsprinzip aller menschlichen Gesellschaften ist ein Schwerpunkt der Ethnologie. In Bezug auf die Terrorismusforschung wurden hier wichtige, aber auch umstrittene Beiträge geleistet. Die Studie der Politikwissenschaftlerin Mariam Abou Zahab zu der *Lashkar-e Taiba*, einer islamistischen Terrorgruppe[94] in Pakistan, ist eine der wenigen soliden Forschungen, die den Zusammenhang zwischen terroristischen Gruppierungen und Verwandtschaftsbeziehungen auf Basis empirischer Forschungen aufarbeitet.

Die jungen Männer der *Lashkar-e Taiba* mussten ein Trainingsprogramm absolvieren, das physisches Training und ideologische Schulung miteinander verband. Die zukünftigen Kämpfer wurden auf ihren Einsatz im Kaschmir-Tal, wo sich seit 1965 Pakistan und Indien immer wieder bekämpfen, systematisch und mit großer Sorgfalt vorbereitet. Bevor jedoch ein ausgebildeter *Lashkar* (Soldat, Kämpfer) dorthin geschickt wurde – aus Sicht der Gruppierung der Moment der Erfüllung der religiösen Pflicht –, musste er die Erlaubnis seiner Eltern einholen. Diese Idee entstammt einer Interpretation des Islam, gemäß der ein Sohn zuerst den Eltern dienen muss, bevor er dem Jihad dienen darf. Zahab erläutert: „Sie benötigen auch die

220 Terrorismus und Staatsterror

Erlaubnis ihrer Familie, was eine lange Zeit dauern kann, wenn die Eltern noch nicht zum Salafismus ‚konvertiert' sind. Einige Familien versuchen, die Erlaubnis hinauszuzögern, in der Hoffnung, dass der Sohn seine Meinung ändern könnte, was natürlich nie passiert. Der Vater gibt ihm zum Beispiel Geld, um ein Geschäft zu eröffnen, und bittet ihn abzuwarten. Aber die Rolle der Mutter ist hierbei zentral, und dies erinnert wiederum an die Heiratspraktiken: Normalerweise wählt eine Mutter die Braut ihres Sohnes aus; nur sehr wenige Männer heiraten eine Frau ihrer eigenen Wahl ohne die Zustimmung der Mutter. Eine Mutter hat größeren Einfluss auf den Sohn als ein Vater, und ihre Zustimmung ist auch dann zwingend erforderlich, wenn der Vater noch lebt."[95]

Wenn der Fall eintrat, dass ein Sohn schließlich, nach erteilter Erlaubnis der Eltern, sein Leben im Kampf verlor, erhielten die Eltern von der Gruppe eine Pension, und ihre Gemeinschaft sprach ihnen fortan hohes Prestige zu. Die Beerdigung eines ‚Märtyrers' (*shahid*) entsprach dabei in ihrem Verlauf dem einer Hochzeit. Zahab beschreibt detailliert, wie das Beerdigungsritual symbolisch zu einer Heiratszeremonie umgestaltet wurde. Laut muslimischer Überlieferungen erwarten den Märtyrer beim Jüngsten Gericht 72 Jungfrauen im Paradies.

Der Einfluss terroristischer Gruppen auf die Familienbeziehungen ihrer Mitglieder und auf kulturelle Rituale wurden, damit erstmalig beschrieben und systematisch aufgearbeitet. Die Verflechtung von verwandtschaftlichen Bindungen und terroristischen Anschlägen lässt sich in anderen Kontexten ebenfalls erkennen.

Insbesondere in Gesellschaften, in denen der Jihad als Märtyrertod zu einem gesellschaftlichen Ereignis stilisiert wird, spielt Verwandtschaft eine wichtige Rolle.[96] Paradoxerweise wird bei diesen Märtyrer-Ideologien im Islam die Rolle der Mutter besonders hervorgehoben und dabei die Erinnerung an den Islam zu Zeiten des Propheten heraufbeschworen, der eine Teilnahme an Kämpfen erst dann erlaubt haben soll, wenn die Eltern versorgt waren, insbesondere die Mutter. Der Anschluss an einen Jihad aus egoistischen Motiven heraus wird dagegen verurteilt, wenn der Kämpfer Personen zurücklässt, deren Lebensunterhalt zu bestreiten er an und für sich verpflichtet wäre.

Mahammed M. Hafez vom Department of National Security Affairs der USA hat die Hintergründe der Personen untersucht, die sich für eine Ausreise in den Islamischen Staat entschieden. Diese sogenannten *foreign fighters* (fremde Kämpfer) nutzten unter anderem familiäre Netzwerke, und zwar Geschwisterschaft oder Heirat, um Kontakt zu den jihadistischen Gruppen herzustellen. Hafez weist auf einen deutschen Geheimdienst hin, demzufolge 69 der 378 deutschen *foreign fighters* des IS über Familiennetzwerke in die Konfliktregion gereist wären. Zudem waren bereits bei dem Anschlag am 11. September 2001 sechs der 19 Terroristen Brüder.

Hafez sieht in tribalen Praktiken der strategischen Heirat eine Erklärung für die lokale gesellschaftliche Einbettung von Jihad: „Enge Verwandtschafts- und Freundschaftsbeziehungen bieten Möglichkeiten für eine radikale Sozialisierung, die gleichzeitig psychologische Bedürfnisse wie die Vermeidung kognitiver Dissonanzen befriedigt, die Notwendigkeit von sinnvollen Beziehungen aufrechterhält, und die Bestätigung durch gleichgesinnte Gleichaltrige befriedigt."[97] Die Übernahme radikalen Gedankenguts, so die Ansicht, ist innerhalb von Netzwerken und sozialen Gruppen, die eine ähnliche Sozialisierung erfahren haben und bereits über eine kollektive Identität verfügen, einfacher und verläuft ungestörter, da diese Prozesse im familiären Nahbereich sich dem Blick der Sicherheitsapparate entziehen. Hier wird ein soziologisches Argument, die Familie sei sich selbst gegenüber offen, mit einem psychologischen Argument, Familie übe Druck auf ihre Mitglieder aus, verbunden.

Auch Stanley Kurtz, ein US-amerikanischer Publizist, der eine ethnologische Ausbildung genossen hat, ist der Ansicht, dass Verwandtschaft die Voraussetzung für Terrorismus darstellt. In einer konservativen Zeitschrift argumentiert Kurtz, die Praxis der Cousinen-Heirat im Rahmen des muslimischen Verwandtschaftssystems sei ein Schlüsselfaktor des Terrorismus. Er versteht „die Rolle der Verwandtschaft und der sozialen Struktur im Nahen Osten als kriegstreibende Kraft" und sieht in diesem Sachverhalt eine Voraussetzung dafür, „neue langfristige Strategien für einen Sieg im Krieg gegen den Terror zu entwickeln".[98]

Kurtz' Erklärungsansatz wurde von einer Forschergruppe des *Harmony Program*, das am Combating Terrorism Center der US-Militärakademie in Westpoint angesiedelt war, aufgenommen und von einem Autorenteam zu einer militärischen Strategie weiterentwickelt. Damit wurden ethnographische Daten für den Krieg gegen den Terror genutzt und verallgemeinert. Jedoch ist die Annahme, dass Islam und terroristische Ansichten über Verwandtschaft in einer natürlichen terroristischen Kombination kulminieren, höchst problematisch. Wenn in einzelnen (bereits radikalisierten) Gruppen Verwandtschaft terroristische Radikalisierung befördert hat, so konnte im gleichen Maße gezeigt werden, dass verwandtschaftliche Bindungen ebenso Familienmitglieder, die sich zu radikalisieren drohten, daran hindern konnten, wie etwa in Tadschikistan.

Tadschikistan ist sicherlich nicht das einzige Land, aus dem Eltern sich auf den Weg machten, um ihre Kinder aus pakistanischen islamistischen Indoktrinierungslagern zurückzuholen, um sie vor einer Radikalisierung zu bewahren. Die Risiken, die zudem die Mütter inmitten des Kriegsgeschehens auf sich nahmen, um einen Sohn aus einem islamistischen Militärcamp zurückzuholen, sind kaum vorstellbar. Die Frauen taten dies in der Überzeugung, dass sie damit ganz im Sinne des Islams handelten. Zwar gelang es nicht allen Eltern, ihre Söhne vor einem radikalen Ende zu bewahren, ihr Einsatz und die pazifistisch angelegte religiöse Überzeugung sind dabei jedoch nicht zu übersehen.

Auch die Annahme, dass Geschwisterschaft Ideologien befeuert, widerspricht sowohl der Forschungsmeinung, die in Geschwistern die stärksten Rivalen sieht als auch der, dass Geschwister als Einheit durch Verschiedenheit gekennzeichnet sind (Kapitel 4). Eine individuelle ideologische Radikalisierung wird durchaus innerhalb der Familie getestet und an den schwächsten Familienmitgliedern (jüngere Schwestern) auch gerne ausprobiert, wie die Autorin bei ihrer Feldforschung in Tadschikistan beobachten konnte. Allerdings folgt aus dieser Praxis bei weitem noch keine kollektive Radikalisierung der Familie. Im Gegenteil, für die anderen Familienmitglieder ist es eine Möglichkeit, sich mit den in den radikalen Kreisen kursierenden Ideen im Familienverband auseinanderzusetzen und sich davon zu distanzieren. Es fehlt an Forschungen, die zeigen können, ob und unter welchen Umständen das Testfeld Familie sogar zu einer Deradikalisierung führen kann.

Fazit ist: Es gibt kein allgemeines Muster, wie sich Verwandtschaft oder einzelne Verwandtschaftsbeziehungen auf die Radikalisierung oder die Mitgliedschaft in einer terroristischen Vereinigung auswirken. Sicher ist allerdings, dass Verwandtschaft als zentrale Schnittstelle zwischen Gesellschaft und Individuum, als grundlegende Sozialisationsinstanz auf ihre Mitglieder Einfluss nimmt.

Diktatur und Staatsterror

Wie anfangs erwähnt, geht Terror als Gewaltmittel eines Staates oder Reiches zeitlich noch weiter zurück als der antistaatliche Terrorismus. Der Begriff Terror wird dabei immer wieder in Verbindung mit Folter und Gewalt gegen Zivilisten, gegen politische Aktivisten und gegen Dissidenten gebracht. Im Gegensatz zu antistaatlichem Terrorismus baut staatlicher Terror nicht auf eine weite Sichtbarkeit und ein Publikum – im Gegenteil, er wirkt vor allem durch seine Unsichtbarkeit. Verschwindenlassen ist ebenso eine Methode des Terrors wie die Folter in geheimen Gefängnissen oder Straflagern. Entsprechend ist die Erforschung staatlichen Terrors in der Regel nur über die Auswertung sekundärer Berichte möglich, macht der Ethnologe Michael Taussig deutlich. Oppositionsgruppen begegnen diesem schweigsamen Vorgehen des Staatsterrors mit einem Rückzug in den Untergrund: Sie organisieren sich oftmals in kleinen Zellen, um den Zugriff des Staates auf einzelne Oppositionsmitglieder zu minimieren. In einer Diktatur wird die staatliche Exekutive zum Schiedsrichter in Konflikten. Richter sind nicht mehr primär an das Recht, sondern an politische Vorgaben gebunden, politische Konflikte und die Aktivitäten von oppositionellen Parteien oder Gruppierungen werden unterdrückt und verfolgt.

Wer über einen Terrorstaat schreibt, während es ihn gibt, tut dies in der Regel anonym und lebt in Angst, denn der Regierungsapparat solcher Staaten übt Kontrolle über seine Bürger aus, weit über das Staatsterritorium hinaus. Die modernen Technologien haben diese Kontrollmöglichkeiten, wie zum Beispiel über Mobiltelefone, noch verbessert. Überlebende sind vor allem Boten der Angst. Paradoxerweise können solche Staaten auf oberflächlich interessierte Touristen einen äußerst friedlichen Eindruck machen. Im Folgenden wird zunächst das in Asylverfahren prominente Beispiel Syrien vorgestellt und anschließend auf eigene empirische Forschungen der Autorin verwiesen.

Im Jahr 2011 verfügte Syrien über 15 separate Geheim- und Informationsdienste. Die als separaten Geheimdienste (*mukhabarat*) strukturierten Organisationen übernahmen ihr Arsenal an Techniken und Maßnahmen von den Franzosen, die bis 1945 das Mandat in Syrien hatten.[99] Dies gilt insbesondere für den von französischen Bürokraten etablierten militärischen Geheimdienst, bis 1969 bekannt als Deuxième Bureau, der später Informationen im Ausland, etwa im Libanon, sammelte und sich unter den Assad-Regierungen auch im Landesinneren fest etablieren konnte.

Als die Proteste gegen das Assad-Regime in Syrien 2011 nicht wie erwartet zu einem schnellen Sturz der Regierung führten, wie das in den anderen Maghreb-Staaten der Fall war, zeigte sich rasch, dass der staatliche Sicherheitsapparat bestens auf die Aufstandsbekämpfung vorbereitet war. Eine Welle von Verhaftungen, Folter und Verschwindenlassen setzte ein, mit der selbst die Syrier nicht gerechnet hatten. Die unterschiedlichen Geheimdienste schienen auf jede Art von Protest sofort reagieren zu können. Personen verschwanden, und ganze Gruppen, etwa aus der Studentenschaft, wurden kollektiv verhaftet, Zehntausende kamen nie wieder lebendig aus den Gefängnissen heraus.

Die Dimension der Folter und die Folgen der Haft wurden jedoch erst sichtbar, als ein ehemaliger hochrangiger Mitarbeiter des Militärs unter dem Decknamen ‚Caesar' im Jahr 2014 Dokumente ins Ausland schmuggelte, erklärt Bente Scheller. Fotos zeigen etwa 6.700 Opfer aus zwei Militärkrankenhäusern in der Nähe von Damaskus, die durch Folter und Verhungernlassen getötet wurden. Der Ermittler und ehemalige Sonderbotschafter der USA am Internationalen Strafgerichtshof Stephen Rapp nennt dieses Vorgehen ein ‚Töten in industriellem Ausmaß'. Der Anwalt Anwar al-Bunni geht von mehr als 60.000 syrischen Gefangenen aus; viele von ihnen sind bereits gestorben. 30.000 Personen werden weiterhin vermisst. Nach Angaben von Menschenrechtsorganisationen fehlt von 81.652 Syrern, die zwischen März 2011 und Juni 2018 verhaftet wurden, jede Spur.

Nicht nur die Foltermethoden waren schockierend, sondern auch die Systematik, mit der der Staat Folter und Gewalt dokumentierte. Diese Systematik ist ein wesentliches Merkmal eines Regimes, das Terror als politische Strategie verwendet. Hinter dem staatlichen Terror steckt ein funktionierender Apparat der systematischen exzessiven Gewaltanwendung, der auf alle Bürger in unterschiedlichem Maße wirkt. Täter und Opfer können wechseln oder auch innerhalb einer Familie leben.

Im Folgenden soll nicht die Diktatur als abstrakte Regierungsform vorgestellt werden, sondern es sollen die konkreten Ausprägungen und die sozialen Folgen von Staatsterror beschrieben werden. In Asylverfahren sind Verfolgungsakteure und Verfolgungsgründe in Diktaturen oft nur ungenau zu benennen und zu konkretisieren. Die im Asylverfahren beschriebene Angst der betroffenen Personen bleibt oft diffus und kann von diesen nur schwer in Worte gefasst werden, wie auch im eingangs beschriebenen Fall der Eritreerin.

Berichte betroffener Personen, die vor einem diktatorischen Regime geflüchtet sind, erscheinen banal, manchmal wie ein mühsam zusammengefügtes Patchwork disparater Erfahrungen, die für die Betroffenen zwar klar einen Ablauf zunehmender Verfolgungsdichte aufzeigen, aber für Außenstehende kaum als sinnvoll zusammenhängende Elemente eines Verfolgungsnarratives zu erschließen sind. Es scheint, als ob die Person sich permanent dem Zugriff des Staates entziehen wolle, jede Form direkter Konfrontation vermeidet, und trotzdem zunehmend in den Fokus politischer Interessen rückte, wie ein Stück Holz in einen Strudel gesogen werde, und jeder Versuch, sich diesem zu entziehen, führe nur noch schneller in den Abgrund. Bis die Repressalien letztlich ,nicht mehr zu ertragen sind' und einzig die Flucht einen Ausweg bietet. Dieser Schwellenwert des gerade noch oder bereits nicht mehr Erträglichen kann von Person zu Person sehr unterschiedlich sein; die Entscheidung zur Flucht speist sich aus individuellen Erfahrungen, generalisierter Angst, sozialer Ausweglosigkeit und politischen Strategien.

Ein immer wieder in deutschen Medien auftauchendes Beispiel ist der Umgang Chinas mit ethnischen Minderheiten. Die kulturelle Vernichtung der Minderheiten wie der Tibeter, Uiguren oder Mongolen wird unter dem Deckmantel eines ,Sicherheitsproblems' vorangetrieben. Chinesische Bürger dieser Minderheiten stehen unter Generalverdacht und werden bereits als Kinder erkennungsdienstlich behandelt, erklärt die Internationale Gesellschaft für Menschenrechte (IGFM) in Bezug auf die Tibeter. Die von der chinesischen Regierung eingesetzten Mittel des Terrors unterscheiden sich von denen Eritreas erheblich insofern, als China die neuesten Technologien

Diktatur und Staatsterror 225

einsetzt und auf diese Weise den Terror gegen ausgewählte Minderheiten sozusagen ständig weiter perfektioniert. Ende des Jahres 2022 wurde bekannt, dass bei Polizeikontrollen, in Kindergärten und regional sogar systematisch von allen Jungen ab dem fünften Lebensjahr DNA-Daten der Tibeter erfasst werden. Der Terror gegen Uiguren und Kasachen gestaltet sich zudem in Form von Umerziehungslagern, in denen 1,6 Millionen Männer, Frauen und Kinder zu neuen Bürgern umerzogen werden sollen. Gleichzeitig werden Symbole, Literatur und Feste verboten. Der Staatsterror greift in alle Lebensbereiche der Betroffenen ein, auch in die Privatsphäre.

Nach außen hin haben diese Staaten ein großes Interesse daran, als verlässliche Partner der internationalen Gemeinschaft aufzutreten, und werden, gerade wenn sie in problematischen Regionen liegen, aufgrund ihrer stabilisierenden Rolle wertgeschätzt. Dass diese vermeintliche Stabilität auf Kosten der Menschenrechte der Gesellschaft geht, wird oft erst sichtbar, wenn die Bevölkerung zu revoltieren beginnt. Beispiele gibt es genügend in der Geschichte und Gegenwart Afrikas, Amerikas, Asiens oder Europas. Die internationale Akzeptanz autoritärer Regime wird u. a. von wirtschaftlichen Interessen geleitet, wie die Beispiele der Staaten im Nahen Osten zeigen, die sich im Zuge des Arabischen Frühlings von ihren Diktaturen zu befreien versuchten. Zudem sind Diktatoren solide in die Finanzwelt eingebunden und können dank stabiler Auslandswährungen Rücklagen bilden, die die Eliten stabilisieren.[100] Eine Ausnahme bildet der international isolierte eritreische Staat, der zu Unrecht mit dem technisch ausgerüsteten Nordkorea verglichen wird. In Eritrea sind es gerade die fehlenden internationalen Verflechtungen und wirtschaftlichen Beziehungen, die der isolierten und verarmten Gesellschaft einen feudalen Charakter geben.

Staatsterror kann unterschiedliche Formen annehmen, dabei bedient sich die Elite kultureller Diskurse und eines Sicherheitsapparats, der Angst und Schrecken verbreitet. Die Ethnologin Linda Green untersucht in ihrer Arbeit *Living in a State of Fear*, wie Angst in Guatemala produziert, reproduziert und erfahren wurde. Der chronische Zustand von Angst verändert Gemeinschaften und untergräbt Vertrauen als Basis der Zivilgesellschaft. „Gerüchte über Todeslisten und Denunziationen, Klatsch und Anspielungen schaffen ein Klima des Misstrauens."[101] Der Staatsterror wirkt unsichtbar über die Erfahrungen im Alltag, argumentiert sie.

Die Unvorhersehbarkeit solcher Regime wird oft als ‚Willkür' bezeichnet. Willkür bedeutet nicht wahlloses Handeln, sondern Intransparenz der Maßstäbe staatlichen Handelns. Für Betroffene ist nicht eindeutig ersichtlich, wann, wodurch und warum jemand zum Feind des Staates wird. Staatsterror soll nicht gezielt ausgewählte einzelne Personen treffen, es reicht aus, dass man zur falschen Zeit am falschen Ort war oder einer Familie, einem Dorf, einer Region, Altersgruppe, Ethnie oder Religion angehört, die situationsbedingt zum Ziel staatlicher Verfolgung erklärt wird. Der Politikwissenschaftler Stephan Hensell sieht in der „„Willkür', die dem Handeln von Personen entspringt, das Grundprinzip des Patrimonialismus. [...] Die Willkür, verstanden als Entscheidungsfreiheit des Handelns und das Hinwegsetzen über gesetzliche Normen, lässt sich jedoch auch in den Alltagspraktiken staatlicher Akteure und im Kleinen des Staates beobachten: in der Gesetzgebung von Regierungsparteien, im Handeln einzelner Minister und Behördenchefs oder in der Verselbständigung bürokratischer Apparate."[102] Willkür ist Teil eines totalitären politischen Herrschaftsprinzips, das Angst und Unvorhersehbarkeit bewusst produziert. Üblicherweise führt ein solches Regime zur Selbstzensur der Bürger und zur übermäßigen Anpassung des individuellen Handelns.

Hinter der Willkür steht allerdings in der Regel ein bürokratischer Apparat, der für die totale Kontrolle der Bevölkerung verantwortlich ist. Der bürokratische Apparat wird in einem Maße ausgebaut und von ineinander verschachtelten Kontrollinstanzen geprägt, dass praktisch jederzeit über jeden Bürger Informationen eingeholt werden können, ohne dass dieser davon erfährt. Die Unterlagen des Ministeriums für Staatssicherheit (Stasi) der DDR bieten einen einmaligen Einblick in ein solches System und seine Funktionsweisen. Nach allen Künsten der staatssozialistischen Bürokratie hat ein in alle Bereiche der Gesellschaft reichender Sicherheitsapparat enorme Mengen an Informationen zu wahrscheinlich allen Gruppen gesammelt, die sich in irgendeiner Weise kritisch mit dem System auseinandergesetzt hatten. Besonders imposant sind die allumfassende Systematik der Sammlung der Stasi und die in lebhaftem Kontrast zu den entworfenen Bedrohungsszenarien stehende Banalität der Informationen, die die unzähligen Inoffiziellen Mitarbeiter (IM) ihren Vorgesetzten lieferten. Jedes gelesene Buch, jedes Gedicht und gemeinsame Treffen, jede emotionale Äußerung zu einem Lied oder zu einer politischen Rede wurden von zahlreichen IM schriftlich in sogenannten ‚Treffberichten' festgehalten und der Stasi zur Interpretation vorgelegt. Vorgesetzte der Abteilung der Stasi, der die IM unterstellt waren, waren verantwortlich, aus diesen banalen Informationen ein politisches Skript (einen sogenannten ‚Operativplan') zu entwerfen und mit entsprechendem Sicherheitsvokabular, wie beispielsweise ‚konterrevolutionäre' Aktivitäten, ‚linksrevisionistische Anschauungen', ‚konspirative Organisationsformen' oder ‚verfestigte politisch negative Einstellung', zu versehen. In einem ‚operativen Vorgang' – einer ‚inoffiziellen Sicherung von belastenden Materialien' – wurden eventuell zusätzliche Informationen gesammelt. Bei solchen Operationen wurden in einer minutiös geplanten Aktion Materialien direkt in den verdächtigen Wohnungen sichergestellt und die Grundlage für eine Verhaftung gelegt. Wann genau der Schwellenwert an Informationsdichte erreicht war und ein ‚operativer Vorgang' als notwendig erachtet wurde, ist aus der Lektüre von Archivakten nicht nachvollziehbar. Die bürokratische Logik des Repressionsapparats entzieht sich der Bevölkerung, die diesen als willkürlich, das heißt nicht vorhersehbar erlebte. Die Art und Weise, wie gesammelte Informationen verdichtet wurden, und der Zeitpunkt, an dem der Sicherheitsapparat sich zum Zugriff entschied, war für den normalen Bürger kaum einzuschätzen.

Die Opferzahlen des Staatsterrors sind in der Regel weitaus höher als bei einem terroristischen Akt, da die durch staatliche Repressionsapparate geschützten Täter nicht fürchten müssen, für ihre Taten zur Rechenschaft gezogen zu werden. Allerdings kann auch genau diese Tatsache der Auslöser umfangreicher Proteste werden. In Tunesien war es Mohamed Bouazizi, der im Dezember 2010 durch Selbstverbrennung soziale Unruhen auslöste. Chancenlos und mittellos arbeitete er als Obstverkäufer ohne Lizenz, weil er sich diese nicht leisten konnte, und war der Willkür der Behörden ausgesetzt, die ihn ständig erniedrigten und bestraften. Die Selbstverbrennung war ein Akt des Protests gegen diesen Staats- und Sicherheitsapparat. Im Iran war es zuletzt die Ermordung der Kurdin Mahsa Amini durch die Sittenpolizei im Jahr 2022, die Tausende, vor allem Frauen, auf die Straßen trieb. In den meisten Fällen fehlt es jedoch an einschneidenden Ereignissen. Die Unsicherheit wird durch viele kleine Ereignisse hervorgerufen, die immer wieder die Banalität des Alltags stören und sukzessive Angst produzieren.

Kulturelle Dimensionen des Terrors

Staatsterror entsteht durch kumulative Kontrollmechanismen, die vor allem im Alltag und durch kulturelle und politische Kontrollmechanismen für die Bürger sichtbar werden. Der Ethnologe Michael Herzfeld hat in seinem bekannt gewordenen Werk *Cultural Intimacy* die Frage nach der Rolle von Kultur als staatliche Doktrin für den Zusammenhalt der Gesellschaft untersucht. Er fordert die Ethnologen dazu auf, den staatlichen kulturellen Strategien mehr Aufmerksamkeit zu schenken, das heißt, einerseits der nach innen gerichteten Kulturpolitik und andererseits der Repräsentation der Nation nach außen. Bürger sind nicht grundsätzlich für oder gegen die nationalistische Rhetorik ihrer Regierungen, sondern verwenden die verfügbaren Elemente staatlicher Rhetorik, um sich selbst in die Gemeinschaft, eine Sozialität, einzubinden. Dieser Prozess, der sich zwischen der individuellen und der staatlichen Ebene abspielt, könne nur durch eine Ethnographie des genauen Hinhörens verstanden werden: Herzfeld appelliert damit an den erfolgversprechenden Einsatz von ethnographischen Methoden. Insbesondere, wenn die kulturelle Repräsentation nationaler Identität nach außen hin zu einem ideologischen Unternehmen von Staaten wird, das interne Differenzen, Heterogenität und Brüche verschleiern soll, wird der Ausarbeitung kultureller Besonderheiten übermäßige Aufmerksamkeit gewidmet.

Herzfelds Argument bestätigte sich in einer Erfahrung der Autorin. Als sie mit ihrem Kollegen von einer Universität in Tadschikistan ein einfaches Workshopprogramm für ein Treffen erstellen wollte, zu dem ausschließlich Doktoranden, aber keine bedeutenden Wissenschaftler eingeladen waren, weiteten die zuständigen Institutionen diesen in der Regel überschaubaren Prozess zu einem mehrere Tage andauernden Unterfangen aus. Vom Rektor bis zu den Sicherheitsbehörden wurden die sprachlichen Formulierungen des Programms einer intensiven Diskussion unterzogen, offensichtlich in der Absicht, national verbindliche, aber nicht gänzlich transparente und weitgehend inkonsequente Sprachregelungen durchzusetzen: Weder der Rektor noch die Kollegen der Fakultät für Geschichtswissenschaft, der auch die Ethnologie zugeordnet ist, und nicht einmal der Sicherheitsbeamte konnten mit Sicherheit entscheiden, welche tadschikischen Worte für bestimmte Formulierungen gebraucht werden durften und wo ein Wort arabischen Ursprungs durch ein persisches ersetzt werden müsse. Diese mühselige sprachpolitische Diskussion entspann sich vor dem Hintergrund, dass der tadschikische Präsident Emomali Rahmon, der sich mit dem hochtrabenden Titel ‚Führer der Nation, Seine Hoheit Präsident' anreden lässt, in unzähligen Publikationen dargelegt hat, dass das Tadschikische der Ursprung des Persischen sei, und die persische Kultur im Rahmen der tadschikisch-nationalistischen Ideologie gegenüber der arabischen (bzw. als islamisch verstandenen) Kultur aufgewertet werden müsse. Nun besteht die tadschikische Sprache wie alle persischen Sprachen zu etwa einem Viertel aus arabischen Wörtern, so dass dieses Spiel schnell zu einer absurden Übung wurde, in der es letztlich nur darum ging, die Verantwortung für die Formulierung und damit die Veranstaltung an die jeweils höhere Instanz abzugeben. Interessant war die Verwendung sprachlich-kultureller Details, die den Eindruck politischer Kontrolle bei uns als Organisatoren der Veranstaltung erzeugte, und zwar unabhängig davon, was später tatsächlich im Workshop bearbeitet wurde.

Im größeren Maßstab geschieht diese Form der kulturellen Kontrolle in der ganzen tadschikischen Gesellschaft mit dem Ziel, politische Kritik zu unterbinden. Zum Beispiel untersuchen die sogenannten Bildungskommissionen in tadschikischen Schulen nicht etwa den objektiven Wissensstand, sondern überprüfen die Konformität von Lehrern wie Schülern: die Akkuratesse des Haarschnitts, die Einübung eines demütig-gesenkten Blicks bei der Begrüßung, die Korrektheit der Kleidung, die ideologische Festigung in ausgewählten Wissensbereichen oder die Loyalität der Lehrer.

Im Jahr 2013 führte der tadschikische Staat unter anderem eine verbindliche Kleiderpflicht an den Universitäten ein. Was als banale Uniformierung

Kulturelle Dimensionen des Terrors 229

verstanden werden könnte, war eine Form der Kontrolle und Durchsetzung von geschlechtsspezifischer staatsbürgerlicher Identität. Die Kleidervorschriften sollten Frauen zu Repräsentantinnen einer vom Staat imaginierten traditionsschweren ,Kultur' formen, im Gegensatz dazu wurden Männer zum Tragen eines (,modernen') Anzugs verpflichtet und damit von jeder Form der Zurschaustellung religiöser Symbole oder provokanter Nachlässigkeit abgehalten. Entsprechende Dekrete wurden nicht nur für Schulen und Universitäten erlassen und ihre Einhaltung an den Eingängen der Bildungsinstitutionen allmorgendlich kontrolliert, sondern auch im öffentlichen Raum, auf Straßen und Plätzen wurden junge Menschen beim Tragen unpassender Kleidung angesprochen. Auf diese Weise erzeugte der Staatsapparat ein Gefühl ständiger Beobachtung jeder Form des Nicht-Konformen. Während penible Vorschriften bezüglich der Höhe der Schuhabsätze von Lehrerinnen und Studentinnen Anlass zu populären Witzeleien mit reaktionären Untertönen gaben, führten die Zwangsrasuren, denen laut Presseberichten 13.000 Männer unterzogen wurden, infolge des 2016 erlassenen Bart- und Schleierverbots zu stiller Wut und Ohnmacht.

Eine ähnliche Durchsetzung staatsbürgerlicher Selbstdisziplinierung und eine ebenso umfassende Kontrolle der Öffentlichkeit über die Kleidung hat neuerdings auch Turkmenistan eingeführt. Personen, deren ärmliche Kleidung als Verstoß gegen die Vorschriften gewertet wird, werden von der Polizei festgenommen und zur Zwangsarbeit auf staatlichen Gütern verpflichtet.

Herzfelds Ansatz einer Ethnographie der kulturellen Intimität eignet sich gerade in totalitären Staaten, um die Diskrepanz zwischen der nationalistischen Außendarstellung und der nach innen gerichteten Etablierung kultureller Dominanz zu untersuchen, auch wenn dies nicht seine ursprüngliche Intention war. Die vielseitigen Kontrollen, die praktisch jederzeit und überall stattfinden können und sich mithilfe des staatlichen Verfügungsanspruchs über kulturelle Praktiken und Symbole entfalten, dienen dabei nicht allein dazu, die Gesellschaft über eine nationalistische Ideologie zusammenzuhalten, sondern die Bevölkerung der Herrschaft einer nationalen Elite zu unterwerfen. Die ständige Einführung neuer Vorschriften bewirkt, dass es keine Möglichkeit gibt, sich langfristig dem Zugriff des Staates zu entziehen, und verlangt dem Einzelnen ständige Anpassung ab. Schüler zum Beispiel geben es auf, Wissensbestände als objektive, unverrückbare Tatsachen zu begreifen, da sie sich ohnehin den ideologischen Wissensvorgaben fügen müssen.

In Eritrea nutzt die Regierung den Wehrdienst bzw. ,Nationalen Dienst' als Erweiterung der sozialen Kontrolle, um damit ganze Generationen direkt dem Staat zu unterstellen. Die Möglichkeit, jederzeit und lebenslang zum Wehrdienst verpflichtet werden zu können, macht jede längerfristige

230 Terrorismus und Staatsterror

Lebensplanung, Familien- wie Karrierepläne, unmöglich und erzeugt das Gefühl der vollkommenen Abhängigkeit von staatlicher Willkür.

Im Asylverfahren äußert sich dieser sukzessive Verlust der Kontrolle über die eigene Lebensplanung und den eigenen Lebenslauf in monotonen Berichten, die die ständig sich ändernden Vorschriften des Staats oder die Eingriffe in das private Leben wie nebensächliche Ereignisse aussehen lassen. Individuen beschreiben sich als vollständig von staatlichen Akteuren bestimmt. Der Wunsch, individuelle Lebensentwürfe zu verfolgen, kann zu einem Risikofaktor werden, dem früher oder später meist Resignation oder die Flucht aus dem Land folgt. Die Folgen für die eritreische Gesellschaft sind paradox: Einerseits findet der nationale Gründungsmythos Eritreas, der dem kollektiven militärischen Kampf aller Eritreer die erfolgreiche Unabhängigkeit von Äthiopien zuschreibt, breite Anerkennung in der Bevölkerung, selbst unter den Exilanten, andererseits führt dieser Mythos der nationalen Befreiung zur totalitären Kontrolle des Alltages und Einschränkung individueller Lebensentwürfe und Handlungsfreiräume.

Die Methoden des staatlich organisierten Terrors gegen die eigenen Bürger schlagen sich stets in kulturspezifischen Begrifflichkeiten nieder. Die Regionalwissenschaftler Wilhelm J. Möhlig und Rüdiger Köppe „gehen davon aus, dass die verdeckten Systeme des ethischen Denkens und allgemeine Geisteshaltungen in Bezug auf Gewalt und Frieden sich […] in sprachlichen Elementen und Strukturen widerspiegeln. Das Lexikon einer bestimmten Sprache ist besonders aufschlussreich in dieser Hinsicht. Unser empirischer Ansatz gegenüber den internen und meist verdeckten Ideen zu Gewalt und Frieden konzentriert sich daher auf das Vokabular der untersuchten Völker." Um den Bezug von Gewalt-Vokabular und sozialer Praxis zu beleuchten, sei es „notwendig, die empirische Ebene um die Textebene zu erweitern".[103]

Möhlig und Köppes These der verdeckten Systeme des ethischen Denkens über Frieden und Gewalt dürfte für viele der in diesem Buch behandelten Bevölkerungen schwer zu identifizieren sein. Eine nachvollziehbare Verbindung findet sich allerdings zwischen kulturspezifischen Begrifflichkeiten und dem Staatsterror. Ein Beispiel wäre die Verwendung der Begriffe um die Fehde für politische Konflikte in Tschetschenien. Ein weiteres Beispiel aus Syrien veranschaulicht die Praxis der Geheimdienste. Die Journalistin und Buchautorin Rania Abouzeid beschreibt in ihrem Buch *No Turning Back: Life, Loss, and Hope in Wartime Syria* die kulturellen Strategien der Kontrolle und des Widerstands. Ihre Protagonisten beschreiben etwa, wie eine erste Kontaktaufnahme durch die Geheimdienste über ‚eine Einladung zum Kaffee' im nächsten Revier erfolgt. „Er wurde an jenem Abend von einer der Sicherheitsabteilungen für 21:30 Uhr zum Kaffee eingeladen. Er kehrte nicht nach Hause zurück."[104] Anhand dieser banalen Einladungsformel wusste eine betreffone Person, dass sie in den Fokus der staatlichen Sicherheitsorgane geraten war. Im Falle Syriens wurden sogar Folterpraktiken mit kulturellen Begriffen wie ‚fliegender Teppich' *(bisat al-rih)* versehen. Legt man den mittelalterlichen Terror-Begriff *(territio)* der Definition zugrunde, wären bereits die Androhung solcher Gewalt und die damit produzierte Angst unter der Bevölkerung als Terror zu bezeichnen. Somit wäre Terror auch eine kulturell eingebettete Strategie der Unterdrückung.

Staatsterror bedient sich nicht nur physischer Gewalt, obwohl Folter und Inhaftierung, Gefängnisse und Lager einen wesentlichen Bestandteil fast jeden Terror-Regimes darstellen. Genauso wichtig sind der Einsatz von Drohungen und Angst und die Ausübung symbolischer Gewalt, die weniger die Physis als den sozialen Status einer Person zerstört. Der Verlust von Würde und die Zerstörung des guten Rufs in einer Gemeinschaft können als sozialer Tod eines Menschen beschrieben werden, dem immer wieder der Selbstmord folgt. Die soziale Ächtung ist Teil von staatlichen Sippenhaft-strategien, bei denen Verwandtschaftsgruppen für ihre Mitglieder, die sich durch Flucht ins Ausland dem staatlichen Zugriff entzogen haben, bestraft werden sollen. Aufgrund ihrer weitgehenden Schutzlosigkeit können Frauen, alte Menschen und Kinder hiervon besonders betroffen sein. In der Praxis bedeutet die Sippenhaft zum Beispiel Schikane und Verhaftungen einzelner zurückgebliebener Familienmitglieder oder den Ausschluss der Familie aus kollektiven Dorfereignissen wie Hochzeiten oder Jahreszeitenfesten, das Verbot, den betroffenen Familien aus einer humanitären Motivation heraus zu helfen, oder die Isolation von deren Kindern und die gezielte Gewalt gegen diese in der Schule.

Damit kommt zum Ausdruck, dass Diktaturen trotz ihrer Ähnlichkeiten in ihren Praktiken der Unterdrückung und Verfolgung auf kulturelle Konstruktionen zurückgreifen. Damit kann Terror von einer erschreckenden Banalität gezeichnet sein, die nur dann einen Sinn ergibt, wenn diese in Zusammenhang mit dem System gesehen wird. Das Navigieren durch staatlich vorgegebene Diskurse in einem solchen Staat wird überlebenswichtig. Ein Brief der Militärbehörde, eine bestimmte Form der Einladung durch Sicherheitsbehörden oder ein Drohanruf kann hier Auslöser für eine Flucht sein, wenn dieser darauf hinweist, dass man die Aufmerksamkeit des Staates auf sich gezogen hat.

Die Fassade der Diktatur

Diktaturen verwenden oft sehr viel Energie darauf, die Außendarstellung des Staates bewusst zu gestalten und sorgfältig zu kontrollieren, um das ‚Gesicht' ihres Staates zu wahren. Eine ethnographische Erforschung von Geheimdienstsystemen ist als aktives Projekt so gut wie unmöglich, denn

Terror-Regime tun alles in ihrer Macht stehende, um ihre Verfolgungsmethoden und ihren Verfolgungsplan zu verschleiern. „In einer Kultur der
politischen Überwachung ist die teilnehmende Beobachtung bestenfalls eine
Absurdität und zumindest eine Form der Komplizenschaft mit den Außen-
stehenden, die überwachen", formuliert Allan Feldman.[105]
Auch Asylsuchende sind nicht besser über die Agenda der politischen
Verfolgung informiert, im Gegenteil, meistens gehört die totale Informa-
tionskontrolle zur politischen Strategie, so dass der Zugang zu kritischen
Nachrichten für normale Bürger eingeschränkt ist. Betroffene müssen sich
daher oft auf Analogien verlassen, indem sie eigene Erfahrungen mit denen
anderer Menschen in einer ähnlichen Lage abgleichen und so die Gefahr
subjektiv ermitteln.

Die folgende ethnographische Analyse basiert auf fast zwei Jahrzehnten
Erfahrung der Autorin im postsowjetischen Tadschikistan, das sich in den
letzten Jahren zunehmend zu einem totalitären Regime entwickelt hat. Das
State Committee of National Security (SCNS; *Kumitai Davlatii Amniyati
Milli Jumhurii Tojikiston* oder GKNB), ein Erbe des sowjetischen KGB,
verwendet ein System der Kontrolle der staatlichen Außendarstellung, das
als *fabrika javob*, ‚die Antwortenfabrik', bekannt wurde. Ein Bericht der
tadschikischen Ausgabe der Online-Zeitung *Radio Free Europe* stellt sie
voller Sarkasmus folgendermaßen vor: „In unserem Land gibt es eine Fabrik, die Tag und Nacht arbeitet. Weder die Zeiten, in denen es [für die
Bürger] keinen Strom gibt, noch die Tatsache, dass ihre Mitarbeiter keine
Steuern zahlen, behindern ihre Arbeit. Aber, liebe Leser, werden Sie nicht
enthusiastisch: Diese Fabrik produziert weder Socken noch Schuhe. Diese
Fabrik produziert ausschließlich Gerüchte und Blödsinn. Manchmal schlägt
sie auch mit Beleidigungen zu. Diese Fabrik ist unter dem Namen ‚Antwortenfabrik' bekannt."[106]
Die Antwortenfabrik arbeitet aktiv an der Außendarstellung des Regimes.
Zum Beispiel werden tadschikische Forscher an Universitäten und Aka-
demien aufgefordert, ‚wissenschaftliche Artikel' zu produzieren, die nicht
dem wissenschaftlichen Erkenntnisgewinn gewidmet sind, sondern ganz
klar fachfremde politische Zielvorgaben erfüllen sollen. Manch ein tadschikischer Historiker hat den Behörden klarzumachen versucht, dass es unmöglich ist, kontemporäre politische Interessen in die wissenschaftliche Abhandlung x-beliebiger historischer Themen einzubringen, aber das schützt
sie nicht vor dieser anhaltenden Verpflichtung. Jeder Artikel wird vor seiner
Veröffentlichung von Mitarbeitern des Staatssicherheitdienstes überprüft.
Das folgende Schriftstück des GKNB aus dem Jahr 2016 zeigt, in welchem
Stil eine solche Aufforderung geschrieben ist. Es war an die Mitarbeiter
der Akademie der Wissenschaften gerichtet, deren Wissenschaftler weltweit
gut vernetzt sind: „Die Mitarbeiter des Institutes sollen zur Kenntnis neh-

men, dass laut Verordnung der Akademie der Wissenschaften der Republik Tadschikistan Nummer 53 von 25.04.2016 bei der Darstellung des Außenbildes [die herausragende Bedeutung] der Geschichte, Kultur, Sprache und Nation propagiert werden soll. Unsere Akademie zählt landesweit zu den wichtigsten Institutionen, die Publikationen über Tadschikistan erzeugen: Die [Liste der Disziplinen] werden angehalten, im Internet und im Ausland sowie in weniger wichtigen Drucken Spuren des Wirkens des Führers der Nation, Seiner Hoheit des verehrten Emomali Rahmon, in Tadschikisch, in Russisch und in Englisch [...] zu dokumentieren.

Es wird darum gebeten, eine digitale Version aller wissenschaftlichen Artikel, populärwissenschaftlichen Beiträge und alle anderen Publikationen über das Erbe des Führers der Nation an folgende [E-Mail-]Adresse zu schicken."[107]

Implizit verlangt die Behörde den Mitarbeitern der Akademie der Wissenschaften ab, den Präsidenten in jedem ihrer Artikel in irgendeiner Weise positiv zu erwähnen. Gleichzeitig überprüft die Behörde, ob die Darstellung seiner Person bzw. Tadschikistans den politischen Erwartungen und Vorschriften entspricht. Auf diese Weise wird jede Art der gesellschaftlichen, kulturellen, historischen oder politischen Kritik unmöglich gemacht; schließlich hat sich der Präsident bereits zu allen wichtigen Themen persönlich geäußert und eine ganze Bibliothek ideologischer Werke hierzu verfassen lassen.

Die Politikwissenschaftlerinnen Anna Grzymala-Busse und Pauline Jones Luong haben für die Sowjetzeit festgestellt, dass das sozialistische System den Begriff ‚Volk' auf eine Weise mit Semantiken der ‚Kultur' und der ‚Politik' aufgeladen hat, dass eine von nationalen staatlichen Strukturen unabhängige Zivilgesellschaft nicht mehr möglich war. Nach innen bedeutete eine solche Verknüpfung die Delegitimierung jedes kulturell, sozial oder politisch artikulierten Protests sowie die Verfolgung derer, die eine wie auch immer geartete Kritik am System wagen, ob sie nun im In- oder im Ausland leben. Eine Kritik kultureller Ideologien oder staatlicher Vorgaben (wie zuvor beschrieben die Kleiderordnung beispielsweise) kommt daher einer Beleidigung des Volkes und damit zugleich der Nation und ihres Führers höchst persönlich gleich; damit wird sie unmittelbar als politische Äußerung gewertet und auf die gleiche Stufe gestellt wie etwa ein Protest gegen Sondergebühren für Taxis oder das Fällen von Bäumen in den Innenstädten. Es gilt nur ein einziger kultureller Gesellschaftsentwurf: der staatlich vorgeschriebene.

Die Philosophin Hannah Arendt weist darauf hin, dass totalitäre Staaten gezielt Repräsentationen der Nation erstellen und hierzu eine kulturelle Fassade entwerfen, um sich gegenüber nicht-totalitären Staaten den Anstrich der Respektabilität zu geben. Wie richtig Arendt lag, demonstriert auch hier wieder Tadschikistan, das die größte Bibliothek Zentralasiens bauen und das größte Theater planen ließ, obwohl bereits jetzt die existierenden Theater nur durch Verpflichtung der Firmen, eine bestimmte Anzahl Tickets zu kaufen, überhaupt einigermaßen gefüllt werden und die Bibliothek durch Zwangsabgaben von Büchern gefüllt wurde. Diese Fassade, von der Arendt spricht, besteht aus kulturellen und nationalen Symbolen, die die innere Unterdrückung verdecken sollen: ein Kulturabsolutismus, der staatlich definiert wird. Ethnologen erleben die Fassade einer Diktatur oft als vorgegebene Rahmenbedingung, die jede Feldforschung erheblich beeinträchtigt. In vielen ethnographischen Arbeiten werden diese Rahmenbedingungen einfach unterschlagen, um eine politische Positionierung zu vermeiden. Dabei wird leicht übersehen, dass die totalitäre staatliche Konzeption von Nationalkultur mit sich bringt, dass auch lokale kulturelle Alltagspraktiken, die im Zentrum ethnographischer Forschungen stehen, einer umfassenden politischen Kontrolle unterliegen und als Teil einer strategischen Kulturpolitik begriffen werden. Eine ethnographische Analyse lokaler Praktiken muss aus diesem Grund unbedingt deren Rückkopplungen mit den politischen Verhältnissen in den Blick nehmen.

Verwendete Literatur

Abouzeid, Rania 2018. *No Turning Back: Life, Loss, and Hope in Wartime Syria.* New York: Norton.

Arendt, Hannah 1962. *The Origins of Totalitarianism.* Cleveland, New York: Meridian Books.

Bartlett, Tom 2020. „The Road to ISIS. An unorthodox anthropologist goes face to face with ISIS. Is the payoff worth the peril?" 20.05.2020, *The Cronicle of Higher Education*, verfügbar unter: https://www.chronicle.com/article/The-Scientist-Who-Talks-to/236521.

Blom, Amélie 2007. „Kashmir Suicide Bombers: ‚Martyrs' of a Lost Cause", in *The Enigma of Islamist Violence*, A. Blom, L. Bucaille, and L. Martinez (Hg.). London: Hurst & Company.

Bock, Andreas 2009. *Terrorismus.* Wien: UTB.

Buzan, Barry, Ole Wæver und Jaap de Wilde 1998. *Security: A New Framework for Analysis.* Boulder, London: Lynne Rienner,

Conte, Édouard 2011. „Julius Wellhausen und die ‚Kinder Adams'. Die Aktualität der Orientalisten", in *Orient – Orientalistik – Orientalismus*, B. Schnepel, G. Brands und H. Schönig (Hg.). Bielefeld: Transcript, 43–70.

Cooley, Alexander und John Heathershaw 2017. *Dictators Without Borders: Power and Money in Central Asia.* New Haven, London: Yale University.

Das, Veena (Hg.) 2001. *Remaking a World.* Berkeley: University of California.

Eckert, Julia 2008. „Laws for Enemies", in *The Social Life of Anti-Terrorism Laws: The War on Terror and the Classifications of the ‚Dangerous Other'*, J. Eckert (Hg.). Bielefeld: Transcript, 7–31.

Feldman, Allen 1991. *Formations of Violence: The Narrative of the Body and Political Terror in Northern Ireland.* Chicago et al.: University of Chicago Press.

Foucault, Michel 1995 [1975]. *Discipline and Punish: The Birth of the Prison* (übersetzt von Alan Sheridan). New York: Vintage Books.

Verwendete Literatur

Girard, René 2021 [1972]. *Violence and the Sacred.* (übersetzt von P. Gregory). London et al.: Bloomsbury.

Green, Linda 1995. „Living in a State of Fear", in *Fieldwork und Fire: Contemporary Studies of Violence and Survival,* C. Nordstrom und A. C. G. M. Robben (Hg.). Berkeley et al.: University of California Press, 105–128.

Grzymala-Busse, Anna und Pauline Jones Luong 2002. „Reconceptualizing the State: Lessons from Post-Communism". *Politics and Society* 30 (4): 534–36.

Hafez, Mahammed M. 2016. „The Ties that Bind: How Terrorists Exploit Family Bonds". *CTCSENTINEL,* 9 (2): 15–17.

Hannerz, Ulf 2003. „Macro-scenarios. Anthropology and the Debate over contemporary and Future Worlds". *Social Anthropology* 11 (2): 69–187.

Hensell, Stephan 2009. *Die Willkür des Staates: Herrschaft und Verwaltung in Osteuropa.* Wiesbaden: VS Verlag.

Herman, Edward. A., and Gerry O'Sullivan 1989. *The Terrorism Industry: The Experts and Institutions That Shape Our View on Terror.* New York: Pantheon.

Herzfeld, Michael 2005. *Cultural Intimacy: Social Poetics in the Nation-State.* New York: Routledge.

Jackson, Richard 2010. „The Study of Terrorism: A New Approach". *Arches Quarterly* 4 (6): 92–95.

Kaliszewska, Iwona 2023. *For Putin and for Sharia: Dagestani Muslims and the Islamic State.* Ithaca, London: Northern Illinois University Press.

Khosrokhavar, Farhad 2005. *Suicide Bombers: Allah's New Martyrs.* London: Palgrave Macmillan.

Kurtz, Stanley 2007. „Marriage and the Terror War". *National Review,* verfügbar über: http://www.nationalreview.com/article/219989/marriage-and-terror-war-stanley-kurtz.

Lesch, David W. 2012. *Syria: The fall of the house of Assad.* Yale University Press.

Marrades Rodriguez, Addaia 2008. „Anthropology and the ‚War on Terror': Analysis of a Complex Relationship". 08.06.2008, *Perifèria.*

Möhlig, Wilhem J. and Rüdiger Köppe 2004. „Concepts of Violence and Peace in African Languages", in *Healing the Wounds,* M.-C. Foblets und T. v. Trotha (Hg.). Oxford: Hart Publishing, 25–45.

Nachtigall, Andrea 2012. *Gendering 9/11: Medien, Macht und Geschlecht im Kontext des „War on Terror".* Bielefeld: Transcript.

Neofotistos, Vasiliki P. 2016. „On the ISIL attacks in Western Europe and elsewhere". *Anthropology Today* 32(3): 1–2.

Rassler, Don, C. C. Fair, Anirban Ghosh, Arif Jamal und Nadia Shoeb 2013. „The Fighters of Lashkar-e-Taiba: Recruitment, Training, Deployment and Death". *Occasional Paper Series, Combating Terrorism Center,* verfügbar unter: https://apps.dtic.mil/sti/citations/ADA578928.

Rathmell, Andrew 1996. „Syria's Intelligence Services: Origins and Development". *Journal of Conflict Studies* 16 (2), verfügbar unter: https://journals.lib.unb.ca/index.php/jcs/article/view/11815/12636.

Roche, Sophie 2019. *The Faceless Terrorist.* Cham: Springer.

Roche, Sophie 2018. „The Fabric of Answers". *Central Asian Affairs* 5: 93–110.

Scheller, Bente 2017. „Syriens Verschwundene", 18.07.2017, *Heinrich Böll Stiftung,* verfügbar unter: https://www.boell.de/de/2017/07/18/syriens-verschwundene.

Schmid, Alex P. 2004. „Frameworks for Conceptualising Terrorism". *Terrorism and Political Violence* 16 (2): 197–221.

Schmid, Alex P., and Albert J. Jongman 1988. *Political Terrorism: A New Guide to Actors, Authors, Concepts, Data Bases, Theories, and Literature.* New Brunswick, NJ: Transaction Books.

Shabbar, Fatin 2014. „Motherhood as a Space of Political Activism: Iraqi Mothers and the Religious Narrative of Karbala", in *Motherhood and War. International Perspectives*, D. Cooper und C. Phelan (Hg.). New York: Palgrave Macmillan, 207–224.

Silke, Andrew (Hg.) 2004. *Research on Terrorism: Trends, Achievements and Failures*. London: Frank Cass.

Taussig, Michael 1984. „Culture of Terror – Space of Death. Roger Casement's Putumayo Report and the Explanation of Torture". *Comparative Studies in Society and History* 26 (3): 467–497.

Varzi, Roxanne 2008. „Iran's Pieta: Motherhood, Sacrifice and Film in the Aftermath of the Iran–Iraq War". *Feminist Review* 88: 86–98.

Verhoeven, Claudia 2009. *The Odd Man Karakozov: Imperial Russia, Modernity, and the Birth of Terrorism*. Ithaca: Cornell University Press.

Waldmann, Peter 2005. *Terrorismus: Provokation der Macht*. Hamburg: Murmann.

Williams, Evan 2017. „Eritrea – Der geheime Sklavenstaat". Film *ART*.

Zahab, Mariam Abou 2011 [2007]. „‚I Shall Be Waiting for You at the Door of Paradise': The Pakistani Martyrs of the Lashkar-e Taiba (Army of the Pure)", in *The Practice of War: Production, Reproduction, and Communication of Armed Violence*, A. Rao, M. Bollig und M. Böck (Hg.). New York: Berghahn, 133–158.

Weitere Quellen

„You Are either with Us or Against Us". 06.11.2001, CNN.com/U.S., verfügbar unter: https://edition.cnn.com/2001/US/11/06/gen.attack.on.terror/.

„‚Oxygen' oder Muntahas Geschichte der syrischen Revolution". 03.12.2020, *Adopt a Revolution*, https://adoptrevolution.org/oxygen-oder-muntahas-geschichte-der-syrischen-revolution/.

„Tajik Lawmakers Approve Bill Supporting ‚Traditional' Clothes", 23.08.2017, *Radio Free Europe / Radio Liberty*, https://www.rferl.org/a/tajikistan-law-pushes-traditional-clothes-not-islamic-hijab/28692417.html.

„Female University Students in Tajikistan Required to Wear High Heels for Uniform", 24.05.2014, *Women Fitness*, https://www.womenfitness.net/news-flash/female_heels/.

„Don't Look Disheveled in Turkmenistan or You Just Might Be Sent to Work on A State Farm", 24.03.2021, *Radio Free Europe / Radio Liberty*, https://www.rferl.org/a/turkmenistan-beggars-homeless-state-farms-unemployment/31167229.html.

„DNA-Datenbank von Tibetern". 13.09.2022, *International Gesellschaft für Menschenrechte (IFGM)*, https://www.igfm.de/totale-ueberwachung-china-legt-dna-datenbank-von-tibetern-an/.

„Einzelberichte und Dokumentationsaufnahmen unter: Syria: Stories Behind Photos of Killed Detainees, Caesar Photos' Victims Identified", 16.12.2015, *Human Rights Watch*, verfügbar unter: https://www.hrw.org/news/2015/12/16/syria-stories-behind-photos-killed-detainees.

„Fabrikai dschawob: Imitchsoz jo imitschsuz?", 17.05.2014, *Ozodagon*, verfügbar unter: http://www.ozodagon.com/16203-fabrikai-avob-imisoz-e-imisz.html.

Vereinte Nationen 2021. Resolution 1373 (2001) / adopted by the Security Council at its 4385th meeting, on 28 September 2001. Deutsche Fassung: Resolutionen und Beschlüsse des Sicherheitsrats vom 1. Januar 2001 bis 31. Juli 2002, englische Version verfügbar unter: https://digitallibrary.un.org/record/449020?ln=en.

Kapitel 10
Das Konfliktpotential von Katastrophen

Klimatische Katastrophe – steigender Meeresspiegel

Herr Ioane Teitiota und seine Familie klagten 2007 in Neuseeland auf Asyl, weil durch den steigenden Meeresspiegel ihr Wohnort auf einer zum Atoll Tarawa und damit zur Republik Kiribati gehörenden Pazifikinsel unbewohnbar geworden war und sie ihn deswegen verlassen mussten. In Neuseeland wurde der Fall abgelehnt; 2015 wurde er dem UNO-Menschenrechtsausschuss vorgelegt und zur Prüfung angenommen. Ein Experte hatte die Aussage der Familie bestätigt: 60 Prozent der Einwohner der Insel Süd-Tarawa hätten keinen freien Zugang zu Süßwasser. Die rationierte Versorgung mit Trinkwasser führte zu erheblichen gesundheitlichen Problemen der Einwohner. Prognosen zufolge werden bereits innerhalb der nächsten zehn bis fünfzehn Jahre die meisten Inseln der Republik Kiribati überschwemmt und damit unbewohnbar sein. Damit sei selbst ein Leben auf dem Niveau des Existenzminimums nicht mehr möglich. Verschärft werde die Problematik durch zunehmende Landkonflikte auf den verbleibenden, von Überschwemmungen verschonten Inseln, auf denen die Flüchtlinge unterzukommen versuchen.

Klimaveränderungen und geologische Ereignisse können Konflikte erzeugen und wirken auf Konfliktführungen ein. Wie gehen Gesellschaften mit dem beschleunigten Klimawandel und der damit einhergehenden Zunahme von Extremwetterereignissen um, und welche Konflikte ergeben sich möglicherweise daraus? Was hat sich im Rahmen der zunehmenden ökonomischen und politischen Relevanz des Klimas in den letzten Dekaden verändert? Welche Bevölkerungsgruppen sind von solchen Katastrophen besonders betroffen?

Thematische Einleitung

Umweltereignisse, Dürren, Starkregen, Erdbeben und andere Katastrophen sind in den letzten Jahren ins Zentrum gesellschaftlicher Aufmerksamkeit gerückt. Für viele Menschen ist der Bezug zwischen individuellem Handeln, erlittenem Schaden nach Unwettern beispielsweise und Klimawandel, sei es auf regionaler oder auf globaler Ebene, schwer nachzuvollziehen. Dabei warnen Forscher, dass bereits jetzt die Mehrheit der Flüchtlinge ihre Flucht aus klimatischen Gründen antritt und ihre Zahl weiter steigen wird – der

Bosch-Stiftung zufolge auf 143 Millionen Menschen bis zum Jahr 2050. Insbesondere der Kontinent Afrika wird unter den Folgen des Klimawandels zu leiden haben.

Die Asylrechtsprechung hat bisher solche Fragen nur zögerlich beachtet, nicht nur wegen der immensen Zahlen an Geflüchteten, die sich dahinter verbergen, sondern auch wegen der Schwierigkeit, einerseits mittels Prognosen das tatsächliche Risiko fassbar zu machen und andererseits eine zielgerichtete Verfolgung feststellen zu können. Derzeit ist die explizit durch Klimawandel ausgelöste Armut als Fluchtgrund in so gut wie keinem Asylgesetz vorgesehen. Auch Kläger machen selten die Angabe, sie hätten ihre Lebensgrundlage wegen klimatischer Verhältnisse verloren. Entsprechend werden klimatische Verhältnisse bislang höchstens als Teil der allgemeinen Versorgungslage untersucht und berücksichtigt. Auch in Asylverfahren wird man jedoch nicht umhinkommen, die Frage nach den verantwortlichen Akteuren in Umweltereignissen zu stellen. Regime entziehen sich allzu leicht der Verantwortung, wenn sie ihr politisches Versagen auf den klimatischen Wandel schieben und so suggerieren, dass Wassermangel, Monokulturen und Bodenkonflikte keinerlei politischen Hintergrund haben. Im gleichen Maße wird Verantwortung durch internationale Akteure zurückgewiesen, die über Jahrzehnte hin Programme finanzierten (zum Beispiel Strukturanpassungsprogramme des Internationalen Währungsfonds (IWF)), die scheinbar neutral die allgemeine Entwicklung gefördert hatten.

Die Frage, wie Umweltereignisse auf Konfliktdynamiken wirken, ist in der Wissenschaft bislang nur sporadisch bearbeitet worden. Dabei finden sich bereits in Ethnographien vom Anfang des 20. Jahrhunderts Hinweise zur Relevanz von Dürren und Regenfällen als Auslöser bzw. für den Verlauf von Konflikten. Zudem gibt es zahlreiche Beschreibungen, wonach ein kulturell begründeter Zusammenhang zwischen Erdbeben bzw. Katastrophen und der politischen Führung hergestellt wurde. Unter dem Begriff der *Cultural Ecology* entwickelten unter anderem die Ethnologen Roy Rappaport und Marvin Harris Konzepte von Gesellschaft als fortlaufendem Adaptionsprozess an Umweltbedingungen. Der Begriff Kultur meint hier nicht die Wirkungsweisen von Symbolen, sondern die Leistungsfähigkeit einer Anpassung kultureller Praktiken an geänderte Umweltbedingungen. Kritiker sahen in diesem Ansatz eine allzu distanzierte naturwissenschaftliche Herangehensweise, die der kulturellen symbolischen Dimension menschlichen Handelns nicht genügend Aufmerksamkeit schenke.

Die Beziehungen zwischen Naturkatastrophen – Erdbeben, Überschwemmungen, Wirbelstürmen oder Dürren – einerseits und Kriegsführung, Fehden, ethnischen oder religiösen Konflikten andererseits sind nicht kausal, sondern in einem soziokulturellen Verständnis von Mensch-Umwelt-Beziehung verortet. Klimatische Fragen sind damit immer auch kulturelle und soziale Fragen. In Asylverfahren werden klimatisch bedingte Fluchtgründe von den Betroffenen daher indirekt als Verlust der Lebensgrundlage oder als Konfliktfelder thematisiert.

Zwei verschiedene Methoden des ethnographischen Ansatzes lassen sich derzeit in der Klima-Konflikt-Forschung unterscheiden. Zum einen wird die Konfliktführung mit ökologischen Ereignissen korreliert und qualitativ in Bezug gesetzt (siehe weiter unten), zum anderen wird die Beziehung zwischen Gesellschaft, Umwelt und Regierung bzw. Politik zum Gegenstand der Untersuchung gemacht. Während die erste Sichtweise vor allem aus einem entwicklungspolitischen Ansatz kommt, dessen Interesse die Analyse und Bewältigung der Folgen klimatischer Veränderungen für Gesellschaften ist, die in ökologisch sensiblen Zonen leben, und in dem weitgehend kulturunabhängige Faktoren zum Einsatz kommen, steht im zweiten Ansatz der Mensch und seine Umwelt im Zentrum der Analyse und damit ein kulturelles und wissenschaftliches Verständnis der Natur-Mensch-Beziehung. Untersucht wird hier der Zusammenhang zwischen Ereignissen in der Natur, menschlichem Handeln und politischer Führung. Obwohl sich beide Ansätze keinesfalls widersprechen, herrschen Spannungen zwischen Vertretern beider Seiten. Aktivisten, deren primäres Ziel es ist, Menschenleben zu retten, haben Sorge, dass komplexe kulturelle Ansätze die Dimension des klimatischen Wandels verharmlosen könnten, was selbstverständlich nicht das Interesse eines soziokulturellen Forschungsansatzes ist. Vielmehr geht es um die Erklärungsmodelle und Handlungsstrategien, die Menschen in Krisen und Katastrophen aus ihrem eigenen Verständnis von Umwelt heraus entwickeln. Da Ethnologen in beiden Forschungsrichtungen aktiv beteiligt sind, sollen beide Ansätze im Folgenden berücksichtigt werden.

Manch ein Umweltereignis hat die Menschheit nachhaltig und in allen Aspekten des Lebens verändert, wie zum Beispiel der Vulkanausbruch in Island im Jahr 536/537 n. Chr. oder die nicht ganz so weit zurückliegende Eruption des indonesischen Vulkans Tambora am 10. April 1815. Beide sind verantwortlich für eine mehrere Jahre andauernde Abkühlung der Atmosphäre sowie für schwefelsäurehaltige Regenfälle. Nach den dadurch verursachten Ernteausfällen und Hungersnöten dezimierte die Pest ab 540 die Bevölkerung des oströmischen Reiches so stark, dass manche Historiker den Vulkanausbruch sogar für den Niedergang des oströmischen Reiches verantwortlich machen. Auch der Vulkanausbruch auf der heute zu Indonesien zugehörigen Insel Sumbawa war von enormer Intensität: Selbst im weit entfernten Europa fiel der Sommer des Jahres 1815 um mehrere Grad kälter aus; auch hier breiteten sich in der Folge Krankheiten und Epidemien aus.

Grundsätzlich gilt sowohl für Katastrophen als auch für Konflikte, dass es den betroffenen Gesellschaften meist nicht möglich ist, den Status quo ante wieder zu erreichen, sondern tiefgreifendere soziale, kulturelle und po-

240 Das Konfliktpotential von Katastrophen

litische Veränderungen die Folge solcher Ereignisse sind. Die gesellschaftlichen Wahrnehmungen und Interpretationen solcher Vorkommnisse sowie die Bewältigungsstrategien ändern sich, je weiter ein Ereignis zurückliegt. Wenn unmittelbar nach einer Katastrophe noch die Hoffnung genährt wird, man könne den ursprünglichen Zustand wiederherstellen, so wird im Laufe der Zeit ersichtlich, dass langfristig sämtliche Aspekte des Lebens neu justiert werden müssen.

Zunächst gilt es, die Begriffe Umwelt, Katastrophe und Natur aus ethnologischer Sicht zu definieren. Anthony Oliver-Smith legte mit seinen Forschungen, die er unter anderem in Peru durchführte, die Grundlage für eine ethnologische Katastrophenforschung. Auf seinen Ansätzen aufbauend haben zahlreiche Ethnologen Themen wie Vulnerabilität, die Gestaltung politischer Entscheidungsprozesse und Bewältigungsstrategien, den Aktionsbegriff in der Katastrophenhilfe, die Rolle von Religion und von öffentlichen Diskursen in der Krisenbewältigung und viele andere Themen untersucht.[108] Da eine umfassende Darstellung der Diskussionen den Rahmen dieses Kapitels sprengen würde, wird zunächst eine Schärfung der Begrifflichkeit vorgenommen und anschließend der Bezug von Naturereignissen zu Konflikten herausgearbeitet.

Der Begriff der Katastrophe (*disaster*) wird wissenschaftlich intensiv diskutiert. Dabei gibt es einen Konsens darüber, dass es keine ,Umweltkatastrophen' an und für sich gibt. Ein Erdbeben etwa ist ein reines Naturereignis. Zur Katastrophe wird es erst dann, wenn Menschen davon betroffen sind, die auf dieses Ereignis nicht richtig vorbereitet waren, und wenn die Schäden beträchtlich sind. Damit konzentriert sich die Forschung in der Regel auf den politischen, sozialen und kulturellen Umgang mit solchen Ereignissen, wobei das Ereignis selbst – das Erdbeben, die Dürre, der Vulkanausbruch, die Überschwemmung und andere – meist nur als Auslöser in Erscheinung tritt. Die zu einer Katastrophe führenden gesellschaftlichen und politischen Faktoren sind zum Beispiel die Verteilung von Ressourcen, die Machtverteilung, der Zugang zu politischen Entscheidungsprozessen und die soziale Struktur.

Ethnologie und Geschichte existieren scheinbar unabhängig von naturwissenschaftlichen Analyseansätzen, die sich der Produktion von Faktenwissen und kulturunabhängigen Erklärungsmodellen verschreiben. Eine kulturimmanente Perspektive wird jedoch feststellen müssen, dass Erdbeben, Überschwemmungen, Dürren und andere Naturereignisse von betroffenen Gesellschaften durchaus auf eine Vielzahl von kausalen Erklärungsmodellen zurückgeführt werden. Dabei wird einzelnen Naturelementen (beispielsweise Wasser, Luft, Feuer und Erde) eine Handlungsfähigkeit (*agency*) zugesprochen. In anderen Worten, kulturelle Konzepte integrieren die Umwelt als handlungsfähige natürliche Umgebung, was den Menschen wiederum die Fähigkeit verleiht, in Katastrophen zu handeln. Ein Perspektivwechsel zwischen 1) emischen gesellschaftlichen (kulturellen) Erklärungsansätzen von Naturereignissen, 2) naturwissenschaftlichen und kulturhistorischen Analysen von ‚Natur' und ‚Umwelt' und 3) der politischen Herrschaft – ob religiös und/oder politisch –, die den Umgang mit natürlichen Ressourcen reguliert, bringt erst Wirkungsmechanismen und Interpretationen in Zeiten von Konflikten und Katastrophen zum Vorschein.

Die in der Ethnologie weit verbreiteten Ansätze, Naturereignisse als bloße Auslöser (Trigger) sozialer Ereignisse zu konzeptualisieren, übersehen jedoch, dass die Naturereignisse immer Teil kultureller Interpretationen sind. Daher ist die Diskussion von Mensch–Umwelt-Beziehungen bisher kaum in Bezug zur *Disaster*-Forschung gestellt worden. Umwelt meint in diesem Zusammenhang die den Menschen umgebenden Lebewesen und die Natur, mit der er in direktem Austausch, also in einer kausalen Beziehung, steht. Wie diese Beziehung dargestellt und wahrgenommen wird, unterscheidet sich von Gesellschaft zu Gesellschaft und wird von kulturellen Faktoren ebenso geprägt wie von wissenschaftlichen Forschungen.

Die im Vergleich zur Katastrophenforschung noch sehr viel ältere und umfassendere Forschung des Menschen und seiner ihn umgebenden Umwelt beginnt mit der Dualität Mensch–Natur, die im Zuge der Aufklärung zu einem Gegensatzpaar wurde. Während diese Dichotomie wiederholt bestätigt, kritisiert und aufgelöst wurde, versuchte der Ethnologe Philippe Descola, alternative Weltbilder der Beziehung des Menschen und der ihn umgebenden Natur systematisch aufzuarbeiten. In seinem Werk *Jenseits von Natur und Kultur* untersucht er die Komplexität kultureller Systeme, die Naturereignisse sinnvoll mit dem sozialen Handeln verknüpfen. Obwohl solche Ansätze oft als kulturalistisch abgetan werden und dabei auf eine allgemeine naturwissenschaftliche Objektivität hingewiesen wird, wird man kaum umhinkommen, kulturelle Interpretationen der Mensch–Natur-Beziehung in der Katastrophenforschung zu berücksichtigen, und zwar deshalb, weil sie den Handlungs- und Interpretationsrahmen für betroffene Gesellschaften bereits vorgeben.

Konflikte, Herrschaftsformen und Naturereignisse

Im China des 11. Jahrhunderts wurde die Position des Herrschers mit einem Mandat des Himmels legitimiert. Katastrophen konnten diese himmlische Legitimation in Frage stellen und auf einen Herrscherwechsel hindeuten. Der Herrscher war damit von der Position seiner Berater und den Diskursen innerhalb der politischen Elite abhängig, urteilte der Sinologe Martin Kroher. „Auf der Idee des himmlischen Mandats begründet, stellte jede Katastrophe und insbesondere jedes himmlische Phänomen eine Bedrohung für die imperiale Legitimität dar, weil sie auf den möglichen Entzug dieses Mandats und dessen Übertragung auf ein anderes Herrscherhaus hindeutete."[109]

Die Verantwortung des Herrschers für das Wohlergehen seines Volkes findet sich in vielen anderen Gesellschaften ebenfalls wieder. Hierbei wird dem Herrscher durch das übergeordnete oder göttliche Mandat auch die Gewalt über oder Abhängigkeit von klimatischen und geographischen Bedingungen zugesprochen. Damit wird der Herrscher für Katastrophen wie Dürren, Überflutungen oder Erdbeben verantwortlich gemacht. Zahlreiche Rituale dienen ihm zur Kontrolle der Elemente und dadurch dem Erhalt seiner Macht. Auch im Beispiel der chinesischen Song-Dynastie hängen das Wohlergehen der Bevölkerung und die Garantie eines klimatisch vorteilhaften Jahresverlaufs allein vom Herrscher ab. Man kann hier von einem kulturell konstruierten Interdependenz-Dreieck ausgehen, wobei der Herrscher, die Natur (als eigenständig handelnde Einheit) und die Gesellschaft in direkter Abhängigkeit voneinander gesetzt werden. Eine Krise in der Politik kann durch Naturereignisse herbeigeführt werden und wirkt auf das Wohlbefinden des Volks; in anderen Worten, wiederholte Dürren stellen den Herrschaftsanspruch der politischen Elite in Frage und sorgen für Unruhe im Volk. Im Folgenden sollen weitere Beispiele dieser Interdependenz herausgearbeitet werden.

Der Ethnologe Evans-Pritchard stellte in seinen Studien zu den Nuer fest, dass dem Herrscher nicht nur Urheberschaft von meteorologischen Ereignissen unterstellt wurde, sondern die Erde selbst als Friedensakteur bei Konflikten einbezogen werden konnte. *The man of the earth* als Vertreter der Erde ist für die Friedensherstellung verantwortlich. Die Erde selbst erhält die Fähigkeit, auf Gesellschaft einzuwirken, und zwar im Zusammenspiel mit dem *man of the earth*. Dieser Vertreter der Erde hat sowohl politische als auch rituelle Funktionen. „Wenn ein Streit ausbricht, kann der ‚man of the earth' zwischen die Streitenden gehen und die Erde pflügen. […] Der ‚man of the earth' verhandelt dann zwischen den zwei Parteien und versucht, die Verwandten des Verstorbenen dazu zu bringen, die Kompensationen anzunehmen."[110]

Die Beilegung einer potentiellen Fehde wird durch die Harmonisierung der Beziehung zwischen Erde und Menschen erreicht. Menschen sind mit der Erde über ein mystisches Band verbunden, die bei Migration aufgelöst wird und im Falle eines Konflikts zu dessen Lösung eingesetzt werden kann, beobachtete Evans-Pritchard. „Wie stark dieses Stammesgefühl ist, lässt sich daran erkennen, dass Männer, die beabsichtigen, den Stamm ihrer Geburt zu verlassen, um sich dauerhaft in einem anderen Stamm niederzulassen, etwas Erde ihrer alten Heimat mitnehmen und diese in Wasser

Konflikte, Herrschaftsformen und Naturereignisse 243

aufgelöst trinken, wobei nach und nach eine immer größere Menge an Erde aus der neuen Heimat hinzugefügt wird, um auf diese Weise das mystische Band mit der alten Heimat zu lösen und eine neue Beziehung mit der neuen Heimat aufzubauen."[111]

Der bereits erwähnte Forscher Max Gluckman sieht unter den von ihm untersuchten Völkern eine Verbindung zwischen der Natur und der Königsherrschaft anhand ritueller Handlungen. Durch Rituale wie das in Kapitel 8 beschriebene Ritual der Rebellion wird die politische Ordnung zur übergeordneten Ordnung, der auch die Natur unterliegt. Der König ist entsprechend für die politische Ordnung und die Natur verantwortlich. Wobei ,Natur' hier all das umfasst, was direkt für die Menschen und das Vieh lebensnotwendig ist, das heißt vor allem das Wetter. „Der König ist der Diener seiner Untertanen. Die Natur ist dem politischen System untergeordnet, in einem Ritual, das entsprechend den klarsten Naturphänomenen organisiert ist – der Bewegung von Sonne und Mond."[112]

Eine weniger von Herrschaft als von einem Gesamtkonzept abgeleitete Interdependenz aller Lebewesen findet sich in altbuddhistischen Schriften wieder. Pratityasamutpada bezeichnet das buddhistische Prinzip der abhängigen Entstehung aller Dinge. Dabei ist nicht nur die Natur als biologisches Zusammenleben gemeint, sondern auch die Soziabilität aller Lebewesen. Wenn der Mensch biologisch ein Lebewesen unter vielen ist, ist sein soziales und kulturelles System abhängig von der ihn umgebenden Umwelt. Aus einer japanischen philosophischen Sicht heraus hat der Professor für Naturanthropologie Imanishi Kinji auf ähnliche Weise diese Interdependenz aller Lebewesen beschrieben.

In diesen Gesellschaftsbetrachtungen wird nach Möglichkeiten der Vermeidung von Konflikten und Spannungen gesucht und das Streben nach einer harmonischen Gesellschaft beschrieben. Konflikte werden hier eng an die Beziehung des Herrschers mit der ihm unterstellten Gemeinschaft und eventuellen Naturereignissen verknüpft. Daher soll im Folgenden auf Katastrophen und deren Konfliktpotential geblickt werden. Das Beispiel Iran eignet sich hierfür, da dort Erdbeben häufig vorkommen und über Jahrhunderte hin mit unterschiedlichen kulturellen Erklärungsmodellen gedeutet wurden, die allerdings stets eine kausale Beziehung zwischen Naturereignissen, Wohlstand der Bevölkerung und politischer Herrschaft annahmen.

Der Geophysiker und Seismologe Manuel Berberian hat in einem umfassenden Werk seismische Ereignisse im Iran beschrieben und dabei auf unterschiedliche kulturelle und historische Erklärungskonzepte hingewiesen. Für diese Arbeit sind vor allem seine historischen Untersuchungen interessant, die bis zur babylonischen Zeit (2500–670 v. Chr.) zurückgehen: „Wenn die Erde in Nisan bebt, wird das Volk gegen ihn [gemeint ist der Herrscher, S. R.] revoltieren. Wenn die Erde in der Nacht bebt, wird Schaden über das Land kommen oder das Land wird verwüstet."[113] Hier wird die Beziehung zwischen Herrschaft, Volk und der Erde hergestellt und das Wohlbefinden kausal voneinander abhängig gemacht, wobei die Erde durch ihre seismische Tätigkeit die fragile Beziehung zwischen Volk und Herrscher jederzeit erschüttern kann.

Auch wenn diese wahrgenommene Beziehung heute nicht immer so eindeutig artikuliert wird, bleibt eine Sensibilität der Herrscher im Iran bezüglich der Umwelt und der Gesellschaft weiterhin bestehen. Umweltaktivisten werden im Iran als regimeherausfordernde politische Aktivisten wahrgenommen und verfolgt, verhaftet und sogar hingerichtet. Sowohl die Bevölkerung als auch die politische Elite verknüpfen die sozialen Unruhen mit degradierten Landflächen und einer verschmutzten Umwelt, was das Bild einer scheiternden Regierung entstehen lässt.

Zum Beispiel führte das Wassermanagement der Regierung zur Abwanderung ganzer Bevölkerungen aus dem Süden, deren Städte nicht mehr mit Wasser versorgt werden, seit es für die Autoindustrie und die Versorgung entfernter Städte abgezweigt wurde. Historische Gebäude der Stadt Isfahan drohen zu kollabieren, seitdem der Fluss Zayande Rud regelmäßig versiegt und die Agrarproduktion vollständig umgestellt wurde. Der Fluss war Zentrum des sozialen Lebens, erklärt die Soziologin und Isfahan-Bürgerin Sahar Faeghi, an seinen Ufern wurden Freundschaften geschlossen und Hochzeiten besiegelt. Das Zusammenspiel politischer Entscheidungen, das Wasser umzuleiten, sowie klimatische Veränderungen führten in der Interpretation der Bevölkerung zu einer sozialen Katastrophe. Die Menschen in Isfahan verbinden diesen Wassermangel mit einer zerstörten Umwelt und wiederum mit einer zerfallenden Gesellschaft und einer Regierung, die ihre Legitimation verloren hat. Zayanda Rud ist hier weder Symbol noch Kontext oder Trigger; der Fluss steht in direkter Beziehung zur sozialen Gemeinschaft, deren Wohlbefinden vom Lauf des Flusses und einer Regierung, die diese Beziehung aufrechterhält, abhängig ist. Diese enge Verknüpfung, wie sie insbesondere die ältere Generation sieht, geht auf ein vorislamisches, zoroastrisches Weltbild zurück, das selbst die aggressive Islampolitik der Regierung nicht gänzlich ausrotten konnte.[114]

In ähnlicher Weise wurden die Demonstrationen von 2017/18, welche nur kurz nach einem verheerenden Erdbeben im Westen des Landes ausbrachen, als eine logische Folge der geologischen Ereignisse gesehen. Das Erdbeben hatte im Herbst 2017 die gesamte Stadt Sarpal-e Zahab sowie zahlreiche Dörfer zerstört. Ganz Iran hatte die Menschen mit Hilfsgütern unterstützt. Die Solidarität der zivilen Bevölkerung hatte ein derartiges Ausmaß angenommen, dass über Wochen die Zufahrtsstraßen vom Stau blockiert waren – die Güter stapelten sich in solchen Mengen, dass die Bewohner der Erdbebenregion diese zum Teil wieder entsorgen mussten. Zudem wurden von den Helfern in den Trümmern Selfies gemacht und in sozialen Medien veröffentlicht. Insbesondere die von Mahmud Ahmadinedschad, Präsident von 2005 bis 2013, als Sozialprojekt propagierten Hochhäuser, von denen nach dem Beben lediglich einige krumme Gerippe übriggeblieben waren, dienten als Kulisse. Mit diesen Bildern wurde eine Beziehung zwischen der islamischen Regierung und ihrer Unfähigkeit, die Bevölkerung zu schützen, propagiert. Das Erdbeben wurde als politisches Beben begriffen. Die Regierung reagierte darauf mit strengen Kontrollen bezüglich der zivilen Hilfen und etablierte Patrouillen und religiöse Posten im Erdbebengebiet, um ihre Macht zu sichern.

Wie bereits während des verheerenden Erdbebens in Bam im Jahr 2003 versuchte die islamische Regierung, die Verantwortung für das Beben dem unzüchtigen Verhalten iranischer Frauen anzulasten. Entsprechend drang die Religionspolizei unangekündigt in die Zelte der Erdbebenopfer, um ‚unzüchtiges Verhalten‘ auf frischer Tat zu ertappen. Das Erdbeben hatte sich in einem kurdischen Gebiet ereignet und damit zusätzlich eine ethnopolitische Färbung erhalten, da diese Volksgruppe als oppositionelle Bevölkerungsgruppe bekannt ist. Nach dem nächsten Erdbeben im Norden des Landes im Jahr 2019 wurde jede Hilfe durch die zivile Bevölkerung von Anfang an untersagt, und Polizeikontrollen verhinderten den Zugang in die Region. Gleichzeitig ebben die Proteste landesweit seit 2018 kaum mehr ab.

Eine ähnliche Interpretation wurde von religiösen Autoritäten nach dem Erdbeben von 2005 in Pakistan vertreten. Zahlreiche Ethnographien zu islamischen Gesellschaften haben die religiösen Interpretationen von Katastrophen behandelt, beispielsweise wie nach dem Tsunami im Jahr 2004 in Aceh. Bereits ein Jahr nach dem Tsunami hatte sich die Religionspolizei Wilayatul Hizba, die zuvor auf einige Bezirke der Hauptstadt Aceh beschränkt agiert hatte, in ganz Aceh etabliert und sorgte dort für die Durchsetzung ihrer Ordnungsvorstellungen. Die Religion diente hier wie in den anderen Fällen vor allem als politische Instanz, wobei Ordnung allerdings vor allem eine geschlechtsspezifische, an religiösen Werten orientierte Ordnung meinte.

Die Politisierung von Katastrophen

Katastrophen haben in der Regel eine politische Dimension, die zum Beispiel der Ethnologe Martin Sökefeld in seiner Forschung in Pakistan unter Rückgriff auf den Begriff der *governmentality*, also der Gouvernementalität bzw. der Regierungstechniken, von Michel Foucault untersucht hat. Mit politischer Dimension ist dabei die Rolle einer Regierung gemeint, die die Situation nach einer Katastrophe verwaltet und Erklärungen zur Katastrophe abgeben muss. Im Fall von Sökefeld versperrte ein Erdrutsch in der Bergregion Gojal innerhalb weniger Tage den einzigen Zugang zum Dorf Attabad. Das Geröll staute den Fluss zu einem bald auf 30 Kilometer Länge anwachsenden See auf, der mehrere Dörfer überflutete. Die dort lebenden Menschen mussten umsiedeln und an anderer Stelle neue Siedlungen errichten. In der folgenden Zeit wurde das von externen Hilfeleistungen abhängige Gebiet zum Politikum und Schauplatz politischer Oppositionen. Das Gebiet Gilgit-Baltistan gehört verfassungsrechtlich nicht zu Pakistan, wird aber als Teil der umstrittenen Regionen Jammu und Kaschmir von Pakistan seit 1947 mitverwaltet. Sökefeld beschreibt, wie die politischen Spannungen zwischen der Regierung Pakistans und Gilgit-Baltistan durch die Hilfsmaßnahmen und den Wiederaufbau sichtbar wurden. Die Katastrophe wurde von Anfang an politisiert, erklärt Sökefeld.

Ähnliche Szenarien der Politisierung von Katastrophen wurden auch durch andere Ethnologen beschrieben. Allgemeiner hat Alexander De Waal darauf hingewiesen, dass die Bedeutung einer Regierung in Katastrophen größer wird als in normalen Zeiten, nicht zuletzt, weil die Regierung die Grenzen von ,Normalität' definiert. Im Zuge einer Katastrophe werden in der Regel umfassende Daten erhoben, die bis in die Privatsphäre hinein Informationen liefern. Zudem hat die Regierung die Definitionshoheit von Vulnerabilität bzw. Hilfebedürftigkeit, kontrolliert die stadtplanerischen Aktivitäten während des Wiederaufbaus und definiert die Schuldzuweisungen (Bauunternehmen, göttliche Strafe etc.). De Waal erklärt, dass Naturereignisse daher für Politiker eine willkommene Gelegenheit sind, um soziale Lebenswelten politisch-administrativ zu durchdringen.

Die engen Verbindungen zwischen Katastrophen, Regierungen und Gesellschaft sind nicht auf entfernte Regionen beschränkt. Ein Beispiel aus Deutschland gibt anschaulich wieder, wie eng politische Prozesse mit Naturereignissen verbunden sein können. Gerhard Schröder gewann im September 2002 die Wahl zum Bundeskanzler überraschend, obwohl es zunächst danach ausgesehen hatte, dass er dem Gegenkandidaten das Feld räumen müsste. Im August desselben Jahres traten in Deutschland in der Folge heftiger Regenfälle zahlreiche Flüsse, vor allem die Elbe, über die Ufer. Auch die historische Stadt Dresden stand unter Wasser, Dörfer und ganze Regionen waren überflutet, es entstanden Schäden in Höhe von 15 Milliarden Euro. Schröder machte sich sofort in die Gebiete auf und versprach – gekleidet in Gummistiefel und Regenjacke, umgeben von Kamerateams – sofortige Hilfe. Seine massenmediale Inszenierung als Krisenmanager trug wesentlich dazu bei, dass Schröder im Monat darauf erneut zum Bundeskanzler gewählt wurde und als ,Hochwasserkanzler' in die Pressegeschichte einging. Die Katastrophe wurde zudem Auslöser für neue Rechtsgrundlagen in Katastrophen. Dieses und viele andere Beispiele zeigen, wie gesellschaftliche Reaktionen auf Naturereignisse unmittelbare politische Folgen haben können.

Auch internationale diplomatische Beziehungen werden von Naturereignissen geprägt, da solche Katastrophen Bevölkerungen über nationale Grenzen hinweg treffen können. Bekannt geworden ist unter anderem die ,Erdbebendiplomatie' zwischen der Türkei und Griechenland nach den verheerenden Erdbeben im Jahr 1999. Dabei wurden tiefgreifende politische Differenzen zugunsten gegenseitiger Hilfeleistungen bis zu einem bestimmten Grad überwunden.

Klimatische Veränderungen, Missmanagement der zur Verfügung stehenden Ressourcen und totalitäre Regime können allerdings auch Katastrophen in einen bewaffneten Konflikt verwandeln, wie das folgende Beispiel Syrien zeigt. Dort ist die Macht der Familie Assad eng mit der Wasserversorgung und den davon abhängigen Agrarreformen verbunden. Syrien verfügt über sieben Wasserbecken und 16 Flüsse, die mehrheitlich von Regen und Schnee abhängig sind. Insbesondere Damaskus galt dank der Fijeh-Quelle als von Wasser gesegnete Stadt. Ab den 1970ern wurden Landwirtschaftsreformen initiiert, die dazu führten, dass der Anbau von Baumwolle drastisch stieg und dieser Wirtschaftszweig bald 32 Prozent des Wassers verbrauchte, was zu vielen illegalen Brunnenbohrungen führte. Ziel der Reformen war, Syrien zum Getreideexportland zu machen.

Die Geographin Jessica Barnes und später auch der Klimaforscher Peter Gleick haben die staatlich gesteuerten Entwicklungen in der Landwirtschaft in Syrien untersucht. Dem sowjetischen Modell folgend wurde massiv in eine Bewässerungsstruktur investiert, um den Agrarsektor zu einem profitablen Wirtschaftszweig auszubauen. Seit dem Jahr 1975 setzte der Staat Jahrespläne auf, die den Anbau genau regelten und für alle Landwirte verbindlich waren und deren Zielformulierung von *strategic crops* (strategischen Erträgen) eine militärische Metaphorik aufrief. Mit diesem staatlichen Modernisierungsprogramm der Landwirtschaft sicherte sich die Baath-Partei die Unterstützung der ruralen Bevölkerung, deren Leben von politischen Agrarinvestitionen abhing. Zudem institutionalisierte die Partei eine berufsständische Interessenvertretung der Bauern auf oberster politischer Ebene. In den 1990er Jahren waren 84 Prozent der Landwirte Mitglied in der vom Staat initiierten Bauern-Union geworden.

Die Folgen des exzessiven Anbaus führten jedoch Anfang der 2000er zu einem neuen Problem. Wiederholte anhaltende Dürren führten zu Ernteausfällen, eine Bevölkerungszunahme um das Dreifache zwischen 1970 und 2004 verstärkte eine Abwanderung aus ländlichen Gebieten in die Städte; die Folgen waren eine Überlastung der urbanen Infrastrukturen und die Bildung von Slums. Ungeachtet der negativen ökologischen Folgen erhielten die Bauern weiterhin großzügige Subventionen für wasserintensiven Anbau.

Diese Entwicklung hatte unmittelbare Auswirkung auf die ländliche, durch Stammesstrukturen organisierte Bevölkerung, etwa entlang des Euphrats im Bezirk Deir ez-Zor, und begünstigte schließlich den Erfolg militanter Oppositionsparteien.

Die Stämme in Syrien wurden durch die vorherrschenden Regime unterschiedlich instrumentalisiert und spielten in der Entwicklungspolitik der Landwirtschaft eine zentrale Rolle. Ein kurzer historischer Rückblick ist notwendig, um den Bezug zwischen Ressourcen, das heißt Weide- und Anbaugebieten, Stammesstrukturen und politischem Widerstand zu verstehen: Während des Osmanischen Reiches wurden die tribalen Führer gefördert und ihre Sheikhs mit gewisser Macht gegenüber den Stammesmitgliedern ausgestattet. Unter französischem Einfluss (1920–1946) wurde die Unterscheidung zwischen semi-nomadischen und nomadischen Beduinen eingeführt, und anhand dieser Kategorien wurden administrative Aufteilungen vorgenommen und Privilegien verteilt. Nur nomadische Beduinen durften fortan Waffen tragen. Später wurden – zur weiteren Anbindung der Beduinen an die politische Elite – bestimmte tribale Führer mit privatem Landbesitz ausgestattet und angesiedelt.

Die in dieser Zeit gewonnene Autonomie einzelner Stämme wurde durch die syrische Regierung nach der Unabhängigkeit im Jahr 1946 rückgängig gemacht; einige Stämme verließen daraufhin Syrien – sie tauchten im Jahr 2014 teilweise wieder als IS-Gruppen auf, wie der Stamm Shammar zum Beispiel, der sich in den Irak und nach Saudi-Arabien zurückgezogen hatte. Ab den 1970er Jahren führte die Baath-Partei umfangreiche Agrarreformen durch und enteignete die Stammesführer, die zuvor Ländereien erhalten hatten. Unter Hafez al-Assad normalisierten sich die Beziehungen zwischen dem Staat und den Stämmen weitgehend wieder, aber die Planwirtschaft und der wasserintensive Anbau von Baumwolle führten zu einem raschen Versiegen der Wasserreserven. Im Zuge der Revolution 2011 stimmten die von dieser Entwicklung betroffenen Teile der Bevölkerung umgehend in den Protest gegen das Assad-Regime mit ein. Gerade im fruchtbaren Bezirk Deir ez-Zor entstanden zahlreiche militante Gruppen, die sich gegen das Regime richteten und erst im Jahr 2014 von der jihadistischen Gruppe Islamischer Staat in Richtung Idlib verdrängt wurden, erklärt der Politikwissenschaftler Carl Anthony Wege.

Während manche Wissenschaftler auf primordiale tribale Identitäten zurückgreifen, um zu erklären, warum sich zahlreiche militante Gruppen in den Stammesgebieten einer islamistischen Ideologie zuwendeten, machen andere Experten darauf aufmerksam, dass es gerade historische bzw. politische Veränderungen waren, die dazu geführt haben, dass der IS unter vielen Stämmen Anhänger fand. So trugen vor allem die Landflucht und die damit einhergehende städtische Armut und Perspektivlo-

Die Politisierung von Katastrophen 249

sigkeit dazu bei, dass so viele junge Menschen mobilisiert werden konnten.[115]

Auch in den Städten gewann die Assad-Regierung durch Wasserknappheit an politischem Einfluss. Die Bevölkerung von Damaskus wuchs von 700.000 Einwohnern im Jahr 1950 auf sieben Millionen Einwohner 2011. Es kam immer häufiger zu Wasserausfällen in Damaskus und Umgebung. Die Bewohner suchten nach individuellen Lösungen, etwa der Installation von Wasserspeichern auf den Dächern. Damit gingen Konflikte auf kommunaler Ebene einher, weil jeder versuchte, den eigenen Wasserspeicher zuerst zu befüllen. Die Wasserrationierung wurde von staatlicher Seite reguliert und machte die Bevölkerung vollkommen von den staatlichen Autoritäten abhängig. Das nach einem Zeitplan zugeteilte Wasser konnte nachts oder tagsüber kommen, so dass Familienmitglieder ihren Arbeitstag und Alltag dem staatlich regulierten Wasserplan anpassen mussten. Immer wieder wurden die Pläne geändert; zeitweise floss überhaupt kein Wasser, so dass die Bewohner betroffener damaszenischer Bezirke ihre Abhängigkeit von der staatlichen Wasserverteilung als politische Willkür erlebten. Ihr Tagesablauf, der Familienrhythmus und das Leben selbst, schien es, wurden von der Allmacht des Staates und der vom Regime kontrollierten Wasserzuteilung bestimmt.[116]

Die neu aufkommenden Diskussionen um den Klimawandel in den letzten zwanzig Jahren eröffneten dem syrischen Regime die Möglichkeit, Wasserknappheit als natürliches Ereignis darzustellen und die Verantwortung für die jahrelange Misswirtschaft und den verschwenderischen Wasserverbrauch auf die Bevölkerung abzuwälzen. In Reaktion darauf spitzten sich politische Auseinandersetzungen zu. Der politisch induzierte Wassermangel, klimatische Folgen und veraltete Technologien führten letztlich zu Massenprotesten, die zusammen mit anderen politischen Faktoren schließlich in einen Bürgerkrieg mündeten.

Allerdings kann der Konflikt nicht einfach auf den Streit um Ressourcen verknappt werden, denn interessanterweise wurde Wassermangel nicht offen als Konfliktgrund angegeben. Vielmehr handelt es sich dabei um eine Interrelation zwischen Wasser als kulturellem und lebensnotwendigem Gut und der totalitären Herrschaftsform.

Die über das letzte Jahrhundert etablierte Wasserverteilungsinfrastruktur (z.B. Staudämme, Kanalisationssystem) begünstigte zudem die Zerstörung dieser Infrastruktur als Kriegswaffe. So wurden etwa die Pipelines, die Aleppo mit Wasser versorgen, beschädigt oder einer der strategisch zentralen Wasserdämme am Euphrat durch die Rebellen 2012 besetzt. Auch die Türkei hat im Kampf gegen die Kurden im benachbarten Norden Syriens die Wasserversorgung als Mittel eingesetzt, indem sie die Wassermenge des Euphrats beim Zufluss nach Syrien drastisch reduzierte und dabei humanitäre Katastrophen in kurdischen Dörfern bewusst herbeiführte. Klimatische Veränderungen in Zusammenhang mit korrupten und totalitären Regimen werden möglicherweise in Zukunft noch weitere Optionen der Kriegsführung eröffnen und damit auch neue Formen der Verfolgung initiieren. Während rezente Forschungen den Fokus erst dann auf politische Prozesse lenken, wenn ein Naturereignis bereits eingetreten ist, haben historische Arbeiten auf eine kulturelle Beziehung zwischen Herrschaftsformen und Naturereignissen aufmerksam gemacht. Bedingt durch die wissenschaftlichen Spezialisierungen wurden Naturereignisse lange primär als von sozialem Handeln unabhängige geologische oder klimatologische Ereignisse begriffen, die allenfalls als Trigger für soziale und politische Prozesse wirken können. Inzwischen wird der Einfluss des Menschen auf Naturereignisse als selbstverständlich angenommen und unter dem Begriff des Anthropozäns untersucht, insbesondere im wirtschaftlichen Sektor. Mit dem 2002 geprägten Begriff des Anthropozäns werden die vergangenen 200–300 Jahre als eine Zeit bezeichnet, in der der Mensch seine Umwelt erheblich geprägt und verändert hat. Ein ethnologischer kulturimmanenter Analyseansatz bringt hier eine weitere Dimension dazu, die in den naturwissenschaftlichen Ansätzen keine Berücksichtigung fand.

Konfliktaustragungen in Regenzeiten und Dürren

Es wird allgemein angenommen, dass Dürren für ein erhöhtes Konfliktpotential sorgen müssten. Die Vorstellung, dass bei anhaltenden Dürren Nahrungsmittelknappheit herrscht und aus diesem Grund ein Kampf um Ressourcen in Gang gesetzt wird, entspringt einer malthusischen Sicht von Bevölkerung und Konflikt. Gerade internationale Hilfsorganisationen scheinen dieses Argument zu stützen, indem sie die humanitäre Lebensmittelversorgung von Regenfällen abhängig machen. Das *Famine Early Waring Systems Network* (FEWS), das unter anderem von der United States Agency for International Development (USAID) finanziert wird, erstellt Graphiken, die darauf hinweisen, in welchen Regionen akute Lebensmittelknappheit droht, und unterstützt auf diese Weise internationale Organisationen bei der Planung ihrer Hilfsprojekte. Sie sehen die Konkurrenz um Weideplätze und Wasser als die Hauptursache für Konflikte am Horn von Afrika. Die zunehmende Zahl und Intensität der Konflikte, deren Gewalttätigkeit durch den Einsatz von Kleinfeuerwaffen in den letzten Jahren noch verstärkt wurde, macht, so die FEWS, das Horn von Afrika zu einer der am stärksten von Lebensmittelunsicherheit betroffenen Gegenden der Welt.

Es ist jedoch nicht unbedingt nachvollziehbar, weshalb von Hunger geschwächte Menschen sich auf gewaltgeladene Gruppenkonflikte einlassen sollten. Die Ethnographie von Alex De Waal *Famine that Kills* zeigt, dass man mit dem in dieser Sichtweise implizierten reduzierten Konzept eines *survival of the fittest* weit von der Anerkennung der Bevölkerung als Kulturmenschen entfernt ist. Der Kulturmensch schätzt seine Umgebung ein, verfügt je nach Region und Lebensweise über ein hohes Maß an Kenntnissen über klimatische Veränderungen und biologische Anpassungsmöglichkeiten und justiert anhand dieses Wissens sein eigenes Verhalten. De Waal fand während seiner Forschung im Sudan heraus, dass die Viehnomaden bei anhaltender Dürre nicht etwa ihr letztes Geld für das Grundnahrungsmittel Hirse ausgaben, sondern ihre Ernährungsweise zeitweise umstellten, mit ihrem Vieh in andere Gegenden migrierten und das wenige Geld, das ihnen blieb, für kulturelle Ereignisse wie Hochzeiten und Feiern aufsparten. Dies führt vor Augen, dass Verhaltensweisen von Menschen sich nicht alleine auf die Befriedigung ihrer biologischen Grundbedürfnisse reduzieren lassen.

Evans-Pritchard weist bezüglich der Nuer darauf hin, dass sie wahrscheinlich ständig am Rande des Existenzminimums lebten, denn in ihren Mythen wurde der Magen separat vom Menschen erschaffen und später von letzterem selbst eingesetzt. Seitdem hat der Magen ständig Hunger. Evans-Pritchard zufolge sind die Nuer an ein Leben mit latentem Hunger gewöhnt und haben Strategien entwickelt, je nach Jahreszeit unterschiedliche Nahrungsmittelquellen zu erschließen. „In einigen Teilen ihres Siedlungsgebietes, insbesondere bei den Lou, reicht der Hirsevorrat selten für das ganze Jahr, und wenn er erschöpft ist, sind die Menschen auf Milch und Fisch angewiesen. Zu solchen Zeiten kann es vorkommen, dass sich eine Familie von der Milch einer einzigen Kuh ernährt. Überall ist die Hirseernte ungewiss, und so kommt es häufig zu mehr oder weniger schweren Hungersnöten, während derer die Menschen auf Fische, Wildwurzeln, Früchte und Samen, aber hauptsächlich auf die Milch ihrer Tiere angewiesen sind."[117]

De Waal diskutiert in seinem Buch den Umgang und die Wahrnehmungen von Hunger und Hungerkatastrophen (*famine*). Er kritisiert die malthusische Sicht, die sich international durchgesetzt hat, wonach eine Hungerkatastrophe dann entsteht, wenn nicht mehr genügend Nahrungsmittel durch die Gruppe selbst produziert oder erworben werden können. „Sammeln, verwahren und verzehren von wild lebenden Nahrungsmitteln war in der Regel die erste Antwort der Menschen auf eine drohende Hungersnot. Bereits während der Regenfälle im Jahr 1984, als die Hungersnot unvermeidlich wurde, sammelte oder verzehrte über die Hälfte der Bevölkerung wild wachsende Nahrungsmittel. Die Angaben beinhalten ‚normale' wild lebende Nahrungsmittel [...]. Der wirtschaftliche Vorteil, wild lebende Nahrungsmittel zu verspeisen, ist eindeutig: Sie sind umsonst. Der soziale Nachteil ist ebenfalls klar: Ihr Verzehr ist stigmatisiert und beschämend."[118]

Badawi Ibrahim Ahmed hat in seiner Dissertation die Inhaltsstoffe dieser alternativen Nahrungsmittel für den Sudan näher untersucht. Er fand zwölf verschiedene Pflanzen, die die Menschen sammelten. Als er sie auf ihre chemische Zusammensetzung hin untersuchte, kam er zu teilweise erstaunlichen Ergebnissen. Einige dieser Pflanzen wiesen einen ungewöhnlich hohen Proteinwert auf. Das Ausweichen auf Wildpflanzen funktioniert allerdings bei wiederholten Dürren naturgemäß nicht, da auch diese Pflanzen dann von der Dürre betroffen sind. Obwohl dank ihnen Hungernöte wiederholt abgewendet werden konnten, hat die zunehmende Häufigkeit von Dürren die internationale Gemeinschaft alarmiert. Bereits in den 1980er Jahren verpassten es die betreffenden Regime, auf drohende Hungersnöte am Horn von Afrika zu reagieren, und sorgten auf diese Weise für ein umfassendes Kollabieren der Gesellschaft, kritisierte De Waal.

Katastrophen sind komplex und beginnen oft, lange bevor die Nahrungsmittel aufgebraucht sind. Die Antwort von internationalen Organisationen, in von Hunger betroffene Gebiete Lebensmittelhilfen zu schicken, ist demnach ein tiefer Eingriff in soziale Prozesse und fragile Mensch–Natur-Beziehungen. Die ethnographische Studie von De Waal zeigt, dass Bevölkerungen in Darfur ein sehr differenziertes Bild von ‚Hunger' haben und dieser oft nicht an die Lebensmittelknappheit allein gebunden ist, sondern daran, zu welchen alternativen Lebensmitteln Familien Zugang haben. Über Nahrungsmittel zu verfügen oder nicht zu verfügen, bestimmt wiederum den gesellschaftlichen Status von Familien. Hunger nahmen die Informanten von De Waal vor allem als Bedrohung ihrer kulturellen und sozialen Lebensweisen wahr. Die Abhängigkeit von externen Hilfen wurde daher nicht als Lösung ihres eigentlichen Problems aufgefasst, nämlich der Wahrung eines in die soziale und kulturelle Gemeinschaft eingebundenen würdevollen Lebens. Die akuten Lebensmittelhilfen halfen zwar, mehr Familienmitglieder vor dem Hungertod zu bewahren, aber veränderten gleichzeitig die Wanderbewegungen der Viehhirten und griffen in die lokalen Märkte ein.

Das komplexe Bild, das De Waal in seinem Buch vorlegt, kann unmöglich auf den Faktor Nahrungsmittelgrundsicherung im Sinne der Befriedigung biologischer Grundbedürfnisse reduziert werden. Es ist ein Zusammenspiel von kulturellen Praktiken, religiösen Vorstellungen, politischem Handeln, internationalen Interventionen und klimatischen Faktoren. De Waal arbeitet in seinem Buch das Wissensrepertoire der untersuchten Gruppe heraus, deren Strategien, Hunger zu begegnen, und die objektiven als auch die subjektiven Faktoren, die letztlich die soziale Erfahrung einer Hungersnot ausmachen.

Mit ihrer These, dass Konflikte in Ostafrika unter Viehnomaden verstärkt während der Regenzeit ausgetragen werden, provozierten die Ethnologen Karen M. Witsenburg und Wario R. Adano die gängige Sicht, wonach

Dürren das Konfliktpotential erhöhen. In einer Studie untersuchen sie Konflikte, die im Zusammenhang mit Regenzeiten und Dürren stehen. Zudem unterscheiden die Autoren zwischen unterschiedlichen Konfliktformen. Klimatische oder politische Langzeitveränderungen wirken sich auf Bevölkerungen, die in ökologisch fragilen Gebieten leben, anders aus als normale Schwankungen von Regenfällen, stellen die Autoren dabei fest.

Die Studie wurde im Marsabit-Distrikt im Norden Kenias durchgeführt, der zu 80 Prozent aus Halbwüste und Savannen besteht. Dort leben nomadisierende Stämme und Gruppen mit unterschiedlichen ethnischen Hintergründen. Die Nomadengruppen richten ihre Wanderungsbewegungen an den Regenfällen aus. Während einige das ganze Jahr über mobil sind, migriert bei anderen Gruppen nur ein Teil der Familie mit dem Vieh und lässt die restlichen Familienmitglieder mit einigen Milchtieren zurück. Wieder andere Gruppen verbleiben während der Regenzeit an einem Ort, an dem Ackerbau für die Regenzeit betrieben werden kann, und migrieren den Rest des Jahres entsprechend ihren Weideplätzen und Wasserstellen. Die Bevölkerung in dieser Region hat vor allem seit der Unabhängigkeit Kenias im Jahr 1963 quantitativ stark zugenommen. Sie hat sich seitdem mehr als verdoppelt und ist durch die Zuwanderung von Flüchtlingsgruppen aus den benachbarten Ländern Somalia und Äthiopien – zumeist Stammesangehörige, die aus politischen Gründen geflohen sind – zusätzlich gestiegen.

Während in der ersten Hälfte des 20. Jahrhunderts Regenfälle noch ergiebig waren, zeichnen sich in der zweiten Hälfte zunehmend anhaltende Dürreperioden ab. Das hat unmittelbare Folgen für die Gruppen, die auf mobile Viehwirtschaft und temporale Landwirtschaft angewiesen sind. Bedingt durch anhaltende Dürren haben viele Gruppen ihr Vieh verloren und sich dem Ackerbau zugewendet. Verschärft wird die Situation der Nomaden durch regelmäßige Konflikte in Form von Fehden, Viehraub und anderen Übergriffen.

Seit der Aufzeichnung durch Kolonialbeamte ist der Marsabit-Distrikt bekannt für seine Unsicherheit, für Bandenwesen, Viehdiebstahl, ethnische Konflikte und Grenzkonflikte. Die Gewalt ist auch in neuerer Zeit nicht zurückgegangen. Die Konfliktparteien verwenden nunmehr nicht nur Speere, sondern vermehrt auch Gewehre, Minen und Handgranaten. Nur wenige dieser Konflikte werden von den staatlichen Stellen hinsichtlich ihres Ausmaßes und ihres Anlasses erfasst; Tötungsdelikte finden nur vereinzelt Eingang in die Statistiken.

In malthusischer Tradition ging man davon aus, dass gewalttätige Konflikte in diesem Gebiet entsprechend der Ressourcenknappheit zunehmen würden. Das Argument, dass es bei den Konflikten primär um natürliche Ressourcen gehe, ist laut Witsenburg und Adano allerdings oft vorgeschoben; ihrer Analyse zufolge gibt es keine Korrelation zwischen Dürren und der Gewalt zwischen den Gruppen. In ihrem großangelegten Projekt erhoben Witsenburg und Adano in den Jahren 1997–2000 und 2007–2008 umfangreiches statistisches Datenmaterial, um die Rolle von Wasserstellen und allgemeiner den Zugang zu Wasser zu untersuchen. Die Autoren stellten fest, dass die Zahl der getöteten Personen in Regenzeiten mehr als doppelt so hoch war wie in Dürrejahren. Dabei entdeckten sie, dass die meisten Vorfälle nicht in den verkürzten Regenzeiten unmittelbar während eines Dürrejahrs stattfanden, sondern generell in regenreichen Jahren.

Dieses Resultat entkräftete das Argument eines kausalen Zusammenhangs zwischen Gewalt und Ressourcenknappheit und zeigte, dass der Ausbruch gewalttätiger Konflikte in dieser Region nicht allein vom Zugang zu Wasser abhängig ist. Für die Bevölkerung war dieses Ergebnis wenig überraschend, da die Menschen es für selbstverständlich halten, dass in Dürrejahren primär solidarisch gehandelt wird. Gruppen, die ein gemeinsames Gebiet nutzen und in Konflikt stehen, versöhnen sich in Dürrejahren, um die Wasserressourcen und die Weiden gemeinsam zu nutzen. Viehdiebstahl – ein häufiger Konfliktgrund – wäre in Dürrezeiten uninteressant und viel zu anstrengend, zudem sei das Vieh infolge der Dürre dann ausgemergelt und kraftlos, erklären die Informanten. Viehdiebstahl sei nur bei satter Vegetation vorteilhaft, da mit dem geraubten Vieh lange Strecken zurückgelegt werden müssten.

Die Studie von Witsenburg und Adano kann auch als Bestätigung der Studie von Evans-Pritchard zu den Dinka aus dem Jahr 1940 gelesen werden, der beschrieb, dass die Nuer Viehdiebstahl in Dürrezeiten vermieden und Auseinandersetzungen auf Zeiten verschoben, in denen die Stämme und Klans nicht von Hunger geplagt wurden. „Die Nahrungsmittelknappheit und der enge Abstand, der die meiste Zeit des Jahres Nahrungsmangel von Hunger trennt, führt zu einem hohen Grad an gegenseitiger Abhängigkeit zwischen den Mitgliedern kleinerer lokaler Gruppen, die einen gemeinsamen Vorrat ein Nahrungsmitteln besitzen. […] Gastfreundschaftsregeln und Vereinbarungen über die Aufteilung von Fleisch und Fisch führen zu einer weitaus breiteren Aufteilung von Lebensmitteln, als es eine bloße Sicht auf Eigentumsprinzipien vermuten lässt."[119]

Kooperativen Praktiken im Umgang mit Ressourcen in Katastrophen (wie einer Dürre zum Beispiel) wird damit gegenüber Konkurrenzkämpfen Vorrang gegeben. Allerdings ist solidarisches Handeln keine Grundkonstante in Katastrophen, denn immerhin reguliert Zugang zu Ressourcen auch den Status von Personen, und ein Statusunterschied ist nur so lange möglich, wie sich Gruppen untereinander absetzen können. Das Ausweichen auf Wildpflanzen, wie De Waal beschrieben hat, bedeutet Statusverlust.

Wenn für die lokalen Gruppen Konfliktführung so eindeutig mit klimatischen Gegebenheiten und Nahrungsmittelsicherheit in Verbindung ge-

Konfliktaustragungen in Regenzeiten und Dürren 255

bracht wird, stellt sich die Frage, ob Konflikte in Dürreperioden verstärkt stattfinden – und wenn ja, welche Art von Konflikten. Offensichtlich ist das sozialdarwinistische Argument des Kampfes um Ressourcen komplizierter als angenommen.

Dennoch dauerte es nicht lang, bis eine Gegenstudie, die die Erkenntnisse von Witsenburg und Adano in Frage stellte, bei den benachbarten Turkana in Nordkenia durchgeführt wurde. Die Ethnologin Carol R. Ember und ihre Kollegen gingen in ihrer 2012 erschienenen Studie davon aus, dass Katastrophen, die die Nahrungsmittelsicherheit ernsthaft gefährden, zwangsläufig zu einem erhöhten Konfliktrisiko führen. Sie sahen in dieser Studie zudem eine Bestätigung ihres zuvor durchgeführten und weltweit angelegten Projektes, wonach „nichtstaatliche Gesellschaften mit unvorhersehbareren Naturkatastrophen, die die Nahrungsmittelversorgung ernsthaft zerstörten, eine höhere Wahrscheinlichkeit hatten, häufig Krieg zu führen."[120]

Ember und ihr Team stellen fest, dass mit zunehmenden Dürren die nomadisierenden Bevölkerungsgruppen ein höheres Risiko haben, Konflikte zu führen. Bei mangelnden Ressourcen würden betroffene Bevölkerungsgruppen entfernte, oft weniger sichere Gebiete aufsuchen und dort mit anderen Gruppen in Konflikt geraten. Laut ihrer Studie ziehen sich die Turkana während Dürrejahren in Grenzgebiete zurück und sind dort einem höheren Risiko von Gewalt ausgesetzt. Dieses wird dadurch noch verstärkt, dass in diesen Rückzugsgebieten ihre Erzfeinde, die Pokot, leben, die weitaus besser bewaffnet sind als die Turkana. Ember und ihr Team gründen ihre Studie auf Zeitungsberichten und die darin genannte Anzahl Toter durch eine gewaltsame Auseinandersetzung. Diese Ergebnisse wurden anschließend statistisch mit den Regenfällen in der Region korreliert. Im Ergebnis, fassen die Autoren zusammen, sind mehr Personen in Dürreperioden umgekommen als in regenreichen Jahren. Die Studie bestätigt damit auch die *International Crisis Group*, eine NRO, die von einer etwa zehn- bis zwanzigprozentigen Zunahme von bewaffneten Konflikten mit jedem halben Grad Erwärmung in der Region spricht, und das könnte noch eine konservative Schätzung sein, so der Präsident der ICG Robert Malley.

Obwohl die Analyse von Ember et al. als Studie zur Widerlegung der Forschung von Witsenburg und Adano gedacht war, hat sie diese weder gestützt noch widerlegt. Vielmehr zeigen beide Studien, dass Konfliktführungen sehr unterschiedliche Ursachen und Interpretationsebenen haben können. Vielmehr bestimmen das Wanderverhalten, die sozialen Verhältnisse (zum Beispiel der Anteil an jungen Kriegern) und die klimatischen Veränderungen die Art und Häufigkeit von Konflikten. In der Wahrnehmung der angreifenden Nuer oder der Gruppen in Marsabit sind Konflikte kontrollierbar und daher auch vorhersehbar. Anhaltende Dürren dagegen schaffen möglicherweise unkontrollierte Konflikte, die vermutlich anders gekämpft, erzählt und überlebt werden. Wenn die Turkana beschließen, in feindliches Gebiet der Pokot zu ziehen, rechnen sie bereits mit gewalttätigen Auseinandersetzungen. Die Frage wäre also nunmehr eher, warum sie dieses Risiko eingehen, ob sich hier Beziehungen aufgrund klimatischer Verhältnisse verändert haben und zwischen welchen Handlungsmöglichkeiten sie wählen können. Zudem müsste die Infrastruktur der humanitären Lebensmittelhilfen berücksichtigt werden, da diese das Wanderverhalten der Nomaden beeinflusst und zu einer ungewöhnlichen Konzentration von Menschen in bestimmten Gebieten führen kann.

Mit der Diskussion um den Klimawandel werden auch Konflikte neu bewertet. Egidio Inguscio vom London Institute of Peace Research (LIPR), einem renommierten Forschungsinstitut, das klimabedingte Konflikte untersucht, mahnt an, dieses Thema zeitnah anzugehen, um den Ausbruch unvorhergesehener Konflikte zu vermeiden. „Der Zusammenhang zwischen Krieg und Klimawandel ist weder einfach noch linear. Dieselben Wetterverhältnisse begünstigen in einem Gebiet die Gewalt und in einem anderen nicht. [...] [O]hne zeitnahes Handeln wird die Gefahr für klimabedingte Konflikte in den kommenden Jahren ansteigen."[121]

Auch Analysen von Thinktanks wie *The Crisis Group* weisen auf die enge Beziehung zwischen Klimawandel und lokalen Konflikten hin. Das Forschungsinstitut konzentriert sich in seinen Analysen vorrangig auf Konflikte in Regionen, in denen Viehhirten und Ackerbauern gemeinsam wirtschaften. Zwar sind die sogenannten Bauern-Viehhirten-Konflikte (*farmer-herder-conflicts*) keinesfalls neu, Forschungen zur Korrelation zwischen Vegetation und Gewalt zeigen jedoch einen klaren Bezug zwischen der Zunahme von Gewalt in solchen Konflikten und der Veränderung der Flora.

Die Forschungen dieses Instituts konzentrieren sich jedoch ausschließlich auf scheinbar objektive Faktoren wie das Vorhandensein natürlicher Ressourcen, ohne den soziokulturellen Kontext mit einzubeziehen. In vielen dieser durch Nomaden und Bauern gleichermaßen bewirtschafteten Regionen, ob nun in der Sahelzone, in Nigeria, in Zentralasien oder Südamerika, sind solche Auseinandersetzungen mindestens seit der Kolonialzeit bekannt. Die für Ethnologen interessante Frage wäre also weniger eine nach der quantitativen Korrelation von Nahrungsmittelknappheit und Konflikten, sondern eine des qualitativen Wandels dieser Konflikte aufgrund zunehmender klimatischer Veränderungen, einer immer dichteren Besiedlung, einer Zunahme von Migrationsbewegungen und Schwankungen der zur Verfügung stehenden Ressourcen (gemeint sind auch externe Finanzierungen) sowie Veränderungen politischer Interessenlagen. Möglicherweise wäre das Resultat noch sehr viel dramatischer als eine quantitative Korrelation, da unterschiedliche Zyklen von Gewalt aufgedeckt würden und die Vulnerabilität sichtbar würde, die nicht zuletzt dadurch entsteht, dass Nahrungsmittel und Status neu verteilt werden.

Studien wie die der Ethnologen Witsenburg und Adano geben wichtige Hinweise darauf, dass ethnographische Mikrostudien die komplexen Zusammenhänge von klimatischen Gegebenheiten, sozialen Konstellationen und Konfliktformen aufarbeiten können. Dies ist insofern hilfreich, als die Dürreperioden in den letzten Jahren zugenommen haben und durch unverhältnismäßig starke Regenfälle nicht mehr ausgeglichen werden können. Für Inselbewohner im Pazifik bedeutet der Klimawandel einen steigenden Meeresspiegel und das Verschwinden ganzer Inseln. Ob die Lebensgrundlage nun Steppen, Wälder oder Inseln sind, eine Analyse kultureller und sozialer Beziehungen zur ‚Umwelt' sowie politischer Verantwortlichkeiten ist für die Konfliktanalyse unverzichtbar.

Verwendete Literatur

Ahmed, Badawi Ibrahim 1995. *Famine Foods in Eastern Regions of the Sudan*. Dissertation, University of Khartoum, Sudan.

Alexander, David 1997. „The Study of Natural Disasters, 1977–1997: Some Reflections on a Changing Field of Knowledge". *Disasters* 21 (4): 284–304.

Alexander, David 2013. „Resilience and Disaster Risk Reduction: An Etymological Journey". *Natural Hazards and Earth System Sciences* 13 (11): 2707–2716.

Alexander, Elsie M. 1995. „Gender and Emergency Issues: A Synthesis of Four Case Studies: Malawi, Mozambique, Angola, and Zaire". Report prepared for the *World Food Programme*.

Al-Baalbaky, Rudayna und Ahmad Mhidi 2018. „Tribes and the Rules of the ‚Islamic State': The Case of Syrian City of Deir ez-Zor". Issam Fares Institute for Public Policy and International Affairs, *Konrad Adenauer Stiftung*, verfügbar unter: https://www.kas.de/en/web/syrien-irak/single-title/-/content/stamme-und-die-herrschaft-des-islamischen-staats-syriens-deir-ez-zor.

Barnes, Jessica 2009. „Managing the Waters of Ba'th Country: The Politics of Water Scarcity in Syria". *Geopolitics* 14 (3): 510–530.

Berberian, Manuel 2014. *Earthquakes and Coseismic Surface Faulting on the Iranian Plateau: A Historical, Social and Physical Approach*. Amsterdam u.a.: Elsevier.

Bytzek, Evelyn 2008. „Flood response and political survival: Gerhard Schröder and the 2002 Elbe flood in Germany", in *Governing after Crisis. The Politics of Investigation, Accountability and Learning*, A. Boin, A. McConnell und P. Hart (Hg.). Cambridge u.a.: Cambridge University Press, 85–113.

Choudhury, Zahidul Arefin 2013. *Politics of Natural Disaster: How Governments Maintain Legitimacy in the Wake of Major Disasters, 1990–2010*. Dissertation, University of Iowa, verfügbar unter: https://doi.org/10.17077/etd.wau3elgf.

Dausend, Peter 2012. „Der gestiefelte Kanzler". 28.12.2018, *Die Zeit* 32/2012, verfügbar unter: https://www.zeit.de/2012/34/Flutkatastrophe-Sachsen/komplettansicht.

De Waal, Alexander 2008. „Foreword", in *Capitalizing on Catastrophe: Neoliberal Strategies in Disaster Reconstruction*, N. Gunewardena und M. Schuller (Hg.). Lanham u.a.: Rowman & Littlefield, xi–xlv.

De Waal, Alexander 2005 [1989]. *Famine that Kills, Darfur Sudan*. Oxford: Oxford University Press.

258 Das Konfliktpotential von Katastrophen

Descola, Philippe 2011 [frz. 2005]. *Jenseits von Natur und Kultur.* Berlin: Suhrkamp.

Ember, C. R., T. Abate Adem, I. Skoggard und E. C. Jones 2012. „Livestock Raiding and Rainfall Variability in Northwestern Kenya". *Civil Wars* 14 (2): 159–181.

Enarson, E. und B. Hearn-Morrow 1998. *The Gendered Terrain of Disaster: Through Women's Eyes.* London: Praeger.

Enerson, E. und P. G. D. Chakrabarti (Hg.) 2009. *Women, Gender and Disaster: Global Issues and Initiatives.* Neu-Delhi: Sage.

Evans-Pritchard, Edward 1940. *The Nuer: A Description of the Modes of Livelihood and Political Institutions of a Nilotic People.* Oxford: Clarendon Press.

Faeghi, Sahar 2016. *Mot'āl'h payāmadehāye 'ijtimā'y (ejtemaei)– farhangy kam 'aby va khushksāly zāyandah rūd* [The study of consequences sociocultural shortage and drought Zâyandeh Rud in Isfahan], Dissertation, Islamic Azad University, Teheran.

Faehghi, Sahar und Sophie Roche 2019. „Environmental Configurations. When the River Zayandeh Rud Stopped Crossing Isfahan". *Anthropology of the Middle East* 14 (2): 29–41.

Gleick, Peter H. 2014. „Water, Drought, Climate Change, and Conflict in Syria". *American Meteorological Society* 6: 331–340.

Gluckman, Max 1973. *Custom and Conflict in Africa.* Oxford: Basil Blackwell.

Gluckman, Max 1963. *Order and Rebellion in Tribal Africa.* London: Cohen & West.

Großmann, Kristina 2013. *Gender, Islam, Aktivismus: Handlungsräume muslimischer Aktivistinnen nach dem Tsunami in Aceh.* Berlin: Regiospectra.

Großmann, Kristina 2017. „Scharia in Aceh: Building back better. Einführung, Auswirkungen und Handlungsräume muslimischer Frauenaktivistinnen", in *Vom Wiederaufbau bis zur Einführung der Scharia – Friedenskonsolidierung in Aceh zehn Jahre nach dem Tsunami*, Watch Indonesia! (Hg.). Berlin: Regiospectra, 173–188.

Haltermann, Ingo 2012. „The Perception of Natural Hazards in the Context of Human (In-)security", in *Negotiating Disasters: Politics, Representation, Meanings*, U. Luig (Hg.). Bern: Peter Lang, 59–78.

Henry, Doug 2005. „Anthropological Contributions to the Study of Disasters", in *Disciplines, Disasters and Emergency Management: The Convergence and Divergence of Concepts, Issues and Trends from the Research Literature*, D. McEntire und W. Blanchard (Hg.). Emittsburg: Federal Emergency Management Agency, 111–123.

Hewitt, Kenneth (Hg.) 1983. *Interpretations of Calamity.* Winchester: Allen and Unwin.

Ibrion, M., F. Parsizadeh, M. P. Naeini, M. Mokhtari und F. Nadim 2015. „Handling of Dead People after two Large Earthquake Disasters in Iran: Tabas 1978 and Bam 2003 – Survivors' Perspectives, Beliefs, Funerary Rituals, Resilience and Risk". *International Journal of Disaster Risk Reduction* 11: 60–77.

Kinji, Imanishi 2002 [1993]. *Die Welt der Lebewesen.* München: Iudicum.

Inguscio, Egidio 2021. „Without Urgent Action, the Danger of Climate-Related Conflict Will Rise in the Years Ahead", 20.04.2021, *London Institute of Peace Research* (LIPR), verfügbar unter: https://lipr.org.uk/without-urgent-action-the-danger-of-climate-related-conflict-will-rise-in-the-years-ahead/.

Kamani-Fard, A., M. H. Ahmad und D. R. Ossen 2012. „The Sense of Place in the New Homes of Post-Bam Earthquake Reconstruction". *International Journal of Disaster Resilience in the Built Environment* 3 (3): 220–236.

Kroher, Martin 2018. „Disasters and Celestial Phenomena in Eleventh-Century Political Discourse in China". *IKGF Newsletter* 13, 06/2018.

Luig, Ute (Hg.) 2012. *Negotiating Disasters: Politics, Representation, Meanings.* Bern: Peter Lang.

Verwendete Literatur

Malley, Robert 2020. „Climate Change Is Shaping the Future of Conflict". *International Crisis Group*, 05.05.2020, verfügbar unter: https://www.crisisgroup.org/global/climate-change-shaping-future-conflict.

Moorstedt, Tobias und Ole Häntzschel 2022. „In die richtige Richtung". 01.11.2022, Bosch-Stiftung, verfügbar unter: https://www.bosch-stiftung.de/de/die-richtige-richtung.

Oliver-Smith, Anthony 1996. „Anthropological Research on Hazards and Disasters". *Annual Review of Anthropology* 25: 303–328.

Oliver-Smith, Anthony 1999. „The Brotherhood of Pain: Theoretical and Applied Perspectives on Post-Disaster Solidarity", in *The Angry Earth*, A. Oliver-Smith und S. M. Hoffman (Hg.). New York: Routledge, 156–172.

Oliver-Smith, Anthony und Susanna M. Hoffman (Hg.) 1999. *The Angry Earth: Disaster in Anthropological Perspective.* New York: Routledge.

Otto, B. und J. M. Otto 2016. „Shari'a Police in Banda Aceh: Enforcement of Islam-based Regulations and People's Perceptions", in *Islam and the Limits of the State: Reconfigurations of Practice, Community and Authority in Contemporary Aceh*, R. M. Feener, D. Kloos und A. Samuels (Hg.). Leiden: Brill, 185–213.

Paradise, Thomas R. 2008. „Islam and Earthquakes: Risk Perception and the Qur'an". *Journal of Islamic Law & Culture* 10 (2): 213–229.

Schild, Pascale 2015. „Local Politics of Reconstruction along and across Azad Kashmir's Border with Pakistan". *Contemporary South Asia* 23 (3): 292–313.

Schlehe, Judith 2010. „Anthropology of Religion: Disasters and the Representations of Tradition and Modernity". *Religion* (Special issue on „Religions, Natural Hazards, and Disasters") 40 (2): 112–120.

Simpson, Edward 2012. „The Anthropology of a ‚Disaster Boom‘ Economy in Western India", in *Negotiating Disasters: Politics, Representation, Meanings*, U. Luig (Hg.). Bern: Peter Lang, 235–252.

Sökefeld, Martin 2011–12. „Exploring the Link between Natural Disasters and Politics: Case Studies of Pakistan and Peru". *Scrutiny* 5 & 6.

Sopa, Geshe Lhundub 1986. „The Special Theory of Pratityasamutpada: The Cycle of Dependent Origination". *The Journal of the International Association of Buddhist Studies* 9 (1): 105–119.

Wege, Carl 2015. „Urban and Rural Militia Organization in Syria's Less Governed Spaces". *Journal of Terrorism Research* 6 (3): 35–61.

Witsenburg, Karen M. und Wario R. Adano 2009. „Of Rain and Raids: Violent Livestock Raiding in Northern Kenya". *Civil Wars* 11 (4): 514–538.

Weitere Quellen

„Iran: Fashion that Moves the Earth". 19.04.2010, *The New York Times*, https://www.nytimes.com/2010/04/20/world/middleeast/20briefs-Iran.html.

„Greater Horn of Africa (GHA)". Food Security Bulletin, *Famine Early Warning Systems Network* (FEWS.NET, https://fews.net/), monatliche Berichte von Februar 2001 bis September 2005.

„The Climate Factor in Nigeria's Farmer–Herder Violence". Stand: 30.04.2021, *International Crisis Group*, verfügbar unter: https://nigeriaclimate.crisisgroup.org/.

„Turkey is reportedly depriving hundreds of thousands of people of water". 14.06.2021, *Open Democracy*, https://www.opendemocracy.net/en/north-africa-west-asia/turkey-reportedly-depriving-hundreds-thousands-people-water/.

„Der Traum vom großtürkischen Reich". *Deutschlandfunk*, 18.02.2021, https://www.deutschlandfunk.de/graue-woelfe-in-deutschland-der-traum-vom-grosstuerkischen-100.html.

Kapitel 11
Geschichte und Entwicklung der Rechtsethnologie

Konkurrierende Rechtssysteme

Ein Asylsuchender der ethnischen Gruppe der Tadschiken aus Afghanistan berichtet, dass er eine Beziehung zu einem paschtunischen Mädchen unterhalten habe. Beide wohnten in Mazar-e Sharif. Seine Eltern hatten um die Hand des Mädchens geworben, aber ihre einflussreiche Familie hatte eine Heirat abgelehnt, weil er kein Paschtune ist. Das Mädchen wurde schwanger, und beide flüchteten nach Kabul zu einer Tante des Klägers. Sein Vater forderte ihn auf zurückzukehren; man werde eine Lösung finden. Das Paar ging zurück, allerdings wurde kurze Zeit später die schwangere Freundin getötet, und er flüchtete erneut nach Kabul. Die Eltern des Mädchens gaben bei der Polizei an, dass es sich um einen Unfall gehandelt habe, aber der Kläger war sich sicher, dass sie wegen der Beziehung mit ihm und der Schwangerschaft von der eigenen Familie getötet wurde.

Der Kläger floh nach Europa und machte im Asylverfahren geltend, dass ihm Rache von der Familie des Mädchens drohe. Ihr Bruder habe ihn wiederholt angerufen. Auch die Polizei könne keinen Schutz bieten, vielmehr befürchte er, von dieser zurück nach Mazar-e Sharif gebracht zu werden.

Auf welche Rechtsordnungen hätte das Paar zurückgreifen können, und gegen welche Normen, traditionellen Vorstellungen oder Rechtsordnungen hatten sie verstoßen? Wie ist es möglich, dass unterschiedliche Rechtsvorstellungen nebeneinander existieren, und was bedeutet ein solcher Rechtspluralismus für eine Gesellschaft? Wie sind rechtspluralistische Systeme entstanden, und welche Konflikte entstehen in einem Feld konkurrierender Rechtssysteme? Wie verändern Migranten Vorstellungen von kulturellen Rechten in Europa?

Thematische Einleitung

Die Untersuchung des Rechts als Institution der Konfliktregulierung ist ein Teilbereich der Ethnologie, der Rechtsethnologie. Rechtsethnologie ist an verschiedenen Forschungsinstitutionen vertreten und damit im Vergleich zu den anderen in diesem Buch behandelten Bereichen gut etabliert. In diesem Kapitel können daher nur ein Überblick sowie eine kleine Auswahl des umfangreichen Materials dargestellt werden. Prägend für die Rechtsethnologie wurde die Diskussion um Rechtspluralismus, das heißt, das Vorhandensein

262   Geschichte und Entwicklung der Rechtsethnologie

unterschiedlicher Rechtssysteme, die parallel, gleichzeitig oder in Konkurrenz miteinander innerhalb der Gesellschaft existieren.

In Asylverfahren wird die Frage nach den unterschiedlichen gleichzeitig existierenden Rechtsinstitutionen und Rechtsordnungen selten als juristische Fragestellung untersucht, da sich daraus nicht ohne weiteres ein Flüchtlingsschutz ableiten lässt. Vielmehr wird nachgeforscht, welchen Zugang ein Kläger zum staatlichen Recht hatte und ob diese Rechtsordnung tatsächlich Schutz geboten hätte. Nicht-offizielle Rechts- oder normative Ordnungen werden zwar als strukturierende und damit relevante Traditionen berücksichtigt, aber nicht als alternative Rechtsordnungen gesehen. Die offizielle vom Staat vorgegebene Rechtsordnung spielt in Asylverfahren gegenüber anderen normativen Ordnungen eine privilegierte Rolle.

Im Falle des afghanischen Tadschiken hat sich das Gericht zunächst mit der Frage auseinandergesetzt, welche Institutionen zur Wahrung der Rechte des Paares vom Kläger aktiviert wurden. Der Kläger schaltete zu keinem Zeitpunkt die reguläre afghanische Polizei ein. Das Gericht geht jedoch davon aus, dass bei ernsthaften Problemen der Sicherheitsapparat eingeschaltet werden muss. Laut einer Auskunft des Auswärtigen Amts hatten die Behörden in Afghanistan sehr wohl den Tod des Mädchens untersucht, aber nicht vor Gericht gebracht, da die Familie wegzog, so die Auskunft. Im weiteren Verlauf untersuchte das Gericht unter anderem, inwieweit hier eine Blutrache auf Basis einer Gruppenidentität vorliege und dem Kläger damit ein ernsthafter Schaden bei Rückkehr drohe. Laut dem Kläger wurde dessen Bruder zwar infolge dieser Ereignisse angegriffen, aber das Gericht befand, dass es keine auf Gruppenmerkmalen (Klan-Zugehörigkeit, ethnische Identität) aufbauende Entwicklung einer Fehde gegeben hatte.

Das Verständnis von Recht unterscheidet sich je nach Disziplin mehr oder weniger stark. Entsprechend der Ausrichtung dieses Buches wird es hier um die Betrachtung von Recht aus einer ethnologischen Perspektive gehen, um auf diese Weise den Umgang mit Rechtssystemen in Gesellschaften des Globalen Südens untersuchen zu können. In der Rechtsethnologie können zwei grundsätzlich verschiedene Herangehensweisen unterschieden werden: 1) Das Recht ist eine Sammlung von Regelungen und Normen, die eine Gesellschaft hervorbringt und entwickelt. 2) Das Recht ist ein Prozess, der nur durch konkrete Fälle (*troublesome cases, extended-case-method*) sichtbar wird. In beiden Fällen wird Recht als rationale Antwort auf soziale Probleme gesehen (*problem solver*) und als Instrument der Streitbeilegung verwendet. Während im ersten Ansatz stärker auf die abstrakten Regelungen eingegangen wird, konzentriert sich der zweite Ansatz auf reale Fälle und berücksichtigt dabei weniger die normativen Zusammenhänge der angewandten Regeln.

Während unter anderen Gluckman von einem allgemeinen (kulturunabhängigen) Verständnis von Recht ausging, zog der Jurist und Ethnologe

Richard Thurnwald einen funktionalistischen Ansatz vor. Letzterer ging von einem Rechtsverständnis aus, das Recht stets als Teilbereich eines umfassenderen Kultursystems begreift. Thurnwald ging es also darum, systematische Zusammenhänge zu untersuchen, die den prozessualen Rahmen des Rechts und seine Abhängigkeit von Wirtschaftsweisen, politischen Strukturen, religiösen Anschauungen und anderen Aspekten von Kultur berücksichtigen. In Gesellschaften ohne verschriftlichtes Recht ist das Recht mit anderen Teilbereichen noch enger verflochten. Auch wenn Recht in vielen Gesellschaften heute schriftlich fixiert und kodifiziert ist und von eigens dafür ausgebildeten Spezialisten angewendet und durchgesetzt wird, so lässt sich dennoch allgemein feststellen, dass Recht nie eine eigenständige, von anderen Lebensbereichen losgelöste Kulturerscheinung ist. Es ist also sinnvoll, Recht in einem größeren kulturellen Zusammenhang zu untersuchen.

Ein Beitrag der Ethnologie zum Verständnis von Rechtssystemen war die Erkenntnis, dass ein soziales Umfeld die Rechtspraxis mitbestimmt. Die sozialen Beziehungen der streitenden Personen und bis zum gewissen Grad auch der Rechtsautoritäten spielen für die Art der Auseinandersetzung, für den Streitgegenstand, die mögliche Mediation und die Anwendung von Sanktionen eine zentrale Rolle. Gluckman stellte fest, dass Personen, die miteinander verwandt sind (*cross-cutting ties*), in den von ihm untersuchten Gesellschaften dazu tendierten, Konflikte durch Mediation und Verhandlung zu lösen. Durch Konflikte und die daran anschließende Form der Verhandlung verändert sich die Beziehung der Akteure zueinander und auf lange Sicht auch die Gesellschaft als ganze. Aus dieser Erkenntnis ergab sich die Notwendigkeit, das soziale Netzwerk der Parteien mit in die rechtsethnologischen Studien einzubeziehen (*extended case studies*) und über den konkreten Streitgegenstand hinaus zu untersuchen.

Recht ist nicht nur dazu da, Konflikte zu schlichten, sondern auch, um soziale Ordnung zu systematisieren, und daher ist es auch nur ein Teilbereich der Konfliktethnologie. Dem Rechtswissenschaftler und Ethnologen Franz von Benda-Beckmann zufolge „gibt es weitgehende Übereinstimmung darüber, dass Recht normative Blaupausen für nahezu alle Teilbereiche der gesellschaftlichen Organisation beinhaltet. Es konstituiert, organisiert und legitimiert Organisationen und Institutionen; es liefert Standards, Regeln und Prinzipien für erlaubtes Verhalten und gültige Transaktionen. Es tritt uns in abstrakten Regelungen wie Verfassungen, Gesetzgebung und Verordnungen entgegen, aber auch als konkretisiertes Recht, in mit Bezug auf konkrete Situationen getroffenen Entscheidungen."[122] Recht beeinflusst also soziales Handeln und Entscheidungen, es motiviert und demotiviert Handlungen, verhängt Sanktionen und bestimmt die Institutionen zu deren Durchsetzung.

264   Geschichte und Entwicklung der Rechtsethnologie

Rechtsverständnis und Brauchtum (*customs*)

Richard Thurnwald war einer der ersten, der in seiner ethnographischen Forschung in Melanesien (1906–1909 und 1913–1915) systematisch rechtsethnologische Befunde sammelte.[123] Als ausgebildeter Jurist interessierte er sich in besonderem Maße für Rechtsfragen. Er arbeitete etwa die Bedeutung von Reziprozität, dem Prinzip von Leistung und Gegenleistung, für das Rechtsleben schriftloser Völker heraus. Die Formen der rechtsgebenden Reziprozität umfassen Vergeltung (Blutrache, Spiegelstrafen entsprechend der Verhältnismäßigkeit von ‚Auge um Auge, Zahn um Zahn‘), das Zahlen von Entgelt für eine erbrachte Leistung, Arbeitshilfe auf Gegenseitigkeit, die Erwiderung eines Geschenkes oder den Austausch von Töchtern zur Etablierung fester Beziehungen zwischen exogamen Gruppen. Die Vorstellung der Reziprozität sah er als Grundlage für das menschliche Gerechtigkeitsgefühl.

Der Ethnologe Bronislaw Malinowski entwickelte das Prinzip der Reziprozität zu einem Grundsatz der Rechtsethnologie. Keine Gesellschaft, so Malinowksi, könne ohne diese innere Symmetrie der Reziprozität leben. Entsprechend lasse sich das Recht als ein System von Regeln verstehen, das Verpflichtungen von Personen untereinander regelt, rechtmäßige Ansprüche einer Person festlegt und auf diese Weise Personen durch eine Vereinbarung reziproker Dienste voneinander abhängig macht. Dabei sind Sanktionen Teil dieser Gegenleistungen. Jede Gruppe verfügt also über eine Waffe, um den jeweiligen Partner unter Druck zu setzen, damit dieser die Vereinbarungen einhält.

Neben dem durch offizielle Vertreter des Rechtssystems institutionalisierten Recht kennen die meisten Gesellschaften auch andere Möglichkeiten, Regelverstöße zu sanktionieren. Dazu gehört zum Beispiel Zauberei, Blutrache, Verstoßung, Verfluchung etc., Praktiken, die einen Schaden abwehren oder verletztes Recht wiederherstellen sollen. Auch dabei findet das Prinzip der Reziprozität Anwendung. Auf diese Weise werden Konflikte zwar nicht verhindert, der Einsatz dieser Sanktionsmittel dient jedoch langfristig dem Erhalt einer funktionierenden Gesellschaft.

Eine funktionalistische Auffassung von Recht geht davon aus, dass dem Recht primär die Aufgabe zukommt, soziales Verhalten nach allgemein verbindlichen und grundsätzlich dauerhaften Regeln des friedlichen Zusammenlebens zu systematisieren. Gleichzeitig dient Recht der sozialen Kontrolle und dem Sanktionieren von abweichendem Verhalten sowie dem Schutz vulnerabler Gruppen oder Minderheiten. In dieser Bezeichnung nähert sich der Rechtsbegriff dem des Brauchs und der Normen, die in vielen Gesellschaften allerdings nicht unbedingt als Teil einer Rechtsordnung gesehen werden.

Rechtsverständnis und Brauchtum (*customs*)

Nicht nur das Verständnis von dem, was Recht und Unrecht – und in einem gewissen Verhältnis dazu, was Gerechtigkeit und Ungerechtigkeit – ist, variiert von Gesellschaft zu Gesellschaft, sondern auch die Strategien zur Lösung von Konflikten unterscheiden sich erheblich. Je nach sozialen und politischen Strukturen tendieren einige Gesellschaften eher zur Schlichtung eines Streits durch Verhandlungen und Kompromissfindungen zwischen den streitenden Parteien, während in anderen Gesellschaften eine Rechtsentscheidung durch eine spezialisierte Instanz, eine Richterschaft, bevorzugt wird. Der größte Anteil an Konflikten wird im Alltag jedoch durch die Anerkennung eines gemeinsamen Wertekonsenses beigelegt, das heißt auf Basis von Bräuchen, Sitten und Gewohnheiten. Entsprechend kompliziert war es für die ersten Rechtsethnologen, vor dem Hintergrund ihres europäischen Rechtsverständnisses Rechtssysteme außereuropäischer Gesellschaften zu verstehen.

In der zweiten Hälfte des 19. Jahrhunderts suchten Ethnologen noch nach universalen Gemeinsamkeiten und einer linearen Entwicklung von Rechtssystemen. Inzwischen veralteten evolutionistischen Rechtstheorien zufolge verfügten ‚Urvölker‘ über gar kein oder nur ein rudimentäres Verständnis von Recht. Bei der Regulierung von Konflikten in solchen Gesellschaften wurde Verwandtschaftsbeziehungen eine große Rolle zugeschrieben. ‚Naturvölker‘ wurden von Familienstrukturen zusammengehalten und reguliert, ihnen fehlte aber eine zentrale hierarchische Struktur. Erst die weiteren Entwicklungsstufen führten zu einem individual begründeten Recht.

Ethnologische Rechtsforschungen wurden zunächst vor allem von Juristen angestellt und in Europa diskutiert. Hierbei folgten nicht alle Juristen einem evolutionistischen Forschungsansatz, wonach zwischen einem Recht der ‚primitiven‘ und der ‚zivilisierten‘ Völker unterschieden wurde. Der Jurist Josef Kohler zum Beispiel ging davon aus, dass es zwar Völker ohne Gerichte gebe, aber kein Volk ohne Recht.

Die Diskussionen innerhalb der Ethnologie wurden unter anderem von Max Gluckman und Paul Bohannan geführt. Während Bohannan der Ansicht war, Gewohnheitsrecht bzw. traditionelle Systeme (*folk systems*) nur mit lokalen Begrifflichkeiten genau fassen zu können, wandte Gluckman englische Begriffe aus dem römischen Recht an, um die Forschungen für Juristen besser zugänglich zu machen.

Ab dem frühen 20. Jahrhundert wendeten Ethnologen Methoden der Feldforschung an, um vor allem einfache Dorf- und Stammesgesellschaften zu untersuchen. Ziel war es, die Funktionen und Wechselbeziehungen sozialer Institutionen, wie die zwischen Recht und Verwandtschaft, zu verstehen. Während der 1970er Jahre schließlich wurden die unterschiedlichen Ordnungssysteme genauer untersucht und diesmal auch die inzwischen fast in

266 Geschichte und Entwicklung der Rechtsethnologie

allen Teilen der Welt etablierten staatlichen Rechtsordnungen mit in die Analyse indigener Gemeinschaften einbezogen.

Anfang des 21. Jahrhunderts entwickelte sich die Rechtsethnologie dann zur Wissenschaft traditioneller Streitschlichtungssysteme. Kritik an ethnographischen Untersuchungen lokaler Formen der Streitschlichtung, die eine Berücksichtigung des Staates vernachlässigten, führte schließlich zu neuen Forschungsansätzen, an denen die Rechtsanthropologin Sally Falk Moore maßgeblich mitwirkte. Um das Nebeneinander verschiedener Rechtsformen zu beschreiben, spricht Moore von *semi-autonomous social fields*, in denen staatliches Recht, religiöses Recht, nicht-offizielle Rechtsordnungen und Traditionen interagieren. Von Benda-Beckmann stellt fest, dass man gegenwärtig „vor allem in Entwicklungsländern davon ausgehen [muss], dass das soziale und wirtschaftliche Leben in einem Kontext stattfindet, der mehr oder weniger [von] Rechtspluralismus gekennzeichnet ist. Staatliches Recht wird in pluralistischen Konstellationen immer dabei sein; religiöses Recht oft, ebenso traditionelles oder neo-traditionelles Recht, ob diese nun durch den Staat anerkannt sind oder nicht. Auch inter- und transnationales Recht spielen eine zunehmende Rolle; nicht zuletzt die Menschenrechte."[124]

Der durch ethnographische Forschungen erweiterte Rechtsbegriff umfasst also auch nicht-europäische Systeme der Streitschlichtung. Dennoch warnen Wissenschaftler immer wieder vor einer inflationären Verwendung des Begriffs ‚Recht'. Um dies zu umgehen, ist es sinnvoll, den Begriff des Rechts im Sinne einer von den Ethnologen Peter Hanser und Trutz von Trotha vorgeschlagenen Definition von nicht rechtlich kodifizierten ‚Normen' und ‚Bräuchen' zu unterscheiden: Recht verstehen die beiden Autoren als eine normative Ordnung, in der Streit und Verletzung dieser Ordnung durch eine Rechtsinstanz in Urteilen beigelegt wird; es ist eine Ansammlung von Regeln, die in manchen Gesellschaften als durch übernatürliche Kräfte geschützt gilt und die sowohl dauerhaft also auch anpassungsfähig und anpassungsbereit ist. Damit werden Formen der Streitbeilegung ohne Vermittlung durch eine Rechtsinstanz, etwa die Selbsthilfe, nicht in die Definition aufgenommen, aber der Rechtsbegriff auch für Streitregelungen, die außerhalb staatlicher Rechtsordnungen oder parallel zu ihnen stattfinden, nutzbar gemacht. Recht fängt dort an, so die Autoren, wo Streitende nicht mehr allein den Konflikt austragen, sondern eine dritte Instanz den Streit verhandelt.

Im Folgenden wird mit diesem von Hanser und von Trotha ausgearbeiteten ethnologischen Begriff von Recht gearbeitet, um Vorgänge und Entwicklungen in nicht-europäischen Staaten zu beschreiben. In Asylverfahren unterscheiden Asylsuchende wie im oben ausgeführten Beispiel des afghanischen Paares, das über die Stammes- und Glaubensgrenzen hinweg heiraten wollte, oft nicht zwischen den verschiedenen Rechtssystemen, da sie deren Koexistenz als gegeben annehmen. Für eine rechtliche Bewertung wird dem staatlichen Recht jedoch besonderes Gewicht beigemessen, obwohl es oft auf lokaler Ebene nicht gegen traditionelle normative Ordnungen durchgesetzt wird. Insbesondere bei Fragen des Familienrechts wird dem religiösen oder traditionellen Recht meist größere Freiheit eingeräumt als zum Beispiel im Strafrecht. Dies ist nicht selten die Folge einer vergangenen kolonialen Praxis.

Rechtspluralismus

Der ethnologische Rechtsbegriff heute ist maßgeblich von der Rechtspluralismusdebatte geprägt, die sich unter anderem während der Kolonialzeit entwickelt hat. In den meisten kolonialen Staaten wurden selektiv lokale Rechtsordnungen parallel zur kolonialen Rechtsprechung belassen. Während in den kolonialen Peripherien des zaristischen russischen Reichs etwa muslimische Gerichte für die Angelegenheiten der lokalen Einwohner verantwortlich waren, übernahmen russische Gerichte Streitigkeiten, in die Kolonialbeamte oder Siedler verwickelt waren. In Afrika hingegen übernahmen in vielen Fällen Richter mit einer juristischen Ausbildung in Europa Gerichtsfälle, wenn Konflikte nicht auf lokaler Ebene gelöst werden konnten. Diese Form der indirekten Herrschaft erlaubte es lokalen Rechtsinstanzen weiterhin – in der Regel allerdings mit Einschränkungen –, konfliktregulierend zu wirken. Um ein ‚unkontrolliertes‘ paralleles System zu vermeiden, wurden einzelne traditionelle Autoritäten in das koloniale Rechtssystem integriert, Ordnungen entsprechend angepasst und die Geltung lokalen Rechts hierarchisch untergeordnet. Dabei wurden traditionelle Streitschlichtungsformen verändert und einer kolonialen Logik unterzogen. Wenn es um Entscheidungen bezüglich natürlicher Ressourcen und politischer Führungskräfte ging, wurden lokale Rechtssysteme entweder gar nicht oder nur teilweise anerkannt, jedoch grundsätzlich den kolonialen Interessen untergeordnet. Evolutionistische und rassentheoretische Gesellschaftskonzepte beeinflussten zusätzlich, wie koloniale Regime ihre Rechtsvorstellungen durchsetzten.

Der Fall des Kongo unter der kolonialen Herrschaft der Belgier zeigt, wie intensiv Rechtsfragen in den Kolonialgebieten durch Juristen und Wissenschaftler diskutiert wurden. Die interdisziplinären Diskussionen wurden unter anderem in einer bis zu sechs Mal im Jahr erscheinenden Fachzeitschrift geführt – ein beachtliches Interesse, das zur Verbreitung und Festigung kolonialer Rechtsnormen führte, erklärt die Historikerin Nathalie Tousignant, die diese Zeitschriften wissenschaftlich aufgearbeitet hat.

Um die unterschiedlichen miteinander verschränkten, parallel existierenden oder informell angewendeten Rechtssysteme in postkolonialen Ländern fassen zu können, greift Franz von Benda-Beckmann auf den Begriff des

268 Geschichte und Entwicklung der Rechtsethnologie

Rechtspluralismus zurück. „Rechtspluralismus bezieht sich auf die Möglichkeit, dass es innerhalb derselben sozialen Formation zur selben Zeit eine Mehrzahl von rechtlichen Ordnungsvorstellungen gibt."[125] Zudem umfasst der Begriff Rechtspluralismus auch unterschiedliche Personen oder Instanzen, die zur Interpretation und Wahrung von Recht und Ordnung ermächtigt sind.

Während der Begriff Rechtspluralität (*legal plurality*) auf die Koexistenz unterschiedlicher Rechtsinstitutionen eingeht, wurde Rechtspluralismus in den Sozialwissenschaften und damit auch der Ethnologie zu einem wichtigen Terminus zur Untersuchung verschiedener koexistierender oder miteinander interagierender Rechtssysteme.

Pluralismus von Recht findet sich in fast jedem Gerichtswesen bezüglich der Anwendbarkeit verschiedener Rechtsquellen und Normen zur Streitschlichtung. Dennoch interpretierten Juristen den Begriff des Rechtspluralismus nach John Griffiths' erstem Aufsatz aus dem Jahr 1986 *What is Legal Pluralism?* als Angriff auf das staatliche Recht, obwohl seine Definition ausschließlich darauf aufmerksam machte, dass Streitschlichtungsverfahren auch außerhalb des Staates existieren und gelegentlich mit dem staatlichen Recht inkompatibel sind. Der Jurist Griffiths vertrat die Meinung, dass Rechtspluralismus ein universelles Prinzip darstellt.

Empirisch lässt sich ein Rechtspluralismus zum Beispiel anhand der vorhandenen Streitschlichtungsinstanzen und Organe der Rechtsprechung untersuchen. Rechtspluralismus im sozialwissenschaftlichen Sinn setzt einen kulturellen Pluralismus voraus und bringt Beziehungen zwischen Minderheiten und Mehrheiten oder herrschenden und untergeordneten Gruppen zum Vorschein. In den folgenden Abschnitten soll zunächst ein Beispiel von Rechtspluralismus aus Westsumatra vorgestellt werden, das durch von Benda-Beckmann ausgiebig untersucht und beschrieben wurde und zur Grundlagenforschung der Ethnologie zählt. Dem folgt ein Beispiel aus Afghanistan in der Zeit vor 2021: Hier geht es um ein dynamisches komplexes Rechtssystem, das seinerzeit von Ethnologen, Juristen, Politikwissenschaftlern und Mitarbeitern internationaler Organisationen dokumentiert wurde. Der in diesem Kapitel verwendete Begriff des Rechtspluralismus unterscheidet sich von juristischen Diskussionen und erhebt daher keinen Anspruch auf Allgemeingültigkeit.

Rechtspluralismus bei den Minangkabau in Westsumatra

Der Rechtsethnologe Franz von Benda-Beckmann untersuchte in seinen Forschungen die dynamische Entwicklung des Rechts im Zusammenhang mit der politischen Ordnung in Westsumatra. Seine ethnographischen Untersuchungen beinhalten unter anderem auch eine historische Perspektive und beschreiben die Entwicklung des Rechts im Kontext des politischen und kulturellen Felds. Die folgende Darstellung basiert auf seinen im Jahr 2008 publizierten Forschungen. Die Minangkabau in Westsumatra waren in weitgehend autonomen Dorfrepubliken, sogenannten *Nagari,* organisiert. Es gab keine politische Ordnung, die mehrere *Nagari* zusammengefasst hätte, die ‚Dorfordnung' stellte also in dieser Region die wichtigste Grundgröße dar. *Nagari* bilden sich durch den freiwilligen Zusammenschluss von Abstammungsgruppen, den Matriklans. Die Zugehörigkeit zur Dorfgesellschaft wird also über die weibliche Linie bestimmt, sowohl Erbrecht als auch politische Ämterfolge werden entsprechend geregelt. In einem Matriklan übernimmt der Mutterbruder (lat. *avunculus*) eine zentrale Rolle, da die Kinder des Ehemannes dem Klan ihrer Mutter zugehören.

Klaninterne Angelegenheiten, schreibt von Benda-Beckmann, wurden weitgehend innerhalb des Klans gelöst. Streitigkeiten, die innerhalb eines *Nagari* auftraten, wurden mit dem traditionellen *adat*-Recht gelöst. *Adat* war eine Konfliktbeilegungsinstitution, innerhalb derer die *Nagari* auf einer gemeinsamen und gleichwertigen Ebene ohne Vermittler verhandeln konnten. Der *adat*-Dorfrat der *Nagari*, der aus den Oberhäuptern der ältesten Abstammungsgruppen bestand, war für Angelegenheiten zuständig, die das ganze Dorf betrafen. Je nach Anzahl der Abstammungsgruppen umfasste ein *adat*-Dorfrat 30 bis 60 Oberhäupter. Von Benda-Beckmann zufolge funktioniert der Dorfrat „auch als Berufungsinstanz in Angelegenheiten, die innerhalb der Gruppe nicht friedlich und einverständlich beigelegt werden konnten".[126] Gemäß dem Rechtsempfinden der Minangkabau konnte eine rechtskräftige Entscheidung nur einvernehmlich getroffen werden. In einem Prozess wurde daher so lange gemeinsam beraten, bis es zu einer konsensualen Entscheidung kam. Außer egalitären Prozessverhandlungen gab es die hierarchisch organisierte segmentäre Struktur der Klans. Konnte auf einer Ebene keine Einigung erzielt werden, wurde der Fall an die nächsthöhere Instanz gereicht – zunächst innerhalb der Familie, dann innerhalb des Klans und in letzter Instanz an den *adat*-Dorfrat. Dieses Vorgehen formte von Benda-Beckmann zufolge das Grundverständnis der *adat*-Rechtsordnung und legitimer Entscheidungen.

Mit dem seit dem 16. Jahrhundert zunehmenden Einfluss des Islam in Westsumatra veränderte sich die lokale Rechtsordnung. Das auf einer patriarchalen Verwandtschaftsstruktur basierende islamische Recht widersprach in vielen Punkten dem auf matrilinearer Abstammung basierenden *adat*. Zunächst wurde zwischen dem Glauben und dem Recht dahingehend unterschieden, dass *adat* in Streitigkeiten angewendet und auf die Einführung eines islamischen Rechts verzichtet wurde. Diese Situation blieb bis zu Beginn des 19. Jahrhunderts bestehen, dann begannen islamische Auto-

270 Geschichte und Entwicklung der Rechtsethnologie

ritäten, für die Einführung der Scharia zu plädieren, und kämpften schließlich mit Gewalt für deren Durchsetzung. Im Zuge dieser Auseinandersetzung sollte die *Nagari*-Verfassung auf ein theokratisches Modell umgestellt werden. Auf Ansuchen einiger *adat*-Führer intervenierten die Niederländer, die bisher nur einen Handelsposten an der Küste unterhalten hatten, und schlugen die Islamverteidiger in einer militärischen Auseinandersetzung nieder, bevor sie das Hochland von Minangkabau ihrem Kolonialreich einverleibten.

Zwar hatten inzwischen die Islamvertreter und die *adat*-Führer Frieden geschlossen, aber für eine Unabhängigkeit von der Kolonialherrschaft war es zu spät. Die *Nagari* verloren ihre politische Selbstständigkeit. Unter diesen Umständen entwickelte sich eine neue Rechtskultur in Minangkabau, in der sich islamisches Recht und *adat* zunehmend vermischten. Das Zusammenspiel von *adat* und Scharia wurde zum Identitätsmerkmal des Minangkabau-Hochlandes.

Unter der kolonialen Herrschaft der Niederländer wurden ein neuer Rechtspluralismus und eine neue Gesellschaftsordnung eingeführt. Wie bei anderen Kolonialregimen auch, wurden lokale Strukturen, hier die *Nagari*, als Institutionen für eine niederländische indirekte Herrschaft genutzt. Dabei sollte die *adat*-Struktur als Gegengewicht zum Islam gestärkt werden. Allerdings verlangte dieser Prozess, dass die vorkoloniale *adat*-Organisation angepasst und verändert wurde. Um nicht mit 30 bis 60 Oberhäuptern verhandeln zu müssen, setzte die niederländische Kolonialverwaltung eine Art ,*adat*-Bürgermeister' ein und etablierte damit eine bisher nicht vorgesehene Hierarchie.

Nach der Unabhängigkeit Indonesiens im Jahr 1945 fungierten die *Nagari* als unterste Ebene der staatlichen Verwaltungsstruktur. 1983 kam es zu einer erneuten tiefgreifenden Veränderung, als das Verwaltungsmodell der *Desa*-Dörfer aus Java importiert wurde und die *Nagari* in mehrere, als *Desa* bezeichnete kleinere administrative Einheiten aufgeteilt wurden. Damit wurde von Benda-Beckmann zufolge auch die räumliche Kongruenz von staatlichen und traditionellen Verwaltungseinheiten aufgehoben, wodurch die *adat*-Autoritäten entmachtet wurden.[127]

Im Zuge der nach dem Ende der Herrschaft von Präsident Haji Mohamed Suharto und der von ihm diktatorisch eingeführten Ordnung im Jahre 1998 einsetzenden Phase der Reformen, der *orde reformasi*, wurden die Dorfverwaltungen in Westsumatra erneut umstrukturiert und im Jahr 2000 schließlich auch die *Nagari* wieder als Verwaltungseinheiten anerkannt.

Das Beispiel der Minangkabau zeigt, wie unterschiedliche Rechts- und Gesellschaftsordnungen miteinander bestehen, konkurrieren, in offenem Konflikt und dann auch wieder als hybride Mischform existieren konnten. Von Benda-Beckmann hat mit seiner rechtshistorischen Studie eine Untersuchung vorgelegt, die wie kaum eine andere die Dynamik im Bereich des Rechts erfasst, die über einen sehr langen Zeitraum hinweg durch unterschiedliche religiöse und politische Einflüsse ausgelöst wurde. Zwar müssen miteinander konkurrierende Ordnungen nicht zwangsläufig gewaltsame Konflikte hervorbringen, aber das Potential dafür ist dem Autor zufolge groß. Dort, wo Teilordnungen sich auf unterschiedliche Legitimationsgrundlagen stützen, werden auch unterschiedliche Machtansprüche formuliert, was zu einem *forum shopping* führen kann. Damit ist gemeint, dass Personen in einem Feld konkurrierender Rechtsordnungen dasjenige Rechtssystem wählen, von dem sie sich die größten Vorteile versprechen. Ein Feld solcher nebeneinander bestehender und miteinander konkurrierender Rechtssysteme soll im Folgenden anhand Afghanistans beschrieben werden.

Rechtsordnungen in Afghanistan

Der Rechtspluralismus in Afghanistan ist die Folge eines langen Prozesses externer Interventionen und Konflikte. Die Analyse soll mit dem Jahr 1997 beginnen, als die Taliban zum ersten Mal ihr Islamisches Emirat in Afghanistan etablierten und eine Version des Islam durchsetzten, die das öffentliche und private Leben grundsätzlich veränderte.[128] Nach der Eroberung Afghanistans durch die USA und ihre Verbündeten im Jahr 2001 wurde eine neue Verfassung ausgearbeitet, die 2004 in Kraft trat. Diese Verfassung unterschied sich von der Taliban-Verfassung dahingehend, dass das religiöse Recht dem säkularen nationalen Recht untergeordnet wurde. In den folgenden zwanzig Jahren entwickelte sich ein Rechtspluralismus, der aus dem kodifizierten säkularen Recht, internationalem Recht und der Scharia bestand.

In der zweiten Hälfte des 20. Jahrhunderts wurden nationale Rechtsordnungen europäischer Staaten und ganze Verfassungen exportiert und von anderen Staaten übernommen.[129] Afghanistans staatliches Rechtssystem ist das Resultat solcher Prozesse, wobei dem islamischen Recht eine besondere Rolle zugesprochen wird. Dem nationalen Recht untergeordnet waren regionale normative Ordnungen *(customary law)*, die sich je nach Volksgruppe unterscheiden. Das *Paschtunwali*, der Kodex der Paschtunen, ist hier das bekannteste, aber nicht das einzige traditionelle Recht, das im Gebiet des Heirats- und Erbrechts sowie in Bezug auf das Verhalten in der Öffentlichkeit auch weiterhin Geltung hatte. Zudem regelt das *Paschtunwali* auch andere Bereiche, wie zum Beispiel Vertrags- oder Strafrechtsfragen. Eine Studie der amerikanischen Entwicklungsorganisation USAID aus dem Jahr 2005 beschreibt die unterschiedlichen lokalen Streitregelungspraktiken und Institutionen überblicksmäßig und präzise.

Laut Feldstudien der von USAID beauftragten Forscher konnten Personen im Geltungsbereich des paschtunisches Rechts entscheiden, ob sie nach der Scharia oder nach dem paschtunischen Recht verurteilt werden wollten. Zusätzlich standen bis 2021 zwölf staatliche Hauptgerichte auf Distriktebene (*District Primary Courts*) zur Verfügung. Laut USAID konnten Konfliktparteien gemeinsam entscheiden, nach welchem Recht sie die Auseinandersetzung lösen wollten, vorausgesetzt, Autoritäten mit Kenntnissen über das gewählte Rechtssystem waren zugänglich. Ob und wie das *Paschtunwali* seit der Übernahme Afghanistans im Jahr 2021 durch die paschtunischen Taliban umgesetzt wird und in welchem Verhältnis dieses zum offiziellen Scharia-Recht steht, ist noch nicht untersucht worden. Sicher ist, dass die Regierung des Islamischen Emirats Afghanistan ein Stammesministerium eingerichtet hat, dem auch paschtunische Stämme untergeordnet sind, und im Zuge dessen einzelne Praktiken aus dem paschtunischen Recht geändert wurden, wie zum Beispiel die Praxis, ein Mädchen als Schlichtungsgegenstand im Rahmen einer Streitbeilegung an die gegnerische Partei zu übergeben.

In Nordafghanistan regelten lokale Imame als Vorsitzende der *schura* (Rat, Versammlung) zusammen mit einem oder mehreren *walkill* die Streitigkeiten auf lokaler Ebene. Der *walkill* wird vom Dorf gewählt, und zwar entsprechend seinen diplomatischen Fähigkeiten, denn er soll mit dem Staat verhandeln. Meist wird diese Position einer gebildeten Person aus dem Dorf anvertraut. Die Größe einer *schura* hängt von der Schwere eines Falles ab. Bei schweren Delikten können bis zu zwölf Älteste mit einbezogen werden. Bei Verhandlungen sind Kläger wie Angeklagte anwesend (Frauen werden durch ihren Vormund vertreten), und die Scharia wird so angewendet, wie der lokale islamische Rechtsgelehrte (Mullah) diese versteht.

In Nuristan übernahm die lokale Institution *awri* bzw. *awra*, *awrjast* oder *uloo* die Rechtsprechung. Die *jirga* (Rat, Versammlung) eines Ortes beruft sich auf die Scharia und die traditionellen Rechte. Die Tätigkeit ist ehrenamtlich, die Mitglieder der *jirga* werden gewählt. Auch bei den Hazara gibt es solche Räte, dort werden sie *maraka*, *majiles qawmi* oder *marka* genannt. Je nach Schwere des Falls haben sie drei, 15 oder 30 Mitglieder, zu denen unbedingt auch Mitglieder von *Said*-Familien gehören müssen, die als Nachfahren des Propheten Mohammeds gelten und daher einen besonderen Status genießen. Entscheidungen werden hier auf der religiösen Basis des schiitischen *Jafari*-Rechts gefällt.

Die Versammlungen (*jirga*) auf lokaler Ebene gelten dabei als unumstößliche Autoritäten, deren Entscheidungen umzusetzen sind und die in der Bevölkerung breite Anerkennung genießen. Über 80 Prozent der Afghanen waren 2005 der Ansicht, dass die lokalen *jirga* oder *schura* gerecht urteilen. Die staatlichen Gerichte dagegen galten als langsam und anfällig für Korruption. Allerdings waren die Entscheidungen der lokalen, auf traditionellem Recht basierenden Instanzen offiziell nicht bindend oder formell anerkannt; häufig widersprachen sie dem staatlichen Gesetz, der vom Staat anerkannten Scharia oder den internationalen Menschenrechten.

Das Nebeneinander vieler unterschiedlicher Rechtsinstanzen führte daher weniger zu Rechtssicherheit als zur Käuflichkeit der Rechtsexperten und damit zu Machtkonflikten. Landkonflikte – zwischen Viehzüchtern und Bauern, Migranten und Gemeindemitgliedern oder zwischen Familienmitgliedern – zählen zu den häufigsten Konflikten. Mit dem steigenden monetären Wert von Land sind zunehmend Angehörige politischer Eliten in Landbesitzstreitigkeiten involviert, die bereit sind, ihre Interessen auch mit Gewalt durchzusetzen. Landnutzung basiert auf Gewohnheitsrechten, Pachtverhältnissen und traditionellen Rechtsansprüchen. Bei Landnutzungs- und Landbesitzkonflikten kommt es daher immer wieder zu Toten. Dennoch werden die meisten Landkonflikte auch weiterhin relativ unkompliziert nach lokalem Recht gelöst, wie die Ethnologin Friederike Stahlmann in ihrer Feldstudie zeigte.

Afghanistan ist eine ethnisch, religiös und politisch gemischte Gesellschaft, die in einem einzigen Jahrhundert unzählige Konflikte, mehrere Bürgerkriege und internationale Interventionen und damit einhergehend umfangreiche politische Veränderungen erlebt hat. Angesichts dieser oft von erheblicher Gewalt geprägten Lage fragt Stahlmann in ihrer Dissertation, wie die Menschen von gewaltgeladenen Konflikten zurück zu einer institutionalisierten Konfliktführung kommen können. Sie bezieht sich hierbei auf einen ethnographischen Ansatz, bei dem Streit als Forschungsgegenstand im Zentrum der Aufmerksamkeit steht und weniger die Beschreibung abstrakter Rechtssysteme. Dies erlaubt ihr, die Rolle von sozialen Beziehungen sowie von staatlichen und nicht-staatlichen Institutionen bei der Eskalation von Konflikten mit zu berücksichtigen. Allein das Vorhandensein verschiedener Rechtssysteme sagt wenig darüber aus, wie in Gesellschaften Streit ausgetragen wird und welche Lösungsoptionen gewählt werden. Rechtsanthropologen haben daher auf die Untersuchung von *troublesome cases*, in anderen Worten, auf tatsächlich stattfindende Gerichtsverfahren zurückgegriffen und damit, über eine formale Beschreibung von hierarchisch geordneten Rechtsordnungen innerhalb eines Geltungsbereichs hinaus, auf ‚Streit‘ im Allgemeinen geschaut. Nur so kann die Komplexität von sozialen Beziehungen, des Streitgegenstandes und der institutionellen Konfliktführung erfasst werden.

Da die offiziellen staatlichen Gerichte vielen afghanischen Bürgern schwer zugänglich erschienen und das Führen von Prozessen zudem als teuer und wenig erfolgversprechend galt, wurden oftmals lokale Formen der Streitregelung auf unterschiedlichen Ebenen bevorzugt, da sie als effektiver, aller-

274 Geschichte und Entwicklung der Rechtsethnologie

dings nicht unbedingt gerechter galten. Stahlmann stellte in ihrer Forschung in der Provinz Bamyan fest, dass der Verlauf der Verhandlungen durch den sozialen Status der Parteien vorgeprägt war und in der Regel zugunsten des Stärkeren und des Mächtigeren entschieden wurde. Sowohl die Ältestenräte als auch die Dorfräte (*jirga, schura*) fügen sich Stahlmann zufolge in der Regel dem Prinzip des Stärkeren, was zu weit verbreiteten Vorwürfen der Ungerechtigkeit führte.

Der tadschikisch-afghanische Kläger, dessen paschtunische Freundin von der eigenen Familie getötet wurde, scheint in einer vergleichbaren Lage zu sein. Er vermeidet den Kontakt zur regulären Polizei, die nicht-eheliche Beziehungen unabhängig von der Gesetzeslage in der Regel missbilligt. Sie hätte das Paar den Familien übergeben und kein juristisches Verfahren eingeleitet, befürchtet der Asylantragsteller.

Während das deutsche Gericht in Bezug auf die nicht-eheliche Schwangerschaft von einem ‚im islamischen Kulturkreis streng geahndeten Verstoß‘ spricht und damit dem Islam im Allgemeinen die Schuld für die Situation des Klägers gibt – was der Kläger nicht getan hatte –, deuten die Aussagen des Klägers auf eine komplizierte Rechtslage hin, bei der die verantwortlichen Instanzen nach ihren moralischen Vorstellungen und eben nicht nach geltendem staatlichen Recht geurteilt hätten. Lokale Rechtsordnungen standen dem aus unterschiedlichen ethnischen Gruppen stammenden jungen Paar für einen solchen Fall nicht zur Verfügung, ebenso waren Taliban-Gerichte keine Option – beide Rechtsordnungen hätten das Paar hart bestraft, eventuell sogar mit der Todesstrafe belegt –, und das (ebenfalls islamische) staatliche Recht erschien dem Kläger nicht zugänglich. Der Rechtspluralismus sorgte damit nicht für ein vorteilhaftes *forum shopping*, sondern für eine ausweglose Lage.

Da der Staat in Afghanistan in den letzten zwei Dekaden unfähig war, ein funktionierendes Gerichtswesen durchzusetzen, das Streitigkeiten flächendeckend, zügig und effektiv löst, haben die Taliban gerade in diesem Bereich die größten Erfolge verbucht. Bereits vor ihrer Eroberung des gesamten Landes zogen mobile Taliban-Gerichte durch die Dörfer und verhandelten auch Klagen in regionalen Zentren. Sie lösten Konflikte schnell und offenbar auch zur Zufriedenheit vieler Bewohner. Laut dem Analysten Ali Obaid des renommierten *Afghanistan Analysts Network* war es gerade die Schnelligkeit der Taliban-Gerichte und die Abwesenheit von Korruption, die ihre Akzeptanz erhöhte.

In der Provinz Baktria spielten dem Ethnologen Said Reza Kazemi zufolge Taliban-Gerichte bald selbst in den von der Zentralregierung verwalteten Kreisstädten eine Schlüsselrolle. Wenn ein lokales Taliban-Gericht einen Fall nicht lösen konnte, wurde der Fall nach Pakistan zur nächsthöheren Taliban-Instanz transferiert. Die Gerichte waren Teil einer sich rasch ausbildenden Parallelstruktur, die auch politische Institutionen (Schattengouverneure), Bildungseinrichtungen und Verwaltungsbehörden umfasste. Mit der Eroberung des ganzen Landes im August 2021 wurden diese Taliban-Gerichte zur offiziellen Gerichtsbarkeit erklärt; die bislang geltende Verfassung von 2005 wurde durch die Taliban aufgehoben. Geändert hat sich die Rechtslage in der Folge vor allem in den Gegenden, in denen die Taliban zuvor wenig oder keinen Einfluss hatten. Zudem werden nun Moralvergehen im ganzen Land mit voller Härte verfolgt, während zuvor primär Land- und Familienstreitigkeiten von den Taliban gelöst wurden.

Multikulturalismus als Frage des Rechtspluralismus

Die Frage nach der Integration einzelner Rechtsbereiche aus nicht-staatlichen Rechtsordnungen (zum Beispiel aus der Scharia) wird in Staaten wie Kanada und in einigen europäischen Ländern auch im Zusammenhang mit Minderheitenrechten diskutiert. Hier prägte der Begriff Multikulturalismus die Debatte, wie ihn der Politikwissenschaftler und Philosoph Charles Taylor formuliert hat. Laut Taylor brauchen gesellschaftliche Minderheiten nicht nur eine Stimme in der Öffentlichkeit, sondern auch die Anerkennung ihrer Rechte. Sein Konzept der *Politics of Recognition*, publiziert im Jahr 1994, plädiert dafür, Minderheiten nicht lediglich zu tolerieren (was nicht mit Akzeptanz gleichzusetzen ist), sondern ihnen Raum für eine eigenständige kulturelle und damit identitäre Entwicklung zuzugestehen. In Kanada hatte er vor allem die einheimischen Minderheiten sowie die englisch- und französischsprachige Bevölkerung vor Augen. Die Nicht-Anerkennung führt Taylor zufolge zu einem Gefühl von Unterlegenheit und Diskriminierung und damit potentiell zu Konflikten. Daher fordert Taylor Gruppenrechte für Minderheiten innerhalb eines Staates. Seit etwa einer Dekade können Muslime in der kanadischen Provinz Ontario Streitschlichtungen tatsächlich nach islamischem Recht durchführen, allerdings nur in zivilrechtlichen Fällen. Entscheidungen der muslimischen Schiedsgerichte müssen durch kanadische Gerichte bestätigt werden, bevor sie gültig sind.

Zahlreiche Wissenschaftler und Regierungen in Europa und der ganzen Welt haben sich mit den Vor- und Nachteilen eines mit politischen Rechten ausgestatteten Multikulturalismus auseinandergesetzt. Während Taylor vor allem an indigene Minderheiten gedacht hatte, wurde der Multikulturalismus später auf migrantische Gesellschaften übertragen. In Großbritannien zum Beispiel wurde Multikulturalismus durch die Zuwanderung von Migranten aus Afrika, der Karibik und Asien (*the blacks*) zum politischen Konzept, während in Deutschland ‚Multikulti' ein bloßes Schlagwort blieb, um ethnische und religiöse Vielfalt zu zelebrieren. Der Ethnologe Augie Fleras

276 Geschichte und Entwicklung der Rechtsethnologie

hat die Politik des Multikulturalismus in mehreren Ländern des Globalen Nordens untersucht. Seine Studie soll im Folgenden vorgestellt werden.

Unter den migrantischen Gruppen in Großbritannien herrschte wenig Einheit darüber, wie sie sich in die Gesellschaft einbringen sollten. Während sich einige migrantische Gruppen in ihre Institutionen wie zum Beispiel Moscheen zurückzogen, mobilisierten andere die Massen, um so für ihre Rechte zu protestieren, beschreibt Fleras. Die Antwort der britischen Regierung in den 1980ern war eine Depolitisierung des Aktivismus (*black activism*) und die Förderung von kulturalisierter Vielfalt, was als britischer Multikulturalismus bekannt wurde. „Vereinbarungen wurden mit *black leaders* ausgehandelt, die den Auftrag erhielten, Widerstand der Gemeinschaften zu dämpfen im Austausch für die Finanzierung kleiner Projekte oder der freien Ausübung ihrer Autorität oder ihres Patriarchats. Initiativen und Programme konzentrierten sich darauf, schwarzen Aktivismus (afrikanischen, karibischen und asiatischen) in konventionelle institutionelle Kanäle umzuleiten, wo ihr [politisches] Potential entpolitisiert werden sollte. Oder, um diese Zusammenarbeit drastischer zu formulieren, um Kultur zu feiern, anstatt Kultur als Basis politischen Handelns zu begreifen, wie Kundnani enthusiastisch formulierte."[130]

Im Laufe dieser Prozesse veränderte sich die Debatte von einer Forderung nach gleichen sozialen Rechten hin zu einer Politik der kulturellen Rechte. Minderheiten forderten nicht mehr den gleichen Zugang zu Bildung, Jobs und einflussreichen Positionen, sondern verlangten aufgrund ihres Minderheitenstatus Sonderrechte. Die Konsequenz war erstens ein zunehmender Rassismus, der sich in seiner Annahme fundamentaler (kultureller und/oder religiöser) Unterschiede zwischen den Gruppen bestätigt sah; zweitens kam es im Zuge der Betonung der unterschiedlichen kulturellen Identitäten zu einem Zerfall der Kooperation unter migrantischen Gruppen, die sich zuvor beim Kampf um soziale Anerkennung vereint hatten, und drittens radikalisierte die Förderung kultureller Unterschiede diese Prozesse und erschwerte zunehmend den Aufbau einer Gesellschaft auf Basis gemeinsamer Werte. Diese Fragmentierung, kritisiert Fleras, führte zu isolierten Einheiten sowie ethnischen bzw. ethnoreligiösen Identitäten und untergrub jedes Zugehörigkeitsgefühl zu einer größeren Gesellschaft. Im gleichen Maße wurde Religion zum Rückzugsort dieser isolierten Gruppen.

Die Multikulturalismus-Politik führte laut wissenschaftlichen Experten also nicht zum gewünschten Erfolg (einer pluralen offenen Gesellschaft), sondern zu einer fragmentierten Gesellschaft, in der sich die einzelnen Gruppen in ihre kulturellen und religiösen Identitäten zurückzogen. Das Dilemma, das für Großbritannien besonders drastisch verlaufen ist und gut dokumentiert wurde, trifft in ähnlicher Weise auch auf Deutschland zu. Einerseits wollte die gutgemeinte Politik mit Multikulturalismus eine Integra-

Multikulturalismus als Frage des Rechtspluralismus 277

tion von Gruppen ohne Assimilationszwang und ohne politischen Protest erreichen, förderte dabei andererseits aber die kulturelle bzw. religiöse und schließlich soziale Atomisierung von migrantischen Gruppen.

Die auch in Deutschland als ‚gescheitert' erachtete Multikulturalismus-Politik hat weniger zu einer Reflexion und Veränderung der Strategie geführt als zu einer Begriffsänderung. Der neue Begriff, mit dem das immer noch bestehende Dilemma gelöst werden soll, ist ‚Vielfalt/Diversity', stellte der renommierte Ethnologe Steven Vertovec fest. Er und Susanne Wessendorf haben darauf hingewiesen, dass sowohl in den Dokumenten des *Home Office* in England als auch im 202-Seiten starken Dokument der nationalen Strategie für Migranten in Deutschland von 2007 der Begriff ‚Vielfalt' inflationär verwendet wird. Eine neue politische Strategie ist deshalb allerdings nicht erkennbar, vielmehr setzt sich damit die zunehmende Fragmentierung der Gesellschaft in einzelne religiöse und ethnische Einheiten weiter fort.

Das Konzept des Multikulturalismus in Bezug auf Minderheitenrechte wurde vielseitig debattiert und unterschiedlich umgesetzt.[131] Es wurde zum Beispiel darüber nachgedacht, ob im Rahmen des Familienrechts Sondergerichte möglich seien. Allerdings rief die Idee eines solchen auf Gruppenzugehörigkeit basierenden Rechts auch Kritik hervor, da dabei leicht nicht-liberales Recht in einem liberalen Staat Anerkennung finden würde und individuelle Rechte mit den Gruppenrechten zwangsläufig kollidieren würden. Es ist daher nicht verwunderlich, dass vor allem Frauen mit Migrationshintergrund sich gegen solche Multikulturalismus-Konzepte stellten. In den USA war es die Philosophin Susan M. Okin und in Deutschland unter anderen die Rechtsanwältin Seyran Ateş, die darauf aufmerksam machten, dass solche Sonderrechte zulasten der Frauen gehen, die in vielen dieser Gemeinschaften traditionell weniger Rechte haben, insbesondere, wenn es um Familienfragen geht. Sie kritisierten, dass damit durch den Nationalstaat garantierte individuelle Freiheitsrechte zugunsten der Gruppenrechte aufgegeben werden müssten.

Zusammenfassend gesagt ist die Idee der kulturellen Anerkennung gruppenspezifischer Rechte zwar gut gemeint und diversitätsfördernd, jedoch impliziert diese Annahme, dass kulturelle Gruppen interne Homogenität aufweisen und individuelle, abweichende Lebensentwürfe kollektiv abgelehnt würden. Die Gefahr besteht, dass dabei Kultur und/oder Religion zu einem ‚Containerbegriff' erhoben werden, wonach bestimmte Autoritäten (in der Regel männliche) definieren und festlegen, was als kulturelles und religiöses Recht zu gelten hat.

Ethnologen wie Boris Nieswand und Heike Drotbohm haben mit Recht wiederholt Kritik am ‚methodologischen Nationalismus' geäußert und für eine reflexive Wende plädiert. Unter methodologischem Nationalismus versteht man ein Forschungsvorgehen, bei dem nationale Identitäten als For-

278   Geschichte und Entwicklung der Rechtsethnologie

schungskategorien unhinterfragt verwendet werden. Oft gehört wird beispielsweise ‚die Türken in Deutschland…‘, als teilten alle türkischen Bürger eine einzige kulturelle Lebensweise. Hierbei wird Ethnizität mit Kultur gleichgesetzt, und mit der Annahme eines imaginären Zentrums werden Vorstellungen der Homogenität und ‚Reinheit‘ nationaler Kultur und Identität befördert. Darüber hinaus wird jeder Person mit Bezug zu einer bestimmten Kultur unterstellt, sie habe ein gleichsam ‚natürliches‘ Bedürfnis, ‚ihre Kultur‘ besonders auszuleben – wer dies ablehnt, wird zu einem religiös oder ethnisch Abtrünnigen. Kultur ist aber, das betonen Nieswand und Drotbohm, ein dynamischer Prozess, der auch für Migranten nicht damit endet, dass sie ihren Lebensmittelpunkt in ein anderes Land verlegen.

Ethnische Unterschiede werden, wie der norwegische Ethnologe Fredrik Barth verdeutlichte, nicht in einem imaginierten Zentrum definiert, sondern an den Grenzen sichtbar. Mit anderen Worten, erst durch eine Definition von Unterschieden, die gerade in der Migration stärker artikuliert werden können, entsteht der Eindruck kultureller Zugehörigkeit und Differenz. Dem steht die Banalität ethnischer Differenzen im Alltag – wie Nieswand es treffend formuliert hat – entgegen: „In Abgrenzung zu Banalisierung verweise ich mit dem Begriff der Banalität auf situative Relevanzabstufungen. Banalität von Ethnizität beschreibt in dieser Dimension eine relativ zu anderen Unterscheidungen geringe Relevanz dieser Differenzsetzung, welche aber nicht gleichbedeutend mit ihrer Irrelevanz ist."[132] Denn wie der Ethnologe Hans-Rudolf Wicker argumentiert, gibt es keinen Grund anzunehmen, dass Asylsuchende ihre Handlungen ausschließlich an (einer) Kultur ausrichten. Motivationen sind in der Regel vielfältig und vielschichtig, wobei Argumentationen mit ‚Kultur‘ durchaus auch nachträglich eine möglicherweise sehr viel banalere oder niedere Motivation (kriminelle Geschäfte, Rache) zu überschreiben erlauben.

Mit dem Begriff der ‚Transkulturalität‘ wurde eine Korrektur des Multikulturalismus vorgeschlagen, denn das ‚Trans-‘ weist auf Interaktionsprozesse (*flow*), auf eine Verflechtung und Auflösung von Gruppen (*entanglement*), auf soziale, wirtschaftliche und kulturelle Austauschprozesse und allgemein auf einen dynamischen Begriff von Kultur und Gesellschaft hin.[133] Wahrscheinlich wird das Konzept der Transkulturalität das Problem nicht lösen, aber den Fokus von kulturellen und religiösen essentialistischen Forderungen weg und auf das eigentliche Ziel, nämlich eine gemeinsame transkulturelle Gesellschaft, hin auszurichten helfen.

Verwendete Literatur

Ahmed-Ghosh, Huma 2003. „A History of Women in Afghanistan: Lessons Learnt for the Future or Yesterdays and Tomorrow: Women in Afghanistan". *Journal of International Women's Studies* 4 (3).

Ateş, Seyran 2015 [2008]. *Der Multikulti-Irrtum: Wie wir in Deutschland besser zusammenleben können.* Berlin: Ullstein.

Barth, Fredrik 1998 [1969]. „Introduction", in *Ethnic Groups and Boundaries: The Social Organization of Culture Difference*, F. Barth (Hg.). Long Grove/Ill.: Waveland Press, 9–38.

Baumann, Gerd 1999. *The Multicultural Riddle*. London: Routledge.

Behrends, Andrea, Sung-Joon Park und Richard Rottenburg 2014. *Travelling Models in African Conflict Management. Translating Technologies of Social Ordering*. Leiden: Brill.

Benda-Beckmann, Franz von 2008. „Recht und Entwicklung im Wandel". Verfassung und Recht in Übersee. *Law and Politics in Africa, Asia and Latin America* 41 (3): 295–308.

Benda-Beckmann, Franz von 2008. „Pluralismus von Recht und Ordnung". *Behemoth. A Journal on Civilisation* 1: 58–67.

Benda-Beckmann, Keebet von 2003. „The Environment of Disputes", in *The Dynamics of Power and the Rule of Law*, W. van Binsbergen. Münster: LIT, 235–245.

Benda-Beckmann, Keebet von 2013. „Forum Shopping and Shopping Forums: Dispute Processing in a Minangkabau Village in West Sumatra". *The Journal of Legal Pluralism and Unofficial Law* 13 (19): 117–159.

Benda-Beckmann, Keebet von und Bertram Turner 2019. „Legal Pluralism, Social Theory, and the State". *The Journal of Legal Pluralism and Unofficial Law*, verfügbar unter: https://www.tandfonline.com/doi/full/10.1080/07329113.2018.1532674.

Çağlar, Ayşe 2002. „Der diskrete Charme der Eingeborenen: Drei Gerichtsfälle und die Frage der Regierbarkeit", in *Inspecting Germany: Internationale Deutschland-Ethnographie der Gegenwart*, T. Hauschild und B. J. Warneken (Hg.). Münster: LIT, 321–339.

Çağlar, Ayşe 1990. „Das Kultur-Konzept als Zwangsjacke in Studien zur Arbeitsmigration". *Zeitschrift für Türkeistudien* 1: 93–105.

Fleras, Augie 2009. *The Politics of Multiculturalism: Multicultural Governance in Comparative Perspective*. New York: Palgrave Macmillan.

Griffiths, John 1986. „What is Legal Pluralism?", *Journal of Legal Pluralism and Unofficial Law* 24: 1–55.

Hanser, Peter und Trutz von Trotha 2002. *Ordnungsformen der Gewalt – Reflexionen über die Grenzen von Recht und Staat an einem einsamen Ort in Papua-Neuguinea*. Köln: Köppe.

Kazemi, S. R. 2018. „One Land, Two Rules (2): Delivering Public Services in Insurgency-Affected Obeh District of Herat Province". 09.12.2018, *Afghanistan Analysts Network*, verfügbar unter: https://www.afghanistan-analysts.org/en/reports/economy-development-environment/one-land-two-rules-2-delivering-public-services-in-insurgency-affected-obeh-district-of-herat-province/.

Khurram, Karim und Natalie Rea. „The Customary Laws of Afghanistan". September 2004, *The International Legal Foundation*, verfügbar unter: www.TheILF.org.

Moore, Sally Falk 1973. „Law and Social Change: The Semi-Autonomous Social Field as an Appropriate Subject of Study". *Law & Society Review* 7 (4): 719–46.

Nieswand, Boris 2014. „Über die Banalität ethnischer Differenzierungen", in *Kultur, Gesellschaft, Migration, Studien zur Migrations- und Integrationspolitik*, B. Nieswand und H. Drotbohm (Hg.). Wiesbaden: Springer, 271–295.

Nieswand, Boris und Heike Drotbohm (Hg.) 2014. *Kultur, Gesellschaft, Migration, Studien zur Migrations- und Integrationspolitik*. Wiesbaden: Springer.

280 Geschichte und Entwicklung der Rechtsethnologie

Obaid, A. 2019. „One Land, Two Rules (3): Delivering Public Services in Insurgency-Affected Dasht-e Archi District in Kunduz Province". 26.02.2019, *Afghanistan Analysts Network*, verfügbar unter: https://www.afghanistan-analysts.org/en/reports/economy-development-environment/one-land-two-rules-3-delivering-public-services-in-insurgency-affected-dasht-e-archi-district-in-kunduz-province/.

Okin, Susan M. 1999. „Is Multiculturalism Bad for Women?", in *Is Multiculturalism Bad for Women*, J. Cohen, M. Howard und M.C. Nussbaum (Hg.). Princeton: Princeton University Press, 7–27.

Rahimi, Haroun 2021. „Constitutional Reckoning with The Taliban's Brand of Islamist Politics: The Hard Path Ahead". Kabul: *Afghanistan Institute for Strategic Studies* (AISS).

Schiffauer, Werner 2008. *Parallelgesellschaften: Wieviel Wertekonsens braucht unsere Gesellschaft?* Bielefeld: Transcript.

Schott, Rüdiger 1998 [1983]. „Rechtsethnologie", in *Ethnologie. Einführung und Überblick*, B. Beer und H. Fischer (Hg.). Berlin: Reimer, 171–195.

Schrader, Martin 2010. „Merkel erklärt ‚Multikulti' für gescheitert". 16.10.2010, *Deutsche Welle*.

Stahlmann, Friederike 2015. „The Power of Experience: Civil War Effects on Seeking Justice through Disputing". *HBORL (Hamida Barmaki Organization for the Rule of Law) Working Paper* 2015/04.

Taylor, Charles 1989. *Sources of the Self: The Making of the Modern Identity*. Cambridge, Mass.: Cambridge University Press.

Taylor, Charles 1994. „The Politics of Recognition", in *Multiculturalism: Examining the Politics of Recognition*, A. Gutmann (Hg.). Princeton: Princeton University, 25–73.

Tousignant, Nathalie 2015. „The Belgian Colonial Experience and legal Journals (1908–1960): An Overview", *C@hiers du CRHIDI* 2406-4157 Vol. 37.

Vertovec, Steven und Susanne Wessendorf 2010. *The Multiculturalism Backlash: European Discourses, Policies and Practices*. London, New York: Routledge.

Welsch, Wolfgang 2009. „Was ist eigentlich Transkulturalität?", in *Hochschule als transkultureller Raum? Beiträge zu Kultur, Bildung und Differenz*, L. Darowska und C. Machold (Hg.). Bielefeld: Transcript, 39–66.

Wicker, Hans-Rudolf 2000. „Kriminaljustiz und Gutachternpraxis – Das ‚falsche' versus das ‚richtige' ethnologische Gerichtsgutachten". *Ethnoscripts* 2 (2): 23–42.

Wily, Liz Alden. „Land, People, and the State in Afghanistan: 2002–2012". Februar 2013, AREU – Afghanistan Research and Evaluation Unit, verfügbar unter: https://www.ecoi.net/file_upload/1226_1362566796_1303e-land-ii-cs-feb-2013.pdf

Kapitel 12
Schlussbetrachtung

In Asylverfahren werden unterschiedliche Konfliktkonstellationen wie selbstverständlich vorgetragen. Manche sind gut nachvollziehbar, andere Konflikte erscheinen fremdartig, erfunden, nicht plausibel oder zumindest nicht weiter gefährlich für den Asylsuchenden. Die Einschätzung einer Gefahrenlage gehört zu den größten Herausforderungen, mit denen Asylrichter konfrontiert werden. Mit diesem Buch wurde versucht, Konflikte sowohl aus einem kulturellen und sozialen Kontext heraus zu beschreiben, als auch auf eine vergleichende Ebene zu heben und so allgemeiner verständlich zu machen.

Mit dem Schlusskapitel werden zwei Punkte aufgegriffen: Zunächst wird darauf aufmerksam gemacht, dass Analysen langwieriger Konflikte oft in der Etablierung eines Masternarrativs enden und die Komplexität solcher Konflikte damit aus dem wissenschaftlichen Gedächtnis der Gegenwartsforschung und der Presse verdrängt wird. Die Folge ist eine Verharmlosung von Sicherheitslagen. Der Mangel an empirischen Erkenntnissen über Mikroprozesse in Gesellschaften gerade nach Konflikten führt leicht dazu, dass makropolitische Interessen zur Bewertung einer Sicherheitslage bevorzugt werden.

In Deutschland gibt es keinen Standard, der definiert, was einen guten Gutachter im Asylprozess ausmacht, und dieses Buch ist nicht der Ort, eine solche Beurteilung vorzunehmen. Zudem sind die Fragestellungen in Asylverfahren so vielfältig, dass vielleicht gerade die Fähigkeit des Ethnologen, sich in fremde Welten, das heißt auch die Justiz einzudenken, die entscheidende Qualifikation darstellt.

Kontext und Lebenswelt

Bürgerkriege, Revolutionen und andere gewaltsame Ereignisse scheinen schnell in ein allgemeines Narrativ gedrängt zu werden, welches sich in einer ‚Einleitung' eines Buches oder eines Artikels abhandeln lässt. Dabei werden bestimmte Perspektiven eines Konflikts verschriftlicht oder auch ein andauernder Konflikt als alltäglicher Bestandteil der Kultur abgetan; auf diese Weise werden lokale Dynamiken, Entwicklungen und alternative Narrative in den Hintergrund gedrängt. Es scheint, als würde mit dem Ende der

282 Schlussbetrachtung

Berichterstattung oder einem offiziell deklarierten Friedensschluss auch der Einfluss eines Konflikts oder einer Katastrophe auf die betroffenen Gesellschaften einfach verschwinden, zumindest in der externen Wahrnehmung. Dies hat Auswirkungen auf die Asylrechtsprechung, da politische Maßstäbe für den Beginn und das Ende eines Kriegs angelegt werden. Für betroffene Bevölkerungen dauert der Friedensprozess nach einem gewalttätigen Konflikt in der Regel mehrere Jahre oder sogar Dekaden an und hinterlässt tiefe Spuren in den Familien und in der kollektiven Erinnerung der Gemeinschaften. Die Literatur- und Kulturwissenschaftlerin Aleida Assmann hat es folgendermaßen formuliert: „Politische Akte [...] sind schnell, punktuell und irreversibel vollzogen, während mentale Einstellungen und soziales Verhalten in ihrem Wandel schwerfälliger sind und vielleicht länger anhalten als eine halbe Generation."[134] Hinzu kommt, dass Konfliktparteien sich selten unmittelbar mit Ende des Krieges auflösen. Die meisten gewaltgeladenen Konflikte werden nach wie vor durch konkrete Personen ausgefochten (nicht durch anonyme Waffensysteme), die mit Ende einer Auseinandersetzung wieder integriert werden müssen; Kämpfer, die nach Beendigung eines Konflikts in andere Konfliktherde mit ähnlicher ideologischer Ausrichtung weiterreisen, hinterlassen in ihren zurückgebliebenen Familien und lokalen Gemeinschaften oft schwer zu füllende Lücken.

Ethnologische Forschungen sind daher angehalten, den Rahmen weiter zu spannen und nicht nur die Ebene politischer Entscheidungen zu betrachten, sondern auch soziale Aspekte miteinzubeziehen, die zunächst marginal erscheinen mögen. Dazu gehören klassischerweise Verwandtschaftsverhältnisse, veränderte Beziehungen zwischen ethnischen, religiösen oder anders definierten Gruppen und ganz allgemein die alltägliche Lebenswelt der betroffenen Bevölkerung. In und nach Konflikten entwickeln einzelne Gruppen innerhalb der Gesellschaft von der offiziellen Rhetorik abweichende Narrative, die sich auch auf die Konzeptualisierung von kulturellen Identitäten oder auf die Geschichtsschreibung auswirken können. So kommt es zum Beispiel zu einer neuen Periodisierung geschichtlicher Erzählungen anhand von Zäsuren, die Konflikte verursacht haben. Konflikte wirken in diesem Punkt ähnlich auf betroffene Gesellschaften wie Katastrophen: Sie verursachen mentale Zäsuren und verändern lokale Geschichtserinnerungen. Die neue Aufteilung von Zeit macht sich zum Beispiel darin bemerkbar, wenn Erzählungen Dinge erwähnen, die zuvor nicht-erzählenswert erschienen. Dies können zum Beispiel neue soziale Beziehungen, veränderte Rituale und Nachbarschaftsverhältnisse sein oder Rechte bzw. Diskriminierungserfahrungen bestimmter Gruppen. Berichte über scheinbar banale Dinge wie die Nahrungsmittelbeschaffung dienen als Kommunikationsform, um Ausnahmen vom normalen Alltag abzugrenzen und erzählbar zu machen. Auch die Thematisierung krisenbedingter Veränderungen von Ritualen, insbesondere der Heirat – frühere Heirat, Notheirat, fehlende Ressourcen, keine offiziel-le Registrierung – oder der Bestattungs- und Trauerrituale, kann gewalt-geladene Erfahrungen über Umwege erzählbar machen. Die Auswirkungen eines Bürgerkriegs sind auch viele Jahre nach dem offiziellen Ende in einer Gesellschaft noch spürbar und prägen die Handlungsoptionen bestimmter Gruppen und Individuen.

Nicht nur innerhalb von Familien und Nachbarschaften, sondern auch in-nerhalb größerer Gruppen, seien es ethnische, religiöse oder andere, werden die Entwicklungen eines Konflikts in Sinnzusammenhänge gebracht, die sich von offiziellen politischen Analysen drastisch unterscheiden können. Menschen suchen nach Erklärungen für die erlebte Gewalt und integrieren diese Erklärungen in ihre Erzählungen. Dabei können offizielle politische Narrative vollkommen in den Hintergrund treten, und oftmals können nur vor dem lokalen oder regionalen Hintergrund verständliche soziale und/oder historische Beziehungen zur Erklärung von Gewalterfahrungen heran-gezogen werden.

Konflikte können viele Ebenen haben, und es ist nicht immer klar, von welcher Ebene heraus eine Person erzählt. Zudem ist für Außenstehende nicht offensichtlich, wie sich die politische Ebene auf die persönliche, alltäg-liche Ebene auswirkt. Dies gilt auch für Asylsuchende, die in der Anhörung ihre Version eines Ereignisses darstellen sollen und dabei auf Erfahrungen und Erzählungen auf unterschiedlichen Ebenen zurückgreifen. Die Frage, wie sich dabei ein Konflikt auf das individuelle Leben auswirkt, ist komplex und oft von Betroffenen nur ungenau erklärbar.

Massaker gehören zu den radikalsten Formen der Gewalt innerhalb von Konflikten. Sie schockieren aufgrund der Opferzahlen und des Ausmaßes der angewendeten physischen Gewalt. Aber selbst solche Massaker werden von betroffenen Bevölkerungsgruppen in einen Sinnzusammenhang ge-stellt, der es den Menschen ermöglicht, über das Ereignis hinweg zu beste-hen. Solche Erklärungen legitimieren keinesfalls Gewalt und rechtfertigen diese ebenso wenig, aber sie zeigen, welche Formen der Konfliktführung im Rahmen gesellschaftlicher Auseinandersetzungen denkbar sind.

Zudem generieren unterschiedliche Konflikte verschiedene Formen der Erinnerung und Erzählung. Das gilt sowohl für nationale als auch für grup-penspezifische Narrative. In der Bevölkerung und sogar innerhalb einzelner Haushalte können Verluste von Familienmitgliedern Jahrzehnte aktiv be-trauert werden. Mütter spielen hier eine entscheidende Rolle, da sie die Er-innerung an verlorene Söhne (und Töchter) oder Ehemänner aktiv am Leben halten und so zu einer kulturellen Produktion von Trauer beitragen.

Erinnerungen an einzelne Konfliktereignisse können ebenfalls politischen Widerstand über Generationen hinweg am Leben erhalten und beeinflussen die psychologische Verfassung betroffener Menschen. Während Minder-

284 Schlussbetrachtung

heiten, wie zum Beispiel die Juden, Armenier oder Yeziden, Erinnerungsrituale entwickeln, um die Gewalterfahrungen über Generationen hinweg wachzuhalten und daraus gruppenspezifische Handlungsstrategien zu entwickeln, ziehen es die meisten Nationalstaaten vor, nur siegreiche Ereignisse zu zelebrieren und Niederlagen und schambelastete Geschehnisse nicht in die Geschichtsschreibung eingehen zu lassen. Damit prägen Erinnerungen politische Strukturen.

Spezifische Konfliktformen können das nationale Gedächtnis so stark prägen, dass eine Vielzahl von Konflikten immer wieder mit dem gleichen Vokabular belegt wird. Wie in Kapitel 8 gezeigt, ist es kein Zufall, wenn Gambia in regelmäßigen Abständen ‚Rebellionen‘ erlebt, damit jedoch Putsche, Aufstände und demokratische Wahlen gemeint sind oder wenn in Tschetschenien scheinbar fast nur ‚Fehden‘ ausgetragen werden, unabhängig davon, ob es sich um einen militärischen, politischen oder Klan-Konflikt handelt. Von einem Begriff auf eine spezifische Konfliktform zu schließen, wäre hier irreführend. Vielmehr handelt es sich um gesellschaftsspezifische Erklärungsnarrative, deren Ursprung in den von der Gesellschaft bekannten Formen der Konfliktführung liegt.

Viele der in diesem Buch bearbeiteten Konflikte sind mehr als eine Schablone der Vergangenheit, sie stellen langfristige Rahmenbedingungen für individuelles Handeln dar. Konflikte zu erzählen, bedeutet, ihnen einen Sinn zu geben und sich selbst in diesem Sinnzusammenhang zu verorten sowie die eigenen Handlungsstrategien anzupassen. In diesem Sinne prägen Konflikte und Katastrophen auch noch Jahre danach ethnographische Forschungskontexte.

Ambiguitäten menschlichen Handelns

Die Ambiguität menschlichen Handelns gilt auch in Gesellschaften, die scheinbar streng nach Verwandtschaftszugehörigkeit oder bestimmten Normen und Regeln organisiert sind. In Konflikten werden einerseits Normen der Zuschreibung sichtbar, denen sonst im alltäglichen Leben eine gewisse Banalität zukommt. Das gilt zum Beispiel für ethnische oder religiöse Merkmale, die erst im Laufe eines Konflikts zu einem überlebenswichtigen Kriterium werden können. Andererseits zeigt sich die Spannweite möglicher individueller Handlungsspielräume, die ein Konfliktkontext eröffnet. Abstammung, religiöse oder ethnische Herkunft sind also nicht immer ausschließlich eine Schicksalsangelegenheit. Eine Person kann sich von Traditionen distanzieren, andere Identifizierungen vorziehen und den Handlungsspielraum nutzen, der ihr zur Verfügung steht. Natürlich verfügen hierbei nicht alle Mitglieder einer Gesellschaft über die gleichen Optionen

Ambiguitäten menschlichen Handelns 285

und Chancen, dennoch muss man auch in Asylverfahren davon ausgehen, dass Menschen zwischen multiplen Identitäten navigieren und einander nach unterschiedlichen Merkmalen zu Gruppen zuordnen. Jede Gesellschaft erschafft Ordnungsmuster und Klassifikationen (ethnische, linguistische oder religiöse Gruppen, Klan-Zugehörigkeiten, politische Parteien etc.), die ebenso zutreffen wie nicht zutreffen können, das gilt für Deutschland ebenso wie für andere Länder. Wie genau würde ein Schwabe klassifiziert werden, wenn er weder reich noch sparsam ist und vielleicht nicht einmal Spätzle mag, aber bereits seit vielen Generationen auf der Schwäbischen Alb wohnt und den schwäbischen Dialekt ebenso beherrscht wie ein akademisches Hochdeutsch? Dieses Beispiel zeigt, wie flexibel Identitäten sind, wovon auch kulturelle Merkmale betroffen sind, zudem können Unterschiede hervorgehoben oder zurückgestellt werden und Handlungsweisen damit mehr oder weniger Spielraum erhalten.

In Konflikten wird diese Flexibilität für bestimmte Gruppen eingeschränkt, Zuschreibungen tendieren dazu, absolute Kriterien der Zugehörigkeit zu werden und den Handlungsrahmen enger werden zu lassen. Dabei kann ein Individuum in der Regel nicht (mehr) wählen, sondern wird sich der Situation fügen müssen. Fragen des Schutzes, der Sicherheit und des Risikos werden durch Gruppenzugehörigkeit reguliert.

Der Philosoph William James bearbeitete in seiner Forschung zur ‚radikalen Empirie' die Frage, welche Rolle Erfahrung bei Entscheidungen spielt. Die Erfahrung ist in der Evaluation von Wissen zentral, da diese die Möglichkeiten für Handlungsoptionen eröffnet. Im Grunde basiert die Evaluation einer Situation primär auf Erfahrung, die zu den Ereignissen in Beziehung gesetzt wird erklärt James. Er unterscheidet zwischen Empfindung (*percept*) und Auffassung (*concept*). Die Empfindungen sind Beziehungen von Erfahrungen, die sich ergeben und stark von Emotionen geleitet werden. Im Gegensatz dazu basiert die Auffassung auf einem konzeptuellen Wissen, das sich dadurch auszeichnet, dass eine unmittelbar erfolgende Erfahrung die vorangegangene bereits kennt. Das Wissen, auf das sich Flüchtlinge in einem Konflikt verlassen, speist sich hauptsächlich aus Erfahrungen und dem konzeptuellen Wissen, das sie aus Nachbarschaftsgesprächen, Gerüchten und unmittelbaren Informationen beziehen.

In einer konkreten Situation überschaut eine Person in der Regel weder die größeren Konfliktzusammenhänge noch die Gefahrenlage. Niemand wird die Toten zählen, um dann bei einem bestimmten Prozentsatz an Opfern zu entscheiden, sein Haus zu verlassen. Wann der Punkt für eine Flucht gekommen ist, hängt von zahlreichen Faktoren ab, die Betroffene vielleicht rational nur ansatzweise erklären können. Das Wissen um lokale Konfliktführung und Loyalitäten dürfte ein wesentlicher Teil sein, da diese die Kategorien von Freund und Feind definieren, aber keinesfalls erklärt eine solche konzeptuelle Erfahrung oder Auffassung, um mit James zu argumentieren, wann Familien oder Individuen sich zur Flucht entscheiden. In diesem Sinne stellen die in diesem Buch behandelten Konfliktformen Handlungsrahmen dar, die jedoch die tatsächlichen individuellen Entscheidungen, Möglichkeiten und Handlungsoptionen nicht festlegen.

Der Anspruch an Geflüchtete ist, dass sie ihre Geschichten kohärent und plausibel erzählen und diese sich durch Hinzuziehen externer Quellen kontextualisieren lassen. Dabei sollen kulturspezifische Deutungsversuche – wie die Kläger aus Nigeria, die für den plötzlichen Todesfall Hexerei verantwortlich machen, oder die junge YPG-Kämpferin, die sich im Rahmen kurdischer Befreiungsnarrative als Heldin inszenierte – unterlassen werden, da diese sich durch juristische Methoden nicht verarbeiten lassen. Gleichzeitig wird ein Repertoire an kulturspezifischen Eigenheiten als Maßstab der Authentizität angelegt, und zwar auf Basis von Herkunftslandinformationen. So wird beispielsweise erwartet, dass ein Somali sich in ein Stammessystem einfügt und sein Handeln primär nach diesem Wissen um Stammesinteressen ausrichtet. Eine Frau, die in Somalia erfolgreich ein Unternehmen führte, wird zu Unrecht als unglaubwürdig erachtet, weil die Mehrheit der Quellen (zurecht) von einer untergeordneten Position der Frau spricht und sich das Bild der Unternehmerin anscheinend nicht mit den in den Länderberichten vereinfacht dargestellten Geschlechterkonstruktionen – der unterdrückten beschnittenen Frau und des gewaltbereiten Patriarchen – deckt. Individuelle Darstellungen sollen sich möglichst genau mit Herkunftslandinformationen decken, die allerdings niemals die volle Bandbreite möglicher Lebenskonzepte erfassen können. In Alltagsentscheidungen insbesondere in Konflikten können allerdings Konzepte (zum Beispiel über Verwandtschaft, Politik, Geschlecht etc.) weitgehend irrelevant oder unverhandelbar werden.

Zum Abschluss

Folgt man Eric Wolf, so ist die Ethnologie zur Erforschung von Krisen sozusagen prädestiniert, da in solchen Situationen die sozialen Mechanismen einer Gesellschaft besonders deutlich hervortreten und daher gut studiert werden können. In der Tat hat die Ethnologie umfangreiche Studien zu gesellschaftlichen Konflikten vorgelegt, die bis heute nicht an Relevanz eingebüßt haben. Im Gegenteil: Durch die zunehmende Vernetzung der Welt, die Zunahme der Mobilität und die sich ändernden Verhältnisse haben sich Formen der Konfliktführung vermischt, weiterentwickelt und stehen zum Beispiel in Asylverfahren zur Diskussion.

Auf eine asylrechtliche Diskussion wurde in diesem Buch gänzlich verzichtet. Jeder Begriff im Asylrecht geht nicht nur auf eine lange juristische

Geschichte zurück, sondern ist zudem mit weltpolitischen Konstellationen, Sicherheitslagen und politischen Positionen verbunden. In anderen Worten, die juristischen Auslegungen von Begriffen wie ‚Zugehörigkeit zu einer bestimmten sozialen Gruppe', ‚Gruppenverfolgung', ‚Gefahrendichte' oder ‚Verfolgungsdichte', ‚Verfolgungsakteur' oder ‚beachtliche Wahrscheinlichkeit' (einer Verfolgung/einen beträchtlichen Schaden zu erleiden) sind Teil der täglichen Asylrechtspraxis ebenso wie von juristischen Abhandlungen. Es wäre schlichtweg nicht möglich, auch nur annäherungsweise diese Begriffe auf eine ethnologische Ebene herunterzubrechen. Solide Einführungswerke zur ‚Gruppenverfolgung' hat unter anderem Daria Dudley vorgelegt, zu ‚Kriegsflüchtlingen' bietet die Dissertation von Nora Markard eine gute Einführung, zu ‚Konversionen in Asylverfahren ' (insbesondere von iranischen Geflüchteten) ist Conrad Krannichs Buch aufschlussreich, und zur ‚weiblichen Genitalverstümmelung/Beschneidung' (FGM) hat Anna Lena Göttsche eine Abhandlung verfasst. Diese Bücher haben gemeinsam, dass sie sich den asylrelevanten juristischen Kernbegriffen in aller Ausführlichkeit nähern und dabei mit Beispielen arbeiten, so dass sie auch für Nicht-Juristen gut verständlich sind.

Dieses Buch hat eine ethnologische Agenda verfolgt und unterscheidet sich damit von den Werken, die sich primär für die Auslegung juristischer Begrifflichkeiten interessieren und hierzu ausgewählte Herkunftslandinformationen und Beispiele aus der Rechtsprechung heranziehen. Im Gegensatz dazu wurde das empirische Material hier ungefiltert und mit allen Kontroversen, die Konflikte mit sich bringen, dargestellt. Es ist damit ein Handbuch, das den juristischen selektiven Einsatz von Informationen wieder zurück in die Fülle möglicher Lebensrealitäten katapultiert. Im Buch wurde empirisches Material ethnologisch aufgearbeitet. Die Beispiele aus den Asylverfahren wurden als ethnographische Vignetten eingeführt und nicht als juristische Probleme.

Kritiker haben darauf hingewiesen, dass die Ethnologen es verpasst hätten, zentrale Themen der deutschen Gesellschaft (Katastrophen, Terrorismus, Multikulturalismus etc.) frühzeitig zu untersuchen. Kritische Themenfelder seien den Journalisten überlassen worden, obwohl sie in den Zuständigkeitsbereich des Faches fallen. Dieses Buch zeigt, dass sich Ethnologen in der Vergangenheit reflektiert und differenziert mit Konflikten beschäftigt haben und diese Arbeiten einen wichtigen Beitrag zum Verständnis von Gesellschaften darstellen. Mit dem Anwendungsfeld in Asylverfahren erhält die Konfliktethnologie erneut Relevanz, so dass auch in Zukunft ethnologische Studien, die die mikrogesellschaftliche Ebene von Konflikten, Krisen und Katastrophen untersuchen, benötigt werden.

Verwendete Literatur

Assmann, Aleida 1999. *Zeit und Tradition: Kulturelle Strategien der Dauer*. Köln: Böhlau.

Dudley, Daria 2020. *Gruppenverfolgung im Asyl- und Flüchtlingsrecht. Einheitlichkeit der Rechtsprechung von Tatsachen- und Obergerichten*. Baden-Baden: Nomos.

Göttsche, Anna Lena 2020. *Weibliche Genitalverstümmelung/Beschneidung*. Tübingen: Mohr Siebeck.

Jackson, Michael 2005. *Existential Anthropology: Events, Exigencies, and Effects*. Methodology and History in Anthropology 11. New York: Berghahn.

James, William 1976. *Essays in Radical Empiricism*. Cambridge: Harvard University Press.

Krannich, Conrad 2020. *Recht macht Religion. Eine Untersuchung über Taufe und Asylverfahren*. Kirche – Konfession – Religion, Bd. 76. Göttingen: V & R Unipress.

Markard, Nora 2012. *Kriegsflüchtlinge*. Tübingen: Mohr Siebeck.

Wolf, Eric R. 1990. „Distinguished Lecture: Facing Power – Old Insights, New Questions". *American Anthropologist* 92: 585–596.

Anmerkungen

Kapitel 1
Warum dieses Buch?

1 Dieser Band hat von der Durchsicht mehrerer richterlicher Kolleginnen und Kollegen am Verwaltungsgerichtshof Baden-Württemberg und dem Verwaltungsgericht Stuttgart sowie Kollegen aus der Ethnologie profitiert. Die Autorin dankt allen für ihre konstruktive Kritik und Unterstützung bei der Anfertigung dieses Buches, übernimmt aber die volle Verantwortung für alle Inhalte.
2 Im deutschen Sprachgebrauch ist der Begriff der Ethnologie und der Völkerkunde üblich. Aufgrund der Veränderung der Lebensrealitäten überall in der Welt findet jedoch kaum mehr eine Forschung unter einer homogenen Gruppe statt, weshalb zunehmend der Begriff der Sozialanthropologie von Vertretern des Faches bevorzugt wird. Dieser setzt den Fokus mehr auf soziale als auf ethnische Prozesse, obwohl selbstverständlich Begriffe wie Kultur oder Ethnizität weiterhin eine wichtige Rolle spielen. Zur besseren Lesbarkeit und weil der Begriff allgemein üblicher im deutschen Sprachraum ist, wurde für dieses Buch der Begriff Ethnologie verwendet und auf eine Differenzierung in Bezug auf die Forschungsansätze verzichtet.
3 Der Globale Süden ist eine direkte Übersetzung des Begriffs ‚Global South‘ und bezieht sich auf die Länder, die zuvor als Entwicklungs- und Schwellenländer bzw. wirtschaftlich benachteiligte Länder klassifiziert wurden. Dem steht der Globale Norden gegenüber.

Kapitel 2
Einführung in die Konfliktethnologie

4 Notizen aus der Verhandlung durch die Autorin.
5 Die Rolle von Ethnologen in britischen Asylverfahren wurde unter anderem durch folgende Wissenschaftler diskutiert: Good 2008, Gibb/Good 2013, Höhne 2016, Vetters/Foblets 2016. In der Zeitschrift *International Journal of Law in Context* hat die Direktorin Prof. Dr. Marie-Claire Foblets (2016) des Max-Planck-Institutes für ethnologische Forschung im Jahr 2016 eine Sonderausgabe zum Thema ethnologische Expertise in der Rechtspraxis herausgegeben.
6 Çağlar 2002, 221.
7 Mitsch 2020, 24.
8 Vetters/Foblets 2016, 285–286.
9 QRL – L 337/9/2011, Kap. II, Art. 4 (3) a.
10 Bis 2022 war die Europäische Asylagentur als European Asylum Support Office, kurz EASO, bekannt. Inzwischen wurde EASO dem Mandat der Europäischen Union unterstellt, was zu einer Namensänderung geführt hat: Sie heißt nun EUAA, European Union Agency for Asylum.
11 Zur Anthropologie der Gewalt siehe zum Beispiel Girard 2021 (1972), David (Hg.) 1986, Feldmann 1991, Scheper-Hughes 1992, Koehler/Heyer (Hg.) 1998, v. Trotha 1998, Elwert/Feuchtwang/Neubert (Hg.) 1999, Waldmann 1999, Hanser/v. Trotha 2002, Krämer 2007, Eller 2010, Klute (Hg.) 2011, Koehler/Zürcher 2003.
12 Als *Cheffries* bezeichnet werden Gemeinschaften in Subsahara-Afrika, die sich um einen König oder Chief konstituieren und ihre territoriale und politische Macht aus Verwandt-

290 Anmerkungen zu S. 27–115

schaftsstrukturen und Ritualen ableiten. In Kamerun sind *Cheffries* seit 1977 administrative Einheiten.

13 Zur Trauma-Forschung in der Ethnologie siehe unter anderen Alexander 2004, Kenny 1996, Kirmayer 1996.

14 Zum Beispiel wird Angst je nach Gesellschaft in unterschiedlichen Organen angesiedelt und mit unterschiedlichen Symptomen in Verbindung gebracht, die sich von den Klassifikationen der westlichen Psychologie erheblich unterscheiden können. In Ostasien etwa wird Wut mit der Leber und Angst mit den Nieren und dem Herzen in Verbindung gebracht.

15 *Fethullah Terrorist Organisation* (FETÖ) ist die Bezeichnung, die die türkische Regierung für die Gülen-Bewegung verwendet. Die Funktionsweisen, Suchkriterien und das zugrunde gelegte Punktesystem des Algorithmus werden im Beitrag von Emre Turkut und Ali Yıldız in *Statewatch* (2021) beschrieben.

Kapitel 3
Formen der Gewalt

16 Konflikte zwischen politischen Gruppen werden oft bis in die Diaspora getragen. Im Gericht äußert sich ein solcher Konflikt zum Beispiel in einer Skepsis dem Übersetzer gegenüber. Immer wieder unterstellen Kläger Übersetzern, nicht neutral zu übersetzen. Sie werfen den Übersetzern vor, politische Spannungen aus dem Herkunftsland auch in der Diaspora, in Asylverfahren, weiterzuführen.

17 Leder 2005, 56.

18 Thomassen 2012, 696; Übersetzung durch die Autorin.

19 Elwert 2001.

20 Elwert 2001.

21 Bakonyi 2011, 306.

Kapitel 4
Jugend als kulturelles Konzept und demographisches Potential

22 Thomas Malthus (1766–1834) formulierte seine Bevölkerungstheorie in seinem im Jahr 1798 erschienenen Buch *An Essay on the Principle of Population*. Er stellt fest, dass Populationen exponentiell wachsen, während ihre Nahrungsmittel linear wachsen. Demnach ging Malthus davon aus, dass die menschliche Bevölkerung schneller wachsen würde als die Nahrungsmittelversorgung. Er empfahl aus diesem Grund die Geburtenkontrolle, um gesellschaftliche Konflikte zu vermeiden.

23 Abbink 2005, 2; Übersetzung durch die Autorin.

24 Zum Thema Jugend und Konflikt siehe u.a. Zitelmann 1991, Cruise O'Brien 1996, Richards 1996, Abbink/Kessel (Hg.) 2005, Honwana/De Boeck (Hg.) 2005.

25 Zu Altersklassensystemen in Ostafrika siehe zum Beispiel Stewart, 1977, Schlee, 1979, Müller, 1989, Lamphear 1998.

26 Schlee 1979, 86.

27 Die Verträge junger Frauen mit der *Madame* koppeln die Hilfsleistungen für eine Reise nach Europa an die Verpflichtung, sich auf Prostitution einzulassen. Die Frauen verschulden sich dabei oft um mehr als 10.000 Euro, die sie dann durch Prostitution erwirtschaften und zurückzahlen müssen. Versuche, sich der Prostitution durch Flucht zu entziehen, enden oft mit der Ausübung von Gewalt gegen die Frauen selbst, gegen deren Familie in Nigeria oder mit der Entführung der zurückgebliebenen Kinder. Wenn sich Frauen nach mehrjähriger Sexarbeit er-

Geschlechterdynamiken in Konfliktkontexten 291

folgreich freikaufen konnten, landen sie oftmals im Asylverfahren. Geheimhaltung, drohende Gewalt und Verzweiflung führen dazu, dass sie möglicherweise nur wenige Informationen preisgeben oder nach alternativen Narrativen suchen, was dann zum Scheitern ihres Asylgesuchs führen kann.

28 Bourdieu 1993, 136.

29 Lenin 1976, 13, 21, zit. n. Pilkington 1994, 46; Übersetzung durch die Autorin.

30 *Kommunisticheskii soyuz molodyoji* (Kommunistische Vereinigung der Jugend), später *Vsesoyuzny Leninskiy kommunisticheskiy Soyuz Molodyoshi* (All-Union Leninistischer Kommunistischer Jugendverband; gegründet 29. Oktober 1918).

31 Sternberg 1981, 153.

32 Sulloway 1997, 21; Übersetzung durch die Autorin.

33 Die Salafisierung des Islams in Zentralasien hat dazu geführt, dass die nukleare Familie zunehmend vor der Großfamilie Vorrang erhält. Damit einher gehen der Verlust der Unterstützung der Ehefrau durch ihren Bruder und ihre vollständige Abhängigkeit vom Ehemann, aber auch eine gewisse Unabhängigkeit von den Zwängen einer Schwiegerfamilie.

Kapitel 5
Geschlechterdynamiken in Konfliktkontexten

34 Die Abkürzung YPG steht für die kurdischen Volksverteidigungseinheiten in Syrien (kurdisch: *Yekîneyên Parastina Gel*).

35 Göttsche 2020, 140–141.

36 Forschungen zur Rolle von Frauen in politischen Konflikten haben unter anderem folgende Autoren vorgelegt: Braun/Auga 2006, Alwis 2008, Kassem 2011, Cooper/Phelan 2014, Dunkel 2015.

37 Zur Verwendung geschlechtsspezifischer Narrative durch Nationalstaaten siehe Zilfi 1997, McClintock 1995, Stoler 2002, Northrop 2004, 30, Wollacott 2006.

38 Thiruppathy/De Silva 2008, 147; Übersetzung durch die Autorin.

39 Mit der Formulierung ‚Erweiterung' des Ehemannes und der Familie wird auf das Konzept der *connectivity* von Suad Joseph (1993, 453) verwiesen, die in ihrer Forschung unter arabisch-libanesischen Frauen festgestellt hat, dass Frauen in der Jugendphase und nach der Heirat zunehmend ihre Autonomie verlieren, sich jedoch nicht zwangsläufig als unterdrückt wahrnehmen. Vielmehr sind die Grenzen der Familienmitglieder im Bezug aufeinander fließend, und Frauen verstehen sich als Teil oder als Erweiterung des Anderen.

40 Thiruppathy/De Silva 2008, 156; Übersetzung durch die Autorin.

41 Im Jahr 680 fand in Kerbala, im heutigen Irak, eine Schlacht zwischen den Anhängern Husseins (einem Enkel des Propheten) und Yazid, der sich als Kalif und Oberhaupt der islamischen Gemeinde sah und in Damaskus regierte, statt. Yazid siegte und Hussein fiel. Dieses Ereignis ist der Beginn des Konflikts zwischen Sunniten und Schiiten.

42 Shabbar 2014, 209; Übersetzung durch die Autorin.

43 Das 2008, 54; Übersetzung durch die Autorin.

44 Haji Ingiriis 2014, 229; Übersetzung durch die Autorin.

45 Richters 1998, 117; Übersetzung durch die Autorin.

46 Bollig 1992, 112.

47 Rituale in Altersklassengesellschaften (siehe auch Kap. 4) betreffen fast ausschließlich Männer. Ein Überblick zu Maskulinität und Gewalt gibt die Sonderausgabe von *Current Anthropology*, 62 (2021) (Rutherford 2021).

48 Bollig/Österle 2007, 29; Übersetzung durch die Autorin.

49 Epkenhans 2016, 255–256; Übersetzung durch die Autorin.

292 Anmerkungen zu S. 118–196

50 Der 1872 eingeführte und erst 1994 gestrichene § 175 des Strafgesetzbuches stellte gleich-
geschlechtliche Sexualbeziehungen lediglich zwischen Männern, nicht jedoch zwischen
Frauen unter Strafe; daher war es für die Schwulenbewegung von größerer Dringlichkeit,
die bundesdeutsche Öffentlichkeit auf ihre Belange aufmerksam zu machen; mit dem Erstarken der Frauenbewegung der 1970er Jahre geriet auch die gesellschaftliche Anerkennung
lesbischer Beziehungen vermehrt in den Blick.

Kapitel 6
Ethnische und Glaubenskonflikte

51 Elwert 2001, 247.
52 Eric Hobsbawm und Terence Ranger haben in ihrem wegweisenden Buch *The invention of
tradition* aus dem Jahr 1983 darauf aufmerksam gemacht, dass Traditionen nicht immer die
historische Tiefe besitzen, die ihnen zugesprochen wird. Oft handelt es sich um ‚erfundene
Praktiken‘, die ein bestimmtes Ziel haben, wie die Produktion einer nationalen Identität zum
Beispiel (Hobsbawm/Ranger 1983). ‚Traditionen‘ können auch dazu aktiviert werden, um
politische Regierungsperioden zu überbrücken. Mit dem Ende der Sowjetzeit kam es in Zentralasien zu einem wahren Boom an neuen ‚Traditionen‘, deren wichtigste Funktion es war,
eine Brücke zur Vorsowjetzeit herzustellen und gleichzeitig die während der Sowjetzeit entstandenen nationalen und regionalen Identitäten zu erhalten (Roche 2019).
53 Dündar 2012, 12; Übersetzung durch die Autorin.
54 Blok 1998, 33; Übersetzung durch die Autorin.
55 Unter zahlreichen Autoren beschreiben zum Beispiel Bette Denich (1994) und Eugene A.
Hammel (1993) den Balkankrieg als einen Prozess der Identitätsfindung.
56 Das Buch von Tim Judah (2000) ist nur eine der zahlreichen Publikationen, die die ständig
wechselnden Loyalitäten, den Verkauf und Verleih von Waffen und Panzern, die Verläufe der
unübersichtlichen Kampflinien und die unterschiedlichen wirtschaftlichen Interessen nachvollziehbar erzählen.
57 Hazarajat breitet sich heute von seinem Kernland, der Provinz Bamyan, nach Wardak, Ghor,
Dayakundi, Urugzgan, Ghazni, Sar-i Pul und Zabul aus.
58 Rzehak 2016, 9.
59 AREU, Februar 2013, 76; Übersetzung durch die Autorin.
60 Der Autor Evliya Çelebi verfasste in türkischer Sprache eine Abhandlung *Seyahatname*, in
der er die arabischen Quellen auswertete und zu dem Schluss kam, dass die osmanischen
Militärzüge gegen die Yeziden eine Form der Rache gewesen seien (Kerborani 2021).
61 Girard 2021 [1972], 8; Übersetzung durch die Autorin.
62 Unter den zahlreichen Ethnographien, die das Problem Hexerei in Bezug auf Kirche, Religion, koloniale Verwaltung, nationale Debatten, Verwandtschaft und wirtschaftliche Entwicklung bearbeiten, finden sich Studien zu den Bamiléké (de Latour Dejean 1976, van Beek
2012, Tonle 2018), zu den Azande (Evans-Pritchard 1937), zu Tansania (Mesaki 2009), zu
unterschiedlichen Gruppen in Nigeria (Meyer 1992, Janson/Meyer 2016, Bachmann 2021),
zu Uganda (Behrend 2007) oder vergleichend von Signer (2004) und Eller (2010).
63 Bachmann 2021, 452, siehe hierzu auch Janson/Meyer 2016.
64 In den Jahren 1995–1996 führte die *Uganda Martyrs Guild* Kreuzzüge durch und verbrann-
te und tötete viele Personen, die sie als Hexen oder Kannibalen zu erkennen glaubte. Die
erzwungenen öffentlichen Geständnisse förderten die Debatte über Hexerei und führten zu
weiteren ‚Identifikationen‘ von Hexen und Kannibalen (Behrend 2007).
65 Behrend 2007, 80; Übersetzung durch die Autorin.
66 Bachmann 2021, 344.

Rebellionen versus Revolutionen 293

Kapitel 7
Formen der Vergeltung, Fehden

67 Turner 2017, 15; Übersetzung durch die Autorin.
68 Evans-Pritchard 1940, 121–122; Übersetzung durch die Autorin.
69 Die *Hadd*-Vergehen (Sing. *Hudud*) und das damit verbundene Strafmaß werden im Koran explizit genannt. Sie gelten daher vor allem bei salafistischen Gruppen als besonders schwere Vergehen. Unter anderem gehören zu diesen Vergehen Diebstahl und Raubmord, nicht-legitimer Geschlechtsverkehr und der Konsum von Drogen inklusive Alkohol.
70 Albogachieva 2015, 51; Übersetzung durch die Autorin. Siehe zum Kaukasus auch Sidorko 2007.
71 Am 30. Januar 2017 publizierte die Zeitung *Novaya Gazeta* einen Artikel über Isa Jamadajew, der versucht haben soll, Ramzan Kadyrow umzubringen, den er für den Tod seiner beiden Brüder Ruslam und Sulim verantwortlich machte; er selbst sei einem Mordanschlag nur knapp entkommen. Isas Mordversuch an Kadyrow war eine Fehden-Deklaration des Jamadajew-Klans gegen den Kadyrow-Klan vorangegangen.
72 Die kritische Journalistin Anna Politkowskaja, die über Folter und Entführungen unter Kadyrow berichtet hatte, wurde 2006 tot in ihrer Wohnung aufgefunden. Natalia Estemirowaa führte eine Menschenrechtsorganisation, die wohl unangenehme Wahrheiten offenlegte, wofür sie vor ihrer Wohnung 2009 ermordet wurde. Auch an dem Mord an dem russischen Oppositionellen Boris Nemzow waren Tschetschenen aus den obersten militärischen Rängen beteiligt, fand der Journalist Shaun Walker (2019) heraus
73 Romaliyska und Wesolowsky 2019; Übersetzung durch die Autorin.

Kapitel 8
Rebellionen versus Revolutionen

74 Hobsbawm, zit. n. Giordano 2007, 12.
75 Konkret geht es bei seiner Analyse um einen Mann in einem Dorf der Ndembu, der Ambitionen äußert, Chief (*Headman*) zu werden. Das soziale Drama entwickelt sich nun um diese Person, die ihre Konkurrenten schwächen möchte und dabei unter den Verdacht der Hexerei gerät. Ihre Ambitionen werden als egoistisches Projekt wahrgenommen, das die Regeln des Umgangs mit der Verwandtschaft verletzt. Nachdem zwei Personen kurz nach einer Auseinandersetzung mit dem Mann versterben, wird er aus dem Dorf verwiesen (Turner 1957).
76 Bräunlein 2011, 98.
77 Die bei dem Ritual gesungenen Lieder äußern dem König gegenüber sogar Hass: „You hate the child king / You hate the child king" oder „King, alas for thy fate, / King, they reject thee, /King, they hate thee" (Gluckman 1973, 124).
78 Gluckman 1963, 112; Übersetzung durch die Autorin.
79 Adama Barrow wird als Person beschrieben, die anfangs kaum in der Lage war, eine politische Rede zu halten, also keinesfalls aus einer politisch versierten Elite stammte. Die Rebellen hatten erneut eine Zivilperson eingesetzt und von einem militärischen Herrscher, wie Jammeh es gewesen war, abgesehen.
80 Die von Lenin entwickelte historische Entwicklungstheorie wurde in der Sowjetunion als Fünf-Stufen-Modell (Russ. *Pyatichlenka*) bekannt. Es beginnt mit der patriarchal organisierten bäuerlichen Wirtschaft, die primär eine Naturalwirtschaft ist. Diese entwickelt sich in kleine Warenproduktionen. Der private Kapitalismus führt diese in eine neue Stufe, auf die der Staatskapitalismus folgt. Mit der letzten Stufe, dem Sozialismus, werden neue Produktionsverhältnisse geschaffen.

294 Anmerkungen zu S. 199–271

81 Thomassen 2012, 683–684.
82 Schielke 2011, 7–8; Übersetzung durch die Autorin. Die Gesprächspersonen von Schielke wurden von ihm selbst anonymisiert.
83 Schielke 2017, 206; Übersetzung durch die Autorin.
84 Murray 2016; Übersetzung durch die Autorin.
85 Thomassen 2012, 969.

Kapitel 9
Terrorismus und Staatsterror

86 Waldmann 2005, 11.
87 Bock 2009, 23.
88 Waldmann, 1998, 10.
89 Verhoeven 2009, 7. Verhoeven formuliert das Paradox terroristischer Anschläge folgendermaßen: „Bizarre, to say the least, that a radically new political phenomenon can come into being, yet immediately seem not only intelligible, but even self-evident." (Verhoeven 2009, 5)
90 Ethnologen haben in zahlreichen Studien auf die Nebenwirkungen des *War on Terror* hingewiesen. Siehe zum Beispiel die Studie von Veena Das 2001, Julia Eckert 2005, 2008, Addaia Marrades Rodriguez 2008 oder Edouard Conte 2011.
91 Bushs Aussage im September 2001, „You are either with us or against us", beförderte die Polarisierung der Welt.
92 Das 2001, 108–109; Übersetzung durch die Autorin.
93 Zu den Gruppen, die als terroristische Organisationen gelistet waren oder sind und deren Gewaltanwendung über Jahrzehnte hin schwankt, zählen zum Beispiel die ANC, die palästinensische PLO, die kurdische Partei PKK, die LTTE (*Liberation Tigers of Tamil Eelam*) oder die BLA (*Balochistan Liberation Army*).
94 *Lashkar-e Taiba* ist eine islamistische terroristische Organisation, die 1990 als militärischer Flügel der islamischen Organisation *Markaz* aktiv war. Ursprünglich half die Gruppe den Mujaheddin in Afghanistan im Kampf gegen die Sowjets, und später konzentrierten sie sich auf den Kampf in Kashmir. (Zahab 2011 [2007]; siehe zu dem Thema auch Blom 2007).
95 Zahab 2011, 143; Übersetzung durch die Autorin.
96 Das war auch der Fall unter den Basij im Iran (Khosrokhavar 2005).
97 Hafez 2016, 15; Übersetzung durch die Autorin.
98 Kurtz 2007; Übersetzung durch die Autorin.
99 Es gibt Schätzungen, wonach vor 2011 zwischen 50.000 und 70.000 Sicherheitsbeamte für den Geheimdienst arbeiteten; damit käme etwa ein Geheimdienstbeamter auf 240 Personen, schreibt der Historiker David W. Lesch, einer der Kenner des Assad-Regimes, in seiner Monographie aus dem Jahr 2012.
100 Die globale Einbettung von Diktatoren in die Finanzwelt wurde im Buch *Dictators without Borders* der Politikwissenschaftler Alexander Cooley und John Heathershaw (2018) umfangreich dokumentiert.
101 Green 1995, 105; Übersetzung durch die Autorin. Siehe auch Kaliszewska (2023) zur Produktion von Angst im Kaukasus.
102 Hensell, 2009, 17–18.
103 Möhlig/Köppe 2004, 26; Übersetzung durch die Autorin.
104 Abouzeid 2018, 40; Übersetzung durch die Autorin.
105 Feldmann 1991, 12; Übersetzung durch die Autorin.
106 Ozodi 2014, Übersetzung durch die Autorin.
107 Roche 2018, 103; Übersetzung durch die Autorin.

Geschichte und Entwicklung der Rechtsethnologie   295

Kapitel 10
Das Konfliktpotential von Katastrophen

108 Ethnologen, die zu Katastrophen recherchiert haben, sind beispielsweise Alexander 1997, De Waal 2008, Enarson/Hearn-Morrow 1998, Enarson/Chakrabarti 2009, Luig (Hg.) 2012, Schild 2015, Sökefeld 2011, Choudhury 2013, Otto/Otto 2016, Großmann 2013.

109 Kroher 2018, 11; Übersetzung durch die Autorin.

110 Gluckman 1973, 15; Übersetzung durch die Autorin.

111 Evans-Pritchard 1940, 120; Übersetzung durch die Autorin.

112 Gluckman 1963, 134; Übersetzung durch die Autorin.

113 Berberian 2014, 37 (Berberian zitiert hier eine historische Passage von R. C. Thompson 1904); Übersetzung durch die Autorin.

114 Die Orientalistin Anna Akasoy weist darauf hin, dass es in der muslimischen Welt mindestens zwei unterschiedliche Sichtweisen auf Erdbeben gibt. Die eine stützt sich auf Avicienna (Ibn Sina), den mittelalterlichen persischen Philosophen, Arzt und Geographen, der Erdbeben als geologisches Phänomen beschreibt und den Wind dafür verantwortlich macht. Die andere sieht in Erdbeben die Antwort auf vergangene moralische Vergehen. In letzterer Sichtweise sind Erdbeben vor allem als göttliche Strafen zu verstehen und als Aufforderung, die soziale Ordnung und insbesondere die Geschlechterordnung wiederherzustellen. Offensichtlich haben beide Interpretationen und Diskurse parallel existiert und schließen sich daher nicht aus.

115 Rudayna Al-Baalbaky und Ahmad Mhidi haben in einem kurzen informativen und differenzierten Aufsatz aus dem Jahr 2018 die unterschiedlichen Positionen bezüglich der Beziehung zwischen Stammesstrukturen, Ressourcen und politischer Instrumentalisierung erläutert (Al-Baalbaky/Mhidi 2018).

116 Die ethnographische Beschreibung des Wasserkonflikts in Damaskus wurde der Masterarbeit der Studentin Rula Aljundi (Universität Heidelberg) entnommen.

117 Evans-Pritchard 1940, 21; Übersetzung durch die Autorin.

118 De Waal 2005, 136; Übersetzung durch die Autorin.

119 Evans-Pritchard 1940, 84; Übersetzung durch die Autorin.

120 Ember et al. 2012, 160; Übersetzung durch die Autorin.

121 Inguscio 2021; Übersetzung durch die Autorin.

Kapitel 11
Geschichte und Entwicklung der Rechtsethnologie

122 Von Benda-Beckmann 2008, 296.

123 Eine aktualisierte Zusammenfassung der Entwicklung der Rechtsethnologie mit Bezug auf Rechtspluralismus und die Rolle des Staates bieten Keebet, von Benda-Beckmann und Bertram Turner (2019). Eine allgemeine Einführung in die Rechtsethnologie gibt Rüdiger Schott (1998 [1983]).

124 Von Benda-Beckmann 2008, 297.

125 Ebd., 59.

126 Ebd., 61.

127 Ebd., 63.

128 Als Feindbild diente den Taliban dabei vor allem das kommunistische Regime seit 1978, das unter anderem Frauen neue Rechte verliehen hatte. Unter dem Einfluss von Soraya Tarzi, der Ehefrau von Amanullah Khan (1920er), sowie von Premierminister Mohammad Daoud

296 Anmerkungen zu S. 271–282

Khan ab 1953 hatten Frauen auch zuvor schon fortschrittliche soziale Rechte erhalten (Ahmed-Ghosh 2003).

129 Zum Export von Rechtsordnungen siehe Behrends/Park/Rottenburg 2014.

130 Fleras 2009, 173; Übersetzung durch die Autorin.

131 Die Literatur hierzu ist umfangreich und vielseitig. Innerhalb der Ethnologie waren unter vielen anderen Baumann (1999), Çağlar (1990, 2002), Vertovec (2007) und Schiffauer (2008) an der Debatte beteiligt.

132 Nieswand 2014, 280.

133 Der Begriff der Transkulturalität, in Deutschland vom Philosophen Wolfgang Welsch erstmals in den 1990ern diskutiert, wurde in den letzten Dekaden zum Forschungsgegenstand mehrerer Universitätsprojekte in Deutschland.

Kapitel 12
Schlussbetrachtung

134 Assmann 1999, 13.

Register

Ortsregister

Ägypten 56, 200 f., 203
Äthiopien 33
Afghanistan 11, 15, 19, 33, 50, 53, 58 f., 61, 63, 117, 137–139, 271–274
Albanien 160
Armenien siehe Nagorny-Karabach
Aserbaidschan 133,
Bosnien-Herzegowina 142
China 202, 224, 241
Dagestan 173 f.
DDR 226
Deutschland 23 f., 79, 87, 96, 190, 214, 246, 275–278, 281, 285
Edo-Staat (Nigeria) 67
Eritrea 84, 86 f., 99, 210, 225, 229 f.
Gambia 93, 118–121, 181, 184, 190–193
Georgien 133
Indien 104, 130, 189, 219
Irak 8, 52–54, 100, 108 f. 127, 130f., 140–142, 145 f., 248
Iran 32, 49, 52, 55, 69, 118, 142, 203 f., 227, 243–245
Irland 49, 144, 213
Italien 55, 190
Jugoslawien 60, 136
Kaschmir 219, 246
Kaukasus 35, 105, 131, 133, 160 f., 172–177
Kenia 34 f., 112 f., 135, 168 f., 253–255
Kirgisien 184, 196
Kongo 110, 267
Kroatien 110
Kurdistan 131, 141
Libanon 140, 142
Marsabit-Distrikt 253

Mittlerer Osten 50, 68 f., 82, 131, 145, 184 f.
Nagorny-Karabach 133
Nigeria 67, 73–76, 125 f., 149 f., 154
Nordirland 30, 46–50, 140
Osmanisches Reich 16, 127, 131, 145, 147, 195, 248
Ostafrika 72, 161, 163–172
Pakistan 53, 80, 219, 221, 245 f.
Papua-Neuguinea 168
Ruanda 108, 163 f.
Russland 53f., 77, 85 f., 115, 130 f., 136, 160, 176 f., 195, 202, 216
Sierra Leone 51, 71, 114
Somalia 58, 62 f., 80, 106, 135, 169–172, 190–193, 286
Sowjetunion 15 f., 77 f., 84, 115, 130 f., 133 f., 194–197
Sri Lanka 39–41, 48 f., 54, 77, 98, 102 f.
Sudan 251 f.
Syrien 32, 34 f., 50, 54, 62, 85, 88, 94, 100, 108, 145, 181–183, 197, 213 f., 217, 223, 230 f., 247–250
Tadschikistan 33, 35, 57, 62, 82, 84, 115 f., 196, 221 f., 228, 233 f.
Tansania 150, 153,
Tschetschenien 33, 85, 105, 133, 159 f., 163, 173–176, 284
Türkei 21, 31 f., 78, 88, 93 f. 145, 216 f., 247, 249
Tunesien 182, 227
Uganda 119, 152
Usbekistan 196
Westsumatra 168–170
Zentralasien 82, 117 f., 130, 133, 184, 195 f., 234, 256

Sachregister

adat
- Tschetschenien 173, 175
- Westsumatra 269 f.

Adoleszenz 71

Älteste 166, 173, 269–272, 274

Ältester Sohn 79, 125, 189

al-Shabaab 58, 80, 172, 191

al-Qaida 52 f. 62, 79, 209

ALP (Afghan Local Police) 59

Alter
- Altersklassen 72 f., 165, 168
- Altersgruppen 68, 78, 225
- Altersstufen 77
- Altersversorgung 83
- konzeptuell 71, 76

ANC (African National Congress) 217

Araber 145 f.

Armenier 131, 284

Ashanti 82

avunculus (Muttersbruder) 164, 269

Baath 195, 197 f., 247 f.

Bauern, Farmer 30, 56, 74, 79, 171, 191, 197 f., 247, 256

Beute 61, 106

Black Axe 74 f.

Blutgeld 165

Blutrache 172, 174–178, 262, 264

Boko Haram 73, 80

Bolschewiken 56, 77, 195 f.

Boran 73, 166

Bosnier 126

Brauchtum, *customs* 172, 264 f., 272

Bruderschaft 68, 74–76

cattle-raiding 114

Communitas 186 f., 200–204

Cousin/Cousine 94, 109, 221

critical events (kritische Ereignisse) 12

cross-cutting ties 167 f., 263

cultural defense (kulturelle Verteidigung) 21

Dedowschtschina-Praktiken 85

Deoband 80

Dinka 165, 254

diya 162, 170 f., 174

Drogen
- allgemein 61
- -dealer, -boss 40, 218
- -geschäft, -handel, -markt 22, 59, 61 f.
- Opium 61

qaat 62

Dschihad siehe Jihad

Dürre 17, 237 f., 240–242, 250–257

Ehrenmord 21, 142

Einbettung von Gewalt 42, 162, 221

emisch 129, 241

Entbettung von Gewalt 42, 45, 111

Erdbeben 9, 17, 238, 240, 242–245, 247

Eskalation, Verselbstständigung 11, 19, 44 f., 46, 63, 273

ethnische Gruppe 9, 126–138, 196

Ethnologie
- –, angewandte 14
- Gewaltanthropologie 29, 43
- Konflikt- 9, 16, 19, 25, 263, 287
- –, marxistische (russische) 196
- Medizin- 28
- Rechts- 17, 28, 261–264, 266
- Religions- 143
- Verwandtschafts- 82

Evolutionismus, evolutionistisch 7, 130 f., 186, 196, 265, 267

Feindbilder 120, 126–128, 132, 147, 216, 295

feminin, weiblich 95–99, 101–106, 110, 112, 118–120, 152, 269, 287

FGM/C (*Female Genital Mutilation, cutting*) siehe Genitalverstümmelung

Flucht
- allgemein 8, 20, 46, 57, 93, 108, 144, 182, 198, 224, 230 f., 285 f., 290
- Flüchtling/Flüchtlinge 13, 28, 46, 88, 128, 181, 183, 198, 209, 237, 253, 285
- Flüchtlingslager 52
- Flüchtlingsschutz, -status 19, 87, 144, 209, 214, 262
- -geschichte 8, 14, 177
- -grund 39, 87, 128, 238 f.
- innerstaatliche Fluchtalternative 128

Folter 41, 48, 96, 100, 107–110, 152, 181, 211, 222–224, 231, 293

Gabra 72

Gefahr, Gefahren 24, 41, 87, 93, 98, 128, 133, 159, 183, 210, 232
- -dichte, Verfolgungsdichte 41, 128, 287
- Gefährdung, gefährdend 63, 120, 175, 216, 255

Sachregister

gefährlich 31, 281
gefahrerhöhend 129
-lage 128, 139, 281, 285
Geheimbruderschaften, Geheimbünde (siehe auch Kult) 74 f.
Geheimdienst, Staatssicherheitsdienst, Nachrichtendienst 32, 39, 223, 226, 230, 232
Genitalverstümmelung 96 f., 101, 287
Genozid 42, 137, 145 f.
Geschwister 71, 79, 81–83, 108, 222
Gewalt 21
  als Kommunikation 148, 211 f., 217
  als Vergeltung siehe Rache
  –, Formen von (insb. Kapitel 3) 10 f., 17, 26, 29, 40 f., 47 f., 73, 88, 108, 283
  –, geschlechtsspezifische (insb. Kapitel 5) 29, 40, 93, 96, 106, 108, 111, 142 f.
  –, häusliche 96
  –, institutionalisierte 29, 41 f.
  –, Kanalisierung von 10
  –, kollektive 42
  –, Kulturalisierung von 15
  -markt 44, 60–63
  –, militärische 48, 50
  -ordnung 44
  –, physische 43, 47 f., 53, 84, 159, 231, 283
  –, politische 47 f., 54, 212 f.
  –, psychische 9, 84
  -raum 46, 60
  –, sexuelle, siehe Vergewaltigung
  soziales Handeln 42 f.
  -spezialisten 16, 53 f., 56–59
  –, staatliche 26, 103, 213
  –, strukturelle, systemisch 43, 49, 85
  –, terroristische, antistaatliche, 212 f., 215, 219
  -unternehmer 56 f.
  –, willkürliche 41, 45, 57, 75, 213, 217
Grenzziehung 116, 134, 166
Gülen 32
Hazara 125, 137–140, 272
HDP (Halkların Demokratik Partis) 216
Heirat
  Heiratsallianz, -beziehungen 164 f., 167 f.
  Heiratspraktiken 220
  Heiratsregeln, -recht 164, 173, 271

Herkunftslandinformationen (*Country of Origin Information*) 14, 22–25, 40 f., 128, 170, 286 f.
Hexerei (insb. Kapitel 6)
  als Glaubensform 129, 145, 148–154
  Hexe, Hexer 126, 144
Hierarchie, hierarchisch 49, 51, 82, 85, 114, 137, 139 f., 146, 186 f., 200, 267, 270, 273
  Geschlechterhierarchien 49, 112
  Macht- siehe Macht
  -struktur 82, 203, 265, 269
Hippies 186
Hunger
  allgemein 12, 33, 250–254
  Famine 250 f.
  Hungersnot 239, 251 f.
  -streik 47
  Verhungernlassen 223
Hutu 126, 136 f.
Inguschen 172
Islamic Courts Union 58
Islamischer Staat (IS, ISIS, Daesh)15, 42, 49 f., 54, 59, 62, 94, 98, 100, 108 f., 141, 145–147, 212 f., 220, 248
Jadidi 195
Jihad 32, 35, 51, 53, 61, 79, 138, 141, 248
Jugend (insb. Kapitel 4)
  Alter siehe Alter
  -bewegung 22, 68, 77, 187
  Definition, Konzept 68, 71, 76, 80
  -gruppen 16, 102, 186
  Jungsein, Jugendlichkeit 71 f.
  -organisation, -liga 77 f., 83, 291
  -überschuss, -überhang (siehe auch *youth bulge*) 68 f.
juju 125, 149, 154
Junbish-Miliz 61
Jungtürken 16, 78–80, 195
Kalifat 79, 100
Kannibalen 152 f., 292
Kanun 160
Katastrophe, *disaster* (insb. Kapitel 10) 7–9, 12, 16 f., 68, 98, 154, 188, 240 f., 282, 284, 287
kingship, Königsherrschaft 188 f., 243
Klan
  allgemein 12, 106, 165, 167, 170 f., 174, 177, 190, 254, 269
  -identität 106, 191

–, spezifischer 139, 159 f., 163 f., 176, 293
-struktur 127, 173, 191, 269
-system 58
-zugehörigkeit 106, 262, 285
Komsomol 16, 77 f., 84
Konfliktologiia 133 f.
Konkurrenz
  allgemein 26, 61, 70, 75, 77, 80, 82, 145, 262, 293
  -kampf 254
  um Macht 137, 191
  um Ressourcen 45, 137, 250
Krieg
  afghanischer Bürger- 15, 273
  Bürger- 10, 13, 16, 29, 44–63, 85, 88, 109, 126–128, 130, 135 f., 152, 281, 283
  Erster Weltkrieg 101, 127, 137
  gegen den Terror, Anti-Terror-Krieg 30, 213–215
  Jugoslawischer Bürger-, Balkan- 133, 144
  Krieger siehe Krieger
  Kriegsakteure 45, 106, 114
  Kriegsausbruch 45
  Kriegsende 39, 282
  Kriegserfahrung (traumatisch) 29
  Kriegserklärung 11
  Kriegsflüchtling 287
  Kriegsführung 33, 35, 42, 217, 238, 250
  Kriegsgebiet 39, 104
  Kriegsgefangene 148
  Kriegsherren (siehe auch Warlord) 54–60, 62
  Kriegsklasse 72 f., 168
  Kriegspartei 101
  Kriegsursache, -auslöser 70
  Kriegsverbrechen 87, 96, 109–111
  Kriegszeiten 98
  Libanesischer Bürger- 142
  postsowjetischer Bürger- 139
  Religions- 144
  Sierra Leone 114, 134
  Somalischer Bürger- 107 f.
  Sowjetischer -, 15
  Spaltungs- 189
  Sri Lanka, Bürger- 39–41
  Stellvertreter- 30, 60
  Syrischer Bürger- 35, 181, 197, 249

–, Tadschikischer 88, 115 f.
Tschetschenien- 85, 105, 175 f.
Unabhängigkeits- 86
Vernichtungs- 169
Zweiter Weltkrieg 78, 98, 101
Krieger 72 f., 114, 137, 166, 168 f., 255
Krise 8 f., 55, 67, 82 f., 96, 98, 153, 186, 187, 239 f., 242, 286
Kult
  -gruppen, Bruderschaften (*fraternity, cult groups*) (siehe auch Geheimbruderschaften) 67, 74–76
  -handlungen 76
  –, heidnischer 150, 153
  Personen- 52
Kurden 53, 94, 131, 141, 216 f., 249
Kutschi-Nomaden 125, 138 f.
Lashkar-e Taiba 219
LGBTQI 16, 97, 118 f.
Liminalität, liminale Phase 55, 185–187, 199–201, 204
Lineage 164, 170–172, 191
Macht
  –, Akt der 26
  allgemein 67, 76, 95, 135, 138
  -anspruch, -haber 74, 85, 111, 128, 145, 192, 204, 271
  -demonstration 201
  entmachtet 58, 270
  erobern, ausbauen 55, 59 f., 183
  festigen, erhalten, auf – stützen 49, 54, 73, 242, 245
  -hierarchie 98, 117, 121
  -interessen 45
  -kampf 153
  Kolonial- 30, 131, 165, 168, 190, 195
  –, Konkurrenz um, -konflikt 137, 187, 191, 273
  -konstellation 48, 127, 217
  -missbrauch 197
  -mittel 58
  –, politische, staatliche 74 f., 121, 146, 151, 211, 249
  -position 56 f., 80
  religiös 149 f., 154
  Sanktions- 167
  -struktur 143
  -übernahme 61, 63, 80, 196, 201
  -verhältnis 114, 117, 142, 188
  -verteilung, 85, 118, 240

Sachregister

-zentrum 193
Männlichkeit 95, 110–116, 120 f.
maskulin (siehe auch Männlichkeit) 84,
93, 97
Masse 44, 56, 79, 104, 141, 199–203
matrilinear, Matriklan 269
Mensch-Natur-Beziehung 241, 252
Menschenhandel 74 f., 154
moral panics 68
Multikulturalismus (insb. Kapitel 11) 21 f.,
275–278, 287
Muslimbrüder (*al-Ikhwan al-Musli-
miin*) 56 f., 200 f., 203 f.
Mutter, Mutterschaft 29, 51, 82, 93, 98 f.,
106, 116, 125 f., 142, 153, 220 f., 283
Black Widows 105
–, desexualisierte 101, 104
motherist movement 102–105
Soldatenmütter 85
Narzissmus der feinen Unterschiede
(*narcissism of minor differences*) (insb.
Kapitel 6) 33, 135–140
Nationaldienst (in Eritrea) 86
Nawrus, Nauruz 94
Nomaden 125, 135, 138 f., 251–256
Nomaden-Bauern-Konflikt 73, 273
Normen (insb. Kapitel 11) 16, 83, 174, 185
f., 189, 201, 261–268, 284
Nuer 163–167, 175, 242, 251, 254 f.
Ogboni-Bruderschaft 67
Opfer
-bereitschaft 50
der Erwartungen 19
eines ethnischen Konflikts 138 f.
Erdbeben- 245
Frauen 98 f., 106–111
Homosexuelle 121
Menschen- 74, 75
psychologische Verfassung von
Opfern 29
–, religiöse 143, 145, 147–153
-rolle 99, 102 f., 106
–, Täter und 8, 17, 54, 93–96, 224
von Anschlägen, Terrorismus 48, 218
von Diktatur 223–227
von Gewalt 40–43, 85
von Kulthandlungen 76
von Rache, Fehde 160, 163, 167, 175
von Überwachung 32
-zahlen 12, 101, 283, 285

Oromo 72 f.
Palästinenser, palästinensisch 50, 53, 217
Paschtunen 137 f., 271
Pastoralisten 190
patriarchal 76, 95, 100, 102 f.
Narrative 98, 114
Patriarch 286
Patriarchat 276
Strukturen 142, 195, 269
PKK (Arbeiterpartei Kurdistans) 32, 53,
94, 212
PLO (Palestine Liberation Organiza-
tion) 217
Pokot 112 f., 255 f.
Putsch 32, 181, 183–185, 192 f., 201, 284
qadi 173
Rache, Vergeltung (insb. Kapitel 7) 17, 54,
105, 146, 148, 159–178, 215, 261 f.,
264, 278
Rational Choice Theory (RCT) 169
Razzia, *ghazwa* 173
Rechtspluralismus (insb. Kapitel 11) 28,
261–278
Rendille 72, 169
Reziprozität 159, 161 f., 264
Ritual (insb. Kapitel 8) 20, 22, 103, 113,
147, 166, 242, 282, 284
der Rebellion 28, 184, 187–190, 193,
243
Friedens- 10
Initiations- 51, 112, 168
Lebenszyklus- 74, 101, 104, 220, 283
religiös 41, 75, 126, 152
-theorie 185–187, 200 f.
Rivalität, Rivalen, rivalisierend 81, 106,
148, 188 f., 193, 222
Samburu 113
Sanktionen 59, 63, 162, 167, 171, 185, 189,
263 f.
Scharia 59, 171–176, 270–275
Schia, Schiit 125, 132,
Selbstjustiz 54, 153, 159, 161
Sippenhaft 231
SLEP (Sri Lanka Freedom Party) 103
Sohn (insb. Kapitel 4) 39, 70, 75, 79,
81–84, 103–105, 125, 147, 153, 175 f.,
189, 197 f., 219–222, 283
Sohnreichtum 70
Streit 26, 139, 166, 242, 249, 271
-beilegung 165, 262, 266, 272

Erb- 154
-gegenstand 263, 273
–, politischer 151
-schlichtung 265–268, 275
Streitigkeiten 148, 162, 164 f., 269, 274
Student 74–80, 186, 223, 229
Studentenproteste 69
Sunni 85
Taliban 15, 19, 33, 49, 59, 61, 63, 80, 132, 138–140, 271 f., 274 f.
Tamil Tiger 49
Tanzknaben 117 f.
Tibeter 224 f.
transkulturell 14, 20–22, 278
Trauma 10, 28 f., 72, 94, 107, 147
Trickster 54–57, 203 f.
Turkana 112 f., 255 f.
Tutsi 108, 126, 136 f.
Uiguren 224 f.
Ummah 79
UNHCR 24
Vergewaltigung, sexuelle Gewalt (insb. Kapitel 5) 48, 96, 106–111, 171, 174
Verhandlung 19, 44, 63, 101, 108, 120, 126, 175, 215, 217, 263, 265, 269, 272, 274
Versammlung 61
adat-Dorfrat siehe *adat*
jirga 272, 274
maraka 272
National- 142
schura 272, 274
Versicherheitlichung 216
Versöhnung 10, 49, 100, 142, 176
Verwandtschaft 7, 81 f., 129, 152, 161–164, 187, 219–222, 231, 265, 269, 282, 284
Volksmujahedin (*Mujahedin-e Khalq*) 32, 52

Waffen
allgemein 35, 94, 98, 113, 166, 196, 214, 248, 264, 282
ausleihen 60
-entwicklung 31
Gewehr 84, 166, 253
hidden transcripts, – der Schwachen/ Unterdrückten 197 f., 205
Keule 166
Klein- 44, 49, 136, 169 f., 250
–, Körper als 47
Kriegs- 33, 106, 108, 110, 249
Speer 166, 253
Spikearmband 166
–, strategische 96
Wahlen 34, 39, 56, 142, 181, 192 f., 203, 246, 284
Wahlfreiheit 118, 132
Wahlrecht 83
Warlord (insb. Kapitel 3) 15, 27, 45, 51, 54, 56–63, 171
Wehrdienst 83–88, 114, 183, 187, 210
-verweigerung, -entzug 87, 198, 205, 229
Wilayatul Hizba 245
Willkür (siehe auch willkürliche Gewalt) 210, 225–227, 230, 249
xeer 170 f.
Yeziden 42, 109, 145–147, 284
youth bulge 68–71, 81
YPG (Volksverteidigungseinheiten) 94, 96, 286
Zeremonie 55, 74, 188 f., 220
Zeremonienmeister 186, 201